编译说明

制度是重要的。

从言不及制度到言必及制度，当代经济学研究中发生的制度转向已是不争的事实。然而必须承认，在社会制度研究领域，经济学家是后来者，经济学制度分析所仰赖的核心理论和分析工具，多来自其他学科数十年乃至数百年间取得的成果。

特别就时下盛行的博弈论制度分析而言，无论是博弈论工具还是惯例演化思想，实际上均源自20世纪40年代以来哲学和社会科学界对于人类选择行为、语言本质以及社会运作机制三者之间互动机制的深层次反思和探讨。其间涌现出了一大批独树一帜、思想深邃、影响深远的前沿学术论著。这些著作的共同特点，就是跨越了学科之间的藩篱，在哲学、伦理学、经济学、政治学、法学以及其他诸学科领域之间任意驰骋，关注相似的现象、商榷相似的经济和社会问题、展开超越专业研究领域的思想对话。这些思维缜密、逻辑严谨同时又极富想象力的前沿理论探索，从根本上拓宽了当代学术研究的视野，改变了我们对于人类自身以及这个世界的认识。

不过也正因为如此，对于时下专业化分工越来越细密的学术圈来说，要理解并吸收这些前沿研究提供的理论给养，殊为不易。许多学者更愿意捡拾其中一两样技术工具加以利用，而对于更为重要的思想体系的借鉴，却大大地忽视了。

这对于经济学科的发展而言，是致命的问题。

经济学是现代世界之子。从苏格兰大学中道德哲学的副产品,到政治经济学俱乐部中的"民间科学",再到社会科学界的"皇后",经济学之所以能取得如此的成绩,是因为她大量汲取了自启蒙运动以来西方哲学、自然科学和社会科学的诸多理论成果,并同工业革命之后欧洲社会的政治、经济现实相结合。而此后经济学科的发展历程一次又一次地证明:经济学的活力在于她能够随着现实情况的变化更新自身的理论系统。

一切技术性的分析必须建立在与其相适应的理论基础之上,这样的研究才具备现实解释力。经济学如果要成为一门科学,或者至少在某种程度上从事的是科学研究,那么也必须如此。既然制度分析已经成为经济研究的理论内核,我们必须重视其基础理论的研究。

正是基于这样的考虑,在反复斟酌和严格择取之后,我们选编了这套"社会制度研究的哲学基础论丛"。本论丛的前期工作,主要是译介国外优秀的社会制度理论研究著作,特别是国际哲学界在近几十年内出版的一批思想深刻、主题新颖且影响广泛的社会制度理论研究论著。待时机成熟之后,再适当推介国内优秀学者的相关研究著作。我们希望将这套丛书做成一个开放的系统,不断地把已有的和新近出现的世界各国学术界真正有思想的社会制度理论探索著作和菁华引介到国内来,从而期盼未来中国学术思想界也能与世界同行们同步思考,并为未来中国社会发展和变迁提供思想资源,奠定一些基础的理论知识储备。

"惟学逊志,务时敏,厥修乃来。允怀于兹,道积于厥躬。惟敩学半,念终始典于学,厥德修罔觉。"(《尚书·说命下》)傅说这段话的本意虽然是劝导商王要从古训、效古法,但是对于当前陷入刻意求新求变怪圈、实则是新瓶装旧酒的学界来说,那些数十年前,乃至十年前出版的经典著作,何尝不是"古书"呢?既然我们对于这些"古训"的真意都不甚了了,效"古法"又何妨呢?

知识的进步在于"惟学";学科的进步在于"惟学";社会的进步亦在于"惟学"。我们希望,通过引进这套"社会制度研究的哲学基础论丛",能够对理解和反思当下中国社会的转型与发展,尽一份绵薄之力。

努力探寻社会惯例的自发生成机制

——萨格登的《权利、合作与福利的经济学》中译序

韦 森

在英国经济学界,乃至在当代国际学术界,罗伯特·萨格登(Robert Sugden)均是一位知名度甚高的经济思想家。他之所以如此名声显赫,主要就是因为这本《权利、合作与福利的经济学》的出版。这本不厚的学术专著在1986年出版后,立即引起了国际学界的较广泛关注,也从而使萨格登教授赢得了巨大的学术声誉。直到最近,萨格登本人一直是在国际上引用率最高的10位当代英国经济学家之一。

萨格登教授于1949年8月出生于英国约克郡的一座小城茂利(Morley)。1970年,他从英国约克大学获学士学位,并于1971年从英国加的夫大学院获科学硕士学位。之后,萨格登回到约克大学工作,从1971年至1978年任约克大学经济学讲师,并于1988年获约克大学文学博士(D.Litt)。由于他在20世纪70年代和80年代初就在国际上一些主要经济学刊物中发表了不少文章,并与他人(Alan Williams)合作出版了一本《实用成本—收益分析原理》的教科书,从1978年到1985年,他就被英国纽卡斯尔大学聘为经济学高级讲师(Reader),并自1985年起任英国东安吉利亚大学经济学教授。从20世纪90年代起,萨格登教授成了英国皇家经济协会会员和英国科学院(British Academy)的院士。

20世纪60年代初,受迈克尔·波兰尼(Michael Polanyi)的启发,哈耶克

(F.A.Hayek)提出了他的"自发社会秩序"理论。自那以来,国内国际学术界对哈耶克的理论既有赞同之声,也有商榷和批评意见,但是,自发秩序到底是如何自发生成且自己不断扩展的?对于这一问题,直到20世纪80年代之前,对国际学术界来说,这似乎仍然是个谜,从而哈耶克的这一理论能否成立,在许多人的头脑中依然是个问号。自萨格登的这本书出版以来,以及之后随着美国经济学家肖特(Andrew Schotter,1981)博弈论制度分析尤其是H.培顿·扬(H.Peyton Young,1996,1998)的演化博弈论制度分析出色工作的展开,人类的许多社会秩序是可以自发生成并不断扩展和演化的,这已经是为学界的理论分析所证明了的事了。在这方面,如果说萨格登的这本书不是奠基之作的话,也应该说是这方面的最重要著作之一。

然而,值得注意的是,在这本书中,萨格登提到哈耶克的地方并不多(在正文中只有开篇第一章一处)。尽管如此,我们仍然可以把这本书的整个分析视为对人类社会中诸多自发秩序——用萨格登自己的术语来说"惯例"(conventions)——的自发生成和自发演变机制的学术探究和理论诠释。更为可贵的是,早在20世纪80年代初博弈论才刚刚被应用到经济学的理论分析中的时期,萨格登就能用博弈论方法来分析自发社会秩序的生成与演变,这在当时确实是一项颇具开拓性的理论工作。这本书自出版以来就引起国际学界的广泛关注,这在当时应该说是一件非常自然的事。

应该看到,尽管萨格登把这本书的写作目的确定作为对作为他所理解的一种"自发秩序"的"惯例"的发生和变迁机制的理论诠释,但是他的整个研究进路和理论解释方法却与哈耶克有着根本性的差别。在《自由宪章》(Hayek,1960)以及《法、立法与自由》(Hayek,1979)等著作中,哈耶克是基于一种整体的社会历史观来透视现代市场经济体系,从中来诠释他自己的自发社会秩序的理念,因而,哈耶克的理论一方面显得深邃和发人深思,另一方面,他的整个理论诠释又显得有些"woolly-minded"(混乱不清),从而给一些批评者留下了许多可供攻击的"空档"和漏洞。与哈耶克的思想方法不同,在萨格登的这本著作中,作者用极其精细的微微观(micro-micro approach)方法来进行其理论建构,并从头到尾运用一些基本的博弈论分析工具,来展示一个个具体的社会惯例是如何在人们的相互交往中自发形成和演变变迁的,从而给人一种缜密细微、头头是道且无懈可击的整体印象。应该说,萨格登的这种研究方法,充分体现了当代经济学的主流精神,但是,他的问题意识和研究视角,又远远超越了当代新古典主流经济学所关注问题范围。因而,在当代经济思想史上,这本书是应该有其历史地位的。

当然,相对于20世纪末叶博弈论的蓬勃发展而言,尤其是相对于H.培顿·扬的演化博弈论制度分析和宾默尔的博弈论社会理论来说,萨格登的这本80年代初的作品从现代经济学技术分析层面来看显得有些太过"基础",但是,这并不能否认这本书所蕴含的思想、所关注的问题,以及其中理论的发现的永久学术价值。加之,他所认为的作为"自发秩序"的"惯例"及其生成和演变,也并非仅仅限于一些在英国以及欧洲历史上靠左还是靠右驾车这类久远的历史故事,而是牵涉到对任何社会的——包括在当代社会和未来社会中,以及在西方社会和东方社会中——人类交往中的一些自发形成的某种社会安排的生成机制的理解问题。只要有人们的社会交往,就会不断有新的"惯例"生成,因而,这本著作所代表的对一些自发社会秩序生成机制的这种理论研究进路,对确当理解人类经济社会的运作,尤其是对理解人与人之间相互交往中的许多协调问题,有着深刻的且不可替代的理论与现实意义。

当然,单从追求着自己利益的不同行为人在社会交往或言重复社会博弈中的"博弈均衡"及其"均衡点的漂移"来理解交通规则的形成、产权的出现、人类社会的互惠合作现象,甚至西方社会中的自然法理念,自然有其理论局限性,或者说这还远非道出了这些社会现象和理念产生的全部原因,也并非描绘出了这些社会现象和理念产生过程的真实图景,但是,从博弈均衡及其"均衡点漂移"的理论视角来考察这些社会现象的原初生成原因及其变迁演化机理,在这方面萨格登至少还是给出了一种自己的自成一体的理论解释,这些逻辑自洽的解释也使萨格登本人在对人类社会运作基本原理的理论理解上自成一家。这本书所蕴含的更深层的学术价值在于,通过运用一些简单的博弈论理论模型,萨格登把英国一些英国古典思想家如霍布斯、洛克、斯密尤其是休谟的一些早期洞见用现代经济学的话语更加清晰地复述出来,并用现代经济学博弈论的"理论之梳",将这些人类思想史上的风云人物的思想脉络、学术洞见、理论意义等梳理得清清楚楚。在这本著作中,萨格登还一再自称自己是一个当代的休谟主义者。从这本书的开篇到结束,萨格登均大段大段地引用休谟的一些原话,并经过自己的博弈论论证,把休谟的一些晦涩难懂的理论洞见用现代经济学的语言予以非常清楚明确地重新诠释。

从整体上来看,《权利、合作与福利的经济学》是一本对社会秩序自发生成和演化变迁路径进行经济分析的学术专著。然而,这部学术专著中的一些理论发现,以及其所映射的一些社会问题,显然对伦理学、政治哲学、法学、社会学,乃至人类学的研究,都具有一定的理论意义和参考价值。在这本书 2004 年第二版的"跋"中,萨格登(Sugden, 2004, p.223)明确指出,这既不是一部有关道德的社会心理学的书,也不是一本伦理学专著,并且非常谦逊地说,这部著作"不是对伦理学所作的一份贡献,它没有主张要说出任何有关人们**应当接受的**道德规则的东西"。相反,他对这本书的定位仅仅是:"试图解释人们如何逐渐接受某些他们业已形成的规则。"但是通过原书前 8 章细微缜密的博弈论自发秩序分析,萨格登教授却得出了这样既深刻、又让人回味无穷的结论:"一条规则如果满足了以下两个条件就有可能获得道德力量:(1)在相关社群中的每个人(或者几乎每个人)都遵循该规则。(2)如果任意一个行为人遵循该规则,那么他的对手——即,他与之交往的人——也遵循该规则符合他的利益。"萨格登还接着补充道:"任何成为惯例的规则都必须满足第三个条件:(3)给定每个行为人的对手都遵循该规则,那么每个行为人也遵循该规则符合他的利益。"基于上述三点,萨格登还深刻地指出:"这引出了一个令许多人均会感到惊讶的含义:一项惯例不需要在任何方面对社会福利作出贡献,便能获得其道德力量。"(Sugden, 2004, p.170)这一看似平朴但实际上却意义深远的结论,对经济学、伦理学、政治哲学、法学、社会学,甚至人类学各学科的学者从不同研究视角理解人类社会的运作的基本原理,无疑都有非常重要的参考意义。经过反复玩味,笔者觉得,最后这句话近乎道破了人类社会运作深层机理上的某种"天机"!

这里顺便指出,尽管萨格登在这本书的分析结论中深刻地指出了某一惯例不一定因符合经济上的效率原则就能获得道德力量——这确实是一项重要的理论发现,但是,必须指出,道德原则与惯例并非一回事。从形式上看,惯例和道德原则均有社会规范(约束)的形式和约束力,且二者常常重合——即在许多社会的一定时期中遵从作为一种非正式规则约束(正式的规则约束一般为法律和其他制度性规章)惯例也常常被人们普遍认为是符合道德的,但是,从根本上来说,惯例与道德还是有区别的。现在看来,其根本的区别在于,惯例作为来自作为一种自发社会秩序的习俗(custom)的非正式约束,与作为一种人类社会所独有的应然价值判断之结果的道德原则,不但在语句形式上不同,在内容上也有本质的区别。从哲学本体论上——或言"道德的形而上学"上——理清二者的区别,不仅对理解伦理学的基本原理是至关重要的,而且对认识一些人类社会运行的一些基本问题,也是不可或缺的。① 由于对于惯例与道德原则常常重

---

① 由于某一惯例与一个社会在一定时期的某一具体的道德原则从表面上看常常重合,这就导致像宾默尔这样的博弈论思想大家——亦是笔者较熟悉的好朋友——实际上未能真正区分开这二者,以至于导致宾默尔在最近几年的著作中一直把康德的道德哲学作为他攻击的靶子,并随之滑向与尼采哲学相默相契的道德虚无论(见 Binmore, 1994, 1998, 2005, 2007)。这里也顺便指出,尽管宾默尔和萨格登二人均同称自己是休谟思想的追随者,但在近几年,在他们二人之间发生了非常激烈的理论论战。对此,笔者自己判断是,可能萨格登的理论诠释更接近休谟思想的真谛,而宾默尔作为一个博弈论和数理经济学的技术分析大师,其博弈论的社会分析和理论建构,更具当代社会中的(唯)科学主义精神。这其中的主要原因,恐怕还主要是因为萨格登仍然能意识到在惯例和道德之间还是有些区别的——尽管他本人迄今为止好像还没有认真从学理上梳理这二者的区别到底在什么地方,而宾默尔却没有做到这一点。像宾默尔这样具有人类绝顶聪明和精密分析能力头脑的思想大师之所以对康德的实践哲学有如此大的成见,笔者猜测,这在很大程度上是与宾默尔并没有真正区分开他所说的"审慎推理"(prudential reasoning)与"道德推理"(moral reasoning)(二者的区别在于:审慎推理是要解决"What is it in my interest to do?",而道德推理所关注的是"What ought I to do?"),从而在实质上混同了惯例与道德。

合并经常绞缠在一起,单纯靠定义来把握二者的区别,也许完全于事无补。下面,我们不妨尝试从语句形式上来简要梳理并以期统悟二者之间的一些本质性的区别:

什么是惯例?惯例告诉人们:"因为大家都在做 X,你自然也会做 X,且在大家都在做 X 的情况下,你的最好选择可能也是做 X。"

从惯例的上述语句形式中,我们会发现,人们遵从习俗的规则(customary rule)即惯例,是基于他们的审视推理(prudential reasoning)而进行自发社会博弈的结果,故人们之所以遵从惯例,实质仍然是"What is it in my interest to do?"。因而,如果硬要从哲学本体论的视角上来进行分殊,可以认为,惯例仍然是属于"实然世界"(being)的一种现象,即是一种没有应然判断(ought to)或言价值判断在其中的一种社会现象界中的实存。

反过来看,一项道德原则在语句上则有着应然判断(ought to)的"程式"。因为,道德规范实际上是在告诉人们:"你要做 X,或不做 X;或者告诉人们:你应该做 X,或不应该做 X。"

从一项道德原则的语句程式上来看,"要做 X,或不做 X",是具有康德道德哲学中的那种"定言命令"(categorical imperative)的理论程式的,即其中均内涵着"你应该做 X,或不应该做 X"的含义,或者说均有着价值判断在其中。从这一点来看,道德推理作为一种应然推理(ought to do)[①],可以符合审慎推理(即做某件事或按某种方式做事符合审慎推理或言"效率推理"原则),但反过来我们却不能从审慎推理中推出为什么人类有"应然判断"或言"价值判断"这回

[①] 这里应该指出,尽管在英文中"ought to do something"与"should do something"二者经常被混同使用,但实际上二者是有着根本性区别的。它们的区别在于前者一般内含着伦理甚至法律意义上的责任、义务和正当性,即有责任、有义务"应该"去做或"不应该"去做某事,而后者往往只是含有一种一般事务判断的"该"做什么或"当"做什么的意思。譬如:"8 dollars should be enough to buy the pen"或"He should go there by 7 o'clock"等等,这类语句只是表达一种判断,而没有任何伦理和法律意义中的责任、义务应该去做某事的含义,即没有伦理责任或法律责任判断的意思在其中。

事,即不能从效率原则和经济利益计算本身来推出人为什么会有义务感这种道德直觉来。① 具体到惯例与道德原则的语句形式的区别上来看,从"大家都在做 X,你自然也会做 X,且在大家都在做 X 的情况下,你的最好选择可能也是做 X"这一语言程式上,并不能推出"你应该(ought to)做 X"这一道德判断。换句话说,尽管依照大家都在遵行的某一惯例你也遵从这一惯例可能最符合你自己的最佳利益计算,或者说这可能是你在重复社会博弈中的(请注意,我这里不是说单次博弈)利益最大化策略选择,但这却不能推出在道德上你就应该这样做或有义务这样做,或者说,从中推导不出你为什么会有道德判断这种人类所秉有的"情感"——或用萨格登(Sugden,2004,p.177)的术语来说,人为什么会有那种"共同道德直觉"(some common moral intuition)。换句话说,道德是什么?为什么在人类社会中有道德?这显然是从惯例的生成机制分析中找不到答案的,而我们毋宁认为,之所以在人类社会博弈中能自发产生惯例这种社会现象,正是因为作为社会博弈的参与者每个人均具有"共同的道德直觉",因而也可以进一步认为,道德是惯例的"因",而不是"惯例"的"果"。②

---

① 伦理学和道德哲学的方家到这里也许会发现,这里面实际上蕴涵了功利主义伦理学所永远无法摆脱的理论困境。

② 对于这个问题,只要沿着这样一条思路来追问问题,就非常容易理解了:如果如萨格登教授所认为的那样认定惯例是人们自发社会博弈的一种生成结果的话,那么,为什么在人类中——且只有在人类社会中——才有"社会博弈"这回事?我们能否想象在其他动物群体——如群狼、群狮甚至大猩猩的种群中有"社会博弈"这回事么?之所以在人类社群中有"社会博弈",或者说每个人参与社会博弈,首先每个人是把对方博弈者认作为一个与自己平等且同权的同类(fellow),然后才会与对手博弈,才会有博弈均衡,才会有社会的习俗和惯例发生。因此,只要稍深思一下,就会很快发现,人把另一人视为一个与自己平等且平权的博弈对手而进行社会博弈,首先就在于把对手视为一个自己同类的"fellow",而这种休谟和萨格登所见的人类所独有的"fellow-feeling"情感,恰恰是人类的最基本的道德感,即萨格登所言的那种人类的"共同道德直觉"。由此看来,道德是作为一种自发社会博弈均衡的社会惯例的因,而不能反过来认为道德是从人们的博弈均衡——或言惯例——中自发衍生出来。到这里,伦理学界和经济学界的方家也许会发现,这里实际上没有留给那种基于生物进化论分析程式的"演化道德论"进行自恰理论推理任何"逻辑空间"和可能。

当然，理论界之所以在区别惯例与道德方面感到非常困难，主要是因为在某一具体的社会场合中，一个人往往并不能确知到底怎样做才符合该一个社会即时存在的某一具体道德原则，因而在其社会实践中，人们往往会认为：

"我要做或应该(ought to)做 X 是因为大家都在做 X，因而我最好也是做 X；我不要做 X 或不应该(ought not to)做 X 是因为大家都不做 X，因而我最好也不要做 X。"这种在对某一具体的道德原则不确知的情况下单个人所采取的遵从惯例这一"相机行动选择"（随大流）的"道德实践"，显然常常与上面所说的作为审慎推理的人们遵从惯例规则的社会选择的语言表达程式相符合："我要做 X 是因为大家都在做 X，因而我最好也是做 X；我不要做 X 是因为大家都不做 X，因而我最好也不要做 X"（请注意这其中少了一个"或应该做 X"和"或不应该做 X"）。正因为在依惯例行事中，大家都在做 X 或大家都不在做 X，这就很容易使在每个行为人在现实的选择中以及在哲学家的理论推理中把"大家都在做 X"误认为了"大家（包括'我'）都应该(ought to)做 X"了，从而不能从实质上区别开作为一种社会现象的"习俗的规则"的惯例与作为一种应然判断结果和价值判断直觉的道德原则。

从学理上大致区分开了惯例与道德原则，我们就可以辨识萨格登(Sugden, 2004, p.223)教授在这本书第二版"跋"中所说的以下这段话的问题出在哪里了：

> 在本书的最后一节，我向伦理学的领域迈出了谨慎的几步。我将合作原则定义为：'令 R 为在某一社群种重复进行的一场博弈中能够被（每一方参与人）选择的任意一项策略。令这一策略使得，如果任意一个行为人遵从 R，那么他的对手也应该如此做是符合该行为人的利益的。那么，假如所有其他人都同样遵从 R，每个行为人都具有一种道德义务(a moral obligation)去遵从 R。'照我看来，这一原则是趋于围绕惯例而成长起来的

道德法则的共核(common core)。这样一来,我即是从一个伦理学家的视角来审视这一原则了。(着重号为引者所加)

萨格登的上述理论论辩理路是十分清楚的。然而,我们现在的问题是:难道人类社会的道德法则均是围绕着惯例成长起来的?还是人们之所以在种种自发社会博弈中产生惯例是由于人类本身就秉有某种"先天综合判断"形式(康德语)的道德情感?这里最核心和最深层的问题依然是:为什么在其他人都同样遵从 R 的时候每个行为人就具有一种道德义务去遵从 R?难道这仅仅是因为如萨格登本人上面所言"如果任意一个行为人遵从 R,那么他的对手也应该如此做是符合该行为人的利益"?

单从这一点,就能推出一个行为人应该有遵从这种惯例的"道德义务"?再进一步问:为什么经济学家或伦理学家作为一个"旁观者"就有认为在社会惯例产生的博弈格局中每个行为人有道德义务去遵从 R 这么一种逻辑判断?作为这种"社会博弈的旁观者"为什么会有这种道德判断的意识?难道作为这种社会博弈旁观者的这种道德判断也是从他所观察到群体中博弈者均遵从惯例且符合他们个人的利益这一社会事实上成长出来的?说来说去一句话:难道一直自认为是个当代休谟主义者萨格登教授的所有论述超越了"休谟法则"(Hume's Law)?① 或者说,这位尽量避开讲康德道德哲学的社会理论家萨格登教授又真正摆脱了康德实践哲学中那种认定无从理论理性纯粹推理中来证明人的道德感这两百多年来一直困扰着无数哲学家和伦理学家的理论

---

① 自休谟以来,或严格来说自康德的批判哲学的理论建构以来,在哲学界和伦理学有一个普遍的理论共识,那就是不能从"实然"(is)推出"应然"(ought to)来。在《人性论》(Hume, 1740, pp.455-470)中,基于其情感论的道德哲学论辩理路,休谟曾严格区分了事实判断与价值判断,提出从实然推不出应然,相应地也不能从理性推理(审慎推理)推导出道德(情感)来。休谟的这一洞见,在近现代思想史上有着广泛和深远的影响,也因而曾被当代著名英国伦理学家黑尔(Richard M. Hare, 1963, p.2;1964, p.29)和当代政治哲学大师罗尔斯(John Rawls, 2000, p.82)称作"休谟法则"。

"噩梦"①? 即使绕开那晦涩难懂、佶屈聱牙的康德道德哲学,单从平直如画且有极其深刻斯密道德情感论的理论理路来分析问题,萨格登教授的上述见解显然仍绕不开这样一个问题:难道斯密所见——亦是萨格登教授在这本著作中所引述到的——人们的"同情心"(sympathy)和"同感心"(empathy)②也是"围绕着惯例而成长起来"的? 还是反过来正是因为人类秉有"同情心"和"同感心",才会产生出人类社会或社群中作为人们自发社会博弈结果的种种"惯例"?

---

① 依照康德(Kant, 1788)的道德哲学,人们的道德心是不能从纯粹理论理性中推导和证明出来的。康德认为,人们的道德感是属于人类的先天综合判断(譬如,在《道德的形而上学原理》一书中,康德写道:"……这种定言的应当表现为一个先天综合判断",参Kant, 1875,苗力田译本第78页),因而是绝对的、无条件的和强制的。正如康德在《纯粹理性批判》中所言:"既然存在一些绝对必然的实践法则,即道德法则,那么,一个自然的结论是……道德法则不仅以一个至高无上存在者的存在为前提,而且由于道德法则本身亦即为绝对必然的,我们就有正当理由做如此假设,尽管我们是出于实践的考虑而这样做的。"(Kant, 1787, p.526 - 527。这段话是笔者根据该书 Norman K.Smith 1933 年英译本重新译出的。)在《道德的形而上学原理》中,康德(Kant, 1785,英译本, p.100)又进一步写道:"我们对道德最高原则的演绎因而是无可厚非的。一般来说,我们倒应责怪人类理性,这就是它不能使我们领悟无条件的实践法则的绝对必然性——定言命令就是这种无条件的实践法则。……我们确实并不理解道德命令的无条件实践必然性,但是我们却理解它的不可理解性。对一种力求以其原理达至人类理性极限的哲学来说,也只能做如此程度的要求。"(这段话是笔者根据 Thomas K.Abbott 1949 年对康德的《道德的形上原理》的英译本重新译出的。在翻译这段话时,笔者曾参考了 Lewis W.Beck 1959 年的英译本和苗力田先生 1986 年的中译本参该译本第 121 页。)

② 在斯密的《道德情感论》中,以及在萨格登的一些文著中,这是两个经常出现的英文单词。英文单词"sympathy"通常被国人翻译为"同情、同情心",这应该没有什么问题,因为这个英文单词的主要含义就是"sharing feelings of others; feeling of pity and sorrow for somebody"。但是,"empathy"这个英文单词翻译为中文就比较困难了。在英文中,它主要的含义十分明确:"ability to imagine and share another person's feelings, experience etc.",在过去,国内翻译界——主要是心理学界和社会学界的翻译界——有的把它翻译成"移情",有人把它翻译成"共情"(主要是心理学界)。经反复推敲,我觉得这两种中文翻译都不甚到位(除非对这个词做另外的解释)。由于这个词既有汉语中人与人之间在相处中设身处地体感到、分享到其他人的感情、感想、感觉和经验的意思,我觉得把它翻译成"同感心"比较合适。另外,在斯密伦理学的语境中,把这两个词翻译为"同情"和"同感"均不够到位,而在两个词后面分别加一个"心"字,即分别翻译为"同情心"和"同感心",方能切近斯密和西方伦理学家和社会心理学家使用这两个词的原意。

在学理上对萨格登的这本书做了以上简短介绍和评述之后,这里谨允许笔者谨借此机会对这本书的中译本由来做些简单的说明。笔者最早是从1994年诺贝尔经济学奖得主诺斯(Douglass North, 1990)的《制度、制度变迁与经济实绩》一书中知道萨格登教授的这本书的,那时笔者还在澳大利亚悉尼大学攻读经济学博士学位。后来,在写作拙著《社会制序的经济分析导论》(韦森,2001)时,我认真研读了萨格登(Sugden, 1989)教授的发表在《经济展望杂志》上的一篇经典论文,并把其中的一些主要思想在我的这第一本学术专著中做了一些介绍。在2000至2001年我在剑桥访学期间,我曾细读过萨格登教授的这本书,并决定在回国后即把它推荐给国内某家出版社将之译成中文出版。记得在2003年的一个学期中,我还用这本书做教材,在自己所教的七八个博士生的小范围课程中详细讲解了这本书的主要思想,并要求每个选课的学生自己试着翻译出来一章,然后大家在一起讨论。后来,这本书被列为我为上海财大出版社策划的"当代制度分析前沿译丛"计划中,并经谷雨女士的努力,到2005年左右才最终从英国的麦克米兰出版社获得了这本书的版权。得到这本书的版权后,我随即写信给萨格登教授,告诉他了这本书的中译本的事,曾收到了他的赞同和表示感谢的邮件。由于近些年自己的学术研究日程排得甚紧,加上我这几年在复旦大学经济学院分管的繁忙行政任务,使我自己实在没时间来从事这本书的翻译工作。在此情况下,我把这本书的中文翻译任务交给了我的学生方钦。近一两年来,方钦在翻译这本书上花费了很大的力气,曾几易其稿,也曾交给我后被我一再打回,建议他修改、再修改、重译、再重译。在本译本最后定稿之前,方钦也多次表示要让我校对一遍,但是,由于自己的学术研究压力实在太大,加上目前仍然未能脱身的复旦大学经济学院的繁忙行政事务,尽管我对这本书的英文版读过不止一遍,但是我还是没能有时间坐下来一句句校对方钦的译稿,而最后只是采取了一种比较"偷懒"的办法,对方钦的最后定稿盲读了一遍。由于我对这本书每章的内容和语句大致都还有些记忆,在盲读方钦的译稿时,如果在直观上觉得某个地方有问题,我随即查对原文,并提出自己的修改意见。

尽管我只是对方钦的译稿盲读了一遍,但是,这个中译本中有任何误译之处或纰漏,我和方钦会同时为之负责。

这多年来,经过不断经手国外学术著作的译校之事,我总是反复给自己以及自己的学生和同事们强调这样一种翻译"哲学":在翻译外国经典学术名著时,如果难能做到"信、达、雅",就要以"信"为上。基于这一翻译哲学,在我自己译校和审定某本外文学术著作的中译本时,我尽量要求要译文尽量切近原义,甚至有点中文语句的"佶屈聱牙",也在所不惜。因此,尽管我不敢保证现在方钦的这个中译本没有误译之处——且可以肯定地说其中的纰漏不少,但是,我这里还是大致可以说,我们将尽量提供给读者一个可信的读本。当然,若学界方家发现这一译本中有任何纰漏和误译之处,这里谨诚挚地欢迎来信或来电子邮件示下,我们将在再版或重印中加以纠正。

最后,请允许笔者在这里谨志18世纪伟大的英国思想家休谟在《人性论》中关于产权的一句话来作为这本书的"中译序"的结束语。在谈到产权惯例最终会使每个人获益时,休谟(Hume, 1740, Book 3, Part 2, Section 2)曾说:

> 要将其益处和害处分开,是不可能的。财产必须稳定,必须由一般的规则所确立。虽然在某种情况下公众也许会受其害,但这只是暂时的害处,规则的稳定实施,以及由此所产生的社会安定和秩序,会使其得到充分补偿。加之,从整体上考虑,每个人均会发现自己是个获益者;因为,没有正义,社会必定会立即解体,而每一个人必然会陷于野蛮和孤立的状态,那种状态比起我们所能设想到的社会中最坏的情况,还要坏过万倍。

在《权利、合作与福利的经济学》一书最后一章,萨格登教授曾引用了休谟的这段句话。今天,反复研读休谟的这段话,觉得意蕴实在深刻且深远。17世纪以来的人类社会的发展史,以及从 1917 年以来中央计划经济的巨大人类社会工程试验,难道不是都验证了休谟的这一判断?!

是为序。

韦森于 2007 年 7 月 31 日谨识于复旦

参考文献

Binmore, K., 1994, *Game Theory and Social Contract*, Vol. I: *Playing Fair*, Cambridge, Mass.: The MIT Press.

Binmore, K., 1998, *Game Theory and Social Contract*, Vol. II: *Just Playing*, Cambridge, Mass.: The MIT Press.

Binmore, K., 2005, *Natural Justice*, Oxford: Oxford University Press.

Binmore, K., 2007, *Playing for Real: A Text on Game Theory*, Oxford: Oxford University Press.

Hare, Richard M., 1963, *Freedom and Reason*, Oxford: Oxford University Press.

Hayek, F. A., 1960, *The Constitution of Liberty*, Chicago: The University of Chicago Press.

Hayek, F.A., 1979, *Law, Legislation and Liberty*, in three vols., London: Routledge and Kegan Paul.

Hume, D., 1740, *A Treatise on Human Nature*, ed. by L.A.Selby-Bigge, 2nd ed., Oxford: Clarendon, 1978.

Kant, I. 1785, *Grundlegung zur Metaphysik der Sitten*, Eng. tr: *Fundamental Principles of the Metaphysic of Morals*, tr. by T.K. Abbott, New York, The Liberty Art Press(1949); *Foundations of the Metaphysics of Morals*, tr. by L.W.Beck, London: Macmillan(1959).中译本:康德,《道德形而上学原理》,苗力田译,上海:上海人民出版社 1986 年。

Kant, I., 1787, *Kritik der reinen Vernunft*, Berlin: Hartknoch. Eng. tr.: Kant, I., *Critique of Pure Reason*, trans. by N.K.Smith, London: Macmillan (1933).中译本:康德,《纯粹理性批判》,蓝公武译,北京:商务印书馆 1960 年;康德,《纯粹理性批判》,韦卓民译,武汉:华中师大出版社 2000 年。

Kant, I., 1788, *Critique of Practical Reason*, Eng. tr. by Lewis W.Beck, London: Macmillan(1993),中译本:康德,《实践理性批判》,韩水法译,北京:商务印书馆 1999 年。

North, D., 1990, *Institutions, Institutional Change and Economic Performance*, Cambridge: Cambridge University Press.

Rawls, John, 2000, *Lectures on the History of Moral Philosophy*, Cambridge, Mass.: Harvard University Press.

Schotter, A., 1981, *The Economic Theory of Social Institutions*, Cambridge: Cambridge University Press.

Sugden, R., 1989, "Spontaneous Order", *Journal of Economic Perspective*, vol.3, No.4, pp.85–97.

Sugden, R., 2004, *The Economics of Rights, Co-operation, and Welfare*, 2nd ed. Hampshire: Palgrave Macmillan.

韦森,2001,《社会制序的经济分析导论》,上海:上海三联书店。

Young, H.P., 1996, "The Economics of Convention", *Journal of Economic Perspective*, vol.10, No.2, pp.105–122.

Yonng, H.P., 1998, *Individual Strategy and Social Structure: An Evolutionary Theory of Institutions*, Princeton, NJ: Princeton University Press.

新译中文版序言

译者按：时隔十年之后，当译者重新修订本书译文之时，和作者萨格登教授沟通，询问他今时今日对当年的作品是否有新的想法，可否为中国读者再撰写一篇新的中文版序言。教授坦言，他的确有些新的想法，也愿意写一篇新序，只是一时之间不确定应该如何写。因此译者不揣谫陋，提出是否可以采用问答对话的形式，来谈一下教授最近这十年，在本书基础之上，对相关问题又有了哪些新的认识。教授欣然应允，于是乎有了这篇形式较为特殊的序言。

问题一：在《权利、合作与福利的经济学》（以下简称 ERCW）一书中，您写道："当我们说一种做法是一项惯例时，我们暗含着对于如下问题的回答——至少是部分的回答，'为什么每个人都做 X?'是'因为其他每一个人都做 X。'"然而我们知道，如果换作是社会学家，他们会将您的回答称作"乌合之众的行为"，抑或称作"集体行动"。所以，这是否意味着您认为惯例其实是集体行动演化的结果？

答：我原本应该写的是"部分的回答"，而不是"**至少是**部分的回答"。根据我的"惯例"定义，一项惯例是行为的常规性，其中如下事实（还包括其他事实）为真：如果其他每一个人以此种方式行为，你也采取同样的行为方式是符合你的利益的。这不等于是说，遵从其他每一个人都遵从的任一常规性——这才是"乌合之众的行为"——是符合你的利益的。

问题二：在 ERCW 中，您将一项惯例定义为"自我施行的规则"。正如我们所知,大卫·刘易斯将一项惯例定义为"行为的常规性"。那么这是否意味着,"自我施行的规则"指的就是"行为的常规性"?

并且,刘易斯认为,某些惯例本质上不能被称作规则。他的例子是"乔托游戏"(Jotto)——即非正式惯例。您对他这一观点有何评论?(乔托游戏是一种猜单词游戏,一般是五个字母组成的单词,两位玩家各自试着说出一个单词,对方则告知其中有多少个字母和他要猜测的单词相符——字母和字母所处位置都相符或者仅仅是字母相符但位置不对,然后据此玩家再给出一个新单词,通过这种反复试错的方式,谁最先猜出对方的单词就算赢。互联网上有该游戏的在线版,有兴趣的读者可以自行搜索。——译者注)

答:自从撰写 ERCW 一书以来,我考虑过如何用最佳的方式来定义"惯例"。对于 ERCW(第 2.8 节)中的定义,我并非全然地满意,但这只是一个术语问题;对于本书中所言的实质性问题,没有任何影响。正如乔托游戏这个例子所展示的,在理论中有用的一个有关"惯例"的定义,不能指望其能够抓住日常英语中所称的"惯例"现象的方方面面。

一个问题是(在第 2.8 节中已提及),在一个人与人之间循环互动的群体中,一项**本可以成为**行为的常规性的策略,和该群体中一项**是**行为的常规性的策略,二者之间存在的区别。例如,"靠左行驶"和"靠右行驶"皆为与驾车有关的、**潜在可能的**、自我施行的常规性,但是在任何的国家和地区,都只有其中之一能成为**实际的**常规性。刘易斯和我考虑的都是存在两个或者更多个此类潜在可能的常规性的情境之中,实际自我施行的常规性。我将全部潜在可能的常规性称作"惯例";刘易斯则保留这一术语用来指称实际的常规性。但是并不存在实质性的差异。我们都将"自我施行"这一性质(亦即,如果其他每一个人都遵从某一特定的常规性,那么这样做是符合每一名行为人的利益的)作为我们定义的组成部分。

一个更为重要的差异是(同样也在第 2.8 节中提及),刘易斯增加了一个条件,当每一名行为人都遵从某一特定的常规性时,他偏好其他的行为人不会做出偏离该常规性的行为。尽管在我的定义中,该条件不构成正式的组成部分,但是我有关惯例如何能够成为规范的分析(第8章和第9章),只能应用于刘易斯这一额外的条件得以成立的情境中;即做出单方面偏离某一惯例的行为,会伤害到遵从该惯例的人们的情境。

在 ERCW 中我说过,由于去除了刘易斯额外增加的条件,我的定义与休谟在《人性论》中使用的定义相一致。现在我认为这样的说法是不太正确的。休谟有关惯例的概念中暗含着如下的意思,一项惯例具有某种**默会协定**的性质。他的条件是,"在权衡得失之后"(正如他自己所言),相对于没有惯例获得人们普遍遵从的情境而言,每一个人皆遵从某一特定惯例,当这一事实已经实际发生时,相关群体中的每一位成员都能从中获益。我的定义中同样也没有包含这一条件。

现在我认为休谟和刘易斯使用了两种不同的方式来思考如下的问题:一个常规性可以"像是一项协定"。休谟**以局外人的立场**来评价某一特定的常规性,追问的是:如果唯一的备选项是根本不存在任何惯例,那么每一个人是否同意将该常规性确立为一项惯例。刘易斯**以局内人的立场**来评价某一特定的常规性,追问的是:给定几乎每一个人都遵从该常规性,那么每一个人是否有理由不赞同做出单方面偏离该常规性的行为。举例来说,在某一国家中其道路规则是"靠右行驶",休谟追问的是:对每一个人而言存在这样一条规则是不是比根本不存在任何规则要更好;而刘易斯追问的是:破坏该规则的行为人是否会伤害到他人。在最近的一篇论文中(Sugden, 2021),我已经在"休谟式的"惯例和"刘易斯式的"惯例之间做出区分。("靠右行驶"既是休谟式的惯例,也是刘易斯式的惯例)。

问题三:当您分析惯例的演化过程时,您说:人们的确使用了相邻原则、添附原则和平等原则来识别出博弈中存在的显著性。我知道,近二十年来您已经进行了许多次实验,在这些实验中,特别是有关产权惯例演化的实验中,您是否发现这三项原则中有某一项原则要比其他的原则更为重要?

答：自写作 ERCW 以来，我（与一个合作者团队一起）已经进行了许多次实验，研究显著性的性质，以及它在何种程度上能够帮助人们解决协调问题（Bardsley et al.，2010；Alberti, Sugden and Tsutsui, 2012；Isoni et al.，2013，2014；Heap, Arjona and Sugden，2017；Isoni et al.，2019；Isoni, Sugden and Zheng, 2020）。其中有一些实验使用的设计是：两位参与人同时对有价值的目标对象提出权利主张，而目标对象则散布在某一块区域。如果他们的权利主张没有发生重合，那么每一方参与人获得他主张权利的目标对象；但是如果有任何的目标对象，双方参与人都对其主张权利，那么他们在整个博弈中什么都得不到（萨格登教授2008年在复旦大学短期授课时进行过类似实验。实验过程大致来说就是：发给每一位实验者一张空白的白纸，当作地图；让每位参与人在纸上任意位置画出一块图形，作为他主张权利的土地面积；然后随机配对两位参与人，如果他们画出的图形位置重合——全部重合或者部分重合，什么也得不到；如果不重合，各自拥有该土地面积。——译者注）。这一实验设计能够测试在解决所有权冲突时人们使用的是相邻原则、添附原则，还是平等原则。相邻原则和添附原则二者很相似：它们皆为聚焦于特定目标对象和权利主张者之间显著相关性的原则。平等原则有着本质性的不同：它是有关在参与人之间分配总收益的原则。我们发现，大多数参与人会优先考虑收益平等，并使用与空间分布有关的原则作为决定胜负的关键。但是在这些实验中，平等分割的方案是十分明确的。正如我在 ERCW 的第5章中做出的解释，在许多真实世界的条件之下，权利主张者—目标对象的关系是十分明确的，但是平等原则并不明确。在这些条件下，权利主张者—目标对象的原则或许要比平等原则更为重要。

然而，这些实验发现了一种我**之前没有**预期到的效应（谢林——赋予我灵感以从事显著性研究的人，他也没有预期到）。具有"性别战"（Battle of the Sexes）结构的博弈（例如在 ERCW 的第2.2节中讨论的"非对称钞票博弈"）存在两个纯策略的纳什均衡，一个有利于其中一位参与人，另一个则有利于另一位参与人。原则上,倘若两个均衡中有一个以某种方式将其标识为显著,那么这一协调问题便能够解决。但是要让这一解决方案实现,两位参与人中有一位不得不接受相比另一位参与人而言较少的收益。我们发现,即使收益差距十分小,相较于纯协调博弈来说,在这类博弈中参与人也不太可能运用显著性。似乎这并非因为参与人厌恶不平等。在某种程度上,博弈内在的非对称性质分散了他们的注意力,使得他们没有考虑到该博弈是一个协调问题。

问题四:另一个和您实验相关的问题。您是否发现确实的证据证明文化——我指的是族群、信念、习俗或者群体心态等诸如此类的现象——在惯例演化过程中扮演了重要的角色?

答:在我的研究中,我关注的是决定人们有关显著性之感知的**一般原则**,特别是那些每一个均衡都具有唯一"标识"(例如"红"或"蓝")的纯协调博弈(Bardsley et al., 2010;Alberti, Sugden and Tsutsui, 2012;Heap, Arjona and Sugden, 2017)。从这些研究中我得到的大体结论是,这些原则**不具有**文化内涵。这些一般原则包括:"最喜爱"(该标识指的是我最喜欢的东西,或者说我认为其他人最喜欢的东西?),"著名"或者"经常提及"(该标识指的是在我们的社会中最经常提及的东西?),"最重要"(该标识指的是目标对象类型中最重要的那一个?例如,珠穆朗玛峰是最重要的一座山,因为它是最高的。),"与众不同"(该标识指的是鹤立鸡群的东西?这一标识仅应用于标识集合是有限集合的情形。),"首先想到"(最常应用于标识集合是无限集合的情形,例如这样的问题:说出任何一名足球运动员的名字。),如果协调问题是有关在权利主张者之间分配目标对象:"相邻"(将目标对象分配给与之关系最紧密的权利主张者)。然而,对于这些原则的**应用**,是具有文化内涵的。2008年在复旦大学,你和我面向主要是中国学生组成的群体展示了一些纯协调博弈。如果我记得没错的话,一个具有代表性的博弈就是采取如下的形式,"说出任何一个人的名字,在世的或者已故的皆可"(要求实验对象需要面对另一名未知的参与人时,双方都给出相同的回答)。最常见的答案是毛泽东,其次是邓小平。如果我们在英国提出同样的问题,最常见的回答有可能是温斯顿·丘吉尔(Winston Churchill)。这就是文化差异或者历史差异。但是在中国选择毛泽东,在英国选择丘吉尔,其中蕴含的一般原则是相同的。

问题五:在您的书中,您提到ERCW更加怀疑自发秩序的效率性质。而这也是为何许多人并不相信自发秩序的原因。他们相信政府会创制出更好的惯例,因为演化的选择过程并不偏爱有效率的惯例。在您看到当今世界正在发生的一切之后,您是否仍然对自发秩序具有信心?

答:显然,在引导有效率的惯例形成之过程中,政府确实发挥着某种作用。交通规则就是一个例子。这些规则(例如在道路交汇处赋予优先通过权)通常都是我在回答第二个问题时提及的、具有全部三种含义的惯例。有时现行的规则很明显不如某项潜在可能的、具有自我施行性质的备选规则。政府能够进行规划,从不那么有效率的惯例转换到效率更高的惯例。

但是出于以下这些理由,我们要对这些政策持审慎态度。一个理由是,政府有关新惯例效率更高的判断可能是错的,特别是如果现行的惯例属于一个自发秩序复合体的一部分,而该自发秩序复合体是通过无法预测的路径演化形成的。政府常常相信理性计划能够改进市场的自发运作机制,而结果证明这样的判断通常是错的。第二个理由是,政府易于忽视惯例(即自我施行的常规性)和规制(regulation)之间的差别,后者只能通过外在的强制措施才能创造出常规性。自我施行的常规性要更加稳定。第三个理由来自ERCW所要传达的最重要的信息之一:我们的道德感基于事实上是演化形成的惯例,而非理性计算。这意味着我们不能期望道德是有效率的。一些最糟糕的社会实验就是政府的杰作,他们试图"改进"其公民的道德概念。所以对于你的问题,我的回答是,当我目睹当今世界一些政府的所作所为,我认为更加值得为自发秩序进行辩护。

问题六:在ERCW的"跋"中,您介绍了规范预期理论,现在一些经济学家提出"社会偏好"的概念。那么您的理论和社会偏好理论之间存在差异吗?

答:在最近的二十年中,经济理论主要的发展领域之一就是非自利行为理论的提出。它们通常被称为"社会偏好"理论,即如下这类理论:行为人最大化效用(正如传统的经济理论所言的那样),但是有些效用并非源自他们物质上的自利(比方说是源自对于那些向他们表达"友善"的人们同样也表示出"友善"的态度)。规范预期理论是社会偏好理论的一种形式,类似于(但是提出要更早)社会偏好理论中的"愧疚厌恶"(guilt aversion)。"愧疚厌恶"的基本思想是,一个人(比如说乔)做出的行为,相对于另一个人(比如说简)先前的预期而言,伤害到了她,那么乔得到的效用为负。通过提出如下的条件,仅当简的预期是"合理的"(也就是说,这是基于相关社会经验意义上的常规性),乔才会得到这类负效用,我的理论将这一思想与惯例联系在了一起。因此,我的理论暗示人们具有遵从刘易斯式的惯例的动机。

但是我认为,在 ERCW 的第 9 章中提出了一个更深层次意义上的非自利行为理论。这就是,有关社会演化的过程有利于形成刘易斯式的惯例的思想,以及道德规范要求我们遵从这类惯例的思想。在第 9.2 节,我精炼出了这类规范的核心特征:**合作原则**。甚至在撰写 ERCW 之前,我就提出了基于相似原则的一种**互惠理论**(Sugden,1984)。最近这几年,我进一步发展了这一思想,采用的形式就是**互利原则**(the Principle of Mutual Benefit),这是我近期的著作《利益共同体》(*The Community of Advantage*,2018)中的核心思想之一(Isoni and Sugden,2019)。

问题七:我能够称呼您为"休谟主义者"吗?正如我们所知,有许多学者将休谟称作是一名功利主义者。但是在 ERCW 中,您强调您的思想与功利主义者的观点相冲突。所以您认为休谟的思想和功利主义有何不同?

答:要问我认为自己是不是一名休谟主义者?当然,绝对是。但问我是否同意那些将休谟称作功利主义者的学者?不同意。

正如我在第一版前言中所称,促使 ERCW 诞生的研究工作是来自我阅读——詹姆斯·布坎南推荐的——休谟的《人性论》时产生的灵感。从此以后《人性论》就一直是我的灵感来源。我已经写了若干篇论文,论证许多现代评论家以功利主义和理性选择理论的目光打量《人性论》,是误解了此书;并且没有认识到,此书对人类心理学做出了开拓性的研究(Sugden, 2006; Sugden, 2008; Sugden, 2021)。功利主义哲学是启蒙运动对于理性力量所具有的信念创造出来的产物。它探寻基于理性的普遍道德原则。它设计理性的法则和制度,并提出清除那些显示出非理性的、传统的道德准则。其中许多的形式,特别是那些被经济学家采纳的形式,将人用理性行为人的形象呈现出来。上述种种方面,休谟皆持反对的立场。正如谢尔顿·沃林(Sheldon Wolin)写下的那句著名的论断:休谟将启蒙运动的枪口指向了启蒙运动自身。在《人性论》中,休谟清楚明白地论证后认为,不存在理性选择或者理性道德之类的东西。他对于人类道德情感的解释是基于他在书中提出的人类心理学和社会惯例理论。ERCW 是这些思想的进一步发展。

然而,休谟思想中有一层含义带有一丝功利主义的意味。在《人性论》中,当他试图解释为什么对于产权规则的尊重,会被人们感知为一种道德义务时,他诉诸的心理学机制是"对于公益的同情"。其思想是每个人都会从财产权利的存在中获益。换言之,产权就是我之前所说的休谟式的惯例。休谟论证说,这致使人们对于违反财产权利的行为(他们自己做出的或者他人做出的)感到厌恶。在他后来的著作中,休谟更为频繁地使用这类论证,来支持现行的制度。实际上,他认为同情的心理状态具有功利的性质。在 ERCW 的第 9.1 节中,我探讨了休谟这方面的思想,并论证认为,从心理学角度而言这是不能令人信服的。在最近的一篇论文中,我证明这与休谟自己才华横溢的人类心理学理论不一致(Sugden, 2021)。就这方面来说,我有关惯例如何成为规范的论述相较于休谟的论述,更少地含有功利主义的意味——更接近刘易斯的理论而非休谟的理论。

问题八:自 ERCW 第二版问世至今,已经过去了 17 年,您是否又有了新的想法,想要增补到 ERCW 一书中去?或者说,ERCW 中是否有任何的观点您想要做出修正?

答：我将 ERCW 和《利益共同体》视为讨论同一主题的两本互补的作品。有许多我想增补到 ERCW 中去的观点已经在《利益共同体》一书中提了出来。

ERCW 一书中我想要修改的地方并不多，但是在过去 35 年间，经济和社会的发展提供了许多有关惯例是如何形成并演化的崭新的案例研究。总的来说，我认为这些证据与 ERCW 中提出的理论相符。但是我不得不说，至少在我看来，有些业已形成的自发秩序的形式是令人讨厌的。新惯例已经形成，并且仍在不断形成的最重要领域之一，就是互联网和社交媒体。从积极的方面来说，促进私人个体之间、微小企业及其客户之间从事网上交易的惯例，其形成之迅速令我感到讶异，它们克服了我在 ERCW（第 6.1 节）中通过用邮件进行交易这个例子所描述的难题。从偶然发送且寄送缓慢的信件转向经常发送且传递迅捷的电子邮件，作为其结果，观察有关语言运用的惯例如何发生变化——以及如何快速地发生变化，我十分感兴趣。但是也存在消极的方面。社交媒体的扩张业已创造出新的有关自发秩序的信念以及道德判断。这一秩序得以运作的基本机制是由休谟和亚当·斯密最先做出了理论阐释，并在 ERCW 中得以阐明。但是有些结果的出现既在意料之外且令人不快。我现在正在思考的具体问题，就是假新闻和阴谋论创造出来的互为强化的（mutually reinforcing）信念；以及那些发表有争议的观点和说出不受欢迎的真相的人，人们直接针对他们表达出来的互为强化的愤怒和狂暴心态。然而，我还是坚持我在第五个问题中给出的回答。在目睹这些社交媒体的特质如何能够被别有用心之人轻易操控之后，我们应当对如下的观点持审慎态度，即认为可以通过管制的方式找出解决之道。

问题九：您曾经提到，ERCW 也许是您写得最好的书。现在您又出版了一本新作——《利益共同体》，那么您是否仍然认为 ERCW 还是您最好的著作？

答：确实，我在 ERCW 第二版的引言中说过这句话，当时我解释为什么我只是增加了一篇跋，而没有修改原初的文本。我描述了自己曾经有过的、写作此书时的那种感觉，我正在想要表达出来的那些思想拥有它们自己的生命（我

感觉到它们是如此真实且重要,即便我无法说清楚为何会这样)。我说过,在撰写其他的著作和文章时并没有同样的感觉。当我写作《利益共同体》之时,我再度找到了这种感觉。我认为这两本书都是我写得最好的书。就像一位拥有两个孩子的父亲,我不想说在二者之间我会更喜欢谁。

问题十:还有其他的话想对您的中国读者说吗?

答:在 ERCW 的初译中文版序言中我用下面这段话作为结尾,如今我仍然想以此作为结尾:

一想到我所致力于研究的知识传统——大卫·休谟与亚当·斯密的传统,将社会制度视为自由个体交往行为之非设计的且非意欲的产物的传统——可能正开始在中国扎根成长,就给我带来莫大的愉悦。我的新中国读者们,希望我能够让你们相信这一方法对于社会理论所具有的价值。

罗伯特·萨格登

2021 年 4 月

参考文献

[1] Robert Sugden (2021). 'Hume's theory of justice and Vanderschraaf's Vulnerability Objection'. Forthcoming in *Philosophical Studies*.

[2] Nicholas Bardsley, Judith Mehta, Chris Starmer and Robert Sugden (2010). 'Explaining focal points: cognitive hierarchy theory versus team reasoning'. *Economic Journal*, 120, 40 - 79.

[3] Federica Alberti, Robert Sugden and Kei Tsutsui (2012). 'Salience as an emergent property'. *Journal of Economic Behavior and Organization*, 82, 379 - 394.

[4] Andrea Isoni, Anders Poulsen, Robert Sugden and Kei Tsutsui (2013). 'Focal points in tacit bargaining games: experimental evidence'. *European Economic Review*, 59, 167 - 188.

[5] Andrea Isoni, Anders Poulsen, Robert Sugden and Kei Tsutsui

(2014). 'Efficiency, equality and labelling: an experimental investigation of focal points in explicit bargaining'. *American Economic Review*, 104, 3256 – 3287.

[6] Shaun Hargreaves Heap, David Rojo Arjona and Robert Sugden (2017). 'Coordination when there are restricted and unrestricted options'. *Theory and Decision*, 83, 107 – 129.

[7] Andrea Isoni, Anders Poulsen, Robert Sugden and Kei Tsutsui (2019). 'Focal points and payoff information in tacit bargaining'. *Games and Economic Behavior*, 114, 193 – 214.

[8] Andrea Isoni, Robert Sugden and Jiwei Zheng (2020). 'The Pizza night game: efficiency, conflict and inequality in tacit bargaining games with focal points'. *European Economic Review*, 127, article 103428.

[9] Robert Sugden (1984). 'Reciprocity: the supply of public goods through voluntary contributions'. *Economic Journal*, 94, 772 – 787.

[10] Robert Sugden (2018). *The Community of Advantage: A Behavioural Economist's Defence of the Market*. Oxford University Press.

[11] Andrea Isoni and Robert Sugden (2019). 'Reciprocity and the Paradox of Trust in psychological game theory'. *Journal of Economic Behavior and Organization*, 167, 219 – 227.

[12] Robert Sugden (2006). 'Hume's non-instrumental and non-propositional decision theory', *Economics and Philosophy*, 22, 365 – 391.

[13] Robert Sugden (2008). 'David Hume's Treatise of Human Nature' [an 'untimely review'], *Topoi*, 27, 153 – 159.

[14] Robert Sugden (2021). 'Hume's experimental psychology and the idea of erroneous preferences'. *Journal of Economic Behavior and Organization*, 183, 836 – 848.

初译中文版序言

对我而言,《权利、合作与福利的经济学》在我的作品中相当于最受宠爱的孩子。在我所写的全部著作与论文中,他是我的最爱,对于一些原创性的且具有重要意义的观点,本书给出了最强有力的论述。我非常高兴这本书现在有了中文版。我极为感谢李维森(韦森)和方钦为本书的翻译和出版所做的努力。我希望他们的努力会得到回报,并且本书会受到中国读者的欢迎。

我不得不说,在英语读者中,这本书有些像是一件适销对路的产品。从哲学领域到社会科学领域,形成了一群仰慕本书的读者,但是这个群体仍然很小;这个圈子中的大多数成员反而是在他们各自正统学科领域之外的知识界占据了一席之地。我愿意认为这部分是由于这本书在使用演化模型方面走在了时代的前面。当第一版于1986年出版时,认为演化生物学的方法或许能够应用于社会科学,这样的想法几乎是闻所未闻:没有人会预料到演化博弈论将成为经济学的常规方法。但这还不是全部的原因。本书的思想大量依赖于托马斯·谢林关于"凸显性"(或者称"显著性")的分析,这也使得本书与众不同。谢林的分析到1986年为止,在大约25年的时间里还从未真正得到接受,成为正统的博弈理论。我逐渐相信正是本书激进的、反理性主义者的立场,使其虽然得到了仰慕者的热爱,却又无法成为"主流"。

这本书应当被称为《自发秩序》。(现在的标题,我总是感到后悔的这个标题,是在与原来的出版商经过协商后,妥协而成的产物。)中心思想是,许多关乎道德的人类信念是作为社会交往过程中非意欲的产物,自发形成的。通常,这些道德信念"仅仅"是惯例而已,取决于历史偶然性。根据道德哲学家所分析的那类原则来看,自发道德显得任意专断且不公平。但是,在整本书中我始终反对如下的观点,认为这种自发道德是错误的,它是理性的人们能够并且应当予以纠正的某种东西。事实上,关于人们如何推理什么是他们应当做的事,我提供了一套分析理路。这种推理依据其自身的方式进行思考,而不是近乎——或者偏离于——某种理性的理想化标准。我的志向曾经是,现在还是,朝着这样的方向前行:以敏锐的、理智的方式去理解在十八世纪大卫·休谟的哲学中所发现的人类行为动机。

一想到我所致力于研究的知识传统——大卫·休谟与亚当·斯密的传统,将社会制度视为自由个体交往行为之非设计的且非意欲的产物的传统——可能正开始在中国扎根成长,就给我带来莫大的愉悦。我的新中国读者们,希望我能够让你们相信这一方法对于社会理论所具有的价值。

罗伯特·萨格登

2007年7月

英文第二版引言

《权利、合作与福利的经济学》是一次尝试,将社会秩序和道德作为惯例来理解。在本书于1986年出版时,书中使用的理论方法事实上还未在社会科学中尝试过:演化博弈论。《权利、合作与福利的经济学》(从现在开始,我将简称本书为ERCW)获得了适度的成功。有不少经济学家、政治理论家和哲学家阅读了此书。其中一些人喜欢本书——我尊重他们提出的评价,并且在他们自己的作品里使用了本书中的一些思想。但是,在演化方法成为分析社会理论的流行趋势之前,本书便绝版了。

在最近的十五年中,对于该方法的兴趣成为一股浪潮;同时出现了对于理性主义的反感,反感将理性主义变成经济学理论、社会选择理论和博弈论的特征。认为社会秩序是基于惯例的思想,以及认为惯例的出现和维持能够用演化形式的博弈理论做出阐释的思想,如今已获得了广泛的支持。三位卓越的理论家已经呈献上了关于这些思想各自不同的版本:肯·宾默尔(Ken Binmore)两卷本的《博弈论与社会契约》(*Game Theory and the Social Contract*,1994,1998),布赖恩·斯科姆斯(Brian Skyrms)的《社会契约的演化》(*Evolution of the Social Contract*,1996),以及培顿·扬(Peyton Young)的《个人策略与社会结构》(*Individual Strategy and Social Structure*,1998)。这些书很明显与ERCW同属一脉。但是我认为我所使用的方法,与大多数近来的演化博弈论作品有着显著的不同,并且更激进地倾向于自然主义。出于相信ERCW能够为当前的讨论做出一份贡献,我编辑了这一新版本。

我没有修订文本，而是采取了一位编辑的立场——一位赞同原初文本的编辑，但是他并不因此而必然同意书中的每一个词汇。除了改正一些错误外，我保留了该文本在1986年出版时的原貌，但是我增加了两块评论性内容：你们现在读到的引言，以及一篇篇幅较长的跋。我想在评论中说的大部分内容将只会对那些已经读过原书中相关部分的人有意义，因此这些话最好写成跋。然而此处则是做一些一般性反思的适当之所，即说明本书如何写成以及这一新版本为何采取如此的形式。

在我所写的一切作品中，ERCW是我最自豪的作品之一。我于1982年开始从事该书的写作，在1985年底完成了本书。在这段时间里，对于我正在撰写的东西，我的思想图谱发生了巨大的变化；对比我最终送到出版商那里的手稿与我开始写作时的计划，几乎没有任何共同之处。在将我的思想倾吐于纸上的过程中，我体验到了不断增强的激动之情。我感到对于解释社会秩序之性质这一古老的理论难题，我似乎已经发现了一个全新的视角。我有意地使用**视角**(*viewpoint*)这个词：我并没有感到我正在创立一套新理论，而是正在通过全新的角度观察事物。有时候，回头看看我所写下的东西，我害怕我的读者们会看穿这只不过是对一些著名理论片断浅显直白地反思所集合而成的大杂烩；但是我保留了这种感觉——一种我仍然发现很难清楚表达的感觉：我所努力想要表达的思想是正确的且重要的。也许所有这一切仅仅是作者惯有的幻觉。然而，即便我没有写下其他任何东西，沉浸于这些思想之中时我仍然怀有这种感觉，这些思想拥有它们自己的生命。

原书前言中解释了ERCW的源起。我开始时打算撰写一部关于社会契约理论的书，拓展一下来自两本书中的思想，这两本书强烈地影响了我：约翰·罗尔斯(John Rawls)的《正义论》(*A Theory of Justice*, 1972)和詹姆斯·布坎南(James Buchanan)的《自由的限度》(*The Limits of Liberty*, 1975)。我抛弃了罗尔斯关于无知之幕(veil of ignorance)的思想，寻找一些原则能够使得个人之间的理性同意在霍布斯主义式的(Hobbesian)自然状态之下制定一份社会契约。但是,当我越想为讨价还价博弈找到一些特定的理性解时,我就越对这类解的存在表示怀疑。似乎对我而言,在解决讨价还价的难题中,人们典型地依赖于共有的和默会的意见,而这些意见是从之前的交往行为历史中演化而来的。我开始认为正义原则自身也许是从这些默会意见中形成的。我发现这一思想在大卫·休谟(David Hume)的《人性论》(*Treatise of Human Nature*,1740)和亚当·斯密(Adam Smith)的《道德情感论》(*Theory of Moral Sentiments*,1759)①中已经被探究过了。在这些苏格兰作家的作品中,我发现了将社会生活作为一种自发秩序来理解的思想。在这自发秩序中,我们将道德和正义的原则作为惯例,这些惯例经由重复出现的社会交往过程从自然的人类情感中发展而来。

我意识到可以通过将社会交往行为作为博弈来思考,使得这些思想得到进一步拓展。然而,20世纪80年代早期的博弈论,只关注于完美的理性参与人的行为。"理性"(rationality)被定义得极端狭隘。其规定,一位理性的参与人,只能够考虑那些被数理博弈论所承认的博弈特征(策略、收益、信息集等等)。为了形成关于其他参与人将会如何行为的预期,一位理性的参与人要从认为全体参与人的理性是共同知识这一假定出发进行演绎推理。我很快发现这种模型化的策略不能代表演化的过程。为了解决我所面对的这一难题,我从主流博弈论之外的三处源泉中汲取思想。

首先,在托马斯·谢林(Thomas Schelling)的《冲突的策略》(*Strategy of Conflict*,1960)中对协调问题进行了分析。人们通过凸显性这一常见的概念

---

① 斯密的这本名著在国内被译作《道德情操论》。然而将"sentiment"译作"情操"虽然看似"雅",却既非"信"亦非"达"。"情操"指的是感情与操守,特别是其中的"操守"与道德行为相关,这属于中国传统中的"德行观",不同于西方传统的"德性观",而"情感论"正是由德性观发展而来的道德哲学分支,并且是当代西方道德哲学最为重要的分支之一。所以,在本书中译者一律译为《道德情感论》。但书中引文仍然参考了商务印书馆的译本,所以引文出处还是写作《道德情操论》,以免混淆。(本书作者注释为章末注,脚注均为译者注,后文不再说明。)

来解决协调问题,谢林的这一观点现在已经广为人知;但是,由于很难解释为何这种凸显性对完美的理性行为人来说是重要的,该观点从来没有被整合进经济学或者博弈论中去。其次,是大卫·刘易斯(David Lewis)的《惯例》(Convention, 1969)。尽管由于首次提出了有关共同知识的正式定义之一,该书备受赞誉,但几乎没有经济学家注意到其中关于惯例的博弈论分析。我尤其受到了刘易斯的影响,他分析了先例在复制惯例中所扮演的角色,以及惯例如何演变为规范(norm)。我的第三处思想源泉来自一群理论生物学家,由约翰·梅纳德·史密斯(John Maynard Smith)领导,他改写了博弈论使之适合于解释动物行为的演化。在那时,这项研究对经济学几乎没有造成任何影响;那种认为经济学也许可以从生物学中学到些东西的想法,极少会有人提出来。通过不同的途径,这三条分析理路展现了如何能够存在一种博弈理论,不用假定参与人是理想的理性行为人,从历史和社会的背景下被抽象出来。我的书变成了一次将社会秩序理解为惯例的尝试,根据休谟和亚当·斯密的精神,运用受到谢林、刘易斯和梅纳德·史密斯的启发而采取的非理性主义的博弈论方法。正是因为ERCW整合了来自这些相异却经典的思想源泉中的观点,正是因为其令人惊讶地极少依赖20世纪80年代的主流经济理论和博弈论,其(正如我相信的那样)优雅地成长起来,并且仍然为理解社会秩序和道德而贡献着某些东西。

在试着决定如何以最好的方式再度将本书引介入当代文献中时,我在相互冲突的思想之间左右为难。本书的一些方面毫无疑问已经过时了。对于有些例子来说这是再明显不过的事实,比如引用留声机每分钟转速33 rpm的例子,或者1945年苏联军队与英国和美国军队相遇处的分割线之重要意义的例子。但是对于一位善解人意的读者来说这不应当成为问题:社会惯例的理论旨在应用到一切时代的一切人类社会之中,因此来自某一段历史时期的证据和来自其他时期的证据一样有效。

更为严重的问题是,自从20世纪80年代以来演化博弈理论获得了巨大的进步。当我撰写ERCW时,演化博弈理论几乎完全是生物学家的自耕地。在改写这一理论主干使之能够运用于社会科学之时,我是白手起家。我从一名社会理论家的立场出发着手进行这项工作,试图发现能够理解这个社会世界某些特定方面的路径,而并非像某博弈理论家那样,倾向于寻找模型化理性行为人交往活动的具体路径。确实(正如对许多现代读者来说逐渐会发现这是显而易见的),我的数理博弈理论知识相当有限。这对大多数20世纪80年代早期的经济学家来说都是事实。在建构演化模型时,我的模板是生物学的演化博弈理论,而不是完美理性的数理博弈理论。自从我完成本书,经济学家和博弈理论家发展出了一个完整的演化博弈理论流派。尽管这些文献也受到了生物学的影响,但是与ERCW相比它们更多的是植根于数理博弈理论之中。事实上,ERCW中大多数形式化分析能够容易地用现代演化博弈理论术语重新表达;但是ERCW所使用的语言与这一现代理论并不完全一样。

ERCW经常使用高度具体的模型来表达那些直觉,即有些东西也许在更具一般性的框架中会显示为真。在一些例子中,更具一般性的结果现在已经知道了。此外,自从1986年以来人们已经进行了大量的实验研究,对在ERCW中讨论过的问题给予了新的启示。如果我要重写本书的话,我就需要将这些新思想整合到一个多年以前建构起来的、错综复杂的论证过程中去。当我开始思考如何才能这样做时,我发现自己不愿意更改原初的文本。

我想起了我的智识英雄大卫·休谟。休谟在撰写他的杰作《人性论》时,还只有二十五、六岁。根据他的说法,该书"自出版伊始就如同死产的胎儿"。①在休谟其后的生命中,在已经奠定了作为一名作家和学者的声望之后,他将《人性论》重写为《人类理智研究和道德原理研究》(*Enquiries Concerning Human Understanding and Concerning the Principles of Morals*, 1759)。②《研究》是比

---

① 这句引文作者没有写明出处,其来自休谟去世前为自己写的一篇自传:《我的生平》(*My Own Life*, 1776)。

② 这里其实是两本书:《人类理智研究》,出版于1748年;《道德原则研究》,出版于1751年。作者参看的可能是后出的合订本。

其前辈更为洗练的著作。优雅的英国文言代替了直白的苏格兰语。行文中充满了古典的隐喻,这对十八世纪的读者来说,是任何严肃作品都要具备的一项最重要的特征。但是许多《人性论》中才华横溢的、原创性的观点——包括一些令人着迷的段落,这些段落对现代读者来说,预先提出了一些在两个世纪后的博弈论中发展出来的思想——被删除了。我从这个故事中得到的寓意是,正如一名作者所做贡献的内在特质也许得不到他的首批读者的赏识,所以也可能得不到他年老后的自我的赏识。ERCW 也许是我写得最好的书,我不想毁了它。

所以,对于这一版本,我仅允许自己扮演一个编辑的角色。根据这个角色,在跋中我解释了 ERCW 中的论证,同关于惯例和规范之演化的后续研究,两者如何联系在一起,以及我如何认为,面对持批评态度的读者所提出的反对意见,它们是经得起推敲的。我应当指出,大部分情况下,这些论证久经考验。

我感谢所有对我提出的评论——在出版物中、在讨论班和研讨会上、在通信中和私下讨论中,这些评论是对 ERCW 中论点的回应。无论这些回应是获得支持还是受到怀疑,它们帮助我发展了我的思想。在众多通过这种方式帮助我的人士中,有费代丽卡·阿达尔贝蒂(Federica Alberti)、卢恰诺·安德烈奥齐(Luciano Andreozzi)、迈克尔·巴卡拉克(Michael Bacharach)、尼古拉斯·巴兹利(Nicholas Bardsley)、肯·宾默尔、罗宾·丘比特(Robin Cubitt)、彼得·哈默斯坦(Peter Hammerstein)、琼·汉普顿(Jean Hampton)、韦德·汉斯(Wade Hans)、肖恩·哈格里夫斯·希普(Shaun Hargreaves Heap)、霍弗特·登哈尔托赫(Govert den Hartogh)、马丁·霍利斯(Martin Hollis)、马尔滕·扬森(Maarten Janssen)、爱德华·麦克伦南(Edward McClennen)、简·曼斯布里奇(Jane Mansbridge)、彼得·马克斯(Peter Marks)、朱迪丝·梅塔(Judith Mehta)、谢普利·奥尔(Shepley Orr)、穆扎法尔·基齐勒巴什(Mozaffar Qizilbash)、阿马蒂亚·森(Amartya Sen)、布赖恩·斯科姆斯、克里斯·斯塔摩(Chris Starmer)、彼得·范德施拉夫(Peter Vanderschraaf)、亚尼斯·瓦鲁法斯基(Yanis Varoufakis)、布鲁诺·费尔贝克(Bruno Verbeek)和杨正植(Jung-Sic

Yang)。我同样感谢彼得·纽曼(Peter Newman),他说服了帕尔格雷夫·麦克米兰(Palgrave Macmillan)公司出版 *ERCW* 的第二版,还要感谢我的妻子克里斯汀,当我将要得出结论认为第二版永远也不可能写出来时,她鼓励我转换思路,留出时间完成这项工作。

英文第一版前言

本书的思想于 1982 年夏季开始成形。我在公共选择研究中心（the Center for Study of Public Choice）得到了热情款待，那是该中心从弗吉尼亚理工学院（Virginia Polytechnic Institute）搬迁到乔治·梅森大学（George Mason University）的前夕。在吉姆·布坎南的建议下，①我阅读了大卫·休谟的《人性论》。

多年来我一直关注社会契约理论，并且正如读过我上一本书的读者们所知道的那样，我一直是在约翰·豪尔绍尼（John Harsanyi）和约翰·罗尔斯的"理想契约"（ideal contract）传统中从事研究。我逐渐开始对这类契约主义（contractarianism）感到不满。让我困扰的一件事情是它对理性选择的特定原则赋予了很大的权重——我开始意识到这些原则并不是自明的。另一个问题是我更倾向于罗尔斯的观点，而非豪尔绍尼的功利主义观点，即正义与合作、互利的观念相关。但是，给定"无知之幕"背后的选择逻辑，我发现自己被迫与豪尔绍尼站在一起。我怀疑突破这些困难的方法是不是该放弃无知之幕，考虑（正如布坎南在《自由的限度》中所做的那样）人们是在霍布斯式的自然状态之中达成契约的。但那样的话困难就是，每一名行为人都试图坚持利于自身的条款；对如下问题似乎没有决定性的答案："契约的各方会达成什么样的条款？"

休谟关于"正义与产权的起源"的论述为我指出一个新方向。我开始认为

---

① 原文为 Jim Buchanan，Jim 是布坎南的名字 James（詹姆斯）的昵称。

社会契约的观点是一种人为设计的东西,而对于追求着相互冲突的利益的行为人而言,设想从他们的交往行为中逐渐演化出来正义原则,则是更为自然的做法。我还意识到休谟的洞见可以使用博弈论的思想得到进一步发展。我很快发现从事正义规则演化的博弈论分析,我所需要的许多素材已经具备了,分散在经济学、政治科学、哲学和(也许看起来让人感觉诡异的)生物学的文献之中。在许多方面我从生物学文献中获悉了大多数的知识,因为其提供了一个理论框架用来分析演化过程——这是强调在一个静态环境中进行理性最大化的新古典经济学所缺乏的,因而难以提供的框架。

在本书前面的七章中,我将这项工作整合起来,并用不同的方式做出了拓展。我的主题是要表明,如果行为人在一种无政府状态下追求他们自身的利益,秩序——以行为惯例的形式,遵循这些惯例是符合每一名行为人的利益的——能够自发产生。在最后两章中我论证,尽管这些惯例从任何有意义的理解上来说,都不需要最大化社会福利,但是它们会趋向于成为规范(norm):人们会逐渐相信他们的行为**应该**(*ought*)受到惯例的规制。我认为这种信念代表了一种真正的、逻辑自洽的道德体系,对于这种道德体系我们大多数人都或多或少有些认识,并且我们中没有人需要为之进行辩解。

本书的主要思想,特别是最后几章中具有争议的思想,我已经在许多次讨论班与研讨会中提出过。我并不认为自己业已说服了很多人,但是我感谢我所收到的、来自(通常是持怀疑态度的)听众的所有评论与批评。他们帮助我理清思路,使我的论证更加清晰。

目录

001 / 编译说明

001 / 努力探寻社会惯例的自发生成机制
　　——萨格登的《权利、合作与福利的经济学》中译序

001 / 新译中文版序言

001 / 初译中文版序言

001 / 英文第二版引言

001 / 英文第一版前言

001 / 1　自发秩序

012 / 2　博弈

043 / 3　协调

069 / 4　产权

109 / 5　占有

130 / 6　互惠

152 / 7　搭便车者

180 / 8　自然法

206 / 9　权利、合作与福利

223 / 跋

277 / 参考文献

282 / 索引

292 / 译者后记

1　自发秩序

在英国,司机几乎总是坚持靠道路左侧行驶。为什么?人们会脱口而出回答说:"因为这是英国的法律。"毫无疑问,靠右行驶的人有可能会因为危险驾驶而被控罪。但是,英国的司机并不是非常顺从地恪守**所有**关于道路使用管理的法律。一名司机不系安全带、驾驶一辆雨刮器有问题的车辆,或者夜间在楼宇林立的区域鸣喇叭,这些都是刑事违法行为。但是,这些法律却经常被违反。甚至那些兴高采烈地违反禁止酒后驾驶法律的人——一项非常严重的违法行为,会导致重罚——通常也坚持靠左行驶。

毫无疑问,对于最开始这个问题的回答可以是:"因为其他每一个人都靠左行驶。"在一个人们通常都是靠左行驶的国家里靠右行驶,等于选择了一条进医院或者进坟墓的捷径。我们应当靠左行驶,这条规则具有自我施行(self-enforcing)的性质。

因此,我们并不总是需要司法机器来维持社会事务中的秩序;如我们所观察到的,这类秩序并非一直是政府和警察部门的发明。无政府这个词从字面意义上("政府缺位")来说不能等同于贬义的无政府现象("无秩序,政治动荡或者社会混乱")。自发秩序的观念——弗里德里希·哈耶克(Friedrich Hayek)的用语[1]——或者说有秩序的无政府(orderly anarchy)——詹姆斯·布坎南的用语(1975,pp.4-6)——不存在术语上的矛盾。或许靠左行驶是关于自发秩序的一个罕有的例子,并且在大多数情况下政府缺位的确会导致无秩序和混乱;

但这并不是一条自明的真理。自发秩序的可能性值得深入探讨。

在本书中,我将探究在不依赖于正式的司法机器和政府的情况下,人们能够在多大程度上协调他们的行为——能够维持某种形式的社会秩序。简而言之,我将研究无政府状态下的人类行为。首先我将解释为何我相信这样一项研究是有价值的,并且特别由于我是一名经济学家,为何我相信该研究会对经济学有所贡献。

1.1 经济学与自发秩序

下述说法也许会遭到反对,即经济学主要是、且始终是一门研究自发秩序的学科。自亚当·斯密之后,认为市场是一套自我规制系统的观念已经成为该学科的主要思想之一。正如出自斯密之口的经济学最著名的语句之一,只关心自身得益的个人受到市场制度的指导而增进公益;他"受着一只看不见的手的指导,去尽力达到一个并非他本意想要达到的目的"(斯密,1776,第4篇,第2章)①。但是在现代经济学中,市场被视作一个复杂且不完美的系统,需要政府的悉心照料:产权必须得到界定和保护,合约必须得到执行,"市场失灵"必须被纠正,以及收入必须经再分配以确保社会正义。经济理论中所呈现的市场并非无政府状态。

在有关理想的竞争性经济如何运作的理论方面,经济学家充满着职业自豪感,这当然也是事实。虽然从十九世纪的瓦尔拉斯(Walras)到二十世纪的阿罗和德布鲁(Arrow and Debreu,1954),这一理论得到了数理经济学家们逐步地精炼,其仍然直接承袭自斯密对于看不见的手的分析。当阿罗写道,价格机制"当然是最为卓越的社会制度之一,而对其运作方式的分析,在我看来,是更为重要的人类智识成就之一"(Arrow,1967,p.221),这时他代表了许多经济学同行的心声。尽管如此,瓦尔拉斯(或者称阿罗—德布鲁)竞争性均衡理论通常

---

① 此处译文引自中译本《国民财富的性质和原因的研究》(下卷),郭大力、王亚南译,商务印书馆1974年版,第27页。

并不认真对待现实层面的应用,这正好与其注重理论层面相反。很少有经济学家具备足够的胆量,敢于声称根据**自由放任**(*laissez-faire*)原则组织起来的现代产业经济能够近乎像瓦尔拉斯模型般运作。更为常见的说法是,瓦尔拉斯模型作为一种基准或者受限情形而发挥作用;其提供了思维的框架。因此经济学家倾向于将经济生活的现实状态看作对理想化的瓦尔拉斯模型的偏离。(这就是为何我们使用诸如"市场失灵"和"政府干预"这类措辞:理论规范是一套完美的市场机制和一个**自由放任的**政府。)但通行的观点是,这些偏离为数甚多且影响很大:市场失灵在经济生活的大多数领域都会发生,所以需要政府干预。例如,当阿罗撰写关于医疗服务的经济学时,他列了长长的一张表单,指出哪些地方现实状态偏离了理想化的模型,而作为一名理论家,他对该理想模型满怀敬意;由此他得出结论说,通过对这些偏离的研究,"迫使我们认识到,通过非基于身份关系的价格体系所给出的、有关现实状态的描述是不完备的",并且赞同"一般性的社会共识是……放任自由的医疗改革方案是不能容忍的"(Arrow,1963,p.967)。医疗服务产业或许是个极端的例子,但是在现实世界中,经济学家没有诊断出某种形式的市场失灵并开出某种类型政府干预的药方,这样的市场几乎是不存在的。

大多数的现代经济理论描绘了一个由**单一政府**(十分值得注意的是,并非诸多政府)统驭的世界,并且通过这个政府的眼睛看世界。该政府被认为具有责任、意志和权力,通过无论什么样的方式,来重构社会,最大化社会福利;犹如在美好的西部世界中的美国骑兵,政府时刻准备着冲出去营救无论何时都会出现的市场"失灵",而经济学家的工作就是建议其何时做以及如何做。相比较而言,私人个体则被认为缺乏或者没有能力来解决在他们之间发生的集体问题。这造成了对一些重要的经济和政治议题的扭曲见解。

1.2 公共品(public goods)难题

在一个重要方面,即通过个体的自利行为来增进公共利益,经济学家们对这种可能性表示非常悲观。按传统的观点来说,市场不能够解决公共品供给的难题。①一项公共品是由大量个人共同消费的产品,因此每个人从中获得的利益并不取决于**他**购买或者提供了多少公共品,而是取决于**每一个人**购买或者提供了多少。(例如,假设一个有十家住户的社区只有一条道路与外界相连。如果一家住户花费时间或者金钱整修道路,所有其他住户均得利;因此整修道路的活动对于这个社区来说就是一项公共品。)传统的经济理论预测说,除非有政府干预(又一次见到了美国骑兵),否则公共品供给将严重短缺。据说,如果公共品的供给交由私人来处理,每一个人都会试图以其他每一个人为代价,自己搭便车;这是**没有人**想要获得的结果。每个人最终都落入这样一种困境,如果每个人都为公共品供给做一份贡献,每个人都会更偏好这样的情境;但是每个人又都发现出于他自身利益的考虑还是不要做贡献为好。这一难题以各种各样的名称而为人所知,"公共品难题"、"集体行动问题"(problem of collective action)、"囚徒困境"(prisoner's dilemma problem)和"公地悲剧"(tragedy of the commons)。②

然而,现实中有些公共品**真的**是通过私人自愿捐赠来提供的,没有来自政府的任何压力。例如,在英国,救生艇服务就是通过这种方式来支付报酬的。如果你在海上遇险,皇家全国救生艇协会(Royal National Lifeboat Institu-

---

① "公共品"问题可以追溯到亚当·斯密的《国民财富的性质与原因的研究》,他提及"君主或国家的义务"时,即把"建设并维持某些公共事业及某些公共设施"作为政府职责之一[参见《国民财富的性质和原因的研究》(下卷),郭大力、王亚南译,商务印书馆1974年版,第253页]。此后,穆勒(John Stuart Mill)、西季威克(Henry Sidgwick)以及庇古(Arthur C. Pigou)等学者都论及过此类物品。但是当时的经济学既没有认为私人不能提供公共品(只是其供给方式不同于普通商品),也没有形成当代经济学有关公共品的定义。作者此处说的"传统的观点",一方面可能是指传统财政学观点(早期财政学理论不同于当时的经济学主流观点,其认为政府应当凌驾于市场之上);但根据第7.4节内容,更有可能是指萨缪尔森(Paul A. Samuelson)所奠定的公共品研究传统,参见Samuelson, Paul A., 1954, "The Pure Theory of Public Expenditure", *The Review of Economics and Statistics*, 36(4):387−389。

② 严格来说,作者这里提及的几个难题是相互关联但又不尽相同的问题,例如"公地悲剧","公地"——公海、无主或集体所有的小池塘——不是公共品,不符合标准的公共品定义,之所以会出现"公地悲剧",主要是由于产权界定不清所致。

tion)①的船只就会前来营救,即便你以前从来没有为他们的开销捐献过一分钱;而且之后你也不会被要求支付任何费用。因此救生艇服务的存在对于每一个可能需要其服务的人来说就是一项公共品。这同样也适用于血库的例子。如果在英国你需要输血,国家输血服务局(National Blood Transfusion Service)②将会免费供血;因此血库的存在对于每一个可能在将来某一天需要输血的人来说就是一项公共品。这种公共品由那些不计报酬的捐赠者提供。这样的例子不胜枚举。艺术品、伟大的建筑和绵延的乡村道路都是通过募集资金的方式向国民提供的;在许多乡村,教堂的工作几乎完全由私人捐赠来提供经费;诸如此类的例子还有许多。

经济学解释这类活动时发现极其困难,这与搭便车行为的理论预测背道而驰。²看起来经济学低估了个体协调他们的行为,从而解决共同面对的难题的能力:对自发秩序的可能性持有过分悲观的态度。

1.3 政府的局限

政府的权力并非不受限制:有些法律已被证实几乎不可能得到实施。最著名的例子大概要算禁酒令(Prohibition)的美国经验③。同样,性交易行业的存

---

① 成立于1824年,当时的名称为"国家失事船只生命保护协会"(National Institution for the Preservation of Life from Shipwreck),1854年改为现在的名称。该组织不仅是英国,同时也是爱尔兰的海岸救援慈善组织。

② 2005年10月1日,英国成立NHS血液与器官移植机构(NHS Blood and Transplant),整合了各个与献血和器官移植事务相关的公益慈善机构的职能。国家输血服务局也改名为NHSBT血液捐赠机构(NHSBT Blood Donation),是隶属于英国卫生与社会保障部(Department of Health and Social Care)的非政府公共部门。

③ 原文为"American Experience of Prohibition",其实这样的说法容易产生歧义。一般而言主要是指美国禁酒令,因为最著名。但实际上美洲许多国家都执行过并且仍在部分执行禁酒令,包括加拿大、墨西哥以及委内瑞拉,所以也可以称为"禁酒令的美洲经验"。美国禁酒令时期是1920年至1933年,最终的结果是,没有减少酒精消耗,却减少了政府税收,导致更多的官员腐败案件,假酒带来严重的健康问题,以及黑社会组织的蓬勃发展。所以可以视为法律失败乃至政府失败的一个著名案例。

在也可被视为是持续对抗清教徒政府法令的一个声名狼藉的例子。在中央计划经济中,黑市也是类似的抵制司法部门的行为。连续几届英国政府进行的规制工会活动的尝试,最多也只是获得了毁誉参半的成功。

明智的政府不会冒着丧失公信力的风险通过那些无法得到执行的法律;即使当这类法律获得通过,明智的警察部门也会对那些违反它们的行为视若无睹。英国关于公路限速的政策提供了一个有趣的例子。大多数人在某一特定路段实际行驶的速度,被用来帮助决定车速限制的设置标准。如果观测到绝大多数司机在某一特定路段上存在超速行为的话,这就会被作为放宽车速限制标准的证据。

如果仅仅是出于审慎起见,该例子的含意就是政府必须考虑如下的可能性,他们希望通过的法律或许无法得到执行。个人遵守法律是出于自愿还是不自愿,这是对政府行动自由的一种约束。很明显对于任何法律而言,除非在惩罚的威胁之下,总是会有一些人不愿遵守法律;但是如果每个人都持这种立场,那么监察与惩罚机制就会易于崩溃。换句话说,如果一项法律要行之有效,其必须不要过分地违背自发秩序那润物细无声的力量。亚当·斯密在《道德情感论》中精彩地提出了这一观点:

> 在政府中掌权的人……常常对自己所想象的政治计划的那种虚构的完美迷恋不已,以致不能容忍它的任何一部分稍有偏差……他似乎认为他能够像用手摆布一副棋盘中的各个棋子那样非常容易地摆布偌大一个社会中的各个成员;他并没有考虑到:棋盘上的棋子除了手摆布时的作用之外,不存在别的行动原则;但是,在人类社会这个大棋盘上每个棋子都有它自己的行动原则,它完全不同于立法机关可能选用来指导它的那种行动原则。如果这两种原则一致,行动方向也相同,人类社会这盘棋就可以顺利和谐地走下去,并且很可能是巧妙的和结局良好的。如果这两种原则彼此抵触或不一致,这盘棋就会下得很艰苦,而人类社会必然时刻处在高度的

混乱之中。(1759 年,第 6 卷,第 2 篇,第 2 章)①

而更为根本的含意是,人们有时候会误认为法律是政府的创制,并强加在其公民身上。这是经济学家们通常所持有的、典型的功利主义观点;对于大多数经济学家来说,法律是由仁慈的、社会福利最大化的政府所控制的"政策工具"。(经济学家常常建议政府采取对法律做出某种变更的手段来"纠正"某种市场失灵:例如垄断力量应当受到反垄断法的限制,或者财产法应当进行修改从而将外部性的影响"内部化"。)但有可能法律的某些重要方面仅仅是行为惯例的正式化和成文化,而行为惯例本质上是从无政府的情境中演化而来的;正如限速的例子,法律反映的也许是大多数个体加诸他们自身之上的行为准则(codes of behaviour)。

英国靠左行驶的规则提供了另一个例子。如果你由于靠公路右侧行驶而被抓,通常会被科以罚款,但这不是基于任何明确要求你靠左行驶的法律,而是基于"危险驾驶"这一兜底的违法行为。很明显,靠右行驶**确实是**危险的,但这仅仅是因为其他每一个人都靠左行驶。换句话说,靠右行驶是非法的,**因为**其与惯例相悖:法律遵循的是行为中的常规性(regularity in behaviour),而非其他。承认这一可能性也就等于说,如果我们想要理解为何法之为法,如何法之行法,我们必须如同研究政府一样研究无政府状态。

政府权力在另一方面也受到限制:每个政府都处在一个还存在着其他政府的世界里。由此造成的困难经常被理论经济学置之不理,典型的模型是一个被单一政府所统驭的自给自足社会。正如我前面提到的,经济学家倾向于谈论"单一政府"而非"诸多政府"。

写于十七世纪的著作中,托马斯·霍布斯(Thomas Hobbes)注意到国际事务所提供的是纯粹无政府状态的最佳案例之一(Hobbes,1651,第 13 章)。

---

① 此处译文引自中译本《道德情操论》,蒋自强等译,商务印书馆 1997 年版,第 302 页。

三百年之后,这一洞识仍然是正确的;一个世界性的政府掌握权力,统治着那些桀骜不驯的国家,我们距离这样的前景仍然很遥远。不幸的是,与此同时,国际间无政府状态的危险性在急剧增加。除了军事武器的毁灭性力量持续增强,另外还存在着一种愈演愈烈的趋势,一国和平时期的行为也会侵犯到其他国家的公民。想一想诸如酸雨、海洋污染、过度捕捞和森林砍伐等问题。在所有这些例子中——还有许多其他例子——环境保护是一项国际间的公共品。每个国家都有激励在别国付出努力保护环境的基础上搭便车。

在类似这样的例子中,经济学家传统的"政府干预"建议毫无用处;不存在政府来干预国家之间的事务。无政府状态下的制度和惯例是我们仅有的方式,从中我们能够找到办法来解决一些我们的时代亟待处理的难题。单这一点就足以成为研究自发秩序的充分理由。

1.4 道德的视角

人们期待追求实际的经济学家从他们对人类行为的研究中提炼出"政策结论"。正如每一位经济学家所知的,一项政策结论是关于政府应该做什么的一项建议。似乎,经济学家的工作就是观察和解释私人个体的行为——劳动者、消费者和厂商,然后向政府提出建议。学院派经济学家极少考虑过做相反的事——观察诸政府的行为,而后用他们的发现为私人个体提供建议,这是一个不寻常的事实。诸如此类的工作**确实**做过,但仅仅是为了回应需要,以及为了获取报酬:这就是"专家咨询服务"。相反,向政府提出的建议——无须要求、无须关注——能够在任何经济学期刊中找到。

在某种意义上,经济学家通常持有的立场是假装他**就是**政府,并因而可以自由实施他所希望的任何政策。应用经济学在很大程度上是有关预测政府可能采纳的备选政策之后果的学科。为了做出这些预测,经济学家不得不试图将个人的行为模型化得尽可能精确;他不得不理解人们在现实中如何行动。但是对于政府则不需要做同样的事;所要关心的不是政府在现实中如何行动,而是如果特定的政策得到采纳将会发生什么。用经济学的行话来说,政府行为相对于理论来说是外生的。这就是我所称的"美国骑兵式的"模型的一部分内容,在其中政府是一种未经解释的制度,总是随时待命去执行经济学家设计出来的、无论什么样的解决社会问题的办法。

这种对待世界的政府视角使得经济学家们对道德问题采取了相当片面的看法。经济学的规范性分支——意味深长地被称为"福利经济学"或者"社会选择理论"——关注的是这类问题:"什么对社会来说是最好的?"或者"什么对社会来说能产生最大的福利?"或者"什么是社会应该选择的?"注意,这些是一个仁慈且无所不能的政府会面对的那类道德问题,而经济学家则想象自己能够为这样的政府提供建议。

然而,这仅仅是道德的一个方面,而且是距离普通人所关心的内容还相当远的一个方面。对于我们大多数人来说,"什么是**我**应该选择的?"是比"什么是**社会**应该选择的?"更为迫切的道德问题。经济学家们对于个人行为的道德性无话可说。我认为,通行的观点是我们应当把个人道德当作我们发现的东西,不做深究,并将其处理为某一类偏好即可。甚至还存在着一种倾向,把"道德的"和"伦理的"这样的词汇仅限于用来判断作为整体的社会之善。许多经济学家(必须承认包括我自己在内)使用了豪尔绍尼(Harsanyi, 1955)关于"主观偏好"(subjective preferences)和"伦理偏好"(ethical preference)之间的区分。一个人的主观偏好——根据其含义是伦理无涉的——是主导他私人选择的偏好,而他的伦理偏好则是他对于作为整体的社会福利之不包含自身利益在内的判断。豪尔绍尼认为,为了获得伦理偏好,个人必须试图想象自己处在如下的处境之中,他不知道自己的身份,并有着平等的机会成为社会中的任何人。这一方法的逻辑是,用来做出道德判断的适当视角来自一位公正仁慈的观察者(impartially benevolent observer),从上天俯视社会;切实来讲我们根本不可能采取这样的视角,但是当我们进行道德考量时我们必须尽可能地想象,如果我们是公正的观察者,事情在我们看来会如何。当然,这种道德考量的概念并非现代经济学所独有;这是典型的功利主义传统的作家所采取的视角,并且至少能够追溯至斯密(Smith,1759)和休谟(Hume,1740)。①

本书的主要论题之一是个体能够依据另一种视角做出道德判断:他自己的视角。我将证明,诸个体共同生活在一种无政府状态下,趋向于演化出能够减少人际间冲突程度的惯例或行动准则:这就是自发秩序。每个人过着自己的生活,不必与他人发生冲突,这符合他的利益,而这就是这些惯例的起源。但是这样的惯例能够成为我们道德感的一种基本构成要素。我们开始相信我们被赋予权利预期他人在与我们交往时尊重这些惯例;当我们因他人违反惯例而遭受不幸时,我们控诉说这是不正义的。

所以,我认为我们关于权利(rights)、权赋(entitlements)②和正义的某些观念也许植根于那些从未经过任何人精心设计的惯例之中,它们仅仅是演化而来的。一个根据此类正义标准处理其事务的社会,也许在任何意义上而言都不会被一名公正的观察者认为是最大化其福利的。换一种说法,一个仁慈的政府也许会发现,从某种公正的视角中来进行评估,它不可能在不违背惯例——其公民认为这些惯例是正义原则——的条件下,最大化社会福利。

---

① 作者在此其实指明:豪尔绍尼的伦理偏好方法(又可称为"规则功利主义")的设定看上去与罗尔斯的"无知之幕"相似,但是理论根源完全不同,其承袭自斯密的伦理学。然而如果做进一步严格区分的话,斯密的伦理学——公正的旁观者视角,又不同于休谟的效用论——即广义的功利主义伦理学,二者属于道德情感论的不同分支。

② "entitlement"一词是"right"的近义词,更确切地说,指的是一种特殊的"权利"。从词源上来看,该词的原初含义是指一种仪式性行为,西方古时授予某人以贵族身份和特权时,这个授予行为就称为"entitlement"。所以其延伸含义就是指那些不是先天就有的,而是后天赋予的权利。该词汇由于诺齐克的正义理论而变得广为人知(参见第9.2节)。在中译本《无政府、国家和乌托邦》(Anarchy, State, and Utopia, 1974)一书中,姚大志教授将该词译作"资格",对应的,诺齐克的正义理论也就被称为"资格理论"(参见《无政府、国家和乌托邦》,姚大志译,中国社会科学出版社2008年版,第180页)。在诺齐克的文本中,该译名有可取之处,但移用到其他文本(包括本书)中,私以为并不是十分合适。因为"资格"强调的是为了获得某种特殊权利而必须具备的先决条件(这是诺齐克的正义理论的核心内容之一);但"entitlement"本义其实只是"right"的子集,表示一种特殊类型的权利——被赋予的权利。所以在本书中译为"权赋",当该词作为动词"entitle"使用时,就译为"赋予权利"。

当然，功利主义者或者福利经济学家还可以说："公民持有的这种正义观念太糟糕了：我们的职责是最大化社会福利。"但这样的说法有些类似如下的视角：一位殖民地行政长官仁慈地试图增进原住民的福利。[3] 或者，正如布坎南（Buchanan，1975，p.1）所指出的，这是在建议扮演上帝。在一个民主和开放的社会中，公众道德不能与那种指引私人个体处理他们自身事务的道德相分离。我将证明，正确对待我们的私人道德，与公正的观察者的理性反思毫无关系。要理解这一点我们必须理解自发秩序的力量。

注释

1　自发秩序是哈耶克三卷本的《法律、立法和自由》（*Law, Legislation and Liberty*，1979）中的核心主题。在《自由秩序原理》（*The Constitution of Liberty*，1960，p.160）中，哈耶克将"自发秩序"这一用语归功于波兰尼（Polanyi）。

2　一些经济学家（例如 Becker，1979）试图用传统经济理论的框架来解释公共品供给的自愿捐赠问题：在他人捐赠为给定的条件下，假定每名行为人选择进行捐赠以使得他自身效用最大化。据称这样一种理论与某些观察到的自愿捐赠行为相一致——尽管该理论也预测说公共品供给量将会低于有效数量。我认为公共品自愿捐赠的这类证据不能用此种方式加以合理解释（Sugden，1982，1985；同时参见：Margolis，1982，pp.19 – 21）。

3　这一机智的类比归功于威廉斯（Williams，1973，p.138）。

2 博弈

2.1 博弈的思想

我认为,用博弈论能够最好地理解自发秩序的概念。在本章中,我将解释我打算如何用这一理论,即一个非常简单的博弈来证明我的观点,该博弈提供了一个有用的模型,来描述社会惯例可能是如何演化出来的。

一个博弈是这样一种情境,在其中若干行为人或参与人相互交往,他们中的每一个人所得到的结果不仅取决于他或她选择做什么,还取决于其他人选择做什么。在此有一个简单的例子,我称其为"钞票博弈"。两个人,A 和 B,被带到不同的房间,且不允许相互沟通。然后博弈的组织者告诉每位参与人:"我捐赠了一张面值 5 英镑的钞票和一张面值 10 英镑的钞票来玩这次游戏。你必须说明你想要获得哪张钞票。如果你想要的钞票和另一位参与人是同样的,那么你们两人什么也得不到;但是如果你想要的钞票和另一位参与人是不同的,那么你们两人将得到各自声称想要的钞票。"注意,有关谁拿走哪张钞票,存在某种惯例是符合双方参与人利益的,尽管他们对于何种惯例是最好的会有不同的意见。

我特意选择一个能够在受控制的实验环境下进行的博弈,以便将那些在任何有关现实社会关系的讨论过程中必然会出现的复杂因素去除掉。就目前而言,我的目的仅在于展示博弈论的逻辑。然而,有许多现实问题的结构与钞票博弈类似;其中一些将在第 3 章中进行讨论。

在钞票博弈中,每位参与人必须在两项策略中选择其一。A 能够声称想要面值 5 英镑的钞票(可以称为策略 A_1)或者想要面值 10 英镑的钞票(策略 A_2)。B 同样也能够声称想要面值 5 英镑的钞票(B_1)或者面值 10 英镑的钞票(B_2)。对于每一个可能的策略组合都有一个清楚确定的结果。要列出每一位参与人可能的策略和每个可能的策略组合所产生的结果,我们需要用到技术上所知的博弈形式(game form)。[1] 然而为了便于阐述,我通常提及博弈形式时,就简单称作"博弈"。

钞票博弈的博弈形式由图 2.1 的矩阵所示。注意,这一矩阵具有如下的对称性质。令 $Q(A_i, B_j)$ 表示如果 A 选择策略 A_i、B 选择策略 B_j 时产生的结果。那么对于 i 和 j 的任意值,两个结果 $Q(A_i, B_j)$ 和 $Q(A_j, B_i)$ 所描述的内容是相同的,除了"A"和"B"发生了调换。可以将这一两人博弈形式——或者更随意地讲,这一博弈——的一般性质称作结果对称(outcome symmetry)。本质上而言,一个博弈如果为双方参与人提供了相同的可能性,就会具有结果对称的性质。

	B 的策略	
A 的策略	B_1	B_2
A_1	A 什么也没得到 B 什么也没得到	A 赢得 5 英镑 B 赢得 10 英镑
A_2	A 赢得 10 英镑 B 赢得 5 英镑	A 什么也没得到 B 什么也没得到

图 2.1 非对称钞票博弈的博弈形式

从现实生活中的社会交往角度来看,钞票博弈中有两项特征是不合常理的:参与人同时选择他们的策略,以及参与人之间没有沟通。在大多数棋牌游戏中,参与人轮流采取行动。例如,在国际象棋中,黑方要等到看见白方走出第一步之后才选择他的第一步。在许多社会交往的现实生活博弈中也是如此。假设亚瑟(Arthur)想让伯特(Bert)帮他在星期一做件事,而伯特想让亚瑟帮他在星期二做另一件不同的事。亚瑟可以等着看看伯特是否帮他,再决定要不要帮助伯特。乍看起来,这些博弈与钞票博弈非常不同。然而,事实是包含某一行动序列的博弈可以用如下形式呈现出来,每位参与人仿佛各自独立地选择一项策略,其中包含了每一种可能的相机抉择(contingency)。国际象棋中黑方的部分策略也许是:"如果白方以 P-K4 开局,则以 P-QB4 做出回应。"亚瑟的策略也许是:"如果伯特在星期一帮助我,那么我就在星期二帮助他;如果他在星期一不帮我,那么我在星期二也不帮他。"

必须承认,即使在相当简单的博弈中,参与人的确也要面对长长的一张策略表单。(如果每次下国际象棋,在黑方走出第一步之后就结束,那么白方将会有 20 项可能的策略而黑方会有 20^{20} 项——即,超过 100 秭①项——可能的策略!)那么很显然,有许多博弈要列出全部策略是不切实际的。也许还有其他理由要求选择用这样的方式——即清楚地列明参与人的行动次序——来呈现博弈。尽管如此,列出策略在理论上总是可行的:这样一种列表式的想法总是有道理的。换言之,对于用同时选择策略的形式来表示一个具有行动序列的博弈,在逻辑上并无矛盾之处。

在钞票博弈中,参与人不允许相互沟通。这使得他们在选择他们的策略时不可能进行合作。人们相互之间当然存在着某些交往行为,不可能会产生明确的合作关系。(假设两辆汽车在会发生碰撞的路线上高速驶近对方,司机们不可能就他们的问题协商出一个解决方案。)同样也存在某些情形,合作虽然是可能的,但是却没有意义。(如果在任何的两人博弈中,每一方参与人唯一的目标就是击败对方,那么情况就是如此:达成任何双赢的约定在逻辑上都是不可能的。)但是在许多类似博弈的情境中,参与人之间达成交易不仅可能且互惠互利——实际上博弈的全部意义也许就是达成交易。在市场交换中这再明显不

---

① 原文为"100 million billion billion",即 10^{26} 项策略。根据中国物理学会的大小数命名法,10^{24} 单位为秭。

过了:我想买,你想卖,问题在于确定价格。而交易、协定、条约或者合约正是在社会生活的方方面面皆发挥着重要作用。即使在战争中——这也许是与那种"每一方参与人唯一的目标就是击败对方"的博弈最为近似的类比——也总是有达成互惠互利约定的余地,例如有关战俘的待遇。

然而,完全可能用同时选择策略的分析框架来呈现这类博弈。假设查利(Charlie)要出售他的车,并发出要约邀请,德博拉(Deborah)想要买。在查利根本未与德博拉进行交流沟通之前,他的策略可以是:"如果德博拉出价1 500英镑或者更多,接受;如果她出价少于这个数,拒绝交易。"德博拉的策略可以是:"出价1 300英镑。如果查利拒绝卖,出价1 400英镑。如果他仍旧拒绝卖,不交易。"

所以,认为一个博弈能够用策略进行描述,并且参与人各自独立且同时选择他们的策略,这是一种理论上的想法。其呈现出思考人际间交往行为的一种方式,而且不是一种具体的、狭义上的交往行为类型。我希望能够表明这也是用来思考社会生活的一种有效方式。

2.2 重复博弈

再次思考钞票博弈,假设我们进行接下来的实验。我们组织一大群人,然后我们随机挑选两人安排他们相互进行钞票博弈。不允许这两位参与人见面或者沟通,甚至不知道他们的对手是谁。每一方参与人选择他的策略,被告知他的对手选择的策略,并获取他的奖励(如果有的话)。然后再随机挑选两人相互博弈。(他们被从整群人中挑选出来,因此有可能原先博弈中的一人或者两人都会被再次选中。)我们重复这一过程许多次,使得实验中的每个人都参与博弈许多次,观察这种博弈进行的方式是否最终会固定于某种模式。在本书中我主要关注的是这类重复博弈。

有两种可供选择的方式来设计该实验。两种方式看似仅有微小差别,但其实这一差别非常关键。一种方式是,向每一方参与人描述说这是一场"你"和

"你的对手"之间的博弈；然后在任何一次博弈中的双方参与人都会得知如图2.2所示的这类完全相同的描述。每一方参与人必须在两项策略 S_1 和 S_2 之间进行选择，并且知道他的对手面对相同的选择。注意，仅仅是因为钞票博弈具有结果对称的性质，这类博弈的表述方式才是可能的。在这一类型的实验中，两位参与人所处的立场完全对称；我称这类博弈为对称博弈（symmetrical game）。

	你的对手的策略 S_1	你的对手的策略 S_2
你的策略 S_1	你什么也没得到 你的对手什么也没得到	你赢得 5 英镑 你的对手赢得 10 英镑
你的策略 S_2	你赢得 10 英镑 你的对手赢得 5 英镑	你什么也没得到 你的对手什么也没得到

图 2.2 对称钞票博弈的博弈形式

另一种不同的实验设计方式如下所述。假设当两名彼此间要进行钞票博弈的行为人被随机选中之后，其中一人（随机选择）被告知他扮演的角色为 A，另一人被告知他扮演的角色为 B。那么该博弈以图 2.1 的形式向参与人进行描述——一场 A 与 B 之间的博弈。该矩阵具有结果对称的性质，但它还具有我称为"标识性质的非对称性"。从两位参与人的视角来看他们参与的博弈并不完全相同，因为一位参与人被告知他被标识为"A"，同时另一位参与人被告知他被标识为"B"。任何含有非对称成分的博弈——无论是结果非对称，或者仅仅是标识性质的非对称——都将被称作非对称博弈（asymmetrical game）。

如果我们要对人们将选择的策略发表任何意见，我们需要知道他们试图得到的是什么。参与人只关心结果，这是博弈理论的基本假设。策略本身没有价值：它们只是手段，结果才是目的。其假定，每一方参与人能够将某种主观价值依附于每一种结果之上，并根据该价值尺度来选择策略，竭尽其所能做到最好。对于行为人来说，某一结果的价值用效用指数来度量。"效用"究竟意味什么，我们会在第 2.3 节进行讨论；就目前而言，说参与人从某一结果中获得的效用，是他想要该结果得以实现之程度的度量,已经能够充分说明问题了。

考虑重复进行某一特定的对称博弈的任一行为人。如果对两位参与人来说每人在任意一次博弈中都有 n 项备选策略,那么就有 n^2 种可能结果,因而每一名行为人都各有 n^2 个效用指数。图2.3展示了进行对称钞票博弈的一名行为人的、示例性质的效用指数。这类矩阵将被用作描述对称博弈的标准形式贯彻本书始终。

	对手的策略 S_1	对手的策略 S_2
参与人的策略 S_1	0	1
参与人的策略 S_2	2	0

图2.3 对称钞票博弈

现在考虑重复进行某一非对称博弈的任一行为人。如果对参与人 A 来说有 m 项备选策略,对参与人 B 来说有 n 项备选策略,那么对每一名行为人来说就各有 $2mn$ 种可能的结果,因为他既能以 A 的角色又能以 B 的角色进行博弈。这样对任一行为人来说就有 $2mn$ 个效用指数。图 2.4 展示了非对称钞票博弈的具有示例性质的效用指数。(注意,在钞票博弈中我假定其非对称性只是一个标识,没有其他意义;一位参与人的效用仅仅取决于他赢了多少钱,不取决于他扮演的角色是 A 还是 B。)矩阵中的每一单元格表示在任意一次博弈中两位参与人也许会选择的一组策略。单元格的第一个数字表示如果选择了该组

	B 的策略 B_1	B 的策略 B_2
A 的策略 A_1	0, 0	1, 2
A 的策略 A_2	2, 1	0, 0

图2.4 非对称钞票博弈

策略,上述参与人中扮演角色 A 的人所得到的效用;第二个数字表示如果选择了该组策略,同样是这位参与人,当他扮演角色 B 时所得到的效用。注意这点非常重要,如图 2.4 所示的矩阵提供的是一名行为人而非两名行为人的效用指数;A 和 B 是被指定的行为人可能扮演的不同角色,而非不同的行为人。我将使用这类矩阵作为描述非对称博弈的标准形式。

2.3 效 用

"效用"意味着什么?本质上,对一名行为人来说,某一结果的效用度量了该行为人想要达成这一结果的强烈程度。就博弈理论的目的而言,为什么人们想要实现某一结果是无关紧要的。特别是没有必要将效用与自利等同起来。博弈中的参与人可以试图完成许多事情,而其中不是所有的事都可以化约为自利;并且他们无私的目标之间也会相互产生冲突,就如同他们那些自利的目标会相互冲突一样。

假设弗兰克(Frank)和格特鲁德(Gertrude)正在就弗兰克卖给格特鲁德的某件商品协商价格,弗兰克想要得到的价钱是最高的可能价格,而格特鲁德想要付出价钱是最低的可能价格。也许弗兰克需要钱去买酒喝,而格特鲁德想要省点钱以便她可以花更多的钱去买烟。或者也许弗兰克需要钱去赡养他年迈的父母,而格特鲁德想要节约点钱,以便她能够在慈善活动中捐赠更多。无论是何种情形,博弈的逻辑在本质上都是相同的:弗兰克的需要与格特鲁德的需要相互冲突。

并非所有博弈都和冲突有关。假设弗兰克和格特鲁德在一座繁忙的城市中逛街时意外走散了。他们对此变故没有任何应对方案。两个人各自应当往哪儿走才有希望找到对方呢?(这是一个协调博弈的例子:参见第 3.3 节。)如果两个人唯一关心的是到那个对方最有可能出现的地方去,那么就不存在利益冲突;但是双方各自都面对一个现实难题,在诸多策略间进行选择。为何弗兰克和格特鲁德要试图再度碰面,其原因与该博弈的逻辑毫不相干:他们或许正在组织一个慈善性质的投资项目，或许正在策划一次抢劫。上述一切的关键在于冲突与合作的概念——博弈论关注的核心问题——与自私和无私所涉及的内容相当不同。

经济学家和博弈理论家通常用如下的方法定义效用，预设行为人具有"一致的"偏好并"理性地"做出选择。效用的理性选择概念首次由两位博弈论先驱，冯·诺伊曼（von Neumann）与莫根施特恩（Morgenstern），在他们的经典著作《博弈论与经济行为》（*Theory of Games and Economic Behaviour*，1947）中做出了全面的公理化阐述。他们表明，如果一名行为人在赌博过程中的偏好满足一系列公理，对每一个能够想象得到的结果指定一个效用指数在原则上是可能的。面对不确定情况下的任何选择，个人会选择最大化"预期效用"的行动过程。（一项行动的预期效用是对该行动可能引致的全部结果所产生的效用的加权平均；对各个结果所赋予的权数是该结果发生的概率。）

博弈理论的大部分内容都是建立在这一效用概念的基础之上。不幸的是，这已被证明是一个相当不可靠的基础。大量的且与日俱增的证据表明，在现实中，大多数人的行为与冯·诺伊曼和莫根施特恩的公理并不一致。问题不在于被观察到的行为以随机的方式偏离公理；而是人类行为中有一些非常系统化的模式不能与预期效用理论相一致（例如，参见 Allais，1953；Kahneman and Tversky，1979；Schoemaker，1982）。

有些预期效用理论家，包括莫根施特恩（Morgenstern，1979，p.180）自己，拒不认输，坚持认为，即使许多人事实上不按照理性所要求的那样行为，他和冯·诺伊曼的公理也是理性选择所必需的性质。根据莫根施特恩所言，"如果人们行为偏离了该理论，通过阐释理论，解释偏离行为，会使得他们重新调整他们的行为"。作为事实陈述，这一主张是有问题的，因为有证据表明，即使向人们指出他们的行为存在所谓的非理性，人们还是会继续想要以与理论相悖的方式行为（参考 Slovic and Tversky，1974）。同样，偏离预期效用理论的行为是否真的是非理性的，这也存在着争议。[阿莱（Allais，1953）有力地论证了这种偏离不一定是非理性的；卢默斯和萨格登（Loomes and Sugden，1982）也表达了同样的观点。]但是即便我们同意莫根施特恩，关于人们如何行为的证据仍旧摆在那里。我们应当决定博弈论是关于人们实际如何博弈的理论，还是关于假设人们是完全理性时，他们可能会如何博弈的理论。

许多博弈理论家会选择后者。确实，博弈论经常被定义为全然理性的个人可能会如何进行博弈的理论。根据一位理论家所言，"博弈论关注的是具有无限推理和记忆能力的绝对理性决策者的行为"（Selten，1975，p.27）。根据另一位理论家的观点，就博弈论的目的而言，博弈的定义"是受限的（在如下的意义上）：**参与人是完美的**。完美，指的是推理（和）心智能力……"（Bacharach，1976，p.1）。正是在此处，我的博弈分析方法与传统理论不同。的确，就这些定义的严格解释而言，眼前的这本书与博弈论根本毫无关系。

我的最终目标是解释社会惯例如何得以从无政府状态下的个体交往行为中生发出来。我将关注诸如承诺、产权和互助这类惯例——我们发现这些惯例广泛存在于许多社会和文化之中，并且可以追溯至有史可考的年代。如果我要将这些现象解释为博弈行为的产物，我就需要一种关于人们*实际*如何博弈的理论。我对于行为所做的任何假定，必须是大多数人几乎在一切的空间和时间中都如此行动、且已经如此行动的假设。我不会使用如此精致复杂的理性概念，以至于普通人并不会按此行事——除非向他们详细地解释过这个概念之后。

然而，我并不必需一套完整的选择理论——适用于一个人有可能参与的每一次博弈的理论。我应当关注的是数量有限的几个和人类交往行为相关的简单博弈。这些博弈都具有两个重要的共同性质：博弈的风险程度相当低，并且都是重复博弈。对于我的目的——拥有一套关于人们如何进行这类博弈的理论——来说，这已足够。这种博弈的关键特征是，参与人能够通过经验习得。我的分析将依据一个非常简单的、关于什么是经验习得的概念：我将假定行为人趋向于采取那些在长期博弈序列中被证明是最为成功的策略。

在钞票博弈中由于我们能够假定在整个博弈序列中每一方参与人都想赢

得最大可能数量的金钱,因此在定义"成功"方面没有什么特别的困难。这样整个博弈序列中某一项策略成功与否可以用赢得的金钱总数进行度量。但是一般而言,博弈结果的价值以效用而非金钱的形式来度量。我假定,整个博弈序列中某一项策略的成功与否由构成该序列的博弈中产生的效用总和进行度量。

这一假定并不像看起来那样没有副作用,因为其排除了整个结果序列中许多可能存在的偏好模式。举例来说,考虑某一行为人进行的一场博弈,其只有两个可能结果:x 和 y。假设他博弈两次。这样共有四种可能的结果排序:(x,x)、(x,y)、(y,x) 和 (y,y)。就个人博弈的层面来说只有三种可能性:要么 x 的效用大于 y,要么 y 的效用大于 x,要么它们的效用相同。第一种可能性使得 (x,x) 是总效用最大的排序,接下来是 (x,y) 和 (y,x),二者具有相同的总效用,最后是总效用最小的 (y,y)。第二种可能性使得 (y,y) 是最优排序,(x,x) 最糟糕,而 (x,y) 和 (y,x) 一样好。第三种可能性使得四种排序一样好。注意,不可能存在 (x,y) 比 (y,x) 更好的情况,反之亦然。换言之,我的假设排除了这种可能性,行为人可能会在意体验到的结果的次序。还要注意不可能存在 (x,y) 或 (y,x) 比 (x,x) 和 (y,y) 都要更好的情况:不存在偏好多样化结果的排序甚于单一结果的排序。同样也不存在 (x,y) 或 (y,x) 比 (x,x) 和 (y,y) 都要更糟的情况;偏好单一结果的排序甚于多样化结果的排序,这种情况也被排除了。

排除所有这些可能性是否有道理呢?轻而易举就能想得到那些让我的假定不成立的情形。(想一想一个博弈,x 代表"参与人吃个汉堡",y 代表"参与人吃个冰淇淋"。)因此该假定当然不能被辩称为是一条理性公理。但是当我们分析特定类型的博弈时,也许能辩称说它是一种简化工具。该假定的本质是博弈结果可以相互独立地进行评价:现在进行的是序列中的哪次博弈,或者之前的博弈得到什么样的结果,或者未来的博弈可能会得到什么样的结果,我们能够在不需要问及这些条件的前提下,就讨论参与人想要获得某一特定结果的强烈程度。就我将在本书中讨论的博弈类型而言,我相信这一假定已经足够合

理；我将采纳它作为研究的规则。²

　　对于将效用数字赋值给博弈结果的方式来说，上述规则具有重要含义。考虑图2.3所示的效用指数，一名行为人进行对称的钞票博弈：如果他什么也没得到，他获得的效用为0；如果他赢得5英镑，他获得的效用为1；如果他赢得10英镑，他获得的效用为2。这些指数不仅仅意味着行为人偏好赢得10英镑甚于赢得5英镑，偏好赢得5英镑甚于什么也没得到。它们还意味着，比方说，他会对以下两种情况感到无差异：即（一方面）他在参与的所有博弈中都赢得5英镑钞票，（另一方面）在一半的博弈中他赢得10英镑钞票而在另一半博弈中他什么也没得到。更一般地说，它们意味着在任何博弈序列中行为人都寻求赢得尽可能多的金钱总量。我们可以说这些效用指数差值的相对大小代表了参与人对于不同结果之偏好的相对强度：赢得10英镑钞票而不是什么也得不到，赢得5英镑钞票而不是什么也得不到，他对于前一结果的偏好强度两倍于后一结果。然而，如果我们要这样说，则必须理解我们正在用对于整个结果序列的偏好来定义偏好强度。

　　就我的目的而言，最为重要的是赋值给某一博弈诸多结果的效用数字能够精确地呈现出参与人对于整个结果序列的偏好。因此只要我们愿意，在钞票博弈中我们就能将"参与人什么也得不到"这一结果的效用赋值为10，"参与人赢得5英镑"这一结果的效用赋值为12，"参与人赢得10英镑"这一结果的效用赋值为14。或者我们也可以将这些结果的效用赋值为6.2、6.3和6.4。所有这些数字集合都传达了相同的信息。从数学上讲，对参与人效用的测度对于一次正线性变换来说是唯一的。（亦即，我们能够给效用数字集合加上任一常数，或者对每个效用数字乘以任一正的常数，也不会扭曲它们所传达的信息。）

　　假定可能参与某一特定博弈的所有行为人对整个结果序列拥有相同的偏好，通常来说是较为便利的方式。例如，在钞票博弈中，假定每一名在长期博弈序列过程中参与博弈的行为人都想要赢得尽可能多的金钱总数，这是十分正常的。换句话说，我们能够假定每一名行为人根据可能的备选结果序列产生的奖励总数多少来对它们进行排序。给定这一假定,图 2.3 所示的效用指数可以适用于每一名行为人,而并非仅仅某一特定的行为人。

然而,注意,这并不等同于在人际间进行任何效用比较。假设两名行为人进行钞票博弈,其中一人要比另一人富有得多。我们可能会倾向于说富人对于额外金钱的需要没有穷人那么强烈——穷人获得的每一块额外的英镑都比富人得到的每一块额外的英镑能够满足更多强烈的需要。尽管如此,假如每个人都想要赢得尽可能多的金钱,图 2.3 所示的效用指数就能够同时适用于他们两人。正如我所做的解释,我们需要效用指数仅仅是为了呈现出每一名行为人对于整个结果序列的偏好;它们不能被理解为传达了有关不同个体的需要之相对强烈程度的任何判断。

当我分析博弈时,我不会对不同行为人的效用水平做任何比较。我不会考虑诸如此类的问题:"与行为人 B 相比,如此这般的结果对于行为人 A 来说更好吗?",或者:"是否行为人 A 偏好 x 甚于 y 的程度要强于行为人 B 偏好 w 甚于 z 的程度?"这类问题对于一位正在评判社会总体福利的、利益无涉的观察者来说是很重要的,因为这样一位观察者需要平衡各方相互冲突的欲求。但是我关注的是个人的视角。对于某一博弈的每一方参与人来说,他自身的欲求才是重要的。由于他不需要试图平衡自己和他人的欲求,他自身的欲求是否比他人的欲求更加强烈对他来说就无关紧要了。他试图满足自身的欲求——仅此而已。

2.4 对称博弈的均衡

我之前指出,如果某一博弈重复进行,参与人将受到吸引趋于采取那些在长期来看最成功的策略。但是对于一位参与人来说哪项策略最成功,也许取决于他的对手最频繁选择的是哪项策略。这样如果一位参与人放弃一项不太成功的策略,转而选择较为成功的策略,他可能使得另一位参与人所选择的策略变为不太成功的策略。因此总而言之,绝对不能确信会形成某种固定的博弈模式;可能会出现一个无休止的过程,参与人反复不断变换策略。

21　然而,参与人群体最终会稳定于某种状态,每个人采取他自己的策略进行博弈,这是有可能的。给定其他人的博弈策略,每个人自身的策略比他能遵循的其他任何策略都要更好(或者至少一样好);行为人可能偶尔会尝试其他策略,但是这些尝试永远不会致使他们改变惯常的行为模式。这样一种状态就是一个稳定均衡。我将用两种形式的钞票博弈来阐释均衡和稳定性这两个概念,然后我将在第 2.6 和第 2.7 节以更一般化的形式对这些概念做出定义。

考虑在第 2.2 节中所描述的实验,一大群行为人重复进行对称的钞票博弈。我假定图 2.3 所示的效用指数矩阵呈现出该实验中每一名行为人的偏好;换句话说,每个人都想赢得尽可能多的金钱。

某人参加了这一实验并且将要进行他的首次博弈,考虑一下他的处境。由于他不具有关于该博弈的经验,他所能依赖的只有前瞻性推理(forward-looking reasoning)。但是这看起来并没有为他提供任何具体的、有说服力的证据,让他能够选择某项策略而不是其他策略。很明显,如果他的对手打算选择要 5 英镑钞票,他自己最好的策略是选择要 10 英镑钞票,反之则反是;但这几乎没什么用,因为他根本不知道他的对手会做什么。如果他试着将自身置于其对手的处境中,问问自己他的对手做何选择是理性的,他会发现他的对手面对跟他完全一样的难题;演绎推理导致了套套逻辑。

然而无论理性与否,进行首次博弈的人必须选择某一项策略。假设他选择要 10 英镑钞票。然后他发现他的对手也选择要 10 英镑钞票,因而他什么也没得到。如果他选择另一项策略,他可能已经得到了 5 英镑。当然,这仅仅是一次博弈;他也许决定在他下次博弈时再度尝试选择要 10 英镑钞票。但是随着他进行的博弈次数越多,他积累的经验就越丰富。假设选择要 5 英镑钞票的策略始终要比另一项策略更为成功。如果我们的参与人能够从经验中学习的话,他迟早会洞察这一模式,并认识到在未来的博弈中要 5 英镑钞票是明智的选择。有些参与人也许会非常快地注意到各项策略的成功几率不同;其他参与人则要慢得多。但是总的趋势看起来十分清楚:参与人会受到吸引选择那些成功策略。

这就允许我们定义均衡的概念。考虑处于任何时点上的这一实验。令 p 表示如果一个人被随机选中来进行钞票博弈时,他会声称要 5 英镑钞票的概率。这一概率反映出当时在该实验中不同的人所遵循的策略。例如,如果实验中 30% 的人不变地声称要 5 英镑钞票,另外 70% 的人不变地声称要 10 英镑钞票,则 p 等于 0.3。此外,有些人可能会采取混合策略,在有几次博弈中声称要 5 英镑钞票,其他时候声称要 10 英镑钞票。(在每次博弈中都选择相同的策略,这是采取了纯策略。)假设该实验中 50% 的人不变地声称要 10 英镑钞票,20% 的人不变地声称要 5 英镑钞票,剩下 30% 的人在他们所进行的博弈中,三分之二的博弈他们声称要 10 英镑钞票,其他时候则声称要 5 英镑钞票。那么 p 还是等于 0.3。

给定任意 p 值,我们会问其是否能够长期保持不变,或者其是否易于随着时间的推移而发生变化。要回答这个问题,我们必须考虑对于给定的 p 值,各项策略的成功率有多大。回忆一下,每一方参与人根据在任何博弈中他是什么也没得到、赢得 5 英镑还是赢得 10 英镑,分别获得的 0、1 或 2 的效用(参见图 2.3)。如果一位参与人声称要 5 英镑钞票,那么他什么也得不到的概率为 p(因为他的对手也声称要 5 英镑钞票);他赢得 5 英镑的概率为 $1-p$(因为他的对手声称要 10 英镑钞票)。这样声称要 5 英镑钞票的预期效用为 $1-p$。如果一位参与人声称要 10 英镑钞票,那么他赢得 10 英镑的概率为 p,什么也得不到的概率为 $1-p$。因此声称要 10 英镑钞票的预期效用为 $2p$。

哪项策略产生较大的预期效用,那么在长期该策略就会趋向于更为成功。亦即,经过过程足够长的博弈序列,具有较大预期效用的策略通常会产生较大的总效用。这样,我们预计参与人会受到吸引,倾向于选择那些具有较大预期效用的策略(无论什么样的策略);这不必是任何精致而复杂的前瞻性计算的结果,而仅仅是因为他们从经验中习得哪项策略更为成功。

在目前的例子中,很明显根据 p 是否小于、等于或者大于 $\frac{1}{3}$,声称要 5 英镑钞票比声称要 10 英镑钞票更成功、一样成功或者劣于后者。(亦即,是否 $1-p$ 大于、等于或者小于 $2p$。)这样,如果 p 小于 $\frac{1}{3}$,参与人就会有转而选择声称要 5 英镑的策略的趋势,而这会导致 p 值上升。相反,如果 p 大于 $\frac{1}{3}$,p 值就会有下降的趋势。但是如果 p 正好等于 $\frac{1}{3}$,所有策略(纯策略和混合策略)在长期都同样成功,那么就不会有致使 p 值发生改变的特定趋势。$p = \frac{1}{3}$,这个值具有自我持续性(self-perpetuating);这是一个均衡。

还要注意,无论 p 的初始值为多少,它都具有向 $\frac{1}{3}$ 移动的趋势。我应当说吸引 p 朝着均衡值 $p = \frac{1}{3}$ 移动的区域包括了所有可能的 p 值。这意味着该均衡是高度稳定的:它如果受到干扰的话,会倾向于恢复原状。举例来说,假设实验已经稳定于均衡点。也许实验中三分之一的人总是声称要 5 英镑钞票,三分之二的人总是声称要 10 英镑钞票。这两项策略都一样好,每项策略在每次博弈中产生的预期效用都为 $\frac{2}{3}$。任何人变换策略都不会有任何得失。但如果碰巧许多人同时转而采取其他策略,而且是相同的策略,会怎么样呢?假设参与人变换策略,都选择声称要 5 英镑钞票。那么 p 值将会上升,使得声称要 5 英镑钞票的策略不如声称要 10 英镑钞票的策略那么成功;而这又会致使人们换回原来的策略。因此任何偏离 $p = \frac{1}{3}$ 的改变,无论是什么原因导致的,都会被自我纠正。

那么,对于这一特定的实验而言,我们能够多少有点自信地预测最终结果会是:趋向于稳定在这样一种状态,在所有情形中,有三分之一的情形人们声称要 5 英镑钞票,其余时候则声称要 10 英镑钞票。从参与人的视角来看,该结果并不是他们特别想要得到的。每九次博弈中有五次,参与人双方都声称要同样面值的钞票,结果两人什么也没得到。每一方参与人从每次博弈中得到的预期效用都为$\frac{2}{3}$,这甚至比 5 英镑钞票带来的效用还要小。(这并非由于我碰巧选择的钞票面值或者效用指数所导致的特性。在均衡状态下,无论参与人采取哪一项策略,他们都必须做得一样好。那些声称只要赢取较少收益的参与人不能在每次博弈中都获胜,因为在一些博弈中这类参与人彼此会相遇。所以每位参与人必定都会得到一个预期效用,该预期效用比通过声称要较少的钱而能够获得的效用还要小。)从每一名行为人的视角来看,如果每一名行为人在其博弈过程中分别采取两项策略的次数相等,结果会更好。这将确保每一名行为人从每次博弈中得到的预期效用为$\frac{3}{4}$,这是如果参与人都采取相同的策略(纯策略或者混合策略)进行博弈,他们所能获得的最高的预期效用。然而,$p=\frac{1}{2}$这样的事态是不可持存的,而$p=\frac{1}{3}$的事态则可以。重复博弈的均衡不需要是任何人都想选择的事态;它简简单单就只是许多行为人独立地做出选择后的无意结果,每一名行为人寻求满足他自身的需要。

2.5 非对称博弈的均衡

现在我应当分析钞票博弈的非对称形式。回忆一下该实验的性质。从一大群人中,随机选择一组人相互进行钞票博弈。参与人之间不允许沟通,保持完全的匿名状态。然而在每次博弈的时候,其中一位参与人(随机选择)被告知他是 A,另一位被告知他是 B。

在这种形式的博弈中参与人有可能区分出两种结果,即当他扮演角色 A 时所经验到的结果和当他扮演角色 B 时所经验到的结果。如果一位参与人确实根据这一区分来评估他的经验,并且如果他发现作为参与人 A 的经验与作为参与人 B 的经验不相同,他就有可能根据他是扮演 A 还是 B,以不同的方式进行博弈。不可否认我们没有理由预期 A 参与人进行博弈的方式和 B 参与人进行博弈的方式相比会存在任何系统性的差别;尽管如此 A 与 B 之间的差别仍然存在,参与人会在他们做出选择时加以利用。

假设参与人识别出这一差别有可能很重要。当他们回顾自己进行博弈的经历时,辨别出他们扮演不同角色时的经验。那么如果参与人能够从经验中习得,就会出现一种趋势,作为 A 参与人受到引导采取最成功的 A 参与人策略,作为 B 参与人受到引导采取最成功的 B 参与人策略。这意味着 A 参与人策略和 B 参与人策略也许会朝着不同的方向演变。

考虑处于任何时点上的这一实验。令 p 表示如果一个人被随机选择出来扮演参与人 A 时,他将选择策略 A_1(声称要 5 英镑钞票)的概率。令 q 表示扮演参与人 B 时对应的概率。那么实验的状态可以用一组概率 (p, q) 来描述。给定任何的状态,我们可以问在长期这样的状态能否持续,或者,如果不能的话,这两个概率值会趋于朝哪个方向发生变化。

假定每一名行为人在整个长期的博弈序列过程中想要赢得尽可能多的金钱,图 2.4 所示的效用矩阵适用于所有行为人。那么很容易计算得到,对于 A 参与人来说,根据 q 是否小于、等于或者大于 $\frac{1}{3}$,选择策略 A_1 的预期效用大于、等于或者小于选择策略 A_2 的预期效用。因此,如果 q 小于 $\frac{1}{3}$,就会存在一种 A 参与人转而选择策略 A_1 的长期趋势,而这样就会使得 p 值上升,接近于 1。相反,如果 q 大于 $\frac{1}{3}$,就会存在一种 A 参与人转而选择策略 A_2 的长期趋势,因而使得 p 值下降,接近于 0。如果 q 恰巧正好等于 $\frac{1}{3}$,那么所有 A 参与人策略(纯策略或者混合策略)都同样成功,所以不存在 p 值发生变化的特定趋势。同样的道理,根据 p 是否小于、大于或者等于 $\frac{1}{3}$,q 值会趋向于上升、下降或者保持不变。

这些结论能够用相位图呈现出来(参见图2.5)。实验的每一种状态都对应于图中的一个点。每种状态所暗含的运动方向用箭头来指示。通过将这些运动方向连线,就有可能描绘出从任何给定的初始状态出发,实验将会沿着哪一条路径发展的运动轨迹。

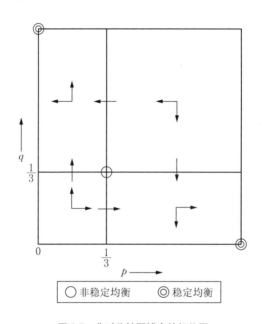

图 2.5 非对称钞票博弈的相位图

有三种状态不存在运动变化的趋势。如图2.5中所圈出的,这些状态分别是(0,1)、(1,0)和$\left(\dfrac{1}{3}, \dfrac{1}{3}\right)$。其中第一个点——图中西北角——代表了如下状态,A参与人不变地声称要10英镑钞票,B参与人不变地声称要5英镑钞票。很明显在给定对手可预测的行为之后,作为个体的每一方参与人,无论扮演哪一种角色类型,都各自选择了最佳的可能策略。其中的第二个点——图中东南角——是第一个点的镜像:A参与人不变地声称要5英镑钞票,B参与人不变地声称要10英镑钞票。第三点代表了如下状态,A参与人和B参与人平均在每三次博弈中都有一次声称要5英镑钞票。

无论实验的初始状态为何,实验结果都会趋向于朝这三个点中的某一点移动。在图中的西北象限中$\left(\text{亦即},p<\frac{1}{3}\text{且}q>\frac{1}{3}\right)$,所有路径朝着(0,1)方向移动。换句话说,这个象限整体都位于朝着点(0,1)移动的区域。相似地,东南象限整体都位于朝着点(1,0)移动的区域。现在来考虑东北象限。此处所有的运动都是向南和向西,这样的运动发展必定最终要么进入西北象限,并因而朝着点(0,1)方向移动;要么进入东南象限,并因而朝着点(1,0)方向移动;要么朝着中心点$\left(\frac{1}{3},\frac{1}{3}\right)$移动。

任何偏离点(0,1)的微小运动都会自我纠正,因为在点(0,1)邻域附近所有的点都处在朝着点(0,1)移动的区域。类似地,任何偏离点(1,0)的微小运动都会自我纠正。所以这两点表示的是稳定均衡状态。作为对照,点$\left(\frac{1}{3},\frac{1}{3}\right)$则是非稳定均衡状态:偏离该点向北或向西极为轻微的运动都会导致进入朝着点(0,1)移动的区域,而向南或向东极为轻微的运动都会导致进入朝着点(1,0)移动的区域。

因而看上去,点$\left(\frac{1}{3},\frac{1}{3}\right)$所代表的状态根本不太可能延续很长时间。尽管这一状态意味着无论是p还是q都不存在**特定的变化趋势**,但是这样的状态很脆弱,参与人采取两项策略的频率出现任何偶然的变化都会使该状态无法维持。甚至仅仅是谣言也会使该状态崩溃。例如,假设B参与人中有些人开始相信A参与人在进行过的全部博弈中,有超过三分之一的情形都声称要5英镑钞票。最初这种信念也许根本就是错的,但是其会趋向于让自己弄假成真。根据这样的信念,B参与人会趋向于转而选择策略B_2,因此会推动q值下降低于$\frac{1}{3}$;这样做的话就会使得A_1成为A参与人更为成功的策略,结果p值会上升,反而让原本是错误的信念得到了证实。当越来越多的A参与人转而选择策略A_1,B参与人转而选择策略B_2的激励就增加了,依此类推。这一自我强化(self-reinforcing)过程带来的显而易见的结局就是如下状态：A 参与人总是选择策略 A_1，B 参与人总是选择策略 B_2。那么，最终我们应当预期实验的结果会确定为两个稳定均衡中的任意一个。

两个均衡中每一个均衡都能够被描述为一项惯例。（惯例的概念将在第 2.8 节做进一步的讨论。）非对称钞票博弈的结构使得两项可能惯例中的某一项或早或晚都会自发地演化出来：要么 A 参与人总是拿走 5 英镑钞票而 B 参与人拿走 10 英镑钞票，要么相反。

2.6 对称博弈中的演化稳定策略（evolutionarily stable strategy）

在此使用的均衡概念是首先经由生物学家拓展而来的，尤其是约翰·梅纳德·史密斯和他的同事们，[3] 但是现在社会科学家开始运用这一概念。生物学家主要是考虑用来解释动物行为。

举一个经生物学家详尽分析过的例子，考虑属于同一种类的两只动物的行为，比方说为了一份食物或者领地，它们发生了冲突。是什么决定了哪只动物取胜？它们会打架吗？如果是这样，后果会有多严重？如果我们处理的是人的行为，我们能够用博弈的方式来分析这种情境。（这一内容会在第 4 章和第 5 章进行考量。）对每一名行为人来说会有各种各样的策略，有些策略与其他策略相较而言更具攻击性。选择攻击性策略的行为人，当他们与选择非攻击性策略的行为人发生冲突时有可能做得很好：选择非攻击性策略的行为人会让步，选择攻击性策略的人取得存在纠纷的资源——无论是什么样的资源。然而，两名都选择攻击性策略的行为人与两名都选择非攻击性策略的行为人相比，相互会造成更多的伤害。因此，对任何一名行为人来说，哪项策略是最好的，取决于另一名行为人选择了什么样的策略。此时很明显存在着与钞票博弈相类似的情形。

在我有关钞票博弈的分析中，我假定作为参与人而言其具备有限程度的理性：他们有能力根据经验在策略之间进行选择。对许多非人的动物来说，期望它们具备这类理性就太奢侈了。例如，鸟类看起来就不会从经验中学会如何处理和其他鸟儿的纠纷：什么时候最好固守阵地；什么时候最好远走高飞。它们做出特定类型行为的倾向或激励是出于它们的天性；它们在基因上就决定了会如此行为，或者说是"预先程式化设定的"。尽管如此，博弈论的思想仍旧可以适用。这是因为任何物种的基因构成都不是随意的；它是演化的产物。

在生物演化的世界中，价值用生存和繁衍来度量。一套行为模式——用博弈论的语言来说，一项策略——在如下的意义上来说才算是成功的，其增进了基因的生存和繁衍能力，而正是这些基因产生了这样的行为模式。就像"战斗"和"逃跑"，不同的策略因这种程度上的成功或者"适应"而具有价值。随着时间的推移，我们预期越是成功的策略，得到选择的次数就越频繁。这并不是通过任何选择或者学习的过程，而是因为预先为动物设定成功策略的基因会通过"基因库"逐渐传播开来。当基因库中不存在使其构成发生变化的系统性趋势时，该基因库就处于一种均衡状态。从行为层面来看，即这样一种状态，这是一种预先设定动物会采取最优反应（best-reply）——"最优"用生物适应性来解释——策略来相互对抗的状态。**就纯粹的形式意义而言**，这一均衡概念本质上和第2.4节分析对称钞票博弈时援引的均衡概念是相同的。我强调"就纯粹的形式意义而言"，是因为我的效用概念与达尔文式的适应性概念十分不同，并且经验习得（learning by experience）与自然选择也十分不同。我关心的是社会演化而非基因演化，是经济学而非社会生物学。

梅纳德·史密斯（Maynard Smith，1982，pp.10 - 14）用如下方式将他的均衡概念做了形式化处理。考虑任一对称的两人博弈，其中对每一方参与人来说存在 m 项纯策略：$S_1, \cdots, S_m$。那么根据图2.3所示的模型，对任一行为人来说存在着一个 $m \times m$ 的效用指数矩阵。在梅纳德·史密斯看来，这些指数是对生物适应性之得益和损失的度量，但是他的分析中所使用到的形式逻辑并不要求做如此的解释；如果我们愿意，我们可以用人类参与者的偏好来解释效用。

假定相同的效用指数矩阵适用于所有参与人。同时也假定该博弈在某个社群内重复进行,行为人随机组合并匿名进行博弈。

一般来说一项策略是一组概率列表或者概率向量($p_1, \cdots, p_{m-1}$),其中对于任意的 i,p_i 指相关的行为人在一次随机博弈中选择纯策略 S_i 的概率。(因为与 m 项纯策略相关的概率值的总和等于 1,所以不需要具体指定选择第 m 项策略的概率是多少。)该定义允许策略的概念同时包含纯策略和混合策略。

我们现在可以定义预期效用 $E(I, J)$,即一次博弈中任意一方参与人选择策略 I 而其对手选择策略 J 时所获得的效用。如果对于所有策略 K 来说,$E(I, J) \geqslant E(K, J)$,也就是说,应对选择策略 J 的参与人,如果没有策略比 I 更为成功,那么我们可以说 I 是应对 J 的最优反应。现在考虑策略 I 可能具有如下性质:

对于所有策略 J(纯策略或者混合策略),

$$E(I, I) \geqslant E(J, I) \tag{2.1}$$

这一条件规定 I 是其自身的最优反应。如果该条件成立,那么在每一名行为人都选择策略 I 的社群内,没有一名行为人能够通过转而选择不同的策略来得益。

注意,这一条件不排除如下的可能性,或许存在某项策略 J,使得 $E(J, I) = E(I, I)$,换言之,I 可能不是其自身唯一的最优反应。假设 J 和 I 都是应对 I 的最优反应。那么在一个社群内,最初每个人都选择策略 I,任何转而选择策略 J 的行为人也不会遭受损失。用生物学术语来说,假设某种动物群体的基因构造就是使得其个体总是选择策略 I,那么改选策略 J 的某一个体就显示出发生了基因突变。除非 $E(I, I)$ 严格大于 $E(J, I)$,否则自然选择的力量不会立即发挥作用,根除选择策略 J 的行为。类似的情形也适用于人类,如果起初每个人都选择策略 I,尝试选择策略 J 的某一行为人也不会发现后一项策略要比前者差多少;所以经验习得的过程不会立即发挥作用,阻止他重复这样的尝试。因而,选择策略 I 的群体就有可能会开始受到选择策略 J 的行为人的侵扰。

为了弄清楚这样一种侵扰是否会获得成功,让我们考虑 $E(J, I) = E(I, I)$

的一次博弈,并思考如下的情境:一大群人中已经有一小部分人开始选择策略 J;其他每一个人仍然选择策略 I。对于任一参与人来说,假如他的对手选择策略 I,他选择 I 和 J 都同样成功。然而,存在较小的概率,他的对手会选择策略 J。这样,总体而言两项策略中哪一项更好将取决于 $E(I, J)$ 和 $E(J, J)$ 的相对值。如果 $E(I, J)$ 大于 $E(J, J)$,亦即,如果对于策略 J 来说策略 I 是对 J 较优的反应,选择 J 策略的反常行为人在长期来看就会比该群体中的其他人更为不成功。如果是这样的话,J 策略类型的参与人带来的侵扰不会获得成功。因此,如果除了条件(2.1)外,如下条件也成立,那么我们可以称策略 I 是一项不受侵扰的策略:

对于所有策略 J(纯策略或者混合策略),当 $J \neq I$ 时,

要么 $E(I, I) > E(J, I)$,要么 $E(I, J) > E(J, J)$ (2.2)

在生物学文献中,满足条件(2.1)和条件(2.2)的一项策略被称作"演化稳定策略"或者简称为 ESS。当这一概念被应用于描述如下的情形时,即个体(无论是人类还是动物)是通过经验习得而非基因预先程式化设定的方式来行为,一些作者提出了不同的名称——诸如"发展稳定策略"(developmentally stable strategy, Dawkins, 1980)或者"集体稳定策略"(collectively stable strategy, Axelrod, 1981)[4]——来称呼它。保留这一较为知名的术语"演化稳定策略",并认识到其既可以指社会的也可以指基因的演化,可能更简便些。遵循泽尔滕(Selten, 1980)的观点,我称满足条件(2.1)的策略是一项均衡策略;而在满足该条件的同时满足条件(2.2)的策略是一种稳定均衡状态。因此术语"ESS"和"稳定均衡"可以当作同义词来理解。

现在思考这一稳定均衡状态的特征如何应用于对称的钞票博弈。在该博弈中有两项纯策略:S_1(声称要 5 英镑钞票)和 S_2(声称要 10 英镑钞票)。以任意概率混合这两项策略,其本身就是一项策略,所以我们可以将任意的策略写作 p,其中 p 表示选择纯策略 S_1 的概率。

给定如图 2.3 所示的效用指数,很明显,策略 $p = 1$ 是应对任何 $p < \frac{1}{3}$ 的策略

唯一的最优反应；$p=0$ 是应对任何 $p>\frac{1}{3}$ 的策略唯一的最优反应；并且每一项策略都是应对策略 $p=\frac{1}{3}$ 的最优反应。（与第 2.4 节的讨论做一下比较。）因此，$p=\frac{1}{3}$ 是仅有的一项策略，它是其自身的最优反应——即仅有的均衡策略。

我们现在可以问，$p=\frac{1}{3}$ 是不是一个稳定均衡，或者说是不是一个 ESS。令 I 为策略 $p=\frac{1}{3}$，令 J 为 $p=p^*$ 的任意策略。我们知道，每一项策略都是应对 I 的最优反应，因此对于所有 J 存在 $E(I,I)=E(J,I)$。这样，利用条件（2.2），仅当对于所有 $J\neq I$ 存在 $E(I,J)>E(J,J)$ 时，I 是一个稳定均衡。很容易计算得到：

$$E(I,J)=\frac{3p^*+1}{3} \tag{2.3}$$

且

$$E(J,J)=3p^*(1-p^*) \tag{2.4}$$

从上述等式推出，对于所有 $p^*\neq\frac{1}{3}$，$E(I,J)>E(J,J)$ 为真。这就确定了 $p=\frac{1}{3}$ 是一个稳定均衡或者说是一个 ESS——该结果是对第 2.4 节结论的复述。

2.7 非对称博弈中的演化稳定策略

ESS 的概念可以相当容易地进行扩展，使得其能够应用于非对称博弈。考虑参与人扮演不同角色——A 和 B——的任意非对称博弈。令可供参与人 A 选择的纯策略记为 $A_1,\cdots,A_m$，令可供参与人 B 选择的纯策略记为 $B_1,\cdots,B_n$。那么根据图 2.4 所示的模型，对任一行为人而言存在着一个 $m\times n$ 的效用指数组合的矩阵。假定所有参与人都具有相同的效用指数矩阵。并且假定该博弈在某一社群内重复进行，行为人随机组合并匿名进行博弈。两名行为人中谁扮演 A 谁扮演 B 同样也由随机过程来决定；每一名行为人在他参与的任意一次随机选择的博弈中，都有同等的概率成为 A 或者 B。5

对于任一给定的行为人，我们可以定义 A 参与人策略和 B 参与人策略。A 参与人策略用向量 $(p_1, \cdots, p_{m-1})$ 来表示，其中对于任意的 i，p_i 指相关的行为人在其扮演角色 A 的博弈中会选择纯策略 A_i 的概率。类似地，B 参与人策略用向量 $(q_1, \cdots, q_{n-1})$ 来表示，其中对于任意 j，q_j 指同一行为人在其扮演角色 B 的博弈中会选择纯策略 B_j 的概率。A 参与人策略和 B 参与人策略的结合构成了如下形式的一项策略："如果扮演 A，做⋯⋯；如果扮演 B，做⋯⋯"。我将这样的策略称为"通用策略"（universal strategy）。

现在考虑任意一组通用策略 I 和 J。我们可以问，用策略 I 应对策略 J 时，策略 I 有多成功，或者更确切地说，当对手选择策略 J 时自己选择策略 I 得到的预期效用为多少。对于一次随机选择的、在策略 I 行为人和策略 J 行为人之间进行的博弈而言，我们可以估算这一预期效用。如果这次博弈是随机选择的，那么有 0.5 的概率策略 I 行为人扮演的是角色 A，而他扮演角色 B 的概率也是 0.5。这样选择策略 I 应对策略 J 的预期效用 $E(I, J)$ 是两个值的算术平均数：选择 I 的 A 参与人策略应对选择 J 的 B 参与人策略所获得的预期效用，选择 I 的 B 参与人策略应对选择 J 的 A 参与人策略所获得的预期效用。

给定这一有关 $E(I, J)$ 的定义，我们可以再次引入条件(2.1)和条件(2.2)。一项通用策略 I 是均衡策略，如果其满足条件(2.1)——即如果它是其自身的最优反应。I 代表一个稳定均衡或者说一个 ESS，如果其同时满足不可侵扰性条件(2.2)。

想一想，说通用策略是其自身的最优反应，这意味着什么。假设 I 是 A 参与人策略 $(p_1, \cdots, p_{m-1})$ 和 B 参与人策略 $(q_1, \cdots, q_{n-1})$ 的结合。那么，当且仅当 $(p_1, \cdots, p_{m-1})$ 是应对 $(q_1, \cdots, q_{n-1})$ 的最优反应且 $(q_1, \cdots, q_{n-1})$ 是应对 $(p_1, \cdots, p_{m-1})$ 的最优反应时，I 才是其自身的最优反应。这意味着在非对称博弈中，蕴涵于条件(2.1)中的均衡概念与传统博弈论中使用的纳什均衡（Nash equilibrium)概念存在着一一对应关系。就一次性的二人博弈来说,纳什均衡是这样一组策略,每一方参与人各自选择一项策略,使得每一项策略都是应对另一方策略的最优反应。所以在参与人分别被标识为"A"和"B"的非对称博弈中,纳什均衡由一项 A 参与人策略和一项 B 参与人策略构成,每一项策略都是应对另一方策略的最优反应。如果该博弈重复进行,这两项策略的结合很明显就是一项通用策略,且该策略是其自身的最优反应。

然而需要注意的是,条件(2.1)和纳什均衡定义之间存在的这一等价关系只有在非对称博弈中才成立。在对称博弈中,条件(2.1)要求双方参与人都遵循同样的策略,但是当他们选择不同的策略时,只要每一项策略都是应对另一方策略的最优反应,也有可能存在纳什均衡。这一不同之处反映出一次性博弈和重复博弈之间的不同。在一次性的对称博弈中,双方参与人完全有可能采取不同的策略。例如,在单独一次对称的钞票博弈中,完全有可能存在"一方参与人要 5 英镑钞票,另一方参与人要 10 英镑钞票",一个纳什均衡。这是一种双方参与人采取不同策略,从而以有利方式达成默契的情形。但是如果博弈重复进行,匿名的个人随机组合,这样的默契只会凑巧才出现:在重复进行的对称博弈中,采取不同策略不可能出现**系统性**的默契。

现在思考这一稳定均衡概念如何才能应用于非对称的钞票博弈。在该博弈中每一方参与人要在两项策略中择其一,所以一项通用策略的完整表述是概率组合(p, q),其中 p 是当相关行为人如果他扮演 A 时会声称要 5 英镑钞票的概率,q 是如果他扮演 B 时会声称要同样面值钞票的概率。直接遵循从第 2.5 节的讨论中得到的结论,三项——只有三项——通用策略满足均衡条件(2.1);它们是$(0, 1)$,$(1, 0)$和$\left(\frac{1}{3}, \frac{1}{3}\right)$。

这些通用策略中的前两项很明显是稳定的,因为每一项都是其自身唯一的最优反应。(如果你确信当你的对手扮演某一特定角色时总是会声称要 5 英镑钞票,当他们扮演另一特定角色时总是会声称要 10 英镑钞票,很明显你最好自己也遵循相同的规则。)然而,$\left(\frac{1}{3}, \frac{1}{3}\right)$的稳定性就较为值得怀疑,因为**每一项通用策略都是应对**$\left(\frac{1}{3}, \frac{1}{3}\right)$**的最优反应**。(如果你确信你的对手会声称要5英镑钞票的概率正好等于$\frac{1}{3}$,那么你声称要哪一张面值的钞票其实都无所谓。)为了检验这一均衡的稳定性我们必须追问其是否会受到侵扰。令$I = \left(\frac{1}{3}, \frac{1}{3}\right)$,且令$J$为任一通用策略$(p^*, q^*)$。由于每一项通用策略都是应对$I$的最优反应,我们知道$E(I, I) = E(I, J)$。容易计算得到:

$$E(I, J) - E(J, J) = 3\left(p^* - \frac{1}{3}\right)\left(q^* - \frac{1}{3}\right) \qquad (2.5)$$

所以I或者J是否是应对J的最优反应取决于(2.5)式的右边是正还是负。如果$p^* > \frac{1}{3}$且$q^* < \frac{1}{3}$,**或者**如果$p^* < \frac{1}{3}$且$q^* > \frac{1}{3}$,那么(2.5)式的右边为负且$E(I, J) < E(J, J)$。这意味着I无法满足稳定性条件(2.2):其会轻易受到整个通用策略集合中任意一项具有如下性质的通用策略的侵扰,A参与人声称要某一面值的钞票的概率要比策略I所规定的值更高,B参与人声称要另一面值的钞票的概率要比策略I所规定的值更高。那么唯一的稳定均衡或者说ESS只有$(0, 1)$和$(1, 0)$。它们对应于两种可能的惯例——A拿走10英镑钞票,B拿走5英镑钞票,或者相反。该结果是对2.5节结论的复述。

2.8 惯 例

到目前为止我提及"惯例"时都相当随意;我假定大家都知道什么是惯例。我不需要为此而道歉:"惯例"一词是一个带有日常意思的普通英语词汇。("惯例"一词的日常含义是什么,这本身就是一项惯例。)不过从现在开始我应当在一种特殊意义上使用该词汇——但是我认为该特殊意思至少与该词日常含义中的某一种意思大致接近。

想一想当我们说某种做法在属于某个团体的人们中是一项惯例时,我们的意思是什么。当我们这样说时,我们通常意指该团体中每个人,或者说几乎每个人都遵循这种做法。但是我们指的其实不止如此。每个人都要吃饭睡觉,但吃饭睡觉不是惯例。当我们说一种做法是一项惯例时,我们暗含着对于如下问题的回答——至少是部分的回答:"为什么每个人都做 X?"是"因为其他每一个人都做 X"。我们也暗指事情原本有可能会是其他的情形:每个人都做 X 是因为其他每一个人都做 X,但情形原本也可能是每个人都做 Y 是因为其他每一个人都做 Y。如果问"为什么每个人都做 X 而不做 Y?",我们会发现根本就难以给出任何的回答。为什么英国司机都靠左行驶而不是靠右行驶?① 为何这种做法会渐渐形成,毫无疑问存在着某种历史原因,但是大多数英国司机既不知道也不关心这原因是什么。只要说这是一项业已确立的惯例,似乎足矣。

我将惯例定义如下:具有两个或两个以上稳定均衡的博弈中任意一个稳定均衡。要理解该定义的意思,回忆一下行为人相互间重复进行某种博弈的某一社群,对该社群而言稳定均衡(或者说 ESS)是如何定义的。说某项策略 I 是此类博弈中的一个稳定均衡,指的就是如下情形:假如其他每一个人,或者几乎其他每一个人,都遵循策略 I,那么遵循相同的策略符合每一名行为人的利益。因此一个稳定均衡可以被理解为一条自我施行的规则。但并非所有自我施行的规则在日常生活中都会被称为惯例。我认为,一条自我施行的规则应当被视为一项惯例,当且仅当我们能够想到还存在着某条**不同的**规则,假如其一但确定起来,也能够我施行。因此,"总是靠左行驶"是一项惯例,不仅仅因为"总是靠左行驶"是一条自我施行的规则,而且因为"总是靠右行驶"也是如此的规则。

---

① 事实上这个问题确实有学者回答过。例如汤普逊(James Westfall Thompson)就认为是由于旧时行路不安全,旅人都会携带武器,为了便于最有效率——最迅速便捷——地拿起武器进行防卫(对于一个惯用右手的人来说,携带刀剑等冷兵器,一般会佩带在左侧;携带枪械等热兵器,一般会佩带在右侧),而产生了不同的道路规则,详细内容参见他的《中世纪经济社会史:300—1300 年》(下册),商务印书馆 1963 年版,第 163 页。但是这一说法遭到许多历史学家的驳斥,认为这不符合史实。

或者，更正式地说，因为我们能够将驾驶行为模型化为一场博弈，其中"总是靠左行驶"和"总是靠右行驶"都是稳定均衡。根据这一定义，对称钞票博弈中的稳定均衡策略（"以$\frac{1}{3}$的概率声称要5英镑钞票"）不是一项惯例，即便它是一条自我施行的规则。作为对比，非对称博弈中的两项稳定均衡策略（"如果扮演参与人A，声称要10英镑钞票；如果扮演参与人B，声称要5英镑钞票"和"如果扮演参与人A，声称要5英镑钞票；如果扮演参与人B，要10英镑钞票"）**则**是惯例。

一方面，我的定义也许看上去不同于通常的用法。根据我的定义，一种做法能够被称作惯例，与每个人是不是都实际遵循该做法无关。因此"总是靠左行驶"和"总是靠右行驶"**都**被称为惯例，即使在任何一个国家，这两项策略中只有一项会得到事实上的遵循。在日常言语中我们大概会说"总是靠左行驶"只是英国的惯例。不幸的是，似乎不存在任何简单的方式可以表达如下说法："一条原本能成为惯例的规则，事实上却不是惯例"；我没有发明一种新的表达方式，而只是使用"惯例"这一用语。如果存在任何引起混淆的风险，那么我把每个人实际遵循的惯例称为业已确立的惯例。

另一方面，我的定义也与哲学家的定义不同，随着刘易斯实至名归的著作——《惯例：一项哲学层面的研究》（*Convention：A Philosophical Study*，1969）——出版，该定义在哲学家群体中得到了一定程度的认可。刘易斯通过定义他称为"协调问题"的一类博弈作为研究的出发点。本质上，一个协调问题是至少具有两个稳定均衡的某一博弈，6每个均衡都具有特殊的性质。这一特殊的性质是"没有人能够通过**任何一**名参与人——无论是他自己还是其他人——独自采取其他不同的行动而得到更好的结果"；这类均衡是"协调均衡"。然后刘易斯给出了如下的"惯例"定义：

当群体P的成员作为某一重复出现的情境S中的参与人时，他们行为的常规性R是一项**惯例**，当且仅当群体P的成员在属于S的任何事例

中,如下条件为真,且如下条件构成群体 P 的共同知识:

(1) 每个人都遵从 R;

(2) 每个人都预期其他每一个人都遵从 R;

(3) 在其他人都遵从 R 的条件下,每个人都偏好遵从 R,因为 S 是一个协调问题,而对于 R 的一致遵从是 S 的一个的协调均衡。(1969,p.58)

该定义与我有关"业已确立的惯例"的定义在本质上是相同的——除了刘易斯的最后条款,规定"对于 R 的一致遵从是 S 的一个的协调均衡"。对于刘易斯而言每个行为人想要其他每一名行为人都遵循惯例是惯例定义的组成部分;我的定义则不要求如此。①

---

① 此处作者有关他与刘易斯理论的异同之处的阐述,需要指出三个问题。第一,萨格登的惯例定义是基于博弈论,而刘易斯虽然使用了博弈论(《惯例》是运用博弈论工具分析此类问题的奠基作),但很大程度上他依靠的是基于"共同知识"概念的理性选择模型。因此,当萨格登将惯例定义为"具有两个或两个以上稳定均衡的博弈中任意一个稳定均衡",刘易斯的表述则是"备选的常规性"。很容易从表述上的差异看出二者理论侧重点的不同:萨格登强调的是"均衡",而刘易斯认为惯例本质上是"行为的常规性"。第二,萨格登在本章尾注 6 中提及刘易斯有关"真正的均衡"(proper equilibrium)这个概念,这其实是刘易斯为了剔除多重均衡解而提出来的概念(因为刘易斯当年使用的仍然是冯·诺伊曼和莫根施特恩提出的"占优均衡"概念,"纳什均衡"还未成为主流)。其含义确实如萨格登所言,是他的定义中"稳定性的充分但非必要条件"。但也正是因为"一个协调问题中必须包含至少两个真正的协调均衡"(Lewis, 2002, p.22),所以刘易斯的惯例定义中同样强调了至少存在两个稳定均衡,或者用刘易斯的话来说,两个行为的常规性[萨格登忽视了这一点,他选择了刘易斯用"共同知识"概念修正后的惯例定义,但是在后文中刘易斯还有一个更为精致化的惯例定义(Lewis, 2002, pp.78 - 79),其中包含了关于惯例知识、备选惯例和惯例等级这些概念]。由前两个问题可以推出第三个问题,萨格登此处强调的不同之处,即刘易斯惯例定义的第三条,本质上仍然可以理解为是萨格登的均衡概念的另一种表述形式。他们之间最大的差别恐怕是萨格登把"稳定均衡"理解为自我施行的"规则",但刘易斯则不然。他详细探讨了"规则"和"惯例"之间的不同之处,用他自己的话来说:"我关注的是常规性:我不关注规则。"(Lewis, 2002, p.106)参见:Lewis, David, 2002, *Convention: A Philosophical Study*, Oxford: Blackwell Publishers Ltd.。(刘易斯的《惯例》一书于 2002 年再次出版,译者参看的是这个版本,但是书中内容和 1969 年版完全一样。)

在第 3 章我将探讨刘易斯会称为协调问题的这类博弈;这是一类参与人之间不存在太多利益冲突的博弈。这些博弈具有稳定均衡,根据我和刘易斯定义,这些稳定均衡是惯例。但是在第 4—7 章我将考察其他类型的博弈,其中存在更多的利益冲突;我将表明其中有一些博弈,能够演化出来的做法是我所定义的惯例,而不是刘易斯定义的惯例。如果有人指责我以古怪的方式使用"惯例"这一用语,我将求诸先贤大卫·休谟,我要证明,他使用该词的方式和我非常接近。①

注释

1　这一术语归功于吉伯德(Gibbard, 1973)。

2　卡马乔(Camacho, 1982)拓展形成了另一个有些类似的效用概念。

3　这项工作由梅纳德·史密斯做了概述(Maynard Smith, 1982)。我将在第 4 章更多地来谈论生物学方面的文献。

4　阿克塞尔罗德(Axelrod)只使用了条件(2.1)而没有使用条件(2.2)来定义他的"集体稳定策略"概念。用我的话来说,阿克塞尔罗德所称的集体稳定策略是一项均衡策略,但不一定是稳定策略。

5　这一假定——使得每名行为人的立场相对于其他每一个人的立场来说都是对称的——是方便的但不是严格必需的。其后的论证所要求的仅仅是,在任何博弈中,每名行为人都有某种概率(亦即,某非零概率)扮演角色 A,某种概率扮演角色 B。

6　刘易斯(Lewis, 1969, p.22)使用了"真正的均衡"(proper equilibrium)这个概念,指的是每一方参与人的策略都是应对其对手策略(或者是诸对手的诸策略)唯一的最优反应。这是我的定义中稳定性的充分但非必要条件。

---

①　刘易斯当年将博弈分为"冲突博弈"和"协调博弈"两类,由于当时的主流是研究冲突博弈——刘易斯的"纯冲突博弈"就是我们现在通常所称的"零和博弈",而刘易斯受到谢林的影响——主张研究协调问题,再加上他研究惯例的目的是要论证"语言是惯例"这一命题,而言语交流属于协调问题,所以刘易斯忽略了冲突博弈。至于他主要关注的"协调博弈",其范畴和本书研究的问题(协调、产权和互惠)互有重合。因此刘易斯的理论和本书理论之间的差异可能没有作者想象的那么大,其研究是在刘易斯理论基础上的进一步细化和扩展。

3 协 调

3.1 交通博弈（The crossroads game）

假设两名司机正驶近一个十字路口。每个人都要在如下两项策略中择其一：要么减速，要么保持原速。如果其中一人选择减速而另一人选择保持原速，两人都能安全地通过十字路口，而减速的人会稍微有些耽搁。如果两人都选择减速，他们到达十字路口时，优先权问题仍旧能解决；但我认为该结果与只有一名司机选择减速的结果相比，对两名司机来说都要更糟。当然最糟糕的结果是他们都选择保持原速。这一博弈是第 2 章钞票博弈的近亲；具有这种结构的博弈有时被称为领导者博弈（Rapoport，1967）。

如同我在钞票博弈中所做的分析，我假定存在某个属于司机成员的大社群，他们相互之间重复进行博弈。每一名行为人进行许多次博弈，并且在任意一次博弈中，该社群其他司机中每一个人都有相同的可能性成为他的对手。我还假定该博弈匿名进行：参与人相互间不会记得具体的个人是谁。因此，当简·史密斯（Jane Smith）和乔·索普（Joe Soap）发现彼此正驶近十字路口时，他们不能通过搜寻他们的记忆回想起之前类似的他们相遇的场合。他们能记起的只有进行这类博弈的一般性经验。该假定的含义之一是司机不能够树立起任何形式的个人声望——比方说某人从来不减速。事实上某一行为人也许真的从来不减速；但是他的对手不会知道这件事。

对于许多类型的社会交往情形而言，匿名性假定看起来足够合情合理。

道路使用者的交往行为提供了一个显而易见的例子。更普遍地，在公共场合——街道、公共运输站点、影剧院和体育运动场所——发生的陌生人之间的交往行为在我看来都是匿名的。许多的交易形式也是匿名的——想一想二手车的私人买卖。目前我将集中研究匿名博弈。(非匿名博弈的一些特殊性质将在第4.8节和第4.9节中进行讨论。)

		对手的策略	
		减速	保持原速
参与人的策略	减速	0	2
	保持原速	3	−10

图 3.1　对称的交通博弈

图 3.1 所示的是交通博弈中示例性质的效用指数。我假定这些效用指数呈现出社群中每一名行为人的偏好。精确的数值并不重要；对于该博弈结构而言重要的是四种可能结果的排序。

这一社群中会发生什么情况——至少在最初——取决于行为人对该博弈是如何感知的。一种可能性是每个人都认为每个十字路口都差不多，并且博弈中不存在一般化的方式来区分两名司机。那么，每一名行为人将每一次博弈都简单地想成是"我"和"我的对手"之间的博弈：这是对称博弈的情形。另一种可能性是任意一次博弈中参与人的角色之间存在着某种标识性质的非对称性，使得一方可以被称为"A"而另一方被称为"B"，且每个人都识别出这种非对称性。(A 可以是看到对手从左侧驶来的司机，或者是行驶在两条道路中干路上的司机，或者是驾驶大型车辆的司机。)这就出现了非对称博弈。第二种可能性或许看起来是一种极端的情形，因为其不仅要求每个人都识别出博弈中的某种非对称性，还要求每个人都识别出同一种非对称性。尽管如此，我认为存在着一种长期趋势使博弈能以这种方式进行——每个人都识别出单一一种非对称性。但是，我先来分析该博弈的对称形式。

对称的交通博弈

这种形式的博弈能够用与对称形式的钞票博弈十分相似的方式进行分析（第 2.4 节）。很容易求得只存在一个均衡。如果 p 是随机选择的参与人在一次随机选择的博弈中选择"减速"的概率，均衡会出现在当 $p=0.8$ 时。（要检验这是不是一个均衡，注意当 $p=0.8$ 时，"减速"和"保持原速"会得到相同的预期效用，即等于 0.4。）该均衡是稳定的：如果选择减速的司机的比例上升超过 0.8，保持原速就会逐渐成为较成功的策略，而如果该比例下降低于 0.8，减速就会逐渐成为较成功的策略。

在这样的事态下不存在任何能够赋予十字路口优先权的惯例，而由此造成的结果相当不便。有时候（确切地说，32%的情形）一名司机给另一名司机让路；有时候（64%的情形）两人都选择减速；而有时候（剩下 4%的情形）两人都选择保持原速。毋庸多言，这些具体的百分比反映的是我为博弈结果指定的具体的效用指数，没有特别重要的意义。重要的是，在有些情形下两名司机都减速，而有些情形下他们都保持原速；在这些情形下，对于两名司机来说，其结果都比他们中的一人为另一人让路的情形要更糟。

非对称的交通博弈

改为假设社群中每个人都认为该博弈是非对称的，并且他们关注的都是相同的非对称性，比方说左与右的区别。那么我们可以定义 A 为看到对手从自己的左侧驶来的司机，而 B 为看到对手从自己的右侧驶来的司机。当任何人回忆起一次博弈时，他根据他的对手驶来的方位对博弈进行分类；这样他就能够区别出自己作为 A 参与人的经验和作为 B 参与人的经验。使用与之前相同的效用指数，该博弈现在能够用图 3.2 所示的矩阵进行描述。

		B 的策略	
		减速	保持原速
A 的策略	减速	0, 0	2, 3
	保持原速	3, 2	−10, −10

图 3.2 非对称的交通博弈

这一博弈能够用与非对称形式的钞票博弈十分相似的方式进行分析（第2.5节）。令 p 和 q 分别为随机选择的 A 参与人和 B 参与人在一次随机选择的博弈中选择"减速"的概率。考虑 A 参与人，根据 q 是否小于、等于或者大于 0.8，"减速"将是比"保持原速"更成功、一样成功或者劣于后者的策略。因此如果参与人 A 能够从经验中习得，当 $q<0.8$ 时，p 值将趋于上升接近于 1；当 $q>0.8$ 时，p 值将趋于下降接近于 0。类似地，如果 $p<0.8$，q 值将趋于上升接近 1；如果 $p>0.8$，q 值将趋于下降接近于 0。这些趋势以相位图的形式如图 3.3 所示。

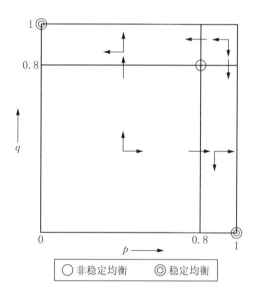

图 3.3　非对称交通博弈的相位图

三对 (p, q) 组合不具有变化趋势；它们是 $(0, 1)$、$(1, 0)$ 和 $(0.8, 0.8)$。每一对组合都是一项通用策略，是其自身的最优反应（与第 2.7 节进行比较），因而各自代表了一种均衡状态。

这些均衡中前两个是稳定的。以 $(0, 1)$ 为例，其代表了 A 司机总是选择保持原速而 B 司机总是选择减速的事态。在这样的事态下，对任一行为人而言最优的通用策略是显而易见的：\"如果作为司机 A，保持原速；如果作为司机 B，减速。"换句话说，通用策略(0，1)是其自身唯一的最优反应，满足第2.6节中所阐释的稳定性条件(2.1)。或者用相位图的语言来说，任何偏离点(0，1)的微小运动都会引导至某一点，而该点位于朝着点(0，1)移动的区域内。相似的论证可以证明(1，0)也是一个稳定均衡。

作为对比，均衡点(0.8，0.8)则是不稳定的。在该事态下，所有司机中有80%的概率——无论是A还是B——会选择减速；那么对任一行为人来说，每一项通用策略都和其他策略一样成功。所以(0.8，0.8)不是其自身唯一的最优反应；实际上，每一项通用策略都是应对(0.8，0.8)的最优反应。很容易表明(0.8，0.8)会受到任意一项通用策略$(p，q)$的侵扰，使得**要么是**$p>0.8$而$q<0.8$，**要么是**$p<0.8$而$q>0.8$。用相位图的语言来说，任何偏离点(0.8，0.8)向北或向西的运动都会引导至某一点，该点位于朝着点(0，1)移动的区域内；而任何偏离点(0.8，0.8)向南或向东的移动都会引导至某一点，该点位于朝着点(1，0)移动的区域内。

所以非对称的交通博弈只有两个稳定均衡或者说演化稳定策略；在长期，我们预期博弈的结果稳定于两种状态中的一种。换句话说，某种优先权规则——要么是"为从右侧驶来的司机让路"，要么是"为从左侧驶来的司机让路"——会演化出来，并且一旦其演化出来，它就会自我施行。这就是惯例。这样的惯例不是由任何人发明出来的；它不是协商的结果；没有人同意它。它就是简简单单演化出来的。非对称的交通博弈是一个自发秩序的模型。

当仅有某些参与人识别出非对称性时的交通博弈

一位参与人要识别出博弈中的非对称性，他必须展开想象的翅膀。例如，在左—右非对称性的情形中，一名司机必须意识到他在十字路口的经验可以被归为截然不同的两类——一类是对方司机从左侧向他驶来，一类是对方司机从右侧向他驶来。他还必须要意识到这种表面上看起来毫不相关的非对称性或许具有某种重要意义。乍看起来假定**每个人**都会意识到某种非对称性似乎有些武断，而假定每个人都会意识到**同样**的非对称性则更加武断。

因而现在我应当考量，如果在交通博弈中只有某些参与人识别出左—右非对称性，而其他人认为该博弈是对称的，将会发生什么情况。我称第一组参与人为聪明人（他们足够聪明，能够识破非对称性），而第二组为愚笨的人。我假定没有人能够事先发现他的对手究竟是聪明的还是愚笨的。这种形式下的博弈，其均衡看起来会是怎样的？

如果**没有任何**参与人会根据他是角色 A 或者角色 B 而做出不同的行为，此时会出现一类均衡状态。在这一情形下，均衡出现在当随机选择的参与人——A 或者 B——以 0.8 的概率选择"减速"的时候。（举例来说，聪明的和愚笨的参与人都会以二八开分成两派，80%的人不变地选择"减速"，20%的人不变地选择"保持原速"。）那么从如下三个视角中的每一个视角来看，这两项策略相互对比都同样成功：聪明司机扮演角色 A 选择策略时的视角，聪明司机扮演角色 B 选择策略时的视角，以及笨司机的视角（他们不能区分角色 A 与 B 的差别）。由于对任何人来说都不存在特定的趋势去改变策略，因而很明显这就是一个均衡。然而，该均衡是不稳定的。回忆一下当**所有**参与人都识别出博弈中的非对称性这种情形，有可能存在一项混合策略均衡，但是这样一个均衡是不稳定的：A 参与人任何细微的、与 B 参与人不同的行为趋势都会自我放大，直到某一项惯例确立起来。①现在这个例子，也是这种完全相同的力量在发挥作用，但他们仅仅只能作用于那些聪明的参与人。因此从长期来看，我们预期两项可能惯例中的一项——"为从右侧驶来的司机让路"或者是"为从左侧驶来的司机让路"——会在那些足够聪明以至于能够识别出左—右非对称性的参与人中间确立起来。

当聪明的参与人开始采纳某一项惯例，愚笨的参与人会注意到他们的对手选择"减速"的频率发生了变化。例如，假设起初聪明的和愚笨的参与人都二八开分成两派，80%的人不变地选择"减速"，20%的人不变地选择"保持原速"。

---

① 参见第 26 页（原书页码，即本书的边码）的论证。

当一位聪明的参与人采纳了某一项惯例时,他在自己参与的博弈中以50%的比例选择每一项策略(因为在他参与的博弈中有50%的情形他扮演角色A,50%的情形他扮演角色B)。这样当某一项惯例在聪明的参与人中间传布开来时,选择"减速"的总频率会开始下降至低于80%。从愚笨的参与人——他们不能从对手的行为中识破非对称模式——的视角来看,上述情况就暗示着"减速"现在是更加成功的策略。因此愚笨的参与人会倾向于改变策略,选择"减速"。

当所有聪明的参与人都遵循某一项惯例时,并且当(取决于愚笨的参与人所占的比例)**要么**愚笨的参与人以如下方式分为"减速"和"保持原速"两派时——即任一愚笨的参与人的对手选择"减速"的概率为0.8,**要么**所有愚笨的参与人都选择"减速"而其对手选择"减速"的概率小于0.8时,均衡就会达成。(无论是何种情形,给定愚笨的参与人不能识别出非对称的惯例,他们都会遵循他们能够找到的、最成功的策略。)检验这类均衡是稳定的,这并不困难。

毋庸多言,聪明的参与人比愚笨的参与人更成功。举例来说,假设20%的参与人是聪明的,他们的惯例是扮演角色A时选择保持原速而扮演角色B时选择减速。如果八分之七的愚笨的参与人(即参与人总数的70%)在每次博弈中都选择减速,而剩下的八分之一(参与人总数的10%)在每次博弈中都选择保持原速,那么就存在一个稳定均衡。这时每位愚笨的参与人在他所进行的博弈中有80%的情形会遇到选择减速的对手。(其中70%的情形他遇到的是愚笨的参与人选择减速,10%的情形他遇到的是聪明的参与人由于扮演角色B而选择减速。)因此对于一位愚笨的参与人来说,任何一项策略的预期效用都是相同的(即为0.4)。然而,聪明的参与人能够将他们扮演角色A的博弈与他们扮演角色B的博弈区别对待。当一位聪明的参与人扮演角色A时,他的对手在90%的情形下都会选择减速。(其中70%的情形对手是选择减速的愚笨的参与人;20%的情形对手是知道自己扮演角色B的聪明的参与人。)如果A参与人选择保持原速(这是较好的策略),他的预期效用为1.7。当一位聪明的参与人扮演B时,他的对手选择减速的情形只有70%;如果B参与人选择减速

（这是较好的策略），他的预期效用为 0.6。因此在一次随机选择的博弈中一位聪明的参与人的预期效用为 1.15（1.7 和 0.6 的均值），与之相比愚笨的参与人的预期效用为 0.4。①

就理论意义而言，这样一种情境是一个稳定均衡。然而，这似乎还没有真正把故事讲完。毫无疑问，有些人要比其他人能够更为迅速地从他们的经验中识别出某些模式并且学会如何从这一知识中获利；但如果真的存在某一种模式，并且如果识别出这一模式真的能够从中牟利，我们预期随着时间的推移会有一种趋势，越来越多的人会识别出这种模式。一旦聪明的参与人业已演化出某一项惯例，人们就会观察到一个清晰的模式：司机如果从（比方说）左侧驶来，通常他们就会比从右侧驶来更有可能选择减速。任何人能够识破这一模式就能够与已经得利的聪明的参与人一样，获得相同的利益。所以我们预期会有越来越多的人加入聪明的参与人行列，识别并遵循惯例。越多的人遵循惯例，惯例就变得越清楚明白，越容易被其余愚笨的参与人识别出来。该过程的长期趋势是朝着每个人都遵循这一惯例的状态发展。

因为我希望表明惯例的成长真的能够自发出现，所以我假定参与人之间没有相互交流沟通。某一惯例一旦在一些参与人之间确立起来，交流沟通就有可能加速其传布的过程，使得剩余的参与人也开始遵循该惯例。注意，在交通博弈中，一旦有人开始遵循某一惯例，他想要其他人——尤其是他的对手——也遵循它。（一旦一项惯例业已确立，一位聪明的参与人从一次博弈中获得的预期效用会随着聪明的参与人所占比例的上升而提高——从聪明的参与人几乎没有时，效用刚刚大于 0.4，提高到每个人都是聪明人时，效用为 2.5。）所以即便

---

① 此处的数值都是根据图 3.2 所示的效用指数计算得出的，具体计算公式如下。对于愚笨的参与人而言，选择减速的预期效用为：$0 \times 0.8 + 2 \times 0.2 = 0.4$；选择保持原速的预期效用为：$3 \times 0.8 - 10 \times 0.2 = 0.4$。两项策略的预期效用相同。而对于聪明的参与人来说，选择减速的预期效用为：$0 \times 0.7 + 2 \times 0.3 = 0.6$；选择保持原速的预期效用为：$3 \times 0.9 - 10 \times 0.1 = 1.7$。因为他扮演两种角色的概率相同，所以总的预期效用为二者的平均值 1.15。

一位愚笨的参与人不能从他自己的经验中推断出惯例的性质,他大概也会发现有很多聪明的参与人迫切想要向他解释,有这么一项惯例存在。

有多种非对称性的交通博弈

到目前为止,我假设交通博弈中的参与人只能识别出一种非对称性——区分左与右。这种非对称性为曾经在欧洲大陆和美国的道路交汇处被普遍承认的惯例提供了解释基础:右行优先。然而,还存在许多其他的非对称性。举例来说,参与人可能会关注两条交汇道路的相对地位,把它们区分为"干路"和"支路"。(这是传统英国惯例——赋予行驶在主干道上的车辆以优先权——的基础。英国老司机还会记得在未经标注的十字路口解读该惯例时遇到的难题。)或者参与人可能会关注车辆,根据与它们相关的某种重要性程度来进行分类。或者他们可能会关注车辆行驶的速度。("慢车给快车让路"是一个可行但危险的惯例。)想必有些参与人特别易于识别出某一种非对称性,而另一些人则易于识别出另一种非对称性。那么,其中一种非对称性如何能够脱颖而出?

考虑两种独立的非对称性,比方说左与右之分和干路与支路之别。(我假设在每一个十字路口都可以相当清楚地看出哪条路是干路。)现在假设一群司机识别出左—右的非对称性,但是没有识别出干路—支路的非对称性;另一群司机则相反。那么两种惯例会同时开始演化:或许第一群司机赋予右行以优先权而第二群司机赋予主干道通行以优先权。起先,两个群体都相信他们自己的惯例是唯一存在的惯例,他们自己的成员是聪明人而其他参与人是愚笨的。哪一个群体会更成功? 很明显,看哪一个群体的人数更多。(回忆一下有些参与人是聪明人而另一些则是愚笨的人的情形,聪明的参与人所占人数比例越大,就越成功。)然而,迟早有些参与人会开始觉察出存在着两种非对称性、两项惯例,而不仅仅是一种非对称性和一项惯例;**所有这类参与人都将受到吸引去遵循那项得到更多参与人遵循的惯例。**成功是成功之父;更为流行的惯例将会发展壮大变得越来越通行,而代价就是其他惯例会被淘汰。如果存在三项抑或是更多的惯例开始一起演化,同样的论证也适用。既然每个人都想要发现并遵循得到大多数人遵循的惯例,那么在长期必然存在一种趋势,一项惯例确立起来,代价是其他惯例被淘汰出局。

3.2 何种惯例?

如果交通博弈重复进行足够长的一段时间,似乎某项惯例就会演化出来。只要**某些**参与人对**某种**非对称性持有共识,那么对这些参与人来说就有能力在他们之间演化出某一惯例;而他们无法形成这样一项惯例的任何情境,从根本上来说都是不稳定的。一旦这类惯例开始在一些参与人中确立起来,每个人都有一种激励去遵循它,所以其易于社群中传布开来。有许多可能的惯例——其数目也许是无限的,但是在任何特定的社群中,最终只会有其中一项惯例自我确立起来。这样就存在一个有意思的问题:与其他惯例相比,是否某些类型的惯例更有可能自我确立起来?

第3.1节的分析为我们可能会如何回答这个问题提供了一些线索。首先,很明显,直到有些参与人开始识别出他们正在进行一次非对称博弈并开始注意到同一种非对称性之前,不会出现惯例的演化。其次,为了启动朝着相位图的四角中的某一角移动的过程,必须存在某种行为上的非对称性——或者至少是行为信念上的非对称性。假设起初没有人想到交通博弈是非对称的,因而其博弈结果为对称均衡(在全部博弈中有80%的情形选择"减速")。然后有一些参与人开始识别出左—右的非对称性。仅凭其自身,这还不足以产生一项基于左右之别的惯例。必须还要存在某种初始的倾向性,无论是出于观察、信任抑或是怀疑,都要能够让人们根据他们的对手是从左侧或是右侧驶来而做出不同的行为。这一初始的倾向性可能相当细微,但仍能启动前述的进程,并通过这一过程放大自身进而形成惯例;但是这种倾向性必须存在。

如果我们只关心如下问题:"某项惯例最终会不会演化出来?"我们可以靠运气。迟早我们可以说,某种细微的行为的非对称性碰巧会出现;有些参与人会认为这不仅仅只是运气而已,并预期该非对称性会持续出现。即使这样的预期毫无根据,它也能自我实现。然而,当我们问的问题是:"**何种惯例会演化出来?**"我们就不能指望仅仅论证说迟早会发生些什么。从某种意义上而言,备选惯例之间通过相互竞争,以确立自身作为社群的唯一惯例。记住,一旦某一项惯例开始演化,每一个人都会被它吸引;而如果几项惯例同时开始演化,最流行的惯例最吸引人。所以处于这种竞争中的惯例之间的关系,十分类似于挨挨挤挤地长在一小块地里的幼苗之间的关系:最早显示出茁壮成长迹象的幼苗能够扼杀其他幼苗的成长。能够自我确立的惯例是那些利用了被迅速识别出来的非对称性的惯例。因而我们必须追问,是否有可能某些特定类型的非对称性要比其他的非对称性更加迅速地被识别出来。

如果非对称性内嵌于博弈自身的结构之中,那么就特别有可能迅速地被识别出来。让我举个例子。到目前为止在我所陈述的交通博弈中,我一直假定"左"与"右"、"干路"与"支路",诸如此类的区别只不过是标识而已,别无其他:行驶在主干道上和行驶在支路上的参与人之间没有差别,除了一条路是**所谓的**"干路",另一条路是"支路"。但是现在假设**的确存在**其他的差别,尽管是细微的差别。

在此有一种可能性。司机们偶尔没有注意到十字路口。一名没有注意到他正要和另一辆车在十字路口交汇的司机并不知道他正在进行一次交通博弈;他保持原来的速度,但不是作为有意识选择的策略,而仅仅是默认如此。现在假设当你行驶在主干道上的时候较难注意到十字路口。为了简化分析,我假设某个比例的——我假定5%——行驶在主干道上的司机没有注意到十字路口,而行驶在支路上的司机**永远都不会**犯这样的错误。为了更精确些,行驶在主干道上的司机中有5%的人没有注意到十字路口,等到他们看见并想减速时已为时太晚。就没有选择他们的策略这层意思而言,他们是在无意识地进行着这些博弈;他们不可避免地选择保持原速的策略。然而,事后他们会觉察出自己的粗心:他们知道他们在进行交通博弈,并知道了结果。

首先假设没有人意识到干路—支路这一非对称性的重要性;每个人都认为

博弈是非对称的。①每名司机都从经验中知悉当他驶近十字路口时,偶尔会没有注意到它们,但他从来没想到过这些错误自身具有特定的模式。这样均衡看起来会是什么?

我假定每一名司机在他所进行的博弈中有50％的情形是行驶在主干道上。所以他进行的所有博弈中有2.5％是在无意识的情况下参与的;他能进行选择的程度只能扩展至剩余的97.5％、他有意识参与的博弈中。均衡出现于当所有参与人中有80％的人都选择减速时。(回忆一下,这使得两项策略在长期对于没有察觉到博弈中的非对称性的参与人来说都同样成功。②同样要记住,每位参与人的记忆延伸至他进行过的全部博弈,无论是有意识还是无意识参与的。)这样就要求**有意识的**参与人中有82.1％的人都选择减速。只要非对称性仍然没有被识别出来,这就是一个稳定均衡;如果有意识的参与人在超过82.1％的博弈中都选择"减速","保持原速"就成为更成功的策略,反之则反是。

现在假设有一位参与人意识到干路—支路这一非对称性有可能是重要的。在他看来情况会是怎样?他会发现行驶在支路上的司机更有可能选择减速。由于行驶在支路上的司机都是有意识的参与人,在82.1％的情形下他们会选择减速;作为对比,行驶在主干道上的司机只有在77.9％的情形下会选择减速(即82.1％中的95％)。③由于行驶在支路上的司机在超过80％的情形下都会选择减速,行驶在主干道上的司机的最优策略就是保持原速。反过来,由于行驶在主干道上的司机在少于80％的情形下会选择减速,行驶在支路上的司机的最优策略就是减速。从我们的参与人的视角来看,**这就好像**是一项赋予主干道以优先权的惯例已经开始演化——尽管在现实中他是第一个意识到干路和支路差别的人。显然,如果他采纳该惯例,他会做得最好。通过这样做,他使得行驶在干路和支路上的司机之行为的非对称性变得有一点点更加明显。

---

① 原文如此。疑为"对称的",参见下一段及第3.1节内容。
② 参见第38页(原书页码,即本书的边码)。
③ 严格来说是77.995％,更接近于78％。不过这不影响后面的结论。

不难推出,当越来越多的参与人开始觉察出非对称性(不用说,这指的就是越来越难以忽视这样的非对称性),"主干道优先"的惯例会通过自我强化的过程自我确立起来。最终会达到一个稳定均衡,全部有意识的参与人都遵循该惯例。(在这个具体的例子中,由于无意识的参与人都行驶在主干道上,所有参与人的行为都仿佛是在遵循这项惯例。如果我仅仅假定行驶在主干道上的司机只是较有可能没有注意到十字路口,最后的均衡则是偶尔会有行驶在支路上的、心不在焉的司机打破上述惯例。)

还有另一个例子,其本质上是同一种现象。思考如图 3.4 所示的非对称交通博弈的变化形式。像之前一样,我假定每一名行为人在他所进行的博弈中有一半的情形扮演角色 A,一半的情形扮演角色 B。在该博弈中非对称性不只是个标识问题,因为当两位参与人都选择保持原速时,参与人从博弈结果中得到的效用取决于他扮演的角色;该结果对参与人 B 而言要比参与人 A 更糟。虽然如此,这一非对称性相对来说仍然不是很重要,而且很可能在一段时间内不会被注意到。

		B 的策略	
		减速	保持原速
A 的策略	减速	0, 0	2, 3
	保持原速	3, 2	-9, -11

图 3.4　一个非对称交通博弈的变化形式

假设参与人依赖于过去的经验来指导他们在策略间进行选择。那么如果某一参与人没有注意到角色 A 与 B 之间的非对称性,他的经验只是告诉他在那些他和他的对手都选择保持原速的情形中,结果是全部博弈中有 50% 的情况得到的效用为 -9,其他 50% 的情况得到的效用为 -11。这些结果的平均效用是 -10。所以,只要他未能从这些结果中识别出特定的模式(即当他作为角色 A 时出现一种结果,当他作为角色 B 时出现另一种结果),他的行为就好像是在进行原初的交通博弈(如果双方参与人都选择保持原速,他们得到的效用为 -10;参见图 3.1 和图 3.2)。如果每个人都没有注意到非对称性,当 80% 的参与人都选择减速时会出现一个稳定均衡。(与第 3.1 节中所分析的对称的交通博弈进行比较。)

然而,现在假设有一位参与人意识到他经验到的作为角色 A 的结果与那些他经验到的作为角色 B 的结果稍微有一点点不同。由于无论在哪一种情形下他的对手中都有 80% 的人会选择减速,他将发现当他扮演角色 A 时"保持原速"是较为成功的策略,而当他扮演角色 B 时"减速"是较为成功的策略。(只要超过 78.6% 的 B 参与人选择减速,"保持原速"对 A 参与人而言就更成功;只要少于 81.3% 的 A 参与人选择减速,"减速"对 B 参与人而言就更为成功。)①所以,对于注意到非对称性的参与人而言,他立刻有激励去采纳——或者开始采纳——"B 为 A 让路"的惯例。随着越来越多的参与人采纳这一惯例,A 参与人选择减速的比例就会低于 80%,而 B 参与人选择减速的比例就会超过 80%。这使得 A—B 非对称性更显而易见,而遵循该惯例的激励变得更强烈。再一次,自我强化的过程开始运作。

有趣的是,内嵌于博弈结构之中的惯例——如果参与人逐渐开始觉察出某一种非对称性,便会趋于演化出来的惯例——并不一定是最符合参与人利益的惯例。图 3.5 所示就是交通博弈的另一个变化形式。与前一个例子一样,这是一个其结果存在细微的非对称性、其他各方面则都是对称的博弈。如果用和前一个例子相同的方式分析这个例子,结果将会演化出来的惯例再一次是"B 为

---

① 按照第 3.1 节的分析,在对称形式的博弈中,当对于参与人而言,"减速"和"保持原速"两项策略得到的结果一样好,或者说选择任何一项策略都无差异时,达到了均衡。所以令 p 和 q 分别为 A 参与人和 B 参与人选择"减速"的概率,对于参与人 A 而言,无论其选择"减速"还是"保持原速",预期效用相等,算式为:$2(1-q) = 3q - 9(1-q)$,可以计算得出 $q = \frac{11}{14}$,四舍五入即得到 78.6%;同理可得:$2(1-p) = 3p - 11(1-p)$,$p = \frac{13}{16}$,四舍五入得 81.3%。

A 让路"。然而很容易发现相反的惯例能够产生更好的结果。如果每个人都遵循"B 为 A 让路"的惯例,每位参与人得到的平均效用是 2.4(即当他扮演角色 A 时效用为 3,当他扮演角色 B 时效用为 1.8)。反过来,如果每个人都遵循相反的惯例,每位参与人得到的平均效用将会是 2.6。前一项惯例之所以会演化出来,是因为当某一参与人处在根本没有其他人——或者说几乎没有其他任何的人——遵循任何惯例的情境下时,这是对他来说较好的惯例。

		B 的策略	
		减速	保持原速
A 的策略	减速	0, 0	2.2, 3
	保持原速	3, 1.8	-9, -11

图 3.5 另一个非对称交通博弈的变化形式

关键之处在于:如果我们要解释为何某一特定的惯例会演化出来,我们必须问为何行为人会受到它的吸引,而不是问对于作为整体的社群而言该惯例服务于什么样的目的。一旦一项惯例开始确立起来,便不存在这样的困惑,为何行为人会受到其吸引:每个人都想要遵循它,因为其他每一个人都这么做。是否一项不同的惯例对于每个人来说会更好,这不是任何行为人会直接关心的问题,因为没有人有力量改变其他每一个人都在做的事。所以惯例演化中至关重要的阶段是其初始阶段。为了解释为何某一项惯例会演化出来,我们必须解释为何它最开始会吸引参与人的注意。

3.3 凸显性(Prominence)①

第 3.2 节的分析依赖的是行为人通过经验习得的假定;当一些行为人能够从他们过去的经验中推断出,当他们扮演某一类角色时某一项策略对他们而言

---

① 值得注意的是,本书作者在第二版的修订中,改用"显著性"(salience)这个术语(参见跋 A.2),这是刘易斯的惯例理论中运用的概念。

更成功,而当他们扮演另一类角色时另一项策略更成功,此时惯例就开始演化。这样一种惯例演化阐释背后的核心思想是从生物学家那里发展而来的,特别是梅纳德·史密斯和帕克(Maynard Smith and Parker, 1976);我仅仅是将他们的思想改用到了人类背景之下。

一种非常不同但是可以作为补充的分析理路能够追溯到谢林那本引人入胜的著作,《冲突的策略》(1960)。考虑一下两名行为人首次进行交通博弈时的处境,不知道对方通常会如何进行博弈。他们能够看到谁从左侧驶来,谁行驶在主干道上,谁驾驶着大型车辆,诸如此类;但是他们不知道基于这些非对称性的任何一项优先权惯例。对于每一位参与人来说最优策略是什么?

似乎很明显,像传统博弈论所使用的那种演绎推理对这些参与人来说助益无多。每个人都知道:如果他的对手将要保持原速的话他最好选择减速,如果他的对手将要减速的话他最好选择保持原速。但是他如何能知道他的对手将会做什么?如果他试图将自己置于他的对手的立场上,他会发现他的对手面对的是和自己完全一样的难题。演绎推理似乎导向了无限递归:对 A 来说如何行动是理性的取决于 B 将要采取何种行为,但如果 A 试图通过询问"对 B 来说如何行动是理性的"来预测 B 的行为的话,他发现这取决于**他自己**将要采取何种行为。同样明显的是,参与人不能从他们博弈的经验中获得引导,因为他们没有这样的经验。从表面上看来,他们的难题是无法解决的;他们所能做的只是从两项策略中择其一,并希望这是最优策略。

然而,谢林表明人们常常能够非常成功地解决这类问题。似乎人类具有一种能力来协调他们的行为,而这种能力是某种与演绎意义上的"理性"截然不同的东西。在此是谢林的一个例子(Shelling, 1960, pp.54 - 58)。两个人不允许彼此沟通交流。要求每个人说出"正面"或者"反面"。如果两位参与人给出相同的回答,他们都获得奖励;如果他们给出不同的回答,则什么也得不到。这是一个纯协调博弈的例子。(之所以是"纯粹的"是因为参与人之间不存在利益冲突,他们应当被认为是搭档而非对手,比较一下如桥牌这类纸牌游戏中搭档们的立场。)①该博弈的逻辑是一清二楚的：每一方参与人想要采取的都是对方采取的行动，无论是何种行动。但是演绎推理看起来对参与人没有帮助。如何能够给出理由证明应当说"正面"而不是"反面"，或者应当说"反面"而不是"正面"？理性分析似乎给出的建议是参与人说什么都不重要，他只有 0.5 的概率赢得奖励。

谢林向 42 个人提出这个问题。（显然他向每个人都询问了如下这个假设性的问题："如果你玩这个游戏你会怎么做？"）36 人选择"正面"。所以如果这一抽样是有代表性的，选择"正面"的参与人就有 0.86 的概率赢得奖励；至于选择"反面"的参与人，他们赢的概率只有 0.14。对每位参与人而言——给定其他人具有说"正面"的倾向性，很明显选择"正面"是最优策略；而且谢林的样本中有 86% 的人知道这一点。他们是如何知道的？

在该问题的一个变化形式中，谢林要求人们写下任意一个正数。再次，如果两个搭档选择了相同的数就会获得奖励。正数的数目是无限的，并且它们中任意一个都和其他的数一样满足条件，只要两个搭档都选择它。理性分析的建议是赢得奖励的概率实际上几乎为零。而事实是 40% 的人选择了数字 1，这样当与随机确定的搭档进行博弈时，赢得该博弈的概率就达到了 0.4。他们是如何知道 1 是正确答案？

具有相同的逻辑结构、略微现实一些的博弈是会面博弈（rendezvous game，第 2.3 节中曾简要提及）。②你和你的搭档不能彼此交流沟通，但是想要会面。问题是选择到何地（可能还有何时）去，才有希望发现你的搭档也在那儿。谢林要求他抽样的人说出纽约市中的某个地方。超过 50% 的人选择了同

---

① 作者此处对于"纯协调博弈"的解释其实严格来说是"纯合作"博弈（"pure-collaboration" game），他注明的引文来源是谢林所举的例子，也就是萨格登教授在这一节提及的几个例子。但是谢林有关"纯冲突"博弈和"纯协调"博弈的比较分析是在后面的章节（Shelling, 1960, pp.83 – 118, 291 – 303）。所以准确地说，纯协调博弈，指的是博弈中参与人的利益完全相符，但不要求他们像搭档那样进行合作。

② 参见第 16 页（原书页码，即本书的边码）。

一个地方:中央车站(Grand Central Station,①谢林的调查对象都来自康涅狄格的纽黑文,且问题大概是在20世纪50年代晚期的时候问的)。当要求约定一个时间时,几乎每个人都选择中午12点。

所有这些博弈在结构上都和交通博弈类似。(不同之处在于交通博弈不是一个纯协调博弈。在一个纯协调博弈中,对于任何一方参与人来说最重要的是使得自身行为与他搭档的行为相协调。在交通博弈中,存在着某种利益冲突,因为如果一方参与人要为另一方让路,每一方都不愿成为让路的那个人。)如果这些博弈重复进行,惯例最终会演化出来——像"总是选择'正面'"和"总是去中央车站"。但是如果每个人仅是凭借试错(trial and error)的方式,可能会花费非常长的时间才能让惯例开始自我确立起来。(想一想在纽约市有多少地方可以去,任何人如果随机选择一个地方,他能够遇到搭档的机会有多渺茫。)然而,谢林的调查对象并没有重复进行这些博弈,却显示出一种非比寻常的能力,毫不犹豫地趋向于遵循相同的惯例。不知为何他们提前预知哪一项惯例最有可能形成。如果人们具有某种这样的能力,即便是有缺陷的,对于解释惯例一开始如何发生演化——以及因此何种惯例会自我确立起来——而言,也可能非常重要。(记住,一旦有些人采纳了某一项惯例,自我强化的过程就会开始运作。)

那么,人们协调他们行为的能力背后隐藏着什么呢?谢林的回答是,在人们能够协调他们行为的所有可能方式中,有些方式要比其他方式更加凸显、更引人注目或者更显著。凸显性"取决于时间、地点以及这些人是谁";在最后的分析中他说,"我们像处理逻辑问题一样处理我们的想象力问题"(1960,p.58)。尽管如此,人们常常共享某些与凸显性有关的看法,并且将其用于解决协调

---

① 纽约中央铁路公司的正式名称为"大中央车站"(Grand Central Terminal),但是人们(包括美国邮政总局)通常称其为"Grand Central Station",这其实也是一项惯例,不过中文译名差别不大。其占地面积19公顷,是北美最繁忙的车站之一。同时中央车站也列入"美国国家史迹名录"和"美国国家历史地标"中,由于其颇具特色的建筑架构而闻名。美国建筑学会在2007年发起的"美国最受喜爱的建筑"民意调查中,中央车站排名第13位。

问题。

凸显性有时候是一种未意识到的有关**先例**(precedence)的想法。以"正面"与"反面"的硬币例子来说,我认为,我们大多数人都会感觉"正面"在某种程度上优于"反面"——它不知怎的就是更重要。我就是这么想的,即便我无法确证这种信念。(孩提时代,扔硬币时候我总是喊"反面",因为我有某种感觉,这么做我是在支持弱势群体。)谢林的调查对象很明显也有同样的感觉。更为关键的是,他们一定猜测(因为他们如何可能早已知悉呢?)别人也与他们有着共同的感觉,"正面"优于"反面"。

正如谢林所指出的,凸显性通常与唯一性(uniqueness)联系在一起。在一个正整数集合中,1这个数字鹤立鸡群,是因为它是最小的。没有其他的性质能够同"成为最小的正整数"一样重要,这就是对任何正整数而言的唯一性。我如何能够证明"成为最小的正整数"要比"成为不吉利的数"或者"成为折合1美元的美分数"这类性质更重要呢?我不能;但我觉得是这样的。记住,在这类博弈中,试图做个机灵鬼是没有必要的;检验是不是好的答案,要看它与其他人的答案是否一致。如果谢林的调查对象具有典型性,数字1确实是正确的答案,仅仅是因为这是大多数人会给出的答案。"位于中心"是另一个性质,常常为某一集合中的某一元素赋予唯一的凸显性。这或许解释了在一天内所有可能的时间中,中午12点所具有的凸显性。

凸显性也可以由相似性的类推来决定。为何火车站会作为一个会面场所引起人们注意?当然不是因为火车站本身具有凸显性。(假设谢林的问题是:"说出纽约市的一个地标性建筑。"他的调查对象仍然会集中回答说中央车站吗?我怀疑不会。)我认为,对此的解释是联想因素。我发现,谢林为他的调查对象设置的特殊难题是:他们素未谋面。然而,这又与一个常见难题相关联:两人必须提前相互约定时间和地点安排会面。这类会面通常会计划在火车站进行,部分是因为火车站经常是外地人到达城市后第一个联络场所,部分是因为火车站的设计正是提供一个人们等待与他人会面的场所。[伦敦有谚语云:"在查林十字车站(Charing Cross Station)的大钟下等我。"]①所以早已经存在一种默契,将会面安排在火车站。我认为,谢林的调查对象使用了这样一种共同知识来解决问题:为尚未安排好的会面找到一个场所。

这种类型的相似性类推特别重要,因为它们为惯例在新情境下自我复制提供了一种方法。当然,从某种意义上而言,由于从来没有两个协调问题会是一模一样的,因此所有惯例都依赖于相似性。再一次思考交通博弈。假设我已经驾车在某一国家周游了好几个月,我已经观察到一种明显的趋势,司机们在十字路口会给予右行以优先权。我正在驶近一个我以前从来没有路过的十字路口。我如何知道"右行优先"是这一个十字路口适宜的惯例呢?或者假设之前我总是在白天开车,但现在我是在夜晚开车。我如何知道晚间的惯例和白天的是相同的呢?事实是我不能确知;但是寻找我目前遇到的、不可避免地具有独特性的难题,与那些我曾经面对过的难题之间最显而易见的相似之处,对我而言当然是情理之中的事。

现在想象一个社群,其位于有着许多十字路口的某一地区。假设一项惯例只是在一个十字路口开始演化,该惯例是行驶在一条路(比方说,南北走向的路)上的司机和行驶在另一条路(东西走向的路)上的司机相比拥有优先通过的权利。可能还有许多其他的特征来区分这两条路。或许南北走向的道路更宽且交通更繁忙;南北走向的路有些坡度而东西走向的路是平坦的;诸如此类。这些特征中任何一个都能够被用来描述该惯例:我们可以说行驶在南北走向道路上的司机和行驶在东西走向道路上的司机相比拥有优先通过的权利,或者说

---

① 原文为"Meet me under the clock at Charing Cross Station",其实这是另一句更一般化的俗语"Meet me under the clock at…"的一种具体用法,比如在纽约,从大约1913年开始,"Meet me under the clock"就仅仅指在中央车站的大钟下会面;在堪萨斯,大约从20世纪30年代开始,"Meet Me Under The Clock At The Station",就仅仅指在堪萨斯城联合车站的大钟下会面。而在伦敦,还有一句"Meet me under the clock at Waterloo",因为滑铁卢站的大钟下也是传统的会面地点。在地标性的车站大钟下会面,是英美普遍存在的一种做法,所以后文作者才说早已存在这样一种默契。但这种相似性的类推,本身是否属于由惯例派生出的惯例呢?

行驶在主干道上的司机拥有优先通过的权利,或者说行驶在上下坡路上的司机和行驶在水平道路上的司机相比拥有优先通过的权利。只要这一惯例明确地应用于该特定的十字路口,所有这些描述其实都一样。

现在考虑同一个社区内其他的十字路口。司机们现在可以参照第一个十字路口做出类推,因为那个路口的优先权惯例已经确立。一名司机认为原初的惯例是源自干路和支路的差别,他会事先预期,相同的惯例也会适用于或者出现在其他地方。对他来说,这一解决协调问题的方案具有特别的凸显性。他会倾向于采取如下的策略:行驶在支路上时让路,行驶在主干道上时保持原速。假如有相当多的司机以如此的方式思考问题,"主干道优先"这一通行的惯例便会开始演化,自我强化的过程开始运作。当然,其他司机可能做出不同的类推。一些可能用南北和东西走向的差别来解释原初的惯例,并预期发现东西走向的车辆让路给南北走向的车辆,所以这样的惯例也可能开始传布。哪一种对于惯例的解释在最初的时候最流行,将会有助于替代掉其他的解释。因此最迅速地影响到最大多数人的相似性类推将会为惯例的自我确立提供基础。

某些惯例比其他的惯例更具有活力,这是从它们更有能力通过相似性类推进行自我复制的意义上而言的。"行驶在平路上的司机为行驶在坡路上的司机让路",这条规则只能适用于非常特殊的一类十字路口。"东西走向的车辆让位于南北走向的车辆"这条规则也是同样的道理(尽管它或许会在一个具有网格状道路规划的城市中传布开来)。"给行驶在主干道上的司机让路"适用于较多的十字路口,尽管仍旧会存在许多情形,这条规则也不是那么明确。"为从右侧(或者左侧)驶来的车辆让路"则极具活力,因为它能够适用于任何一个十字路口。的确,无论何时只要车辆、船只、飞机、马匹或者人行进在会发生碰撞的路线上却还未正好迎头撞上,该规则就能够适用。因此它就能够通过相似性的类推从一个场景传布到许多其他场景中去。例如,它可能最初作为开放水域中船只行驶的规则演化而来,随后传布到道路交通领域。

所以通行的惯例——具有广泛的潜在适用范围的惯例——更有可能在已经确立起来的惯例库中占据主导地位。特殊的惯例可能在特定的情形下才能存活,正如稀有的动植物在特殊的栖息地才能生存;但是在传布到新情境的过程中,最具有万金油属性的惯例才会是最成功的。

3.4 社会生活中的惯例

交通博弈可以作为许多惯例的模型,这些惯例使得人们能够以一种合理和谐的方式共同生活在一起。例如,想一想社会生活中货币扮演的角色。在每一个现代社会,人们接受本质上毫无价值的纸片和金属块,用来交换具有真正价值的物品和服务。在较早的时代,更常见的是将金币或者银币当作货币。这些金属确实具有某种内在价值,特别是作为装饰品的时候,但是如果这些金属不作为货币使用的话,用其他商品进行度量的金银的交换价值则会小得多。(这就是简单的供求问题。如果金银没有被用作货币,对于它们的需求要比现在小得多;所以作为货币的金银,其需求增加,相对于其他商品来说它们的价格就上升了。)从这种意义上而言金银具有的购买力恐怕远远超过它们的内在价值。

货币的价值从根本上来说是一项惯例——我们每个人承认货币具有价值是因为其他每一个人都这么做,这一点在十七世纪时洛克(Locke)就认识到了:"金银与衣食车马相比,对于人类生活的用处不大,其**价值**只是从人们的同意而来。"他论述到,人们"已经**同意**让一**小块**不会耗损又不会败坏的**黄色金属**值一**大块肉**或一**大堆粮食**"。这种同意如何可能存在?洛克描述了货币作为一种"默许同意"而获得其价值的过程;这种同意"不需要社会契约"便可达成[Locke,1690 年,《政府论》(下篇),第 5 章]。①似乎他头脑中想到的是一种惯

---

① 此处译文引自中译本《政府论》(下篇),叶启芳、瞿菊农译,商务印书馆 1964 年版,第 32、25、24 页。但此处引文和洛克原书稍微有出入,着重标记是萨格登教授所加。此处"不需要社会契约"是根据中译本,原文为"without compact",并未使用"social contract"(社会契约)这个词汇,实际上《政府论》一书全篇都没有这个词汇。此处"默许同意",原文为"tacit agreement",根据休谟的文本,通常译作"默会协定"为宜,因为中文"默会"一词指的是"暗自领会",更符合休谟惯例理论的原意。但是洛克的文本中,根据上下文语境,译作"默许同意"也是可以的。所以译者采取特殊处理,涉及洛克的文本,都译作"默许同意",休谟和其他作者的文本(包括本书作者),都译作"默会协定"。但英文是同一个词组,请读者注意。

例渐进演化的过程。1 半个世纪以后,休谟对于货币价值也提出了类似的解释。据休谟所言,人类对于产权规则的承认是一项惯例,"是渐进形成的,通过缓慢的进程,我们反复经验到由于僭越规则而造成的不便,其才获得效力"。并且"以同样的方式,金银成为进行交换常见的度量标准,被认为足以偿付超出它们的价值百倍的东西"(Hume,1740年,第3卷,第2章,第2节)。① 产权规则是否如休谟所言那样是惯例,将成为第4章和第5章考察的主题。

在任一特定的社会中人们会用什么来充当货币,这在很大程度上是任意的;同样的道理,我们是给从右侧驶来的车辆让路还是给从左侧驶来的车辆让路也是任意的。然而,一旦一项货币惯例确立,它就能够具有超强的维系力。黄金作为货币的惯例已经持续了数千年。在我写作本书的时代,没有法律阻止英国人用德国马克、法国法郎或者美元来进行交易。这些通货都可以在银行里自由获取,并且从本质上来说在英国使用这些货币也不是不合适。然而普通商店还是只用英镑来为他们的商品标价,并且不接受其他国家的通货,普通人身上还是只携带英国货币。为什么我们都继续使用英镑?最简单的回答是:"因为其他每一个人都这么做。"我们不携带外国货币是因为我们知道商店不会接受它;店主不承担处理外国货币而带来的成本,因为他们知道他们的顾客会携带英镑。因而在英国用英镑进行贸易是一项惯例。

配套产品的标准化提供了更多有关惯例的例子。例如,想一想唱片和播放机的例子。唱片的制造商想要让他们的产品与尽可能多的播放机兼容;播放机的制造商也想让他们的产品与尽可能多的唱片兼容。所以对于如下问题:"为何几乎所有的播放机制造商都将他们产品设计成以33rpm的转速播放?"基本

---

① 本书中有关休谟《人性论》一书的全部引文,译者参考了关文运先生的中译本(商务印书馆1980年版),并根据牛津版的《人性论》(Hume, David, 2007, *A Treatise of Human Narure*, vol.1, Oxford:Oxford University Press.),重新译出。后文不再说明。

上会回答:"因为其他每一个人都这么做。"①同样的原则似乎也隐藏于市场选址、交易日期和购物时间的演化背后:卖者希望在买者聚集的地点和时间进行交易,而买者希望在卖者聚集的地点和时间去购物。②类似地,大多数群体都存在有关何时何地刊登特定类型的分类广告的惯例;例如,每个人都知道,房屋出售广告习惯上是在某一特定报纸的周六版刊登。这些惯例能够发挥作用是因为卖者希望他们的广告被尽可能多的买者看到,而买者希望阅读有许多卖者刊登广告的报纸。

正如休谟(Hume,1740年,第3卷,第2章,第2节)所认识到的,语言也是一套惯例机制。我们都希望用我们想要与之交流的人们所能理解的方式来言说和书写,所以对诸多群体而言存在着一种自我强化的趋势,演化出共同的语言。例如,英语看起来已经自我确立为经济学的国际语言。母语不是英语的经济学家要学习阅读英语,因为这是大多数经济学写作所用的语言;而他们用英语写作是因为这是大多数经济学家能够阅读的语言。简言之,经济学家使用英语是因为其他经济学家都这么做。我们可以发现,隐藏在语言演化背后的进程

---

① 这个例子其实还有点复杂,并且也没有像作者在引言中说的那样,"过时了"。因为唱片材质、播放机制造工艺以及电气化技术的发展,使得播放转速出现不同的标准。最关键的,这个转速还会影响到信号的处理,进而影响音质,因此唱片发展史上有过78rpm、$33\frac{1}{3}$rpm 和16rpm 等不同标准。早期由于唱片材质和电气技术限制,以78rpm 的播放机为主;后来由于技术的发展,标准日益繁多,最终在1958年RIAA(美国唱片工业协会)确立了45rpm 作为通用标准。但是 $33\frac{1}{3}$rpm 这一标准却没有像78rpm 那样被淘汰,而是在之后数十年间与45rpm 标准相互竞争、相互共存。所以之后出现的播放机器大多兼容45rpm 和 $33\frac{1}{3}$rpm 两种标准,并未出现类似交通博弈那种两个均衡择其一的结果。由此可以看出,唱片制造商和播放机制造商之间的协调起初很大程度上是客观条件限制不得已而为之,后来又是有组织的"建构"和"演化"相互竞争的结果。实际上光盘存储格式和存储设备技术标准、显示器屏幕材质和色彩显示标准、计算机数据接口规格和数据传输标准、网络协议与无线网络技术标准等都是类似的例子,最终都会由一些厂商联盟、非政府组织或者政府组织推动某种标准普及开来,但也不排除其他的兼容标准。那么这是否是一种纯粹的惯例演化过程呢?还是说,真正的惯例尚未确立?抑或是存在第三种可能?

在表意符号的演化中也发挥着作用,例如一根香烟中间被划了一道斜线,这样的图案表示"禁止吸烟"。想要用表意符号来交流信息的任何人,都会希望该表意符号被尽可能多的人所理解,所以会想要使用最广为人知的传达相关信息的表意符号。这样就存在自我强化的趋势,使得表意符号越来越标准化。

交换圣诞卡片提供了一个日常生活中更为常见的例子。我认为在大多数情形中,人们想要把卡片送给那些也会送卡片给自己的人,而不是给其他人。至少在英国,圣诞期间邮政投递如此之慢以至于很难等到在你投递卡片给别人之前就看到他是否寄送卡片给你;而很晚才寄送卡片则是一个信号,说明你的本意是压根不想寄卡片。所以每一年人们双双进行着在本质上与交通博弈具有相同结构的博弈。一方面,圣诞卡片博弈更容易进行:这不是匿名博弈。因此就有可能采取审慎规则,寄送卡片给那些正是在去年送卡片给你的人。但是对于"寄送卡片给你的人"这张名单,当要预知其**变化**——猜测谁将首次寄送卡片给你,谁会决定今年不再寄送卡片给你——的时候,就需要真正的技巧了。许多人在预知这些变化时的确看起来相当成功。我认为,交换圣诞卡片与人们之间某些类型的人际关系相关联,这是惯例,由于存在着这些惯例,他们的成功才是可能的。这些惯例是微妙且模棱两可的——这就是为何圣诞卡片博弈的成功要求技巧和想象力,但是它们确实存在。①

这些例子不胜枚举,几乎无穷无尽。大量社会组织依赖于像我业已描述的那些惯例。它们是从未进行过有意识地设计的规则,坚持这些规则符合每个人的利益。正是因为这样的规则不是被设计出来的,因为坚守规则符合我们的利

---

① 本书作者萨格登教授自己就一直保持着这一"传统的"惯例——在圣诞节期间向友人寄送圣诞卡片,译者本人就在每年的一月份左右会收到姗姗来迟的圣诞节卡片。而这时我无法再及时回赠卡片,所以通常用电子邮件的方式做出回应。不过也有些时候因为时隔太久忘记回应,或者拜邮政服务所赐压根就没有收到卡片。这时我们往往会在晚些时候(通常已经过去半年时间)通过其他的方式重新恢复联系,这样在来年的一月译者会再次收到圣诞卡片。由此可见,这一交换圣诞卡片的惯例在译者与萨格登教授之间就发生了一些变化,出现了不同的形式。

益,反而很容易就忽视了这类规则的重要性。人们亟欲将社会秩序与计划和约束联系在一起:认为秩序必定是人类设计的产品,而且必须要求强制施行。正如哈耶克(Hayek,1960,p.159)所指出的,广为流传着一种观念,"未能认识到人类活动的有效合作,并不需要某个有权下达命令的人进行刻意地组织"。①我们对于人类理性的感觉易于蒙蔽我们去发现这种可能性:社会秩序或许是自发的。

注释

1　诺齐克(Nozick,1974,p.18)提出了这些出自洛克的语句的另一种解读。和我一样,诺齐克认为货币的使用是一种自发演化而来的惯例,但是他声称洛克相信"货币的发明"是"明示同意"(express agreement)的结果。我认为诺齐克将洛克有关同意概念的使用理解得过分拘泥于字面意思了;毕竟,洛克确实说过这种同意是"默许的"且"不需要社会契约"。(注意,作者引文中"默许同意"、"不需要社会契约"这两处,和有关认为货币是惯例的引文不是来自《政府论》的同一章节,"默许同意"在洛克原文中是指"赋予土地以一种价值","不需要社会契约"针对的是私有财产权,所以作者才说诺齐克太拘泥于字面意思。而萨格登教授自己似乎也充分运用了"相似性类推"的技能。——译者注)

2　肖特(Schotter,1981年,第2章)提出了一个市场交易日惯例演化的模型。

---

①　此处译文引自中译本《自由秩序原理》(上册),邓正来译,生活・读书・新知三联书店1997年版,第199页。稍做改动。

4 产 权

4.1 霍布斯的自然状态

在前一章,我引用休谟的主张认为财产法从根本上而言是一项惯例,是自发演化而来的——"是渐进形成的,通过缓慢的进程,我们反复经验到由于僭越规则而造成的不便,其才获得效力"(Hume, 1740 年,第 3 卷,第 2 章,第 2 节;以及前文第 3.4 节)。在本章以及下一章,我的问题为,休谟是否是对的,我要问的是:在缺乏任何正式的法律体系的条件下,自我施行的产权规则能否从只关心自身利益的个人之间的交往行为中演化出来。

回答该问题的一个出发点是考虑一种自然状态:不存在任何政府组织或者正式法律,人类共同生活在一起的一种状态。霍布斯在《利维坦》(*Leviathan*,1651)中给出了有关自然状态的经典阐释,特别是在其中第 13 章,"论人类幸福与苦难的自然状况"。

霍布斯一开始论述说人类[1]为了适宜于在自然状态中求生而具备的技能、体力和机智这些自然禀赋大体上是平等的:

> 自然使人在身心两方面的机能都十分相等,以致有时某人的体力虽则显然比另一人强,或是脑力比另一人敏捷;但这一切总加在一起,也不会使人与人之间的差别大到使这人能要求获得人家不能像他一样要求的任何利益,因为就体力而论,最弱的人运用密谋或者与其他处在同一种危险下

的人联合起来,就能具有足够的力量来杀死最强的人。

由此霍布斯推论出在自然状态下,人类彼此间将永远处于战争状态:

> 由这种能力上的平等出发,就产生达到目的的希望的平等。因此,任何两个人如果想取得同一东西而又不能同时享用时,彼此就会成为仇敌。他们的目的主要是自我保全,有时则只是为了自己的欢乐;在达到这一目的的过程中,彼此都力图摧毁或征服对方。(Hobbes,1651年,第13章)

因此人类为寻求利益而战。并且由于每个人都知道别人会设法剥夺他自己所拥有的东西,每个人就都会另有一种嗜好,去征服他的邻人:即便他不想要拿走他们所拥有的东西,他也想要尽可能地削弱他们攻击自己的力量。霍布斯说,"对任何人而言最合理的自保之道就是先发制人"(1651年,第13章)。所以人类为寻求安全而战。霍布斯进一步论述道,人类天性想要获得他人的尊重,并且事先倾向于相信其他人会轻视自己;对自己的任何轻蔑他们都会感到怨恨并寻求报复。因此人类为名誉而战。

所有这一切的结果是极度令人不快的:

> 根据这一切,我们就可以显然看出:在没有一个共同权力使大家全都慑服的时候,人们便处在所谓的战争状态之下。这种战争是每一个人对每个人的战争。因为战争不仅存在于战斗或争斗行动之中,而且也存在于以战斗进行争夺的意图普遍被人相信的一段时期之中……
>
> 在这种状况下,产业是无法存在的,因为其成果不稳定。这样一来,举凡土地的耕作、航海、消费外洋进口商品、宽敞舒适的建筑、移动与卸除须费巨大气力的物体的工具、地貌的知识、时间的记载、文艺、文学、社交等等都将不存在。最糟糕的是,人们不断处于暴力死亡的恐惧和危险中,人的

生活孤独、贫困、卑污、残忍而短寿。(Hobbes, 1651年,第13章)①

自然状态中的生活的核心问题是不存在稳定的产权规则;每个人都设法抢走他能够得到手的一切东西。霍布斯指出了这一点,断言在自然状态下"每一个人对每一种事物都具有权利"(1651年,第14章)。②每个人都具有一种自然权利去做任何他判断认为能够最好地保全自己生命的事,并且处于一场一切人反对一切人的动荡不安的战争状态中,他能掌控的任何东西都可能有某种用处,帮助他保全自己对抗敌人——即对抗其他每一个人。因此,根据霍布斯所言,每个人对自己攫取或争抢的东西——无论是什么样的东西——都拥有权利。③

作为一个会出现在这样的自然状态下的交往行为模型,我们可以采用霍布斯本人的例证:"两个人都想取得同一东西而又不能同时享用"时的情形。或许一个人刚好捡拾了一堆木柴用来生火;另一个人现身,想要得到这些木柴为自己生火。他们必须要么达成某种和解要么就战斗。如果其中有一人拥有体力上的优势,以至于**他不必耗费代价**就肯定能赢得战斗,那么结果很明显:强壮的人拿走木头。但是根据霍布斯所言(并且我同意他),这不是典型的情形。人类在体力和机智上十分平等,足以使得大多数个体都具有能力向大多数其他个体施加**某种**伤害。如果两名行为人发生了争斗,战斗本身就有可能伤害到双方,

---

① 以上译文主要引自中译本《利维坦》,黎思复、黎廷弼译,商务印书馆1985年版,第92—95页。但是中译本部分语段和英文原文有出入,因此根据霍布斯原文稍做改动。

② 此处译文引自中译本《利维坦》,黎思复、黎廷弼译,商务印书馆1985年版,第98页。

③ 此处作者援引的霍布斯的观点——"每一个人对每一种事物都具有权利,甚至对彼此的身体也是这样"——是产权博弈的核心前提假设之一,同时也是霍布斯的自然状态和洛克的自然状态之间最为关键的区别之一,在洛克那里,自然状态下"土地和一切低等动物为一切人所共有,但是每人对他自己的人身享有一种所有权,除他以外任何人都没有这种权利"[洛克:《政府论》(下篇),叶启芳、瞿菊农译,商务印书馆1964年版,第19页]。由此洛克推出了他的"劳动财产论"。需要注意的是,在本书后面的论证中,演化博弈的模型从霍布斯的自然状态假设推出了休谟意义上的社会解,但是休谟在《人性论》中有关社会状态下的产权规则论证却是以洛克的劳动财产论为前提进一步发展而来的。

即使(这不一定会发生)获胜的战利品足以补偿胜利者的争斗成本。假如这个例子中的两个人,每个人都具有某种能力可以伤害他人,他们的交往行为就具有一种类似博弈的特征。我将考察产权惯例能否从这类博弈的重复进行中演化出来。

如果我们能够预期这样的惯例会演化出来,那么霍布斯的自然状态图景就过分悲观了。不可否认,霍布斯的图景不是每个人无时无刻都在争斗;每个人仅仅是时刻准备着进行争斗,使其"以战斗进行争夺的意图"被其他每一个人都知晓。但是在霍布斯的自然状态下,"谁占有何物"的稳定惯例似乎不存在;没有人确信,只要他不逾越某些公认的界限,他就能够平静地生活下去。对霍布斯而言,自然状态是战争状态,而一套惯例机制至少代表了一种武装休战状态。

正如我在第1章中所述,自然状态的思想能够用来作为描述人类生活一些重要领域的模型。例如,两个人围绕一堆木柴产生冲突的情形,在国际事务中也能找到明显类似的情况。当两个国家围绕着某种有价值的资源的占有问题产生争议时(比方说,领土、渔业权或者航行权),通常都是双方有力量向对方施加巨大伤害的情形。如果两个国家对于各自的主张极限施压,那么就会爆发全面战争,但是这样一场战争对胜者和败者来说代价都是极其高昂的。(甚至可能没有任何赢家;在核武器国家之间,全面战争意味着一块儿灭绝。)国际关系中的惯例能够允许不友好的国家在和平状态下共存而不是开展全面战争。

从较小的层次上来说,构成日常生活的许多人类交往行为都有一种自然状态的因素蕴含其中。比如说邻里纠纷这种平常情形。A的花园和B的花园的确切分界线究竟在何处?当B想要睡觉时,A的聚会可以吵闹成什么样?当B在下风处晒日光浴时,A可以燃起一堆篝火吗?诸如此类。当两户人家相互间住得很近时,有各种各样微妙的(以及不那么微妙的)方式能够彼此伤害对方;因而每一方都有能力将争吵升级为一种局部冲突。当然,原则上来说这类纠纷通常都能在法庭上解决,但是将邻里纠纷诉诸法律就好比将国际争端诉诸战争;这是最后的手段,不过(这才是问题的症结所在)通常对双方而言代价都十分巨大。因而在他们的争吵升级为法院传票和禁令的程度之前,达成某种和解对双方来说皆利益攸关。在此,为了达成行为人之间解决分歧的条款,惯例又一次可能是重要的。

4.2 鹰—鸽博弈(The hawk-dove game)

我以描述一个非常简单的博弈作为开始,该博弈看起来抓住了霍布斯式的两人之间争吵例子的主要特征,这两个人都"想取得同一东西而又不能同时享用"。梅纳德·史密斯和普莱斯(Maynard Smith and Price,1973)两位生物学家曾经使用了该博弈,作为动物间的竞争模型;以"鹰—鸽博弈"这个名称而为生物学家们所熟知。而对大多数博弈理论家来说更为熟知的称呼是"胆小鬼博弈"(chicken),指的是青少年们进行的逞强好胜的游戏2(参见 Rapoport,1967)。①我将使用生物学家的名称,因为我对于该博弈进行的演化分析极为倚重于他们的工作。

梅纳德·史密斯和普莱斯关注的是动物行为,这些情形下存在着基因预定的情况。因此在他们的模型中,个体并不是在策略间**做出选择**;相反,个体还具有一种先天遗传性倾向去遵循某一特定的策略。策略成功与否,用达尔文式的"适应性"(fitness)概念来度量;具有先天倾向去遵循某一项策略的动物能够成功地自我繁衍,就这种程度而言该策略是成功的。通过自然选择的过程,较为成功的策略趋向于取代不那么成功的策略。为了避免任何的误解,让我复述一下我在第2.6节所说的话:我关心的是**社会的**而非**生物的**演化。为了使梅纳德·史密斯和普莱斯的博弈适用于人类背景,我用主观的效用概念替代了达尔文式的

---

① 也可译作"比胆大"博弈,或者"懦夫"博弈,译者曾经选用的名称是"怯鸡"博弈。这类情形在日常生活中,特别在年轻气盛者之间比较常见,比如在电影中经常可以见到的情节:两个人开车迎面相撞,谁在最后一刻打方向盘躲开,就会被认为是输家,被叫做"胆小鬼"(chicken)。所以博弈论专家经常用这个词汇指称一系列不同形式的、青少年之间进行的非合作博弈。但实际上它也可以用来描述成年人乃至国家之间的冲突行为,最为典型的例子就是美苏冷战。

适应性概念,作为对成功与否的度量,并且我假定较为成功的策略取代不那么不成功的策略是通过一种模仿和学习的过程,而非生物的自然选择。尽管如此,梅纳德·史密斯和普莱斯的许多分析还是可以应用于人类的情形之中。

假设两名行为人,A 和 B,为了他们两个人中谁应当拿走某种有价值的资源而发生了冲突。每一方都具有某种能力去伤害对方。这可以是实质性伤害——双方或许都能向对方施加痛苦或造成损伤,但并无必要。在国际事务中——这或许是现代世界中与霍布斯式的自然状态最为接近的相似状态——战争可作为最后的解决手段,但还存在许多较为温和的方式,国家可以为了追求他们自身的目标而使用这些方式互相进行蓄意伤害。(经济联系、体育赛事往来或者外交关系都可以作为这样的方式,或者对从一国到另一国的旅行施加障碍。)而邻里纠纷的情形,即使是最后的解决手段,可能也只是打官司而非实质性冲突。关键之处在于,每一名行为人都有能力去做**某些事**,而别人偏好他不要这么做。我使用"战斗"(fight)这个词涵盖一切 A 和 B 打算要伤害对方的方式。目前我假定 A 和 B 在伤害别人和受到别人伤害的能力方面完全平等:如果要进行战斗,他们势均力敌。

假设行为人可采取的可能策略只有两项。一项策略是顺从性的,梅纳德·史密斯和普莱斯将其称为"鸽策略"(the dove strategy)。实际上,鸽子主张的权利要求是仅获得一半资源的所有权。(换作在人类竞争中,我们可以假设鸽派提议使用某种随机方式——像是抛硬币——给每个人同等的机会获得资源。)不过,鸽派不准备为了支持他们的主张而进行战斗;如果他们的对手表现出任何战斗倾向,鸽派立刻认输。

另一项策略——"鹰策略"(the hawk strategy)——则是攻击性的,这是一项试图用战斗方式赢得全部资源的策略。如果老鹰遇见鸽子,鹰宣布要求得到全部资源且发出信号表明他已准备好进行战斗;鸽则会立即让步,允许鹰不用战斗就可以拿走资源。但是如果鹰遇见鹰,他们会一决雌雄。梅纳德·史密斯和普莱斯假定在战斗中有某个可识别的时刻,这时赢家会脱颖而出;输家接受失败,赢家拿走资源。到这一阶段输家——可能赢家也会——会受到某种伤害:这是将鸽子与失败的老鹰区分开来的关键。由于两名竞争者势均力敌,我们必须假定他们中哪一方获胜只是运气好坏罢了。因此长期参与一系列战斗的行为人能够预期他会输赢参半。

很明显,对任一行为人来说最值得欲求的事态是当他选择"鹰"策略的时候遇见鸽派:这样不需要花费任何代价就可以赢得全部资源。次优的事态是当他选择"鸽"策略时遇见鸽派。这样不需要花费任何代价就分享一半资源(或者说有50%的机会赢得全部资源)。原则上其他两种事态——当他选择"鸽"策略的时候遇见鹰派和当他选择"鹰"策略的时候遇见鹰派——可以任意进行排序,取决于面对已知的鹰派,其最佳回应(best response)是选择战斗还是认输。然而,如果最佳回应是选择战斗,这个博弈就没有什么价值,因为那样的话选择"鹰"策略对所有策略来说都是最佳回应,此时无论是谁都没有理由会去选择"鸽"策略。假设在战斗中受到伤害的风险非常大且伤害十分严重,使得"鸽"策略成为面对"鹰"策略的最佳回应,这样就较为合理了。换言之,最糟糕的可能事态是卷入一场战斗。图4.1所示的是与这些一般性假设相符的具体预期效用矩阵。(要求使用预期效用是因为存在着随机因素:两名鹰派行为人之间任何一次竞争所带来的结果都是靠运气决定的。)

图 4.1 对称的鹰—鸽博弈

该博弈的结构有些地方与交通博弈相似,但这两个博弈是不同的:鹰—鸽博弈中参与人之间存在着更大的利益冲突。在交通博弈中,选择减速的司机(较为顺从的策略)想要其对手选择保持原速;在鹰—鸽博弈中,鸽派更偏好遇见其他的鸽派。

正如我在交通博弈中所做的分析,我假定存在一个行为人组成的大社群,每个人都具有如图4.1所示的效用指数代表的偏好。每一名行为人多次参与这一博弈,在任何一次博弈中,其他人中每一个人都有相同的可能性成为他的对手。

目前我假定和交通博弈一样,这一博弈是匿名进行的。因此每一名行为人只记得他有关该博弈的一般性经验,但是面对特定对手时做得怎么样,他是不记得的。当参与人群体很大,且任意一组给定的行为人相互间进行博弈的频次非常少,在这些情形下,该假设看起来还是合适的。举例来说,想一想两名司机为谁应当占用停车场最后一个车位而发生争执的情形,或是火车站两名行色匆匆的路人为谁应当先使用公用电话而发生争执的情形。这些就是鹰—鸽博弈的例子,参与人不太可能再次遇见对方(如果他们再次遇见也很可能认不出对方)。不可否认,还有许多其他的例子,非常熟悉对方的两名行为人之间会重复进行着鹰—鸽博弈——比如邻里纠纷的例子。我将在之后考量这些情形(第4.8节和第4.9节)。

假设参与人没有识别出博弈中任何的非对称性,将每一次博弈都理解为"我"和"我的对手"之间进行的博弈。那么这就是具有一个稳定均衡的对称博弈。令 p 为随机选择的参与人在随机选择的一次博弈中选择"鸽"策略的概率。那么根据 p 是小于、等于或者大于 $\frac{2}{3}$,"鸽"是比"鹰"更成功、一样成功或者劣于后者的策略。因此当且仅当 $p = \frac{2}{3}$ 时存在着均衡,且该均衡是稳定的。如果所有的情形中有超过三分之二的情形参与人选择"鸽"策略,那么"鹰"策略开始成为较成功的策略;如果所有的情形中有超过三分之一的情形参与人选择"鹰"策略,那么"鸽"策略开始成为较成功的策略。因此,只要参与人觉得该博弈是对称的,任何偏离 $p = \frac{2}{3}$ 的改变都会被自我纠正。

从外表上看,这一均衡像是霍布斯式的自然状态。必须承认,有些冲突可以和平地解决：像那些鸽派遇见鸽派的冲突。但是所有其他的冲突——在我的例子中是56%——以武力或者武力威胁的方式解决。当鹰派遇见鸽派时，鹰派通过以战斗进行威胁的方式取胜，而鸽派则选择投降。当鹰派遇见鹰派时，就是一场两败俱伤的战斗。由于没人知道他的对手会采取何种策略，没有人会始终有信心能够赢得争议中的资源，甚至连能否赢得部分资源的信心也没有。换句话说，不存在稳定的产权规则。如果战争"不仅存在于战斗或争斗行动之中，而且也存在于以战斗进行争夺的意图普遍被人相信的一段时期之中"，那么这就是"每一个人对每个人的"战争状态（参见第4.1节）。

这样的战争状态让每个人都遭受痛苦。在均衡中的每一名行为人——无论他总是选择"鸽"策略，或者总是选择"鹰"策略，抑或是时而选这项策略时而选那项策略——从每次博弈中获得的预期效用都为 $\frac{2}{3}$。如果换作每个人都选择"鸽"策略，那么每个人从每次博弈中获得的效用是1。所以，相对于这样的和平事态而言，战争中没有赢家。这不是一种恃强凌弱的情形；回忆一下，我们假定每个人都拥有平等的战斗能力，并且每个人都选择权成为鹰派。这样，每个人如果预期他的对手不会选择战斗，他们反而有同样的激励去选择战斗。每个人都偏好和平状态胜于战争状态；但是在和平状态中，每个人都有一种激励去进行战斗。

所以，由于缺乏非对称性，鹰—鸽之类的冲突朝着霍布斯式的自然状态的方向发展。人们自然会问，如果换作参与人识别出博弈中的某种非对称性，会发生什么？由于我想先考察一些较为复杂但更为实际的、霍布斯式的博弈形式——两个人欲求同一东西而又不能同时享用，我将推迟回答该问题，等到第4.5节再来进行回答。

4.3　消耗战（The war of attrition）

鹰—鸽博弈提供一个简洁明了的模型，描述一组组行为人之间的冲突，但是存在严重的局限性。一个非常明显的问题是战斗代表了一种要么全有要么全无的状况，其中赢家的出现全靠运气。在现实中，个人相互争斗的许多方式会将他们卷入一个旷日持久的相互伤害过程。一个人失败了，不是由于遭受到某种随机性的致命一击，而是选择的结果：战斗持续进行，直到一方决定适可而止，并承认失败。

例如，想一想邻里纠纷的例子。每一方都能够持续不断地让对方心里添堵；在类似于邻里关系的战争中，这种过程可以持续进行——直到双方都受到伤害，只要双方都坚持不懈。当争议中的一方让对方得逞时，冲突才会结束。或者想想两名司机在一条小巷中迎面相遇的例子，巷子太窄以至于无法让两辆车并排通过。一方必须掉头驶向最近的停让区；但是哪一名司机应当掉头？每名司机都有权选择拒绝掉头、坚持不让。如果双方都这么做就会陷入僵局。这种情况持续越久，双方司机就会耽搁更长时间。当一方司机让步并且同意掉头时，这场争斗才会结束。注意这个例子可以用讨价还价形式的博弈而不是战斗形式的博弈进行解释。该问题的本质是两名司机必须就他们两人中谁掉转车头达成一致；每一方都能够试图坚持达成一个有利于他自身利益的协定，但是他们俩僵持得越久，双方要承担的成本就越高。很明显这就类似于国际关系争议和劳动争议。

这种类型的问题能够形式化为一个简单的博弈，其中的两位参与人为了赢得某种奖励，各自选择愿意承受的成本；选择承受较高成本的参与人赢得该奖励，但是没有任何一方参与人能够收回他已经投入到竞争之中的成本。有关此类博弈最早进行的分析可能要归功于图洛克（Tullock，1967）。该博弈的一个更广为人知的形式后来由舒贝克（Shubik，1971）表述为美元拍卖博弈（dollar auction game）。至于胆小鬼博弈的情形，这类博弈的演化分析，大部分工作是生物学家承担的。梅纳德·史密斯（Maynard Smith，1974）对此做出了开拓性的研究。理论生物学的文献中研究了许多由梅纳德·史密斯提出的博弈的变化形式（例如，Maynard Smith and Parker，1976；Norman et al.，1977；Bishop and Cannings，1978；Bishop et al.，1978）。此处给出的是一个非常简单的形式。由于我的分析极为倚重于生物学家的工作,我将使用他们对该博弈的称呼:消耗战。

假设两位参与人,A 和 B,围绕某种资源发生了争议。只要他们仍处于争议中,每一方都以每单位时间某个恒定的速率承受效用损失。[3] 在任何时点,每一方参与人都有权选择投降,在这种情形下另一方取得资源。如果双方参与人恰好同时投降,便分享资源(我们会发现该事件发生的概率小到几乎为零)。对每一方参与人来说,赢得资源的效用为 v,分享资源的效用为 $v/2$,战斗中的效用损失为每单位时间 c。

如果我们用同时选择策略的方式来分析这一博弈,每一方参与人都必须选择坚持的时长,即:在一段有限的时间内,如果他的对手仍然没有投降,他自己便会投降。因此可供每一方参与人选择的纯策略集合就能够被解释为是所有潜在可能的坚持时长的一个集合。令 l_A 和 l_B 为两位参与人选择的坚持时长。战斗的时间长短由 l_A 和 l_B 中较短的时长给定;具有较长的坚持时长的参与人赢得战斗。因此如果 $l_A > l_B$,A 赢得战斗,获得效用为 $v - cl_B$;B 输了战斗,获得效用为 $-cl_B$。相反,如果 $l_A < l_B$,A 得到 $-cl_A$ 而 B 得到 $v - cl_A$。在 $l_A = l_B$(极度不可能)的情况下,每一方参与人获得的效用为 $v/2 - cl_A = v/2 - cl_B$。

正如我在其他博弈中所做的分析,我假定该博弈匿名进行。该假定的一个含义是在博弈过程中参与人之间不能通过沟通交流达成任何目的。初看起来参与人只需简单地在博弈的一开始就告诉对方他们的坚持时长是多久,似乎就让他们能够避免战斗。不过理所当然的是,无论他的真实意图可能是什么,让对手相信自己的坚持时长非常长,符合每一方参与人的利益。任意一方参与人都有权选择虚张声势——声称坚持的时长比他实际能做到的要更久。在一次匿名博弈中一个人虚张声势是不会受到惩罚的。如果行为人不能记住他们与其他特定的行为人进行该博弈的经验,任何人讲实话都无法获得声望;所以没有人会因虚张声势而有所损失。然而,每一方参与人都记得他有关该博弈的一般性经验。因此如果每个人都虚张声势,就没有人会相信对方说的话。因而看起来很明显,参与人之间的交流沟通不能对博弈结果产生任何实际意义。

在这一节中我只分析对称形式的消耗战;非对称形式将在第 4.7 节中进行考察。很容易发现,在对称博弈中,没有任何纯策略能够成为均衡策略。令 I 为采取特定坚持时长 l^* 的纯策略,令 J 为坚持时长要比 l^* 久一些的任意一项纯策略。如果选择策略 I 的行为人遇见选择策略 J 的行为人,J 策略类型的参与人就更加成功;故而 I 不能成为其自身的最优反应。这是庸见①;如果你能确信你的对手将在某个特定的时间点选择投降,那么正好在那个时点自己也选择投降就是愚蠢的。

所以如果存在一项均衡策略,其必定是一项混合策略。描述一项混合策略的一种方式是用投降率。假设一场消耗战博弈已经持续了一段时间,比方说 60 分钟,还没有参与人投降。那么我们可以问某一特定的参与人在接下来非常短的时间段内——比方说接下来的几秒钟内——选择投降的概率是多少。假设这一概率是 0.001。那么这位参与人在博弈进行到此刻的投降率就是每秒 0.001,或者每分钟 0.06。通过规定在每一个可能的博弈阶段的投降率,我们可以描述一项混合策略。令 t 代表某一次博弈中已经消耗的时间,我将在时点 t 参与人的投降率写作 $S(t)$;通过为每一个时点 t 赋值一个投降率 $S(t)$,该投降函数就可以充分描述一项混合策略。4

结果是对称的消耗战具有唯一一个稳定均衡。该混合策略是投降率不随时间变化而变化且等于 c/v。这一结果由毕晓普和坎宁斯(Bishop and Cannings, 1978)做了正式证明。这里我给出一个简单的论述,说明为何该策略是一项均衡策略,但是我不再复述毕晓普和坎宁斯关于唯一性和稳定性的证明。

考虑参与对称的消耗战的任意一名行为人,面对一名随机的对手。考虑前者可能采取的两项备选纯策略。第一项策略是令 $l = t$:参与人会战斗直至时点

---

① 原文"common sense",中译一般为"常识",可问题是"common sense"既不平常,也不属于一种一般意义上的知识,更非博弈论中可做形式化处理的"共同知识",而是普通人的日常处事之道,所以译者更加倾向于林语堂先生的看法,译作"庸见"。

t,但如果那时他的对手还不投降,他自己就选择投降。第二项策略是令 $l = t + \delta t$,其中 δt 表示非常短的一个时间段。从长期来看两项策略中哪一项会更成功?

无论何时当我们的参与人面对一个选择在时点 t 之前投降的对手,两项策略导致的结果完全相同。所以为了进行比较,我们将注意力集中于那些到了时点 t 的时候对手仍然在战斗的情形。考虑在时点 t 仍然持续进行的任意一场战斗。如果我们的参与人决定选择直至 $t+\delta t$ 之前不投降,而不是选择立即投降,他要承受超过时点 t 后额外的战斗成本。由于他的对手在 δt 期间内会选择投降的概率接近于零,这场额外战斗造成的预期效用损失大约为 $c\delta t$。然而,如果对手在这一时间段内真的选择了投降,我们的参与人会从赢得的资源中获得大量的效用(所谓的"大量",是相对于 $c\delta t$ 而言的)。从 t 到 $t+\delta t$ 时间段内,对手会选择投降的概率约为 $S(t)\delta t$,其中 $S(t)$ 是对手在时点 t 的投降率。所以可归因于这一胜利概率而预期获得的效用为 $vS(t)\delta t$。因此这两项策略相对而言哪一项成功,取决于 $c\delta t$ 和 $vS(t)\delta t$ 的相对大小,或者说(消去 δt)取决于 c 和 $vS(t)$ 的相对大小。根据 $vS(t)$ 是大于、等于或者小于 c,抑或等价地,$S(t)$ 是大于、等于或者小于 c/v,"在时点 $t+\delta t$ 投降"是比"在时点 t 投降"更成功、一样成功或者劣于后者的策略。[5]

现在考虑混合策略 I,对所有的 t 有 $S(t) = c/v$——即具有恒定投降率 c/v 的策略。应对该策略,所有的坚持时长都同样成功。(在任何时点 t,选择项"立即投降"和"继续战斗"同样具有吸引力。)换句话说,每一项策略——纯策略、混合策略以及包括 I 自身——都是对于 I 的最优反应。这确立 I 为一项均衡策略。

与相对应的鹰—鸽博弈均衡相比,该均衡甚至更近似一种每一个人对每个人的战争状态。**所有的争议都通过战斗来解决**;不存在和"鸽派遇见鸽派"这种情形相对应的情况。不存在稳定的产权规则;除了一条规则,争议方中谁属于更加坚定的战斗者,那么资源总是由他获得。(不是更强壮的一方:所有行为人在战斗能力方面都是平等的。)或许最麻烦的是:在长期,没有人能够从参与消耗战中得到任何好处。如果原本就不存在需要为之进行争斗的资源,人们的生存状况和现在每个人的生存状况相比,也不会更糟;这就和如下情形一样:行为人不选择战斗,而是用毁掉他们都想要得到的资源的方式来解决分歧。⁶

为何会这样? 在均衡中,所有的坚持时长都同样成功。一种可能的坚持时长是零:一位参与人可以在博弈刚一开始的时候就选择投降。这样的参与人赢得任何资源的概率都是小到趋向于接近零。(当投降率恒定时,对手选择**正好** $t = 0$ 作为他的投降时点的概率实际上为零。)然而,由于他从不战斗,他不需要承受战斗引致的成本。因而从坚持时长为零中得到的预期效用也为零。由于所有的坚持时长都同样成功,从**任何**的坚持时长中,进而从均衡策略 *I* 中,得到的预期效用必定都为零。那么,经过许多次博弈,任一行为人从他的胜利中得到的利益正好被战斗成本所抵消。这一结论独立于资源的价值以及每单位时间的战斗成本。资源越有价值,或者战斗的成本越小,人们准备进行战斗的时间就越久。投降率总是趋于达到这样一个水平,资源的价值耗散在战斗中。这是真正的霍布斯式的自然状态。

4.4 分割博弈(The division game)

在鹰—鸽博弈和消耗战中,都有可能出现双方参与人平等地分享资源,而不需要战斗的情况。在鹰—鸽博弈中这是如果双方参与人都选择"鸽"策略的结果;在消耗战中这是如果双方参与人都选择坚持时长为零的结果。但这些和平的解决方式并不是均衡。如果其他每一个人都选择"鸽"策略,对任一行为人而言选择"鹰"策略就是有利可图的;如果其他每一个人都在博弈开始时就选择投降,对任一行为人而言战斗时长稍微久一些就是有利可图的。社会演化并不偏爱分享的规则——至少在这些博弈中是这样。

出现这种情况的部分原因是由于这两个博弈的结构防止参与人达成如下形式的协定,"如果你做……我就做……"。以鹰—鸽博弈为例。如果设计一项双方参与人都应当选择"鸽"策略的安排，他们可能都对这样的想法感兴趣，这样就可以分享资源。但是该博弈的结构使得没有任何一方参与人能够基于另一方参与人选择"鸽"策略为条件，有权选择同样的策略。如果参与人能够相互沟通交流，他们或许会各自承诺选择"鸽"策略作为回报，让对方做出同样的承诺；但是却无法防止他们违背自己的承诺。如我业已做出的假定，如果该博弈是匿名进行的，就不存在任何方式让任何人能够从恪守承诺中获得声望；所以承诺和威胁一样，是没有用的。同样的论证也适用于消耗战。如果设计一项双方参与人都应当在博弈开始时选择投降的安排，他们可能都对这样的想法感兴趣；但是他们不能达成这样的安排，因为任何一方都不能信赖对方。

这种情况符合现实生活中匿名博弈的一个真实难题。想一想两名司机在一条窄巷中迎面相遇的情形。如果他们同意用扔硬币的方法来决定谁掉头，如果扔硬币的结果符合一名司机的利益，另一名司机要掉头，怎样才能使得两名司机都感到满意呢？或者假设内战中交战双方都扣有人质。如果双方互不信任，怎样才能安排人质交换呢？但是，正如人质的例子所示，这些问题并不总是不可解的。（如果有许多人质，双方可以安排一次释放一名人质，双方同时释放人质。）如果存有信任，讨价还价就比较容易有结果；但是信任并非总是讨价还价必不可少的前提条件。因而，似乎值得思考一下这样一种博弈，双方参与人围绕某一种资源发生了争议，而达成分享该资源的协定又的确是可行的。

我考虑的这种博弈是由谢林所提出的博弈的一个变化形式（1960，p.61）；我称其为分割博弈。其核心思想是两名行为人围绕某一可分割的资源发生了争议。如果他们能够就有关在他们之间如何分割该资源达成协定，那么就是一种和平的解决方式。如果他们不能达成协定，那么就会发生战斗，双方都受损。

该博弈的正式结构如下。有两位参与人。一项策略是一项权利主张，主张要求享有资源的某个份额；一位参与人可以在0（什么都不要）和1（全部的资源）之间提出任何份额要求。如果两个份额要求是可共存的——即如果它们加总起来不超过1，每一方参与人获得恰好如他所要求的份额，从他取得的每单位资源中赢得单位效用。[7]如果两个份额要求不能共存,每一方参与人损失一单位预期效用,[8]表示战斗的净成本(亦即,考虑到存在赢得战斗以及因此得到资源的可能性)。正如我在鹰—鸽博弈和消耗战中所做的分析,我假定该博弈匿名进行,参与人没有识别出非对称性。(该博弈的非对称形式将在第 4.6 节进行分析。)

这一博弈的一项策略可以要么是纯策略(即提出单独一个份额要求),要么是混合策略(亦即,两个或两个以上的不同份额要求,每个要求都附有相关的概率值)。我假设一项策略包含[9]全部那些赋有一个非零概率值的份额要求,且如果两个份额要求相加总和正好等于 1,它们是互补的。现在考虑任意两项策略 I 和 J,使得 J 是应对 I 的最优反应。很容易证明如下的结果(其将成为我有关分割博弈所做分析的核心内容):对每一个包含于策略 J 之内的份额要求而言,必定存在一个包含于策略 I 之内的互补要求。我称其为互补性结果(complementarity result)。

为什么这一结论能够成立?假设 I 在某一特定区间内不包含任何份额要求,比方说 0.2 到 0.4 之间。假设你在进行分割博弈并且你知道你的对手的策略是 I。那么你知道他不会提出享有 0.2 到 0.4 之间的份额要求。所以如果你准备要求享有超过 0.6 的份额,很明显你至少应当要求享有 0.8 的份额;在这段区间内,你不是少要求一些,而是多要求一些,不会有丝毫损失。从这类论证中我们可以推出,当应对任何给定的策略 I 时,唯一可能值得提出的份额要求是那些与包含在策略 I 内的份额要求互补的要求——互补性结果。

该结果的一个含义是唯一能够成为均衡的纯策略是要求享有 0.5 的份额。(考虑任意一项纯策略 I,令 c 为包含在 I 内的份额要求。如果 I 是一个均衡,其必须是自身的最优反应;所以根据互补性结果,其必须包含份额要求 $1-c$。但是如果 $c \neq 0.5$,这就与 I 为一项纯策略的假定不符。)很容易发现纯策略 $c=0.5$ 是一个稳定均衡,因为其是自身唯一的最优反应。(如果你知道你的对手将提出要求享有刚好等于一半的资源,你的最优策略必定也是要求得到一半资源。)

通过任意的两个互补要求 c 和 $1-c$,其中 $c<0.5$,有可能构建起一个稳定

的混合策略均衡。(注意,纯策略均衡中的 $c=0.5$,是该混合策略均衡集合的极限情形。)考虑任意一个份额要求 c,其中 $c<0.5$;考虑如下策略,以概率 p 提出份额要求 c,以概率 $1-p$ 提出份额要求 $1-c$。应对选择这一策略的对手,唯一可以提出的合乎情理的份额要求是 c 和 $1-c$(亦即,包含在原初策略内的互补要求)。份额要求 c 的预期效用为 c;份额要求 $1-c$ 的预期效用为 $p(1-c)-(1-p)$。如果 $p=(1+c)/(2-c)$,那么这两个预期效用是相等的。注意,如果 c 位于区间 $0 \leqslant c < 0.5$ 内,p 位于区间 $0.5 \leqslant p < 1$ 内。这样必定存在某个概率 p,使得两个份额要求都同样成功。令 I 为与该特定概率值 p 相关联的策略。应对策略 I,两个份额要求,或者这些份额要求的任意混合概率,都是最优反应。因此 I(其本身就是这样一项混合概率策略)就是其自身的最优反应——一项均衡策略。

注意,成为应对 I 的最优反应的策略只有那些仅包含份额要求 c 和 $1-c$ 的策略。(这是互补性结果的一个含义。)所以要检验策略 I 的稳定性我们只需要考虑其是否会受到份额要求 c 和 $1-c$ 的其他某项混合概率策略的侵扰。这样的侵扰不会成功。令 J 为任意一项策略,其具有上述两个份额要求的混合概率,但是这一混合概率不同于策略 I。很容易计算得出,尽管 J 是应对 I 的最优反应,但策略 I 是比 J 更优的应对策略 J 的反应;因此策略 J 不能侵扰策略 I(参见第 2.6 节)。换一种方式论证,想一想一个社群,其中的参与人始终不变地要求享有要么是份额 c 要么是份额 $1-c$。如果要求享有份额 c 的参与人所占比例上升,超过其均衡水平,$1-c$ 就会开始成为更好的份额要求,反之则反是;因此混合了这两个份额要求的均衡,对其任何的偏离都会被自我纠正。

我现在要证明我所描述的均衡是该博弈唯一的稳定均衡。令 I 为任意一项均衡策略。根据假定,由于 I 是其自身的最优反应,如下所述必定为真:如果 I 包含任意一个份额要求 c,其必定也包含了互补的份额要求 $1-c$。(这是互补性结果的另一个含义。)如果 I 只包含一个份额要求,或者只有一组互补的份额要求,那么它就是我业已描述的那一类稳定均衡中的一员。所以假设其包含多组互补的份额要求：比方说它包含了份额要求 c、$1-c$，d、$1-d$，或许还有其他组合。I 是一个稳定均衡吗？令 J 为仅包含两个份额要求的稳定均衡策略，c 和 $1-c$。很明显策略 J 是应对策略 I 的最优反应。（由于 J 是一项均衡策略，其包含的所有份额要求必须都同样成功；且 J 是其中某些份额要求的混合概率策略。）由于 J 是一项均衡策略，J 是其自身的最优反应。但是根据互补性结果，策略 I **不是**应对策略 J 的最优反应。（I 包含了与 J 的份额要求并不构成互补关系的份额要求。）因此策略 J 是比策略 I 更优的应对 J 的反应。由此可以确定策略 I 能受到策略 J 的侵扰。换言之，包含了一组以上互补份额要求的任何均衡都是不稳定的。

所以分割博弈具有一个稳定均衡族，每一个稳定均衡都包含一组不同的、与某一具体的混合概率相结合的互补份额要求 c 和 $1-c$；在区间 $0 \leqslant c \leqslant 0.5$ 内的每一个 c 值，都存在着一个均衡。在均衡状态提出的两个份额要求中的任何一个，其预期效用必定都为 c。所以每一位参与人能够从博弈中得到的效用取决于均衡的性质。一种极端的情况是均衡出现在 $c=0.5$ 时。这代表了一条自我施行的规则——一项惯例，均分规则。在一个接受该惯例的社群中，每个人都清楚他能够有什么样的预期：每次争议都可以分享一半资源。争议总是不需要通过战斗就能解决（当然，尽管每个人都时刻准备着为他那一半资源而战：这就是为何该规则是自我施行的）。另一种极端的情况是均衡出现在 $c=0$ 时。在这一均衡状态下，提出份额要求 0 和 1 的概率各自都为 0.5。战斗是家常便饭（有四分之一的博弈会发生战斗）。并且和消耗战一样，没有人能够从中得到任何好处：提出两个份额要求中的任何一个，其预期效用都为零。处于这类均衡下的社群类似于一种霍布斯式的自然状态。如果一旦达成这样的事态，便具有自我持续性。如果每个人都只要求分享一半份额，每个人会更偏好这样的事态；但是当没有人这样做时，任何行为人要是提出分享一半的份额要求，只会让他生活得更糟糕。

4.5 鹰—鸽博弈中的产权惯例

我现在已经考察了三个博弈，这三个博弈以不同的方式模型化了霍布斯难题——两名行为人围绕一种资源发生了争议。在每一个博弈模型中，我都假定参与人没有识别出他们的角色之间存在任何非对称性。这些博弈趋向于达成带有霍布斯性质的稳定均衡；它们可以被视为是在霍布斯式的自然状态下的资源分配模型。现在我将考察如果非对称性*被*识别出来，这些博弈会如何进行；我以鹰—鸽博弈作为开始。（有关这一博弈的对称形式的论述在第 4.2 节。）

非对称的鹰—鸽博弈的分析与非对称的交通博弈的分析十分相似（第 3.1 节）。假设每一次鹰—鸽博弈时参与人所扮演的角色都存在着某种标识性质的非对称性，使得该博弈能够被描述为在"A"和"B"之间进行的一次博弈。（例如，两个人为谁应当先使用公用电话而发生争执，想一想这种情形。那么 A 可能是等待时间更久的那个人。）

在该博弈中，一项策略用一组概率 (p, q) 来描述；这是如下策略的简写："如果扮演 A，以 p 的概率选择'鸽'策略；如果扮演 B，以 q 的概率选择'鸽'策略。"（用第 2.7 节的语言来说，这是一项通用策略——A 参与人与 B 参与人的策略组合。）使用表 4.1① 所列出的效用指数，很容易计算得出，对 A 参与人而言，"鸽"策略是比"鹰"策略更成功、一样成功或者劣于后者的策略，取决于他的对手的 q 值是小于、等于还是大于 $\frac{2}{3}$；类似地，对 B 参与人而言，两项策略的相比较来说哪一项更成功，取决于*他的*对手的 p 值。因此存在三项均衡策略：

---

① 原文为 Table 4.1，疑误，因为书中没有这张表。应为图 4.1。具体来说，非对称鹰—鸽博弈的效用指数应如图所示：

		B 参与人的策略	
		鸽	鹰
A 参与人的策略	鸽	1, 1	0, 2
	鹰	2, 0	-2, -2

$(0,1)$、$(1,0)$ 和 $\left(\dfrac{2}{3},\dfrac{2}{3}\right)$。

这些均衡中前两个是稳定的。以均衡$(0,1)$为例。这一策略很明显是其自身唯一的最优反应。如果 A 参与人确信其对手总是会选择"鸽"策略——而这是如果 $q=1$ 时的情形,对 A 参与人而言选择"鹰"策略是有利的。如果 B 参与人确信其对手总是会选择"鹰"策略——而这是如果 $p=0$ 时的情形,对 B 参与人而言选择"鸽"策略是有利的。换句话说,如果一方参与人确信他的对手的策略是"如果扮演 A,选择'鹰'策略;如果扮演 B,选择'鸽'策略",他最好就是自己也采取同样的策略。这一均衡相当于**事实上的**财产权利机制的根基,将享有争议资源的权利授予 A 参与人。说这一均衡是稳定的,也就是说这些产权规则是自我施行的。

均衡$(1,0)$是我刚刚业已描述的均衡之镜像,将**事实上的**财产权利授予 B 参与人。由于这是两个稳定均衡,(根据我的定义)它们都是惯例。

均衡$\left(\dfrac{2}{3},\dfrac{2}{3}\right)$相当于对称博弈的均衡(第 4.2 节)。在对称博弈中唯一的均衡策略是在全部博弈中有三分之二的博弈选择"鸽"策略;且该策略是稳定的。然而,在非对称博弈中,$\left(\dfrac{2}{3},\dfrac{2}{3}\right)$是不稳定的。其会受到任意一项通用策略$(p,q)$的侵扰,其中要么 $p>\dfrac{2}{3}$ 且 $q<\dfrac{2}{3}$,要么 $p<\dfrac{2}{3}$ 且 $q>\dfrac{2}{3}$。换句话说,每个人以三分之二的概率选择"鸽"策略,由这一事态开始,当 A 参与人更多地选择"鸽"策略,B 参与人更少地选择"鸽"策略时,任何这样的趋势一旦出现都会自我强化;相反的趋势也是如此。最显而易见地,均衡$\left(\dfrac{2}{3},\dfrac{2}{3}\right)$会受到$(0,1)$或者$(1,0)$的侵扰。只要有少数参与人开始遵循这些惯例中的一项,每个人都会受到激励同样也这么做。

通过遵循与我在交通博弈(第 3 章)的例子中所做的相同推理过程,重复进行鹰—鸽博弈就有可能会引发某项产权惯例的演化。即便一开始人们觉得该博弈是对称的,我们预期迟早会有某些参与人将识别出某种非对称性,然后基于该非对称性的惯例会开始自我确立起来。

所以如果鹰—鸽博弈被用来作为描述霍布斯式的自然状态的模型,霍布斯的结论似乎过于悲观了:一个社会最初处在"每一个人对每个人"的战争状态下,如果行为人在这样的社会中追寻他们自身的利益,稳定的产权规则是能够自发演化出来的。①但是其他两个博弈又会如何呢?

4.6 分割博弈中的产权惯例

对称形式的分割博弈在第4.4节中做了描述。回忆一下,在这一博弈中每一方参与人各自提出权利主张,要求享有某一可分割资源的某个份额(在0到1的区间内,包含0和1);如果这些份额要求的总和等于或小于1,每一方参与人得到他所要求的份额;如果其总和大于1,就会发生令双方都受损的战斗。我现在将考察这一博弈的非对称形式,每一次博弈在被标识为"A"的参与人和被标识为"B"的另一方参与人之间进行。

考虑这样一类策略,"如果扮演A,要求享有份额c;如果扮演B,要求享有份额$1-c$",其中c在区间$0 \leqslant c \leqslant 1$内取值。对在此区间内的任意值$c$而言,这都是一项稳定均衡策略。很容易看出来为什么会这样。假设你确信你的对手的策略是:"如果扮演A,要求享有份额c;如果扮演B,要求享有份额$1-c$。"那么你的最优反应是要求得到你的对手不会主张的全部份额,而这意味着如果你的对手扮演A(亦即,如果你扮演B),则要求享有份额$1-c$;如果你的对手扮演B(亦即,如果你扮演A),则要求享有份额c。所以"如果扮演A,要求享有份额c;如果扮演B,要求享有份额$1-c$"是其自身唯一的最优反应:这是一项稳定均

---

① 这里作者的表述有点不太确切,在霍布斯的模型中,"每一个人对每个人"的战争状态是自然状态不是社会状态,说"一个社会最初处于自然状态下",逻辑上是矛盾的,因为最初根本不存在社会。更为准确的表述是:自然状态下,追寻自身利益的人们通过交往行为,稳定的产权规则能够自发地演化出来,从而由自然状态进入到社会状态。

衡策略。

该博弈没有其他稳定均衡。为何会没有？回忆一下第 4.4 节中为对称的分割博弈而证明得到的"互补性结果"。在对称的博弈中，如果 I 和 J 是两项策略，且如果 J 是应对 I 的最优反应，那么对每一个包含于策略 J 之内的份额要求 c 而言，必定存在一个包含于策略 I 之内的互补要求 $1-c$。（说一项策略"包含"一个份额要求等于是说，在该策略下，提出该份额要求的概率不为零。）现在思考非对称博弈。在非对称博弈中，任何策略都能被分解为 A 参与人策略（"如果扮演 A，做……"）和 B 参与人策略（"如果扮演 B，做……"）；一个均衡由 A 参与人策略和 B 参与人策略所组成，各自都是应对对方策略的最优反应。应用互补性结果，A 参与人策略不能成为应对 B 参与人策略的最优反应，除非对每一个包含于 A 参与人策略之内的份额要求 c 而言，都存在一个包含于 B 参与人策略之内的互补要求 $1-c$。反之则反是：B 参与人策略不能成为应对 A 参与人策略的最优反应，除非对每一个包含于 B 参与人策略之内的份额要求 $1-c$ 而言，都存在一个包含于 A 参与人策略之内的互补要求 c。因此，如果一项 A 参与人策略和一项 B 参与人策略互为应对对方策略的最优反应，A 参与人策略必须仅包含了份额要求 $c_1, c_2, \cdots$ 的某个集合，而 B 参与人策略必须仅包含了互补要求 $1-c_1, 1-c_2, \cdots$ 的集合。

现在令 I 为非对称博弈的任意一项均衡策略。由于上一段的论证，我们知道 I 必须采取如下形式："如果扮演 A，以 p_1 的概率要求享有份额 c_1，以 p_2 的概率要求享有份额 $c_2, \cdots$；如果扮演 B，以 q_1 的概率要求享有份额 $1-c_1$，以 q_2 的概率要求享有份额 $1-c_2, \cdots$。"如果 I 只包含一组互补要求（"如果扮演 A，要求享有份额 c_1 的概率值为 1；如果扮演 B，要求享有份额 $1-c_1$ 的概率值为 1"），它就是我业已描述过的那类稳定均衡中的一员。所以假设其至少包含两组互补要求 $(c_1, 1-c_1)$ 和 $(c_2, 1-c_2)$。

根据假定，I 是一项均衡策略并因而是其自身的最优反应。这意味着 A 参与人提出的两个份额要求，c_1 和 c_2，在应对 B 参与人——已知其遵循策略

I——时同样成功。类似地，B 参与人提出的两个份额要求，$1-c_1$ 和 $1-c_2$，在应对 A 参与人——已知其遵循策略 I——时同样成功。因此策略 J："如果扮演 A，要求享有份额 c_1 的概率值为 1；如果扮演 B，要求享有份额 $1-c_1$ 的概率值为 1。"这一策略在应对选择策略 I 的对手时必定和 I 一样成功。但策略 J 是其自身唯一的最优反应，因此应对策略 J 时，其就是比策略 I 更好的反应。由此可以确定策略 I 会受到策略 J 的侵扰——I 是一个不稳定的均衡（参见第 2.6 节）。①这证实了我一开始要证明的观点：唯一能够稳定存在的均衡是那些基于单一一组互补要求的策略。

所以，假如参与人识别出**某种**非对称性，我们能够预期重复进行的分割博弈会引某项将特定份额的资源给予每一方参与人的惯例演化出来。该惯例也许会演化成——像鹰—鸽博弈那样——将全部资源给予一位参与人；也许会规定为平等分割；也许会规定为某种具体的不平等分割。无论该惯例是什么，其都可以被视为一种事实上的产权规则。这是对第 4.5 节结论的重复。

4.7　消耗战中的产权惯例

我把对非对称的消耗战的分析留到最后，是因为它特别复杂，以及因为我将得出的结论不完全与已有的观点相一致。消耗战的对称形式在第 4.3 节中做了描述。回忆一下，每一方参与人选择一段坚持时长 l；每一方参与人各自以每单位时间效用为 c 的成本进行战斗，直到坚持时长较短的参与人选择投降为止。然后另一方参与人拿走资源，获得的效用值为 v。

我现在假设两位参与人的角色间存在着某种非对称性。遵循生物学文献，我采取"占有者"(possessor)和"挑战者"(challenger)之间的非对称性。（假设围绕某种资源发生争议伊始，一名行为人已经占有该资源，而另一人则要求将

---

① 这一段证明的关键之处在于：策略 I 是其自身的最优反应，却不是"唯一的"最优反应；但策略 J 则是自身"唯一的"最优反应。

该资源归属于他。)我假定每一名行为人在他参与的博弈中扮演占有者和挑战者的次数是五五开。

假设起初没有人识别出非对称性,使得该社群稳定于一种对称均衡状态,具有恒定的"投降率"c/v(参见第4.3节)。当行为人识别出占有者和挑战者间的非对称性时,这一事态会继续成为一个均衡,但是和鹰—鸽博弈的对称均衡一样,其会变得不稳定。

由于我们分析的是非对称博弈,我们必须考虑如下形式的通用策略:"如果扮演占有者,做……;如果扮演挑战者,做……。"在对称均衡中的行为模式可以用通用策略I描述如下:"如果扮演占有者,以恒定投降率c/v选择投降;如果扮演挑战者,也以恒定投降率c/v选择投降。"由于应对投降率为c/v的对手时,所有的坚持时长都同样成功(参见4.3节),所有通用策略都是应对策略I的最优反应。

通过与非对称的鹰—鸽博弈的类比,我们可以预期这一均衡会受到一项通用策略的侵扰,该策略规定两位参与人——占有者或挑战者——中谁应当拿走资源。想一想占有者总是保有资源的惯例。该惯例可以用通用策略J表述如下:"如果扮演占有者,永不投降;如果扮演挑战者,在时间$t=0$时选择投降。"(时间t从博弈开始时就进行度量。)遵循这一策略的参与人当他作为占有者时总是准备着为保有资源而战,当他作为挑战者时从不准备战斗。由于所有策略都是应对I的最优反应,$E(J,I)=E(I,I)$(亦即,选择策略J应对策略I所获得的预期效用等于选择策略I应对策略I所获得的预期效用)。所以J是应对I的最优反应。很容易计算得到$E(I,J)=0$且$E(J,J)=v/2$;①所以应

---

① 策略I为对称的消耗战中的均衡策略,其预期效用为0[参见本书第68-69页,同时也可参见毕晓普和坎宁斯(1978年)中做出的正式证明],所以选择I策略的参与人应对选择J策略的参与人时,$E(I,J)=0$。而当两名都选择J策略的参与人进行博弈时,任意一方要么是"占有者",拿走全部资源;要么是"挑战者",立刻投降。由于参与人扮演两个角色的概率分别都是0.5,所以$E(J,J)=v/2$。

对策略 J 时，J 是比策略 I 更好的反应。这意味着 I 会受到 J 侵扰：策略 I 不是一个稳定均衡。

只要**某些**行为人遵循策略 I，其他每一个人都遵循策略 J，J 就是较为成功的策略。因而，似乎如果策略 J 开始侵扰策略 I，这种侵扰会持续下去直到每个人都遵循 J，而这一事态将会是一个稳定均衡。然而事实并非如此：J 也不是一个稳定均衡。

问题在于尽管 J 是其自身的**一个**最优反应，但不是**唯一**的最优反应。想一想策略 K："如果扮演占有者，在 $t=t^*$ 时选择投降；如果扮演挑战者，在 $t=0$ 时选择投降。"在此 t^* 可以取任何一个大于零的值。应对选择策略 J 的行为人，策略 K 与 J 自身一样成功；因为选择策略 J 的行为人如果扮演挑战者时总是立刻投降，对他们的对手而言，任何非零的坚持时长和其他任意时长相比都一样好。但是，通过完全相同的论证，应对选择策略 K 的对手，K 与 J 一样成功。那么正式地说，J 不满足稳定性条件（参见第 2.6 节）。

这意味着没有力量能够防止策略 K 侵扰策略 J。必须承认，也没有力量去鼓励这种侵扰；在一些行为人遵循策略 J 而其他人遵循策略 K 的群体中，两派行为人都同样成功。这类情境称为漂移不定的状态(one of drift)：选择各项策略的行为人所占比例不确定且易于向随机不定的潮流趋势发生漂移。然而注意，如果平均而言占有者选择的坚持时长少于 v/c，挑战者就有激励选择不投降。①所以挑战者总是立刻投降的惯例就有面临瓦解的危险。如果每个人都遵循这一惯例，就没有力量能防止占有者的坚持时长向越来越短的趋势漂移；但是如果漂移到后来坚持时长过短，惯例就会崩溃。

---

① 根据本书第 66 页，赢得资源者的预期效用为 $v-cl$。如果坚持时长 $l<v/c$，那就意味着如果挑战者选择坚持得久一些（也许他"误认为"自己是占有者，也许他洞察到坚持下去的好处，也许他就是想挑战占有者），超过占有者的坚持时长（但是仍小于 v/c），那么 $v-cl>0$，也就是说他赢得资源后至少不会受损；而选择立即投降的挑战者预期效用为 0。任何预期效用大于 0 的选择项对于挑战者而言都具有诱惑性，所以作者说"挑战者就有激励选择不投降"。

这种瓦解危险真正发生的可能性有多大？像这样的情形，思考如下事实通常来说是合乎情理的，参与人不会**始终**选择最成功的策略；他们只是会**倾向于**选择这样的策略。有两个主要原因可以解释为何当较为成功的策略可供行为人选择时，他们有时候却会选择不那么成功的策略。首先，行为人不能找出什么策略是最成功的，除非他们时不时地尝试过其他策略。其次，参与人会犯错。这一点看上去在如下情形时特别有可能发生：惯例基于博弈中的参与人所扮演角色间的某种非对称性。领悟他人所遵循的惯例，特别是决定如何将其应用于某一特定情形中，常常需要想象力和洞察力。例如，一定会出现这种模棱两可的情形，两名行为人中谁应当被视为占有者、谁应当被视为挑战者是不清楚的；在这样的情形中，比方说，认为自己是占有者的参与人可能会遭遇一名对手，他相信两人扮演的角色应当颠倒过来。

哈默斯坦和帕克（Hammerstein and Parker, 1982）考察了这种可能性。[10]哈默斯坦和帕克假定参与人从两种角色中获得的效用存在着某种差别。对那些认为自己是占有者的人而言令资源价值为 v_A，对那些认为自己是挑战者的人而言令资源价值为 v_B；令相应的战斗成本分别为每单位时间 c_A 和 c_B。假设 $c_A/v_A < c_B/v_B$。那么，用哈默斯坦和帕克的话来说就是，A 是"受到偏爱的角色"。（要么是占有者对资源的估值更高，要么是他们在战斗中承受的成本较少，要么两种情况都有。）该假定的理由过一会就会明了。

接下来哈默斯坦和帕克假定行为人对于自身角色的评判有时候会犯错。假设每一次博弈中一方参与人是"真正的"占有者而另一方是"真正的"挑战者，但是每一方参与人都有小概率会错误地认为自己属于某个角色。那么认为自己是占有者的参与人通常会面对认为自己是挑战者的对手，反之则反是；但偶尔自认为是占有者的人会遇见也自认为是占有者的人，而自认为是挑战者的人会遇见也自认为是挑战者的人。

现在一项通用策略必须明确规定当一名行为人相信他是占有者时，以及当他相信自己是挑战者时，他将如何进行博弈。考虑策略 J："如果（你相信你自己)扮演占有者,永不投降;如果(你相信你自己)扮演挑战者,在 $t=0$ 时投降。"在非对称博弈的原初形式中——永远不会犯错的博弈,这是一项均衡策略,尽管是不稳定的。现在由于两个原因这不再是一项均衡策略。首先,以如下情形为例,一位参与人相信自己是占有者,而其对手遵循策略 J。如果对手认为自己是挑战者(正如他很有可能会这样认为),那么他会在 $t=0$ 时选择投降。然而,如果他在 $t=0$ 时**不投降**,那么这是因为他认为自己是占有者;而如果是这样的话,他永远不会投降。所以我们的参与人最好计划在 $t=0$ 之后尽快投降:面对永不投降的对手时延长战斗是毫无意义的。其次,以参与人相信自己是挑战者的情形为例。存在某种小概率事件,他的对手也认为自己是挑战者;如果是这样的话,对手会在 $t=0$ 时选择投降。这样我们的参与人计划在非常短的时间段——只要在应对扮演挑战者的对手时刚好足以确保胜利的时长就可以——内选择战斗就是值得做的。这样做的最终结果就是应对 J 的最优反应——一个人无论认为自己属于哪个角色——是:在 $t=0$ 之后尽快投降,但在 $t=0$ 时不投降。那么很明显,策略 J 不是其自身的最优反应。

然而,正如哈默斯坦和帕克指出的,该博弈确实有一个稳定均衡。在这一均衡中博弈分为两阶段。到某个时点 $t=t^*$ 为止,选择投降的参与人只有(自认为)[11]属于挑战者的人。挑战者选择的投降率使得**对所有挑战者而言**所有从 0 到 t^* 的坚持时长都同样成功,但也使得占有者选择继续战斗会更好。这是因为占有者比挑战者更有可能去对抗挑战者;所以如果选择投降的参与人只有挑战者,占有者的对手就比挑战者的对手具有更高的投降率。超过时点 $t=t^*$,只有占有者还在进行博弈,所以该博弈事实上变成了对称形式。占有者现在选择的投降率为 c_A/v_A。(与对称博弈的均衡相比较。)这一投降率确保对占有者而言所有大于 t^* 的坚持时长都同样成功。因为 $c_A/v_A < c_B/v_B$,这一投降率太慢,以至于对挑战者而言,超过 $t=t^*$ 后仍继续进行博弈是不值得做。

这一均衡能够被视为一条自我施行的事实上的产权规则:占有者和挑战者之间的争议总是以利于占有者的方式解决。但这不是一项惯例。其不是惯例是因为它不是**两个或两个以上**稳定均衡中的一个。在非对称的鹰—鸽博弈和分割博弈中，**要么**是利于参与人 A 的规则，**要么**是利于参与人 B 的规则会演化出来；任意一条规则一旦确立，就会自我施行。因此，在那些博弈中，利于哪一方参与人只是一个惯例问题。但是在哈默斯坦和帕克的消耗战分析中，只有一条产权规则能够自我施行；利于哪一方参与人不是一个惯例问题，而是由博弈的结构决定的。[12] 这使得消耗战的逻辑从根本上来说不同于其他两个博弈。

我现在建议用一种稍许不同的方式允许参与人在消耗战中犯错。该方式不要求存在任何受到偏爱的角色；因而我假定占有者和挑战者的 c 值和 v 值是相同的。

陈述哈默斯坦和帕克的分析时，我将参与人描述为"自认为是占有者的人"和"自认为是挑战者的人"。从某些方面来说这样的用语会产生误导，因为这暗示每一方参与人认为他**知道**自身的角色。如果一名行为人重复进行消耗战，并且如果他在评判自己角色时易于犯错，那么他会通过经验习得，知道自己在犯此类错误。更准确地说，他会习得他有时候没能够正确地预测他的对手会扮演哪个角色。（注意，参与人不是真地关心自己"真正的"角色；对他而言重要的是他的对手会承担哪个角色。）因而更适宜于用概率进行论述。①"自认为是占有者的人"是认为他自己大概是占有者的参与人，并且因此他的对手大概扮演的是挑战者。类似地，"自认为是挑战者的人"是认为他自己大概是挑战者的参与人。对每一方参与人而言，在任意一次博弈中都有某个概率他是"真正的"占有者；我将这一概率称作我们所讨论的参与人的信心程度。

实际上，哈默斯坦和帕克假定只有两种信心程度是可能的：一位参与人要

---

① 需要注意的是，作者在前文中使用的"投降率"（surrender rate）概念，其实也具有概率的含义（参见本书第 68 页），但同时还具有速率的含义（因为投降的可能性越高，在时间维度上来看就是投降速度越快），比率的含义（因为投降率越高，表明行为人在进行的全部博弈中，投降次数越多），所以作者用"rate"，同时偶尔也会用"probability"，来表示投降率。为了避免造成理解上的混乱，译者一般都译作"投降率"，而不特意注明是投降概率还是投降速率或比率，但作者特别指出的除外。

么几乎确定他就是占有者,要么几乎确定他就是挑战者。这也许是一种有用的简化假定,但是——至少对人类之间的竞争而言——相当武断。似乎没有显而易见的理由将信心程度的数量限制为两种。具有充分的博弈经验之后,行为人或许开始能够区分出许多因素,这些因素会影响到具有惯例性质的判断,判断哪一方参与人是占有者;根据他参与的博弈的具体特征,他也许或多或少有把握确信他就是占有者。在有些情形下他会几乎确定他就是占有者:他会从他所进行的绝大多数这类博弈中习得这一点,而他的对手则扮演挑战者的角色。在其他情形中他会大致确定他就是占有者;依此类推。我认为我们应当假定存在着许多种不同的信心程度。

在附录中我分析了基于多种信心程度假定的非对称消耗战,并考量了"信心"是一个连续变量的极限情形。结论是,在这种极限情形下博弈具有两个稳定均衡。这些均衡的本质特征是参与人根据信心大小按顺序依次选择投降。

根据惯例的演化是偏爱占有者还是挑战者,存在着两种可能性。以占有者受到偏爱的情形为例。那么在均衡中,坚持时长和信心之间存在着唯一的正相关性:某一参与人越确定自己就是占有者,他准备进行战斗的时间就越长。因此总是由更具备信心认为自己是占有者的参与人赢得竞争。这是一项名副其实的惯例。你越有信心,认为自己就是占有者,你就越有信心预期你的对手不是占有者,所以你就预期他会很快投降;这样你的信心越大,就越没有理由选择投降。另外,相反的惯例也可能会演化出来。那么在均衡中,一位参与人的坚持时长和他认为自己是占有者的信心之间存在着唯一的负相关性:总是由更确定自己是挑战者的参与人赢得竞争。

如果行为人擅长评判他们自己的角色,信心程度的分布会使得,在大多数博弈中一方参与人大致确定自己就是占有者而另一人大致确定他就是挑战者。这样的竞争会很快得以解决;会有短暂的战斗,然后一方参与人让步。哪一方参与人做出让步由惯例决定:如果惯例偏爱占有者,不那么有信心认为自己是占有者的参与人将会选择投降。在一名局外的观察者看来,看上去好像选择投降的参与人进行的只不过是一场象征性的战斗,但事实上他那短暂的战斗时长是为了实现一个目的:使他能够在他的对手比他更缺乏信心的情况下(不太可能)赢得资源。

如果我们接受上述分析,最终消耗战的逻辑与鹰—鸽博弈和分割博弈的逻辑极其相似。这些博弈中,每一个博弈的任何非对称性都能构成一项惯例的基础,该惯例明确规定两位参与人中谁应当获得处于争议中的资源,或者应当如何在两人之间分割这些资源。这样一项惯例是一条事实上的产权规则。

4.8 扩展博弈

到目前为止,我都假定博弈是匿名进行的:参与人不知道他们的对手是谁,或者不知道他们的对手在之前的博弈中是如何行为的。然而在现实生活中的许多情形下,我们与相同的人一次又一次地发生冲突;当某次冲突发生时,我们能够记起与该对手之前产生的冲突是如何解决的。我们也会观察那些我们没有涉身其中的冲突,并因此我们可以知道我们的对手与他人发生冲突时如何行为。我现在将探究,如果放弃了匿名性假定我的结论将会受到多大程度的影响。

为了简洁清楚,我只考虑三个博弈中最简单的一个博弈的非匿名形式,鹰—鸽博弈。我提出两种备选方法来模型化如下的想法,参与人知道他们的对手在之前的博弈中如何行为:第一种方法是假定每一方参与人知道他的对手在之前应对自己的博弈中如何行为,而第二种方法是假定每一方参与人知道他的对手在之前应对其他人的博弈中如何行为。在此是第一种假定。(第二种假定是第 4.9 节的主题。)

思考某一社群,某个博弈在随机抽取的一组组对手之间重复进行。这些博弈不是匿名的;每个人都记得他以前和谁进行过博弈,以及之前每一次交锋发生了什么。然而,对于他未曾亲身参与的博弈中发生的事,没有人知道。再假设人们通过某种随机过程加入和离开这个社群。那么任何行为人都会不断遭遇新对手。假设比尔(Bill)发现他是第一次和查利进行博弈。结果这有可能是他们所进行的唯一一次博弈(因为他们中的任何一个人都可能在他们有机会再度相遇前离开社群)。然而,还是存在某种概率他们会进行另一次博弈。再一次,这回可能是他们最后的博弈,但还是存在某种概率他们会第三次相遇;依此类推。为了简单些,假设任意一次博弈结束后,两名对手再次相遇的概率是相同的——不论他们是谁、不论他们之前遇到过多少回。令这一概率为 π。

我们现在可以将任意两名特定对手之间的博弈序列作为一次博弈(就其本身属性而言)来处理。为了避免混淆,我将序列中的回合称为"单个博弈",而将术语"博弈"保留用来指称序列本身;我将这一类型的博弈称为扩展博弈。[这样的博弈有时候被称为"超博弈"(supergames)或者"循环博弈"(iterated games)。类似地,我将每一回合行动中所选策略称为已选策略,而将术语"策略"保留用来指称明确规定整个博弈如何进行的计划。]

注意,每一名行为人重复进行扩展博弈,应对不同的对手;当他第一次遇见一名新对手时,没有经验能够引导他。因此我们可以将扩展博弈处理为匿名进行的一次博弈,即使每个回合(第一次除外)都是与已知的对手进行博弈。这允许我们在扩展博弈层面使用通常的均衡和稳定性概念。

分析扩展博弈的主要难题在于可能策略的数目极其庞大:即便是像鹰—鸽博弈这样,单个回合非常简单的情形。指出有些特定策略是稳定均衡,通常来说会相对简单些;但是要证明已经给出的一系列稳定均衡策略穷尽了所有可能性,则极为困难。就思考扩展形式的鹰—鸽博弈而言,我将满足于描述两项稳定均衡策略。

假设参与人之间存在着某种非对称性,使得**在每一回合中一人是"A"另一人是"B"**。在博弈的每一个回合,每一方参与人都有某种概率扮演 A,某种概率扮演 B,每个回合的概率独立于其他每一回合的概率。(举例来说:你和我不断地在解决如下问题上发生对抗,我们两人中谁应当有权捡拾岸边的漂流木。有时候你在我之前赶到岸边;有时候我在你之前赶到岸边。)现在考虑该扩展博弈的如下策略:"在每个回合,如果扮演 A 选择'鹰'策略,如果扮演 B 选择'鸽'策略。"

很容易看出这是一项均衡策略,因为在每一个回合,"鸽"策略都是应对"鹰"策略的最优反应,反之则反是。同样也能证明该策略是稳定的。13 如果上述为真,那么很明显相反的策略,"在每个回合,如果扮演 A 选择'鸽'策略,如果扮演 B 选择'鹰'策略",也是一个稳定均衡。所以产权惯例能够从扩展形式的鹰—鸽博弈中演化出来,正如它们能够从我在第 4.5 节中陈述的简单形式的博弈中演化出来一样。

4.9 承诺博弈(Games of commitment)

假设你和我将要进行鹰—鸽博弈。如果你能够说服我你会不变地承诺选择"鹰"策略,且如果我仍可自由地选择"鸽"策略,那么你能够确保获得胜利。如果我真的相信你必定会选择"鹰"策略,很明显我的最优反应是选择"鸽"策略。没有回旋余地反而能够成为一种优势,自从谢林(Schelling, 1960)指出该悖论之后,这一鹰—鸽博弈(或者说胆小鬼博弈,另一种为人所知的称呼)的特征就成为学者备感兴趣的主题。似乎很明显,我们预期鹰—鸽博弈中的参与人**试图**说服他们的对手,他们会始终如一地承诺选择"鹰"策略;但是如何才能让这类有关承诺的陈述变得可信呢?

毫无疑问,问题在于空口无凭。任何人都能够说"我承诺绝对会选择'鹰'策略",却不一定要**兑现**承诺。只要博弈是匿名的,一个人虚张声势就不会遭受惩罚;所以每个人都试图虚张声势,而没有人会上当受骗。但是换一种假设,博弈是公开进行的,这样每个人都知道其他每一个人曾做出过什么样的威胁,以及这些威胁是否曾得到贯彻。那么一个人说到做到就有可能赢得声望;或者,换一个角度,一个人做出空头威胁也有可能赢得声望。我希望能用一种简单的方式在演化博弈论框架中模型化这一有关声望的概念。14

如果博弈是重复且公开进行的,让你的威胁变得可信的方式就是贯彻执行。在长期,每个人都有能力用他选择的任何方式来约束自己。他所要做的只是宣告他的意图,他将以不变的特定方式采取行动,然后完全遵照他所说的行事。这里做出承诺的成本是:为了维护你的信用你必须贯彻执行你的威胁,即便从短期来看你不这么做的话,情况可能会更好。

注意,一位参与人能够在他遇到其对手之前就约束自己。"我将在每次博弈中都选择'鹰'策略,无论我的对手可能会是谁",然后说这句话的人不变地按照他所说的话行事,也就是如他所说的那样,带着他已经公示的承诺进行每一次博弈。(当然,他可能十分不幸,遇见做出和他完全相同的承诺的某个人,然后双方谁也不能在不损害其未来信用的情况下选择让步。)所以当两位参与人相遇时,并不是简单地由两人中首先宣布承诺选择"鹰"策略的人赢得博弈:他们可能早早地都已做出了承诺。

做出承诺的行为能够用我所称的承诺博弈来进行模型化。承诺博弈有两个回合。第二回合由一个能够形成惯例的博弈构成,比方说鹰—鸽博弈,这时参与人必须同时在备选策略间做出选择。[我称这些策略为"着数"(move)。]在第一回合,每一方参与人有权选择做出承诺。一项承诺可以是任何有条件或者无条件的、相关参与人将在第二回合中选择的着数的明确陈述。例如,"我将选择'鹰'策略"是一项承诺。"如果我被指定扮演角色 A,我将选择'鹰'策略"也是一项承诺。"如果我的对手不做出承诺,我将选择'鹰'策略",还是一项承诺。承诺是同时做出的。承诺博弈的关键性规则是参与人在第二回合中选择的着数必须与他在第一回合做出的承诺相符,无论是什么样的承诺。这是对所谓的玛蒂尔达效应(Matilda effect)①的一种简单表述:在长期不存在可信的谎

---

① "Matilda effect"最早由科学史家罗西特(Margaret W.Rossiter)在 1933 年提出,是以女性参政权运动者、废奴主义者玛蒂尔达·盖奇(Matilda Joslyn Gage, 1826—1898)的名字来命名的。其本意是指女性的科学成就往往会被低估。学界常常将其与另一术语对比,即马太效应(Matthew effect):越是科学权威,他们的成果往往会被高估。作者在此借用了这一现象的引申含义:即女性能力受到低估后,在长期就越是容易被低估,因为人们相信这是"可信的真实"。

言,只有可信的真实。

在承诺博弈中一项策略具有两个要素。要有承诺(或者是不做承诺的决定);然后是博弈第二回合的计划,它要同业已做出的任何承诺相一致,其中着数的选择可基于对手的承诺。现在可以用通常的方式来定义均衡和稳定性概念。

整合了鹰—鸽博弈的承诺博弈在其重要方面与鹰—鸽博弈本身的结构相似。承诺博弈中最具攻击性的策略是做出无条件承诺:"我将选择'鹰'策略。"对此,能够成为最优反应的仅有的策略,是选择"鸽"策略作为回应。这是相对顺从的策略。但是应对任何**这样的顺从**策略时,很明显最具攻击性的策略就是最优反应。所以应对攻击性策略的最优反应就是顺从性策略,反之则反是。这是我在这一章所描述的全部博弈的一个典型特征。

因而发现产权惯例能够从重复进行的、承诺形式的鹰—鸽博弈中演化出来,**丝毫不会让人觉得奇怪**。然而,证明这一点并不容易。困难在于能够做出的、不同的承诺陈述,其数目是无穷无尽的。我所能做的,最多是发现有一种承诺形式是其自身唯一的最优反应。

和通常一样,假设在每一次博弈中一位参与人扮演"A",而另一位参与人扮演"B"。为了呈现承诺可以在具体博弈进行之前就做出的想法,我假定参与人不知道他们要扮演的角色,直至他们业已宣布其承诺为止。现在考虑如下承诺:"如果我扮演 A,我将选择'鹰'策略;如果我扮演 B,我将选择'鹰'策略,除非我的对手做出了与此完全相同的承诺。"假设你有信心,认为你的对手会做出如此的承诺,我称其为 C。对你来说做出什么样的承诺才是最好的呢?

如果你做出了除 C 之外的任何承诺,或者如果你根本不做出任何承诺,你进入博弈的第二回合,将面对一名承诺选择"鹰"策略的对手。在这样的境况之下,你能够获得的最大效用数为 0。(如果你已经自我承诺选择"鹰"策略,将会比这还糟糕。)相反如果你做出承诺 C,到头来如果你扮演 B,你能够获得的效用数为 0。(在这种情况下,你的对手承诺选择"鹰"策略,而你则可以不受约束,选择"鸽"策略。)而到头来如果你扮演 A,假如你的对手选择的是对他而言唯一明智的着数,那么你会得到的效用数为 2。(在这种情况下,你承诺选择"鹰"策略,而你的对手则可以不受约束,选择"鸽"策略。)所以如果你能够指望你的对手不会在第二回合下一着臭棋,C 是你唯一能做出的最优承诺。就此意义而言,C 是其自身的最优反应。

如果每个人都做出承诺 C,争议总是以偏爱 A 参与人的方式得以解决。这可以解释为一项产权惯例,依靠每个人的承诺为后盾来捍卫每个人——根据这一惯例——自己的东西。

4.A 附录:带有"信心程度"的非对称消耗战

假设在每一例消耗战中,一方参与人扮演"占有者",另一方参与人扮演"挑战者",但是参与人可能不确定他们自身的角色。具体而言,假设某一位参与人可能经验 n 种不同的信心程度,$L_1, \cdots, L_n$。一位随机挑选的参与人,身处一次随机选择的博弈之中,他具有信心程度 L_i 的概率必定是某个概率值 r_i;且很明显 $\sum_i r_i = 1$。令 p_i 为具有信心程度 L_i 的参与人实际上就是占有者的概率。我将信心程度附上数值使得 $p_1 < \cdots < p_n$;换言之,较高的数值对应于较大的信心,相信自己是占有者。

考虑特定一场博弈中任意一方参与人,并令他在这次博弈中的信心程度为 L_i。假设发生如下情况,对手的信心越强(亦即,**他的**信心程度越高),他的坚持时长就越久。我的目的是表明如果每个人都遵循某一特定的均衡策略,情况就**将会**是以上所述;但目前我暂时只是简单地假定会发生如此的情况。更确切地说,假设存在时点 $t_0, t_1, \cdots, t_{n-1}$,其中 $0 = t_0 < t_1 < \cdots < t_{n-1}$,使得(1)对每一个 $j = 1, \cdots, n-1$,具有信心程度 L_j 的对手不变地在区间 $t_{j-1} \leqslant l \leqslant t_j$ 内选择坚持时长,且(2)具有信心程度 L_n 的对手不变地选择大于或等于 t_{n-1} 的坚持时长。

现在假设我们的参与人开始他的博弈,时间已流逝至 t_{j-1},而他的对手还没有投降。很明显他的对手具有的信心程度必定是 L_j,…,L_n 中的一个。想一想对手的信心程度为 L_j 的概率,换句话说,该对手是仍在进行博弈的、最缺乏信心的参与人中的一位。显然,如果 $j=n$,这一概率值必定等于 1.0:当到了时点 t_{n-1},仍在进行博弈的任何对手具有的信心程度必定是 L_n。但是假设 $j<n$,那么能够证明如下结论:我们的参与人信心程度越高,他的对手具有信心程度 L_j 的概率就越大。这符合如下直觉:我们的参与人越是有信心,相信自己是占有者,他的对手就越不太可能是占有者,所以对手就越有可能缺乏信心。

证明在此。在时点 t_{j-1},当对手相信自己是占有者时,他具有信心程度 L_j 的概率为:

$$r_j p_j / \sum\nolimits_{k=j}^{n} r_k p_k \qquad (4A.1)$$

类似地,当对手相信自己是挑战者时,他具有信心程度 L_j 的概率为:

$$r_j(1-p_j) / \sum\nolimits_{k=j}^{n} r_k(1-p_k) \qquad (4A.2)$$

我们知道,$p_j<p_{j+1}…<p_n$。①假如 $j<n$,由此推出(4A.2)大于(4A.1)。因此相较于对手是占有者而言,如果他是挑战者,更可能具有信心程度 L_j。

在时点 $t=0$,对手是占有者的概率为 $1-p_i$;所以该对手越不可能是占有者,我们的参与人的信心程度就越高。随着博弈的进行,对手是占有者的概率在增加。(博弈进行得越久而对手仍未选择投降,就越能证明对手的信心。)然而,由贝叶斯定理(Bayes's theorem)推出,在任意给定的时点,对手不可能是占有者,我们的参与人的信心程度就越高。将这一结论与前述结论相结合,很明显在时点 t_{j-1} 对手越是有可能具有信心程度 L_j,我们的参与人的信心程度就越高。

回忆一下投降率的定义(第 4.3 节)。我将参与人的获胜率定义为他的对

---

① 原文为:$p_j<p_j+1…<p_n$,疑误。

手的投降率。考虑我们的参与人在 t_{j-1} 到 t_j 之间任意时点的获胜率。在这段时间内唯一会选择投降的对手是那些信心程度为 L_j 的人。因此我们的参与人的获胜率就是具有信心程度 L_j 的对手的投降率,乘以对手具有这一信心程度的概率。这一概率值越大,我们的参与人的信心程度就越高。因此得出如下结论:在任意时点 $t < t_{n-1}$,参与人的信心程度越高,他的获胜率就越大。

现在就有可能描述如下的均衡策略 I。在博弈的第一阶段,唯一投降的参与人是那些信心程度为 L_1 的人;他们的投降率使得那些信心程度为 L_1 的参与人的获胜率为 c/v。当所有这类参与人都选择投降的时候:时点为 t_1。在博弈的第二阶段,唯一投降的参与人是那些信心程度为 L_2 的人;他们的投降率使得那些信心程度为 L_2 的参与人的获胜率为 c/v。依此类推,直到时点 t_{n-1}。在博弈的最后阶段,仅剩的参与人是那些信心程度为 L_n 的人。那时他们的投降率为 c/v,和对称的消耗战一样;因此博弈的最后阶段所有参与人的获胜率都为 c/v。

我们如何能够确定 I 是一项均衡策略?某一参与人信心程度为 L_i,其对手都遵循策略 I,以他为例。现在考虑如果该参与人选择永不投降,他的获胜率会是多少。到时点 t_{i-1} 为止,选择投降的参与人都不如他那么有信心,所以他的获胜率恒大于 c/v。从 t_{i-1} 到 t_i,选择投降的参与人和他一样有信心,所以他的获胜率刚好等于 c/v。从 t_i 再往后,选择投降的参与人比他更有信心;所以他的获胜率绝不会大于 c/v:到 t_{n-1} 为止其皆小于 c/v,之后正好等于 c/v。

现在回忆一下第 4.3 节中证明的一个结论。① 考虑两项策略"在时点 $t + \delta t$ 投降"和"在时点 t 投降"(其中 δt 为非常短的一个时间段),相对来说哪项策略更成功。根据在时点 t,相关参与人的获胜率(或者等价地,他的对手的投降率)是大于、等于或者小于 c/v,前者比后者更成功、一样成功或者劣于后者。将这一结论应用到当前的例子中,信心程度为 L_i 的参与人推迟选择投降的

---

① 参见本书第 68 页。

时点,至少等到时点 t_{i-1},对他来说必定是有利的。从 t_{i-1} 到 t_i,我们的参与人的获胜率正好等于 c/v,所以在此区间内所有坚持时长都同样成功:他何时选择投降无关紧要。如果我们的参与人的信心程度 L_i 小于 L_{n-1},过了 t_i 之后会有一个时间段内他的获胜率小于 c/v;且以后也不会再大于 c/v。(如果他留在博弈中等待苦涩的结局,他的获胜率最终会回升至 c/v。)因此我们的参与人在 t_i 之后不再选择留在博弈中必定是有利的。如果参与人的信心程度为 L_{n-1},在 t_{n-1} 之后他是否留在博弈中无关紧要,因为他的获胜率永远不会低于 c/v;但是他留在博弈中也没有什么好处。

上述论证证明了 I 是其自身的最优反应。(回忆一下,策略 I 要求信心程度为 L_i 的参与人在区间 t_{i-1} 到 t_i 之间选择坚持时长;对具有这一信心程度的参与人而言,这是应对遵循策略 I 的对手的最优反应。)然而,如果信心程度的数目是有限的,I 就不是一个稳定均衡。问题出在那些信心程度为 L_{n-1} 的参与人。对这些参与人而言——与那些具有较低信心程度的人相比较,获胜率从来不会低于 c/v。因此将他们选择投降的时点推迟到 t_{n-1} 之后,他们也不会有任何损失(尽管也没有任何获益)。如果他们这么做,均衡可能会崩溃。

这就是摆在哈默斯坦和帕克(Hammerstein and Parker, 1982)面前的难题。他们的模型本质上等同于我提出的模型,但是仅有两个信心程度。较低的信心程度——我这里记为 L_1——是参与人将自己视为是挑战者,但是也许会犯错。较高的信心程度 L_2 是参与人将自己视为是占有者,但同样也许会犯错。如果 c 和 v 的价值对所有参与人而言是相同的,那么就存在一个均衡,具有其中一个信心程度的参与人在具有另一个信心程度的参与人之前选择投降。

然而,出于我已经概述的理由,这一均衡是不稳定的。哈默斯坦和帕克的回应是假定 c/v 的值会根据参与人信心程度的不同而发生变化。这就允许了一个稳定均衡的存在,相信自己扮演的是"不受偏爱的角色"(具有较大 c/v 值的角色)的参与人会首先选择投降。

另一种可选方法是放弃信心程度的数目有限这一假定。反之我们可以假定"信心"(比方说概率值 p，具有这一概率的是占有者)是一个随机变量，其分布可以用一个连续的概率密度函数进行描述。根据这一假定，由信心程度为 L_{n-1} 的参与人所造成的特殊难题就烟消云散了。

我已经描述了信心程度的数目是有限的情形下的均衡策略 I。当"信心"为连续情形时的类推如下。对每一个 p 值(即，每一个信心的等级)，都存在着唯一的坚持时长 $l(p)$；较大的 p 值与较久的坚持时长相关联。对一个信心等级为 p 的参与人而言，直到 $l(p)$ 为止，获胜率皆大于 c/v，在 $l(p)$ 时正好等于 c/v，之后小于 c/v。因此 $l(p)$ 对于信心等级为 p 的参与人而言是唯一最优的坚持时长。由此推出这一均衡策略是其自身**仅有的**最优反应：它是稳定的。这一策略能够被理解为是一项偏爱占有者的惯例。

毋庸多言(由于在我的模型中"占有者"和"挑战者"不过是标识而已)，还有另一项稳定均衡策略，除了标识之外其余都相同，只是其中参与人投降的顺序颠倒了过来。这等同于一项偏爱挑战者的产权惯例。

注释

1 如果不效仿霍布斯说"人类"(men)，而说"人们"(persons)，会出现时代错乱的问题。

2 大多数形式的青少年博弈，或许能用第 4.3 节描述的"消耗战"博弈进行更好地模型化处理。

3 假设效用随着时间以恒定的速率损失其实不是必需的，尽管它让分析变得稍微简单一些。所需要的假设仅仅是效用损失持续不断，直到一方参与人投降。为了将文中的论证做一般化处理，一项纯策略应当被理解为一种"可接受的惩罚"(acceptable penalty，即参与人在投降前能够忍受的最大效用损失)，而不是坚持的时长(参见 Norman et al., 1977)。

4 更正式地，令 $f(t)$ 为某一给定策略下坚持时长的概率密度函数。那么 $S(t) = f(t)/[1-\int_0^t f(t)dt]$。

5 我避免使用微分以使得对尽可能多的读者来说能够理解该论证过程。通过取极限 $\delta t \to 0$，能够得到更优美的结果。

6 这一结果对应于"寻租"理论中的结果：如果行为人能够为了得到经济租而进行竞争，竞争的自由准入会确保在长期租金的价值完全耗散(参见 Tullock, 1967；Krueger, 1974)。

7 通过假定不是要求的份额总和小于1，而是未提出权利主张的那部分资源在参与人之间进行平均分配，能够建构起一个稍微有些不同的博弈。该博弈的分析与分割博弈非常相似。

8 在谢林的博弈中，当参与人的份额要求不能共存时，各方参与人仅仅是什么也没有得到。

9 用更数学化的语言来说，赋有非零概率值的份额要求是与之相关的策略的**支撑集**（$support$）。

10 这篇论文拓展了一个由帕克和鲁宾斯坦（Parker and Rubinstein，1981）首先提出的观点。

11 在这一段和下一段文字中，"挑战者"和"占有者"这两个用语是对"自认为是挑战者的人"和"自认为是占有者的人"的简称。

12 这一情形应当与第3.2节中讨论过的情形区别开来，在那个例子里博弈有两个稳定均衡，但是效用值中存在的非对称性使得其中一个均衡比另一个均衡更有可能演化出来。（参见本书第47—48页。——译者注）

13 为了证明这一均衡的稳定性，必须假定存在着非常小的概率，参与人会犯错。比较第7.3节的论述和第7章的附录。

14 最近有关承诺和信用的讨论都局限于由泽尔滕（Selten，1978）那篇著名论文——论述"连锁店悖论"（chain-store paradox）——所建立起来的框架内（例如，参见 Milgrom and Roberts，1982）。我的模型在两个重要方面不同于泽尔滕的模型。首先，泽尔滕悖论的出现是因为他的博弈回合数是固定的且有限的；因此就会存在最后一个回合的承诺是不可信的（因为最后一回合结束后声望不再具有价值）。我有关长期均衡的概念预先假设不存在"最后一回合"：声望总是具有价值。其次，泽尔滕的连锁店博弈的结构使得只有一位参与人（连锁店的所有者）能够做出承诺。在我的模型中*所有参与人都有同样的机会做出承诺*。

5 占 有

5.1 十讼九胜①

当北海下面发现了石油和天然气资源后,就出现了难题:谁有权开发利用它们? 潜在的权利主张者是民族国家。1 鉴于大多数民族国家有能力对大多数其他国家施加伤害,找到某种能够被普遍接受的方法进行资源划分,就是很重要的。实际上,这些国家卷入了分割博弈的一种变化形式之中,只是有许多参与人而不是仅仅两位参与人。

达成的解决方案是将海床的各个部分分配给那些海岸线恰好距离那部分海床最为接近的国家。依照任何抽象的正义理论,该方案看上去似乎都完全是任意专断的。这一协议安排的主要受益人是英国和挪威。联邦德国,尽管人口众多且拥有相当长的北海海岸线,得到的结果却很糟糕。为何联邦德国会默许如此不公平的分割方案呢? 就此事而言,为何要限制只有拥有北海海岸线的国家才享有份额呢? 非洲和亚洲的贫穷国家可以利用分配正义的观点来支持他们对北海石油主张权利。如果回复说这些国家缺乏军事力量来支持这样的主张,那么挪威又拥有多少军事力量呢? 且美国和苏联的强大与任何北海国家相

---

① 出自英国古谚:Possession is nine-tenths of the law(占有事实,十讼九胜),指的是在法律诉讼中,通过占有的方式获得实际的所有权是最容易的途径;反之,如果失去占有的事实,即便拥有所有权也很难得到执行。通过占有方式获取所有权,以解决产权纠纷的司法实践,在人类历史上由来已久,在罗马法中就有类似的规定。

比,都是压倒性的;然而他们也什么都没得到。

有一种答案可以是,这一特殊的海床分割方案是由国际法所规定的。1958年在日内瓦召开的一次国际会议草拟了一项公约,当经 22 个国家签署批准后该公约即生效;第 22 个国家在 1964 年签署了该公约。根据这项公约,每个国家都有权开发利用与其海岸线毗连的大陆架。大陆架的国际边界由有关国家的协定来解决,但是如果存有争议,则使用中间线(亦即,与两国海岸等距离的线)进行确定。然而,事实上北海国家间的协定与该公约相去甚远。挪威海岸与其北海油田之间有一道深深的海沟;根据日内瓦公约这些油田都位于英国大陆架,即便其中有些与之距离最近的海岸线是属于挪威的。最终北海国家选择了更加简单的规则,无视海床的深度,将大陆架每一个部分分配给其海岸线与之距离最近的国家。所以北海的划分不是简单地通过适用已有的国际法来达成的。且无论如何,我们都需要解释最开始为何日内瓦公约会得到承认。日内瓦公约的缔约国也在进行着某种类型的分割博弈:为何他们对中间线的解决方案感兴趣?

米尔顿·弗里德曼(Milton Friedman)指出,设想一下:

> 你和三个朋友沿着街边走,你碰巧瞧见并拾得人行道上的一张 20 美元钞票。如果你和友人均分这些钱,或者至少请他们喝一杯的话,你当然显得很慷慨。但是,设想你没有那么做。另外三个人联合起来并迫使你和他们均分这 20 美元,这是否有道理呢?我怀疑大多数的读者会脱口而出说没有道理。(Friedman,1962,p.165)①

这是分割博弈的另一个例子,这次有四位参与人。弗里德曼认为如果他的读者

---

① 此处译文引自中译本《资本主义与自由》,张瑞玉译,商务印书馆 1968 年版,第 10 章,第 158 页。做了些改动。

们进行该博弈,他们会承认"谁发现谁拥有"(finders keepers)①的规则。尽管我们会告诉自己的孩子说,正确的做法是把钱送到警察局去,但我还是感到弗里德曼的确是对的:大多数人会承认发现20美元的这个人拥有这笔钱。不管怎样,发现者的权利主张远比他的朋友们——当他发现钞票时,他们只是碰巧在他身边——的权利主张要强有力得多。

假设你驾驶自己的车驶近一座跨河长桥。桥的宽度仅能容纳一辆车。另一辆车从另一头驶近这座桥。它比你先到达桥上并开始过河。你是停下来让这辆车驶过去,还是继续向前开且期望那辆车的司机会看到你驶过来并掉转头往回开?我的观察是,大多数司机会承认一项惯例:首先上桥的车拥有路权。

我认为,在每一种情形下冲突都通过诉诸惯例来解决。在每一种情形下,惯例发挥作用的方式都是将争议中的对象赋予这样的权利主张者,其业已与对象具有了最为紧密的联系——在某种意义上"联系"自身也具有惯例属性。首先上桥的司机与桥具有一种特殊的联系——成为第一权利主张者的关系,或者成为占有者的关系。第一个捡起20美元的人也与这笔钱具有类似的关系。在北海的例子中,海床的各个部分被分配给国土与这部分海床距离最接近的国家。②

在本章的余下部分我将论证,用来解决人类冲突的许多产权惯例是以如此的方式发挥作用的:它们利用了权利主张者和对象之间已有的联系。这样的惯例不可避免地倾向于偏爱占有者,因为对某物的占有就拥有了与之非常明显的联系。"占有事实,十讼九胜",这一箴言不仅仅是对一种具体司法机制的某一特征的说明;其描述了人类事务中存在的一种非常普遍的倾向性。我将提出一

---

① "finders keepers"实际上是一首童谣的前半句,它还有后半句,"losers weepers";合起来的意思就是"谁捡到归谁,丢了的人活该"。作者在此称之为一条规则,因为它反映的就是占有规则。在司法实践中,大多数国家的民事法律有关动产——通常只是动产,因为不动产有财产登记制度来保障其所有权归属——都会有条件地适用这条规则——"占有即所有"。当然,具体的适用条件,不同国家不尽相同。

② 作者这里提出的权利人和标的之间存在"关系"(relation)的观点,实际上源自休谟的道德论,进一步的论证参见第5.3节。

些理由来解释为什么此类惯例易于从重复进行的产权博弈——即包含了鹰—鸽博弈、分割博弈和消耗战的博弈家族——中演化出来。

5.2 博弈结构中的非对称性

在第3.2节我提出备选惯例之间的关系类似于挨挨挤挤地长在一小块地里的幼苗之间的关系。①每一株幼苗,如果允许有空间任其长大成熟,就能够成为繁衍生息的大树;但是首先长大的幼苗是最具活力的,会扼杀其他的幼苗。类似地,可能存在许多想象得到的惯例,其中的每一项都能成为某一特定博弈的一个稳定均衡,都能够自我确立起来;但是为了自我确立,一项惯例必须在其竞争对手之前先行发展起来。当行为人开始意识到遵循该惯例是符合他们利益的时候,其就开始发展起来。所以我们应当问,为了让行为人迅速得出上述结论,一项惯例必须具有什么样的性质? 由于惯例与惯例在相互竞争,将惯例之间说成是竞争对手的关系是便利的也是形象的;不过我们当然必须记住,这其中不包含任何目的或意向的因素。只有自然选择的过程,在这一过程中,有些惯例比其他惯例更成功;开始确立起来的是最为成功的惯例。

正如我在第3.2节中所论证的,一项惯例如果利用了一种非对称性,就会较其竞争者具有先发优势,这种非对称性以如下方式内嵌于相关博弈的结构之中:如果最初没有人识别出该非对称性,第一个识别出非对称性的人会立刻有激励去以惯例规定的方式采取行动。正如这一论证适用于我在第3章描述的协调博弈那样,其也适用于我在第4章描述的产权博弈。

思考鹰—鸽博弈。假设在每一次竞争开始时,一名行为人已经占有了处于争议中的资源,而另一人则没有。我将称前一位参与人为占有者而后者为挑战者。这是一种标识性质的非对称性。然而,出于两个主要理由,我们可以预期在现实中这种非对称性的含义要更深刻些。首先,我们可以预期,一名行为人

---

① 参见本书第45页。

当他是占有者的时候,比当他是挑战者的时候,通常来说更为看重争议资源的价值,因为在任何时候一个人所占有的东西很可能是他认为特别有价值的东西。(这就是为什么他把它们带在身边,紧紧看着它们,或者做类似的任何事。并且人们围绕着长期占有的东西养成了生活习惯,掌握了使用它们的技巧。)其次,我们可以预期如果发生了战斗,占有事实会赋予某种优势;因此当行为人是占有者的时候,会比他是挑战者的时候,赢得战斗的可能性要稍微大一些。

我在此考虑上述可能性中的第二个。(对第一个可能性的分析会得到本质上相同的结论。)图 5.1 所示的是鹰—鸽博弈的一个变化形式,其中 A(占有者)战斗的平均结果要比 B(挑战者)稍微好一些。倘若鹰—鹰相遇,A 与 B 之间预期效用的不同(−1.9 和 −2.1)反映出如下假定,A 成为胜利者的可能性稍微大一些。注意这一差异**不**是一种人际间的效用比较。这是有关每一方参与人各自偏好的命题;是每一方参与人作为占有者的经验与作为挑战者的经验之间的比较。

图 5.1 一个非对称鹰—鸽博弈的变化形式

这一博弈的非对称性相当细微,且有可能经过一段时间后也不会被注意到。尽管平均而言,占有者赢的次数常常比挑战者更多,但挑战者也时常会赢。一位参与人也许要经过许多次战斗才会意识到占有事实使得他获胜的机会变得不同。对于没有注意到该非对称性的参与人而言,以及对于因为没有注意到非对称性,从而将他作为占有者和作为挑战者的经验混为一谈的参与人而言,该博弈会显得具有原初的鹰—鸽博弈的结构(图 4.1)。如果最初没有人识别出非对称性,该社群会稳定于如下均衡,处于随机选择的博弈中的任何一方参与

人都有 $\frac{2}{3}$ 的概率选择"鸽"策略（参见第 4.2 节）。在这种情境下，任何开始识别出非对称性的人会发现在他扮演占有者的博弈中，"鹰"策略比"鸽"策略稍微更成功些，而在他扮演挑战者的博弈中，"鸽"策略稍微更成功些。因此对人们来说就会出现一种趋势，开始采纳如下惯例，占有者要求得到全部资源，挑战者放弃；且这一趋势会自我强化。

所以在鹰—鸽类型的博弈中，演化出来的惯例更有可能偏爱如下类别的参与人：他们通常赋予争议资源相对较高的价值；或者赋予战斗行为相对较低的成本；或者一旦发生战斗，则特别有可能获胜的人。类似的结论也适用于消耗战和分割博弈。（在消耗战中，参与人不能从战斗能力上进行区分，因为只有当一方参与人选择投降时才算输掉战斗；在这一博弈中，演化出来的惯例更有可能偏爱那样的参与人，对他们来说，相对于每单位时间的战斗成本，资源的价值是最高的——即那些具有较低的 c/v 值的人。）然而，须注意，如果惯例能够开始确立，其就能具有自我持续性，而不需要偏爱这些特定类别的参与人；它甚至可以对他们进行歧视性对待。[2] 关键在于这样的惯例在一开始就不太可能自我确立。

这一连串论证提供了一个理由，解释为何偏爱占有者的惯例在一个自然选择的世界中往往相对来说更成功。然而，许多其他的惯例也有相似的优势。例如，想一想争议资源归最厉害的战斗者所有的惯例，或者争议资源归最需要它的人所有的惯例。与偏爱占有者的惯例相比，二者中似乎没有一个与某一相关的非对称性存在着更为直接的关系。这些惯例难道不会更有可能自我确立起来？

5.3 凸显性与占有

如果一项惯例要得到发展，其必须首先被人们识别出来：每个人必须逐渐发现他的同伴们的行为具有某种模式，并且自己也遵循该模式是符合其利益的。在惯例发展的早期阶段，当群体中只有一小部分人遵循时，这些模式有可能很难看出来。人们更有可能发现——有意识地或无意识地——的是那些他们正在寻找的模式。因此如果人们事先有了某种预期,会出现某一惯例,那么其就更有可能发展起来。

这并非如听起来那样像是在兜圈子。这种事先的预期符合谢林的凸显性概念,后者在第3.3节讨论过。尽管这个概念难以捉摸,并且其所依赖的方法似乎超越了理性分析所能达到的程度,但是毫无疑问有些解决方式**确实**比其他方式更为凸显。

当休谟撰写他的《人性论》时,他脑海里似乎也有某种类似于谢林的凸显性概念的想法,特别是标题为"论正义与财产权的起源"和"论确定财产权的规则"的这两节,分析鞭辟入里(Hume, 1740年,第3卷,第2章,第2—3节)。正如我之前指出的,休谟论证说产权规则是自发演化出来的惯例:如他所言,其是渐进形成的,通过缓慢的进程,我们反复经验到由于僭越规则而造成的不便,其才获得效力。他试图回答我当前面对的问题:为什么某一特定的——而非其他的——产权惯例会演化出来? 为了回答这个问题,他写道,我们必须借助"想象"而不是"理性与公共利益"(1740年,第3卷,第2章,第3节)。

休谟举出了如下分割博弈的例子:

> 我首先考虑处于野蛮和孤立境况中的人们;假设他们感受到那种状态下的悲惨境地,并预见到倘若有社会,将带来的好处,从而他们会寻求相互交往合作,提议互相保护和协助。我再假设,赋予他们精明睿智,以至于立即会觉察到,这一组建社会、相互合作的计划所遇到的主要障碍,就在于他们自然天性中的贪婪和自私。为了纠正这一点,他们缔结了一项稳定占有关系、相互约束、相互克制的约定。我感到,这样一步步的推导方式并非完全是自然的;但除此之外,我此处仅仅假设那些想法是一下子形成的——事实上是不知不觉、逐步出现的;另外还有,我认为如下的情形也极有可能发生:有一些人,因为各种不同的偶然因素,与他们原来各自所属的社会相隔绝,也会不得不在他们之间形成一个新社会;在这种情形下,他们完全处

于前述的情境之中。

那么很明显,在该情境之中,当建立社会以及确定恒常之占有关系的一般化约定达成后,他们遭遇的第一个困难,就是如何分割他们的占有物,每个人分得他自己独有的份额,这一份额在未来必然不变地由他享用。这样的困难不会阻碍他们很久;而是必定立刻会想到一种方式,作为最自然的权宜之计,那就是每个人继续享用他当下所掌控之物,而产权或者恒常的占有关系会结合到这种直接的占有关系之上。(1740年,第3卷,第2章,第3节)①

注意,这是一次性博弈,即便如此,其还是被用来作为描述演化过程的一个简单模型("想法……事实上是不知不觉、逐步出现的")。休谟主张偏爱占有者的规则具有一种自然的凸显性;这导致人们趋向于都采用该规则作为博弈的解决方案,在这样的博弈中达成任何协定都比没有协定要更好。

为何这一解决方案特别具有凸显性?休谟诉诸为他所谓的人类心灵具有的一种自然倾向,寻求对象间的关系的自然倾向:

之前我业已考察过人性具有的一种性质,当两个对象相互间似乎处于一种紧密关系中时,为了将这种结合弥补完整,心灵就易于将任意其他的

---

① 这两段引文中的"约定",《人性论》原文就是"convention",本书一般都译作"惯例",但休谟这段文字例外。可以发现,休谟其实借用了一个社会契约论的模型(休谟本人实际上是反对社会契约论的),整个推导过程是瞬时完成的——尽管"想法……事实上是不知不觉、逐步出现的"。在此处的语境中,休谟所指的对象类似于一种"agreement"(协定),通过人与人谈判合作而达成;并非自发演化而来的惯例(这是本书作者所描述的惯例最重要的性质之一)。所以作为特例处理,译为"约定",这是哲学界常见的一种译法,取自"convention"一词中含有的"约定俗成"之意。同时要指出的是,本书后文中除了正式的协定外,还有非正式"安排"(arrangement)。不过倘若一律译作"安排"的话,语句不是很通顺。所以视语境而定,国家与国家之间的这种"arrangement",译作"协议安排";人与人之间的"arrangement",则译作"约定"。后文不再说明。

关系附加于它们之上……例如，当我们排列物体时，我们总是将那些**类似**的物体相互间**邻近**摆放，或者至少依我们**相应**的看法进行摆放。因为当我们将邻近关系和类似关系结合在一起，或者将位置上的类似关系和性质上的类似关系结合在一起时，就会感到满意……由于产权建立起一个人和一个对象之间的一种关系，所以很自然地就会将其建立在某种先前关系的基础之上；且由于产权不过就是受到社会法律保障的一种恒常的占有关系，所以很自然地就会将其添加到现存的占有关系之上，现存的占有关系是与产权类似的一种关系。(1740年，第3卷，第2章，第3节)①

我认为此处存在一条重要的真理。如果我们正在进行一场博弈，将物品分配给个人，要对某一种分配方式达成一致同意，那么倘若分配方案基于某种先前存在的人与物之间的关系，这样的解决方式确实存在一种自然的凸显性。先前存在的关系与博弈中要决定的关系之间的类似程度越接近，基于该关系的解决方式就越凸显。

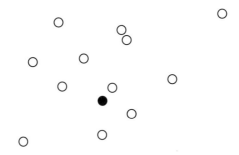

（将黑圈与其中一个白圈连线。如果你选中的圆圈和你的搭档相同，你赢得10英镑；否则，你什么也得不到。）

图5.2　纯协调博弈

如果这听起来像是对财产法律的一种保守的合理化解释，思考如下的纯协调博弈，这是谢林探讨过的类型(参见第3.3节)。你和你的搭档被分开且不允

---

① 引文中的着重标记为休谟原文所加。

许交流沟通。然后你们各自都看到了如图 5.2 所绘的圆圈图案。要求你们画一条线将黑圈与任意一个白圈连起来。如果你们都选中了相同的白圈，每个人得到 10 英镑；否则，你们什么也得不到。你会选哪个圆圈？我的直觉是大多数人会选择最接近黑圈的白圈。我认为，理由是休谟所给出的那个。要求你在黑圈和某一个白圈之间确立一种关系（通过一条线相连的关系）。很自然地，你会去寻找已经存在于图形之中的某种其他的关系，通过该关系，有且仅有一个白圈可以与黑圈相连；这种关系中最凸显的，当然就是"最接近"。（我不能**证明**这是最为凸显的关系。为什么不是"白圈位于黑圈正下方"这种关系呢，或者"距离黑圈最远"这种关系呢？我只能说"相邻关系"对我来说似乎是最为凸显的关系，并且希望读者也有同样的印象。）

正如我在第 3.3 节所论证的，凸显性常常依赖于相似性类推。当人们面对这类需要用惯例来解决的新问题时，他们倾向于通过与其他情境——惯例已经完善确立起来的情境——进行相似性类推来寻找凸显的解决方式。因此惯例才能够从一个场景传布到另一个场景。最具有能力传布的惯例是那些最通行的（亦即，能够适用于最宽泛情形）和最具活力的（亦即，最容易通过相似性类推进行扩展的）惯例。以偏爱占有者的方式解决争议，这种想法似乎特别通行且具有活力。

偏爱占有者的惯例随处可见。或许最纯粹的例子是内嵌于英国法中的原则，通过一段较长时期的、无争议地占用或使用，就能够确立起某一块土地的地权或者是道路通行权。从任何道德的视角来看，无论该原则有多么任意专断，其似乎被当作一项可行的惯例而获得普遍承认，甚至在不可能进行诉讼的情形下也是如此。想一想邻里、同事、雇主和雇员之间的小纠纷。思考一下先例、"风俗习惯"(custom and practice) 有多么重要。如果你的邻居、同事或者雇主开始做出某件惹恼你的事，你会**即刻**——在先例确立之前——开始抱怨。如果不是因为存在某项惯例允许业已确立的做法持续下去，那么先例为什么会如此重要呢？并且注意该惯例是那样地普遍——它能够用来解决那么多不同的争议。

与偏爱占有者的惯例极其类似的是偏爱第一权利主张者——那些通过惯例界定的方式,首先对争议资源的提出权利主张的人——的惯例。想想排队的惯例,或者是"先到先得"(first come, first served)的惯例。此处的原则是,对于所有围绕着某事——也许是使用公用电话,也许是享受商店提供的服务,也许是乘坐公共汽车——可能产生纠纷的人们来说,排在第一个的人确立起最强有力的权利主张。或者是"后进先出"(last in, first out)的原则,该原则决定了当工厂或是公司要裁减冗员时谁必须卷铺盖走人。或者是飞机和火车上业已完善确立起来的一项惯例,一旦一个人占了一个座位,在其余下的旅程中这个座位都归属于他,即便他会暂时离开座位。

作者利奥·沃姆斯利(Leo Walmsley)①描述了一项直到20世纪30年代仍在约克郡(Yorkshire)海岸为人们所承认的惯例。暴风雨后,值钱的漂流木会被冲上岸,在大潮之后第一个赶到岸边任何一片地方的人,被允许捡走漂流木;他将搜集到的任何东西堆成堆并用两块石头作为标记,就被认为是他的,他可以选择任何时间带走这些东西(Walmsley, 1932, pp.70 - 71)。这是令人感兴趣的两条原则的混合——权利主张在先原则和财产通过劳动获取原则。②当漂流木被冲上岸时其不属于任何人,但是通过将它捡拾起来堆成堆,个人就将这木头归自己所有。

有关后一项原则,最著名的正式化表述来自洛克,他认为这是自然法——就人类的自然理性而言,是显而易见的一种道德法则——作用下的情形:

> 虽然泉源的流水是人人有份的,但是谁能怀疑盛在水壶里的水是只属于汲水人的呢?他的**劳动**把它从自然手里取了出来,**从而把它拨归**私用,

---

① 利奥·沃姆斯利(1892—1966),英国小说家。他的作品大多是自传体小说。
② 前者就是之前提及的第一权利主张者惯例,后者通常称为"劳动财产权",也就是接下来的段落中叙述的,洛克提出的产权理论。

而当它还在自然手里时,它是共有的,是同等地属于所有的人的。

因此,这一理性的法则使印第安人所杀死的鹿归他所有……被认为是文明的一部分人类已经制定并且增订了一些明文法来确定财产权,但是这一关于原来共有的东西中**产生财产权**的原始的自然法仍旧适用。根据这一点,任何人在那广阔的、仍为人类所共有的海洋中所捕获的鱼……**由于劳动**使它脱离了自然原来给它安置的共同状态,就**成为**对此肯费劳力的人的**财产**。[1960年,《政府论》(下篇),第5章]①

和休谟一样,我不相信这一产权原则仅仅依靠理性就能凭空发现。但是洛克如下所言确实是对的:在缺乏"明文法"(positive laws)②的情况下,这一原则确实广泛得到承认,作为一种解决争议的方法。我认为,这是一项演化出来的惯例。

一个人对于那些他在上面耗费过劳力的东西具有一种特殊的权利主张,这样的惯例可以被认为属于偏爱占有者的惯例大家族中的一员。休谟令人信服地论证了这一点。他说,占有概念不能用任何精确的方式来定义;我们使用的定义是基于想象而不是基于理性或者公共利益。尽管如此,我们关于占有的定义会与如下直观的情形相符:

> 一个人追猎野兔,直至它筋疲力尽,此时如果有另一个人冲到他前面,攫取了他的猎物,他会认为这是不正义的行为。但同样是这个人,去摘一个他抬抬手就能得到的苹果,此时如果有另一个人反应更快,在他之前就将苹果占为己有,他却没有任何抱怨的理由。(Hume,1740年,第3卷,第2章,第3节)

---

① 此处译文引自中译本《政府论》(下篇),叶启芳、瞿菊农译,商务印书馆,1964年版,第20—21页。着重标记为洛克原文所加。

② "positive laws"通常译作"实在法",是与"自然法"相对应的术语,指的是人制定的法律(参见第8.1节)。这里译为"明文法",是参照了商务版《政府论》中的翻译。

休谟解释说这些例子阐明了如下的原则:通过在某物上耗费劳力,一个人就能够确立起占有该物的权利主张。通过比较野兔和苹果的例子,他问道:

> 造成这种差别的理由是不是这样的?僵卧不动不是野兔的自然属性,而是人勤劳努力引发的结果,从而在那种情形下野兔和猎人之间形成了一种强烈的关系,但在另一个例子中难道不就是缺乏这样的关系吗?(1740年,第3卷,第2章,第3节)

通过劳力的付出确立起人与对象之间的关系,在面对要求将对象分配给个人的难题时,作为解决方案,这类关系具有一种自然凸显性。此外我认为,通过劳力创造的关系和通过简单占有创造的关系,这两者之间有一种自然的观念联系。我们将权利主张在先与占有联系在一起,而什么样的权利主张算作是在先的,则是一个惯例问题;在对象上耗费劳力可以被认为是标记权利主张的一种方式。花费劳力常常是通往实质占有的第一步,这也是一种共同经验,正如堆积漂流木的例子,或者休谟的野兔例子所表明的那样。

休谟提出另一种与占有相关的凸显性形式:

> 当有些对象已经同那些业已成为我们财产的对象以一种紧密的方式相关联,并且其重要程度不如后者时,我们通过**添附**(*accession*)获得财产权。因此我们花园中的果实,我们家畜的幼崽,我们奴隶的劳动成果,它们都被认为是我们的财产,即便还未发生占有关系。(1740年,第3卷,第2章,第3节)

换言之,惯例可能利用了人与对象之间的两步关系:如果我占有了对象 X,并且如果在对象 X 和某个"重要程度较弱"的对象 Y 之间存在着某种特别凸显的关系,那么这就足以在我和 Y 之间确立起一种凸显的关系。这一思想或许有助于解释划分北海难题中的中间线解决方案为何具有吸引力。在地理特征上,相邻关系看上去具有一种不可避免的凸显性,在这种意义上将海床的各部分与距离最近的大陆块联系在一起,进而与占有该陆地的国家联系在一起,是很自然的。①

另一种对中间线解决方案的解释是,它从历史悠久的渔业权惯例的存在中获得了其凸显性。长期以来这些国家就承认各国在其海岸之外的海域有权控制捕鱼,尽管该权利能够延伸多远经常处于争议中——正如英国和冰岛之间发生的"鳕鱼战"(cod wars)②。中间线规则是这一原则的自然延伸,所以这可算作是惯例通过相似性类推传布的一个例子。但是那样一来为什么海岸渔业权的惯例确立起来了呢?休谟的添附思想可以有助于解释为何这一惯例看起来是解决渔业争议的一种自然而然的方式。

5.4 平　等

遵循休谟的思想,我已经论证偏爱占有者的惯例具有一种自然凸显性。或者更一般而言,利用了参与者个人与争议对象之间关系的惯例在产权博弈中具有一种自然凸显性。还有另一类具有凸显性的解决方案,我怀疑有许多读者会倾向于反对它,至少就分割博弈来说是这样:均分方案。或许需要补充一下,和休谟不同,这一方案出现在我们这里,没有出现在他那里,因为我们生活在一个比他那个时候更为平等的年代。这样说毫无疑问是有些道理的。尽管如此,均分方案还是不像其乍一看起来那么容易界定——因此并不是具有那么独一无二的凸显性。

考虑北海的例子。为什么争议各方不同意在他们之间平等地分割海床呢?

---

① 从法律上来说,作者此处的解释是一种纯粹的"联想",是存在问题的。添附是物权获得的一种方式,是来自自然力的作用,果实和幼崽,都是自然繁衍的结果。但是海床和大陆块之间的距离,不需要自然力的作用,而是自然本身就具备的客观属性,更接近法律中的"相邻权",即所有权的自然延伸。

② 指的是从 1958 年到 1976 年之间,英国和冰岛在北大西洋海域,就渔业权发生的一系列纠纷。第三次鳕鱼战于 1976 年结束,最终结果是冰岛获得 200 海里专属经济区,"专属经济区"概念此后广泛得到承认。

一旦一方开始认真思考这种可能性,那么各种各样的困难就会逐渐浮现出来。首先要决定哪些国家属于能够各自获得一块相等份额的争议方。假设我们认可只有民族国家才能算作权利主张者——该前提假定也暗含在中间线规则中。那么允许**哪些**国家主张权利?除非我们回答,"全世界的所有国家",否则界线在哪里?北海沿岸的国家?欧洲国家?**任何**沿海国家?捡到20美元的例子也有类似的问题。如果规则是均分,为了主张权利,你必须距离发现钞票的人有多近?在**这个**例子中,将全世界的每个人都视为权利主张者来对待,显然是荒唐的。注意,问题不在于一名中立的仲裁人寻求公平的解决方案。如果处于仲裁人的立场,我们每个人或许都能够找到一种他或她辩解说是公平的方案。相反,问题在于:有关"权利主张者",存不存在单独的一个定义,该定义是如此凸显,使得**争议各方自己**承认它是唯一显而易见的或自然的?对于这样的问题,"为了分享对象,争议方必须与之有多接近?",有一个回答不可避免地具有凸显性,就像数字1在正整数集合中鹤立鸡群一样。这就是:"比其他每一个人都更接近。"

北海例子中的第二个难题是(尽管捡到20美元这个例子中没有这个问题),处于争议中的资源绝非是同质的。争议各方知道北海的某些海域要比其他地方更有可能产出石油和天然气;所以对北海**海域**进行均分是不适当的。但是对海床**价值**的进行均分则要求具备一种价值单位(这要在进行详细的勘探之前就提出来,而勘探要等到分割方案得到同意之后才能实施)。似乎不存在任何唯一的、显而易见的方式来界定均分方案是什么。将这些困难与另一条规则——海床的各部分归属于与之距离最近的国家——的简单明了相比较。后者采取的方式也许是有些任意专断,均分规则的方式就不是这样;但是在某种意义上而言,中间线解决方案这种任意专断的性质就是它的凸显性的组成部分。在此,我的意思是,解决方案所具有的任意专断属性为权益受损方的片面辩护提供的依据要少;围绕"中间线在哪里?"这一问题3,相比"什么是一种平等分配",诡辩的余地要少得多。

谢林提出过一个一般性的观点,"唯一性"是凸显性的一个重要因素。以下是一个例子。如果将同一幅地图分别给两个人看,并且要求他们各自挑选一个地点碰面,那么他们会找寻这样一条规则——规定了单一一个地点。如果地图显示有一座房屋和数个十字路口,他们会到房屋处见面;如果有数座房屋和一个十字路口,他们会到十字路口处见面(Schelling,1960,p.58)。这种方式倾向于反对惯例的模糊性,或者不允许竞争各方对惯例做出不同的阐释:人们有一种事先的预期,模糊的惯例不会确立起来。

5.5 模糊性

从另一方面来说,模糊的规则也存在缺陷。想象一下行为人在进行鹰—鸽博弈的一个社群,并假设起初两项惯例开始同时演化,它们分别利用了博弈中两个不同的非对称性。有些参与人遵循如下策略,"如果扮演 A,选择'鹰'策略;如果扮演 B,选择'鸽'策略"。其他人则遵循如下策略,"如果扮演 X,选择'鹰'策略;如果扮演 Y,选择'鸽'策略"。给定遵循各项策略的参与人人数,一项惯例越明确,遵循该惯例的全体参与人就会越成功。说惯例是模糊的,就是说参与人有时候不确定他们在扮演何种角色;因此就会出现这样一些博弈,其中的参与人都试图遵循同一项惯例,却都选择了"鹰"策略。惯例越模糊,这种危险性就越大。当两项惯例同时演化的时候,在当前能够产生较好结果的惯例才会吸引参与人去遵循(参见第 3.1 节);所以在惯例确立的竞赛中,模糊的惯例处于不利地位。

在鹰—鸽博弈这种类型的博弈中,参与人之间存在利益冲突。遵循某一项业已确立起来的惯例——不管是什么样的惯例——是符合双方行为人利益的,但是对于惯例的内容参与人不会漠不关心。这就使得如下情况有可能发生,参与人或许会试图将模糊性转变为他们自身的优势——简言之就是他们或许会试图欺骗。如果在鹰—鸽博弈中存在一项惯例,A 参与人选择"鹰"策略,对于各方参与人来说,让他的对手认为他应当是 A 参与人,符合其利益。因此如果有可能伪造出构成 A 类型人的特征,人们会发现假冒 A 是有利可图的。但是如果每个人都是冒牌货,该惯例就会崩溃。因此我们预期最终自我确立起来的惯例所利用的非对称性,不仅相对来说是明确的,而且相对来说还是能够防止欺诈的。

这些考量会反对那些微妙的、主观的或者要求具备敏锐判断力的惯例——无论从道德视角来看我们多么赞同它们。例如,想一想资源应当按需分配的规则。根据产权博弈的观点,可以将其转化为如下规则,争议资源应当归可以从中获得较大效用的参与人所有。要应用这一规则,就需要做一次人际间的需求或效用比较。众所周知这种比较是很难做出的。有些作者——特别是在经济学界——坚持认为人际间效用比较是无意义的。我认为这种说法就过头了;有许多例子表明,如下形式的问题,几乎所有人都能够对其答案达成一致意见,"谁更需要 X?"(谁更需要一碗米饭,是你还是埃塞俄比亚一位快要饿死的农民?)如果人际间需求的比较真的是毫无意义的,就很难解释我们怎么总能设法在任何事情上达成一致意见,然而很"明显":对于毫无意义的问题没有显而易见的答案。但如果是日常情形,对于"谁更需要 X?"这类问题,人们有可能给出不同的回答。即便是最坚定的功利主义者也一定会承认这一点。①此外,作为用来判断相对需求之基础的这类证据中,有许多还远不能达到防止欺诈的程度。(假设在一辆拥挤的列车上,一个看上去很健康的人要求你给他让座。他说他心脏有问题。你会相信他吗?)基于占有行为的惯例在道德上看来或许是任意专断的,但它们往往是相当清楚明确的,而且依赖于有关占有行为的定义,这样的行为不容易伪造。

即便一项惯例确立以后,也会有一种趋势,使它朝着越来越精确的方向演化:惯例会随着时间的推移而变得更为明确。举一个有些牵强的例子,想象一个由鹰—鸽博弈的参与人所组成的社群,在其中这样一项惯例取得了成功(克

---

① 此处作者对于"人际间效用比较"这个问题的辩护逻辑有些自相矛盾。一方面是一种极端情形下的一致意见,另一方面则是日常情形下的意见不一致。那么这岂不是说"人际间效用比较"是特例而不是通例? 事实上,即便是作者所举出的极端情形,饥饿者和富足者之间的比较,我们也能够在无需"人际间效用比较"的前提下就达成一致意见,社会契约论模型中的"初始条件"假设就能确保这一点。当然,作者是一位休谟主义者,休谟自己就明确反对"社会契约",尽管他的理论很多方面与社会契约论者相似。

服了重重困难),"如果是长得好看的参与人,选择'鹰'策略;如果是长得不好看的参与人,选择'鸽'策略",成为业已确立的惯例。现在每个人都有信心认为,其他每一个人都预期两位参与人中长得好看的那位会拿走资源。双方参与人的问题是他不确定如何在具体的场合下解释该惯例。但是要注意,每个人都想用同他人一样的方式来解释这一惯例。假设我和保罗·纽曼(Paul Newman)①进行鹰—鸽博弈,并且我知道有这么一项惯例,长得好看的参与人拿走资源。假设我认为自己长得比他帅。因而我就应当选择"鹰"策略? 如果我有信心认为他会把这一惯例理解为是有利于他这一方的意思,那么我就不会选择"鹰"策略。如果我的博弈经验表明,那些长得像保罗·纽曼的人几乎总是会选择"鹰"策略,那么我的最佳选择是"鸽"策略。对我来说重要的不是我认为这一惯例**应该**如何解释,而是**按照惯例**如何解释它。

所以在我的例子中,人们会发现他们正在进行的博弈,与凯恩斯(Keynes)曾描述过的一个著名博弈具有某种相同的结构,这就是1930年代的报业竞争:

> 参赛者要从100张照片中选出最漂亮的6张。选出的6张照片最接近于全部参赛者一起所选出的6张照片的人就是得奖者。由此可见,每一个参赛者所要挑选的并不是他自己认为是最漂亮的人,而是他认为其他参赛者最有可能会挑选的人。全部参赛者都以与此相同的视角来看待这个问题。(1936,p.156)②

如果这类博弈重复进行,我们可以预期关于美的惯例会逐渐确立起来。更一般地说,如果一项模糊的惯例在某一博弈中逐渐确立起来,重复进行该博弈会使

---

① 保罗·纽曼(1925—2008),美国著名影星,奥斯卡影帝。代表作是1986年的电影《金钱本色》。另外,本书作者萨格登教授年轻时和他长得确实有几分相似。
② 此处译文引自中译本《就业、利息和货币通论》,高鸿业译,商务印书馆1999年版,第159页。稍做改动。

得更为复杂的惯例开始演化,而这取决于如何解释原初的惯例。

对于一项模糊的惯例,是什么样的力量决定哪一种解释能够成立呢?很明显,这和一组相互竞争的惯例中,决定哪一项惯例得以逐步确立起来的力量,属于同一类。所以我们可以预期会出现一个社会自然选择过程,其偏爱凸显的、明确的和防止欺诈的解释。因此,一个微妙的、主观的概念——例如"美"——就不太可能继续成为一项惯例的基础;它会渐渐被更朴实的、更客观的替代概念——例如身材高挑或者头发颜色——所取代。一旦大家都知道(比方说)身材较高的参与人总是取得资源,没有人会再去关心"身材高挑"原本只是"美"的替代概念;更为客观的惯例会获得自己的生命力。类似地,基于相对需求的惯例不太可能无限地维持下去,即使其设法自我确立了起来。它会渐渐被更为明确的替代现象所取代——像占有行为。

所以,我们用来解决财产纠纷的许多惯例从道德上看来是任意专断的,我认为这并非偶然。(对我们而言它们可以具有道德力量,因为它们是业已确立的惯例;但是我们发现很难为它们提供任何独立的道德辩护。)社会演化的力量偏爱朴实且生机蓬勃的惯例,没有为敏锐的判断力留下余地。①

---

① 此处作者有关"模糊性"的论述,和早期刘易斯对于"惯例知识"的看法有所出入。首先,在现实中,如果一项惯例真的是非常明确,它反而不太可能确立起来。例如,有关准时上班的惯例,如果一家公司明确规定如下规则,"必须在上午9点到达办公地点,早一秒不行,晚一秒也不行"。显然,这样的规则是无法得到遵守的。能够得到遵循的惯例必须留有余地,比如规定的上班时间必须是一段时间而非单一的时间点,允许一些例外情况,诸如此类。其次,即便惯例本身是明确的,但是行为人如何来理解该惯例,仍然会存在差异,而且永远不可能完全同一化。像作者在此处举的例子,用"身材高挑"替代"美",但是多高才算是"身材高挑"?如果要继续明确下去,那么最后就是一个数字,比如"1米7以上"取代"身材高挑"的概念。但是要达到这样的精确程度,它必定是长时间不断演化的结果,而且这种精确化仍然会有再度改变的可能,比如几十年前可能我们认为"1米6以上"就算"身材高挑",未来我们会认为"2米以上"才算"身材高挑"。所以和作者的理解相反,越是明确的惯例,越需要敏锐的判断力,因为我们必须十分确定它指的究竟是什么。但就像刘易斯所言,"惯例知识"的要求不需要那么高,它允许一定的模糊性,即允许我们对惯例做不同的解读,只要这些存在少许差异的解读能够相互兼容即可。允许一定的模糊性,能够让我们更快地对惯例达成共识,形成共同预期,从而惯例能够确立起来。事实上作者在后文讨论的公共品博弈,提及"不经雕琢"的惯例,其实就是惯例具有的一种模糊性,但是作者似乎将这类情况视为惯例向越来越明确的方向发展的一种趋势(参见第7.4节)。

5.6 生物演化的证据

我已经说了好多回,我不是在撰写一本有关生物演化或者是社会生物学的书。尽管如此,生物学证据也不是全然不相干的。许多不同的动物物种,通过相当于是偏爱占有者的惯例,来解决围绕资源展开的争斗,这是令人惊异的事实。雄性斑木蝶利用阳光照射到的小块地方作为吸引雌性的地点;它们守卫这些地方抵抗入侵的雄性。当两只雄性蝴蝶发生了冲突,它们进行数秒钟的盘旋飞行——一种仪式性的战斗,直到其中一只飞走而另一只回到太阳照射的小块土地上。成功的雄性蝴蝶几乎不变地总是先前占有这块地方的那只蝴蝶。雄性燕尾蝶利用小山丘的山顶作为领地;再一次,争斗的结局几乎总是先前的占有者获得胜利。雄狮为发情期的母狮展开争斗;第一头开始守护一头特定母狮的雄狮——通常在它发情期出现的前几天就开始守护——确立了占有地位,直到发情期结束,而其他雄狮则尊重这一点(Maynard Smith, 1982, pp.97 - 100),如此等等。偏爱占有者的"惯例"在一个接一个的物种之间独立地演化出来。

当然,这些"惯例"是由基因决定的。雄性蝴蝶并不是通过经验习得而知道,当它们占有阳光照射的地方时要坚持不让步,当它们侵入另一只雄性蝴蝶的地方时要让步,是对它们有利的。相反它们有一种天生的干劲、冲动或者欲望去如此行为。我所描述的人类惯例并不属于这类。我们对衣食、情爱有着天生的欲求,但是在火车上某位乘客已经留有公文包或外套表示此座已占的位子,还要去抢占,我们对此并没有天生的厌恶。

那么,为什么我们对生物学证据感兴趣呢?出于两个原因。首先,因为社会演化过程和生物演化过程之间存在许多结构上的相似性。社会惯例理论不是描述动物行为的生物理论的一种示例,而是两个理论存在显著的同构性。如果在动物行为中,偏爱占有者的、表面上看起来像惯例的机制显示出一种持续的演化趋势,那么当我们发现与之属于同一类型的、真正的惯例在人类社会中自我确立起来,我们也无须惊讶。对本章的论证进行批评的人可能很容易——

但我希望,并不会令人信服——声称这全部都是当财产法存在于自由民主国家中之后,对其所做的事后理性化。(或者也许是:当财产法曾经存在于19世纪的自由国家中之后,对其所做的事后理性化。)他或许会说,仅仅是因为我们是在这样的财产法之下长大的,所以我描述的惯例看起来才是自然的。仅仅是因为我们用中产阶级的眼光看问题,才假定占有对我们来说具有如此的凸显性;或许在一个社会主义社会中,演化出来的惯例会相当不同。生物学证据不能证明这样的批评是站不住脚的。它不能证明基于产权的惯例具有一种内在的趋势,会在人类社会中演化出来。但是其至少能发人深思。

还有第二个理由要求我们认真对待生物学证据。由于有如此多的动物确实具有一种与生俱来的占有意识和领土意识,对于我们这一物种来说如果这一点也成立,就没什么好惊讶的了。特定的行为人拥有物品,这样的占有行为确立了所有权,这样的所有权应当得到保护,这一观念或许不完全是一项人类发明:我们或许天生就具备某种固有的能力,以此方式来思考问题。这当然不是意味着我们**被迫**遵循基于占有行为的惯例。如果其他类型的惯例确立起来,我们会有充分的理由承认遵循它们符合我们的利益。但是占有概念具有一种自然的凸显性:此处的"自然"完全就是其字面上的意思,构成我们这类物种的天性的一部分。

注释

1 至少,各国政府就是这样来理解该问题的。私人个体也有可能成为权利主张者的观点似乎根本没有被认真地考虑过。

2 在这方面,我对于消耗战的分析不同于生物学文献中可以找到的分析(参见第4.7节)。

3 这不是说完全没有余地。例如,关于什么才算一国大陆块的一部分尚有争论余地。特别是,无人居住的小岛的地位——例如北大西洋的罗科尔(Rockall),允许争议各方竟相阐述。(罗科尔是一块孤立的海岩,面积784.3平方米,高度17.15米,历史上英国、爱尔兰、冰岛和丹麦都主张过主权。根据1994年联合国海洋法公约,各国放弃了主权主张。目前该海岩位于英国的专属经济区内。——译者注)

6 互 惠

6.1 囚徒困境

假设你是一名美国教师。我是一名英国教师。我们交换访问彼此的大学，并互换了住处。由于遇到了一群爱热闹的美国人，我很想在回英国之前在你家中办一场聚会。我知道这会造成什么样的结果——烟头烧着了椅子、啤酒弄脏了地毯，但这不是我十分需要担心的事：之后我不用生活在这搞得一团糟的地方。与此同时你也遇见了一群放纵的英国人，你也想在离开前夜为他们办一场聚会……

假设，不管双方的聚会造成什么样的损害，诉诸法律追索赔偿都是不可能的。(你不可能因为弄坏了地毯而被引渡。)假设一旦我们的交流访问结束，我们和我们的机构相互间都不会再有任何往来。那么我们就是在进行一场简单的一次性博弈：互访博弈(the exchange-visit game)。

我们每一方都要在两项策略间进行选择：办一场聚会，或者克制不办聚会。我将把我们双方都办聚会这一事态作为基据(datum)，并且用我的视角来看，对这一结果的效用赋值为零。那么"克制不办聚会"就是这样一种行动，对采取克制行为的人施加了成本，但是却为另一方带来了好处。令 c 表示如果我克制不办聚会，我会损失的效用，令 b 表示如果你克制不办聚会，我会得到的效用。那么对我而言最糟糕的结果是我不办聚会而你办了；这一结果对我来说其效用是 $-c$。对我而言最好的结果是你不办聚会而我办了；这一结果对我来说其效

用是 b。如果我们都表现得很克制,不办聚会,我获得的效用是 $b-c$。[1] 毋庸多言,b 和 c 都是正的。我还假定 $b>c$:相对于我们都举办聚会的结果,我更偏好我们都克制不办聚会的结果。现在假设从你的角度来看这个博弈,和从我的角度来看是完全一样的。那么(暂时不考虑任何标识性质的非对称性)我们得到如图 6.1 所示的对称博弈。

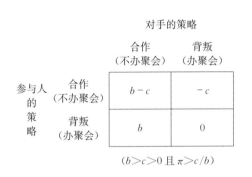

($b>c>0$ 且 $\pi>c/b$)

图 6.1 互访博弈

当然,该博弈是著名的囚徒困境的一种形式。在囚徒困境博弈中,每一方参与人在两项策略中进行选择,"合作"和"背叛"。[2] 对每一方参与人来说,如果他选择合作而他的对手选择背叛,就会出现最糟糕的结果。稍微好一点的结果则是他们都选择背叛。比这更好的结果是他们都选择合作。但是对每一方参与人来说,最好的结果是他选择背叛而他的对手选择合作。在互访博弈中,办一场聚会是背叛策略,克制不办聚会是合作策略。我为互访博弈的各项结果指定的效用值确保了我的博弈与囚徒困境博弈具有相同的结构。[3]

现在想象一个世界性的学术社区,其中行为人相互间重复**但是匿名地**进行互访博弈。因此每一名行为人都积累了博弈的一般性经验,但是不具有关于特定对手之行为的经验。那么该博弈的分析就极为简单。只存在一项均衡策略:纯策略"背叛"(办一场聚会)。且这一均衡是稳定的。

注意,"背叛"是唯一的最优反应,不仅仅是对其自身而言,而且是对**所有策略**而言,不管是纯策略还是混合策略。以庸见式的话语来说就是:由于直到回家之前你都不会知道我做过什么,那么无论我做任何事,都不会影响你的决定——要不要在我家举办一场聚会。如果你举办了一场聚会,我的最优选择是也举办一场聚会。而如果你表现出克制不办聚会,我的最优选择仍然是利用你的善良本性,无论如何都要举办一场聚会。因为"背叛"是一项占优策略,不管参与人觉得该博弈是对称的还是非对称的,都不会有任何区别。不管我的角色是什么,不管我预期你会做什么,对我而言背叛总是最好的。

描述这一结果的一种方式是说存在一个进行互惠互利交易的机会——我们都想能够达成一个不办聚会的协定,但是却无法利用这个机会,因为尽管我们能够达成协定,却不能执行协定。(我们或许可以各自承诺照管好对方的家,但是之后我们每个人都有违背承诺的激励。)

在此还有另一个例子,同属一类难题。我称其为交易博弈(the trading game)。假设你从一位远房亲戚的藏品中继承了一枚稀有的邮票。你对邮票不感兴趣,漠然地决定要卖掉它。你在杂志上刊登广告,最终接到一名集邮者的电话,他开价50英镑。你接受。现在你必须决定如何安排邮票和钱的交易事宜。集邮者住在300英里外,所以当面交易是不切实际的。你提出让他通过邮局给你寄来50英镑现金;你一收到钱就会立刻把邮票寄给他。该方式使你免于被他骗走邮票的危险。他则以一个相反的提议作为回应:你寄给他邮票,一旦邮票寄到后他会立刻寄钱给你。这种方式他是安全的。很明显你和他的立场是相互对称的;你们俩不可能都是安全的。所以最终你们达成一个对称的解决方案。你承诺你直接通过邮局寄邮票给他,他承诺他同样也直接寄钱给你。他会恪守承诺吗?你会吗?

这一博弈与互访博弈有着相同的结构:恪守承诺是合作策略,违背承诺是背叛策略。再一次(假定博弈是重复且匿名进行的),唯一的稳定均衡是每个人总是选择背叛:尽管每个人都会从交易中获利,但没有人交易。

这里是最后一个例子,由休谟提出的:

你的谷子今天就熟了，我的则是明天熟。如果今天我和你一块儿劳作，明天则是你来帮助我，那么对我们两人来说都有好处。我对你没有善意，并且知道你对我也没有什么善意。因此我不会为了你耗费任何功夫；而如果是为了我自己的利益与你一同劳作，指望会获得回报，我知道我一定会失望，要依靠你的感恩之情那肯定是徒劳的。就这样我让你一个人去劳作；你也用相同的方式对待我。季节变换，我们两人由于彼此间缺乏信任感和安全感，都损失了收成。(1740年，第3卷，第2章，第5节)

这个博弈和前面两个稍微有些不同，在休谟的博弈中，参与人是**依次**（并非同时）选择合作还是背叛。但是这一区别并不重要；对休谟博弈的全面分析会表明仅有的一个稳定均衡（给定博弈是重复且匿名进行的）是彼此谁都不帮谁。实际上，这是休谟自己的结论，只是表达没有那么优雅。

6.2 扩展的囚徒困境博弈中的互惠

我在第6.1节中所考量的博弈都是匿名进行的。在匿名的情境下，恪守承诺不太可能有好处。如果你在一次博弈中违背承诺，被你欺骗的人没有办法采取报复行动，因为根据假定他不会再次遇到你——或者如果遇到你他也认不出是你。并且再根据假定，由于你的对手绝不会知道在先前的博弈中你是如何行为的，所以就没有办法为信守诺言建立起声望。我现在要思考，如果在互访或者是囚徒困境类型的博弈中参与人有机会再次相遇，会发生什么情况。

我通过分析扩展形式的囚徒困境来开展这项工作。扩展博弈（有时候被称为循环博弈或者超博弈）的思想已在第4.8节中提出。一个扩展博弈由同样的两名行为人所进行的回合序列构成；每个回合本身就是一次简单的博弈，两名行为人各自在备选策略或者着数中做出选择。我分析的扩展博弈，每个回合采取如图6.1所示的形式，也就是说，该博弈是由重复进行的互访博弈所构成。（当然，互访博弈是囚徒困境博弈的一种情形。）在扩展博弈的每一回合进行之后,有 $1-\pi$ 的概率该博弈会结束;若不然,再进行另一回合。因此博弈不会永远持续下去,但也永远不会出现这样一个阶段,参与人们知道他们是最后一次相遇。我认为,这是大多数人类交往行为运作的方式。

我们现在可以使用通常的均衡和稳定性概念来分析扩展博弈。[4] 这样一种分析的主要困难是可能策略的数目庞大。一项策略是进行整个扩展博弈的计划。因为一项策略使得一位参与人在一个回合中采取的着数是基于他的对手在先前回合中采取的着数,随着可能发生的回合数的增加,可能策略的数目会出现爆炸式的增长。如果囚徒困境博弈只进行一个回合,每一方参与人仅有两项可能策略。如果进行两个回合,有八项可能策略;如果进行三个回合,有 128 项策略;如果进行四个回合,有 2^{15} 或者说 32 768 项策略;如果进行五个回合,有 2^{31} 或者说大约 2 150 000 000 项策略!① 当然,我目前所分析的扩展博弈中,有可能进行的回合数目是无限的。

着手分析这种非常复杂的博弈的一种方式是考虑一些特别简单的策略。然而,在这么做之前,我将对 π 的值做一个重要假定。

在这一整章里我假定 $\pi > c/b$。想要知道这意味着什么,想象一下两位参与人之间达成的一个协定,根据协定他们在每个回合都选择合作。如果该协定得到遵守,双方参与人得到的预期效用都是 $(b-c)(1+\pi+\pi^2+\cdots)$,或者是

---

① 按照作者在本书中对于扩展博弈的"策略"概念的特殊定义,第 n 个回合可能策略数目是第 $n-1$ 个回合时两位参与人各自的策略数的乘积。以囚徒困境为例,A、B 两位参与人,A 先出着,第一个回合只有一个决策节点,两项策略(2^1),"合作"和"背叛";然后 B 出着,有两个决策节点,四项策略(2^2):(A 合作,B 合作)、(A 合作,B 背叛)、(A 背叛,B 合作)以及(A 背叛,B 背叛)。所以第二回合 A 出着时,有四个决策节点,要考虑的可能策略有 $2^1 \times 2^2 = 2^3$,8 项策略,比如(A 合作,B 合作,A 合作)、(A 合作,B 合作,A 背叛)……三个回合时,则是 $2^3 \times 2^4 = 2^7$,128 项策略;依此类推。不过因为作者定义的"策略"是由每个回合参与人出着序列构成的整体,每个回合的决策节点并非相互独立,所以计算出来的可能策略数并不是行为人完整的信息集所包含的全部策略数。如果是完整的信息集的话,仅两个回合的囚徒困境博弈,包含的可能策略数目就有 2^5 项;如果进行五个回合的话,会达到惊人的 2^{341} 项!

$(b-c)/(1-\pi)$。现在假设每一方参与人都知道如果他一旦违背协定,他的对手将会永远都不再选择合作。(注意,这是他的对手所能做出的**最严厉**的报复方式。)那么如果有一位参与人在第一回合违背了协定,而他的对手则遵守了协定,这位参与人得到的效用为b。此后他从每个回合中得到的效用都为零,因为没有参与人会选择合作。那么,他遵守协定是否值得,取决于$(b-c)/(1-\pi)$是大于还是小于b,或者等价地,取决于π是大于还是小于c/b。假定$\pi>c/b$则就使得相互合作的协定有了达成的**可能性**。

在$\pi<c/b$的情形下,扩展的囚徒困境博弈具有了相当不一样的结构。我们知道如果囚徒困境博弈在一个回合后就结束,仅有的稳定均衡策略就是背叛。说博弈确定在一个回合后就结束,是指$\pi=0$的情形。因而,我们可以预期如果π接**近于零**——如果博弈非**常有可能**在一个回合后就结束,互惠合作的策略就不会是稳定均衡。结果是π的关键值是c/b:只要π大于这个值,互惠合作就能够成为一个稳定均衡。注意,$\pi>c/b$的假定不意味着典型的博弈要持续很久;举例来说,如果$b=2$且$c=1$,当$\pi>\frac{1}{2}$时就满足这一假定,也就是说,如果每次博弈进行的平均回合数大于2.0就满足假定。

现在我将考察扩展的囚徒困境博弈的一些简单策略。我主要关心的是那样的策略,使得一位参与人采取合作策略的条件是他的对手也采取合作策略——互惠策略。但是首先我要考量的是其中两项最简单的策略。这就是无条件的合作策略,不管你的对手如何行为,在每个回合中都选择"合作";以及无条件的背叛策略,在每个回合中都选择"背叛"。我将这些策略标记为S(sucker,指容易受骗的人)和N(nasty,指用心险恶的人)。

一眼就能看出来S不能够成为一项均衡策略。如果你知道无论你做什么,你的对手都将选择合作,你选择合作根本就没有意义。所以应对S时能够成为最优反应的仅有的策略,是那些(像N一样)在每个回合都选择背叛来回应S的策略;S不是其自身的最优反应。

同样很明显的是，N 的确是一项均衡策略。如果你知道无论你做什么，你的对手都将选择背叛，再一次，你选择合作根本就没有意义。所以应对 N 时能够成为最优反应的仅有的策略，是那些在每个回合都选择背叛来回应 N 的策略。由于 N 就是这样一项策略，它是其自身的最优反应。换句话说：江湖险恶，身不由己。

N 是一项稳定均衡策略吗？应对 N 仅有的最优反应是那样的策略，当与选择策略 N 的人博弈时，每个回合都选择背叛。但是 N 不是具有这一特性的唯一策略。如果有一位参与人，除非他的对手之前至少有一次选择过合作，否则他永不合作，我称这样的参与人遵循的是一项审慎策略。N 是一项审慎策略，但它不是唯一的审慎策略。很容易发现**所有的**审慎策略（且没有其他策略）都是应对策略 N 的最优反应。还要注意如果两位遵循审慎策略的参与人彼此相遇，他们永不合作。因此只要每个人都遵循这样或那样的审慎策略，**所有的**审慎策略都会产生相同的结果：没有人会合作。这样最终的结局就是，没有力量能够防止某项其他审慎策略侵扰 N 策略类型的参与人组成的世界，但是也没有什么力量会促成这样一种侵扰。这类情境是一种漂移不定的状态（参见第 4.7 节）。

如果我们要进一步讨论策略 N 的稳定性或者不稳定性，我们必须允许存在这样的可能性，参与人偶尔会犯错。我通过做出如下假定来模型化"犯错"：在每个回合中，都存在很小的概率，有意向要选择背叛的参与人实际上选择了合作，反之则反是。我假定犯了错的参与人立刻会意识到他做了什么；他的对手知道实际出的是哪一着，但他不知道这是有意为之还是无心之失。有了这些假定，假设你的对手选择策略 N——也就是说他**有意向地**在每个回合都选择背叛。如果他曾经选择过合作，这只是一个错误，而并非一个信号，表明他会有任何的意向，在未来选择合作。所以你的最优反应——你唯一的最优反应——是故意选择永不合作，不管你的对手做了什么。换言之，N 是其自身唯一的最优反应：它是一项稳定均衡策略。

然而，这不等于是说，N 是唯一的稳定均衡策略。我现在要考虑一项简单的互惠策略——同那些选择与你合作的人合作。这就是针锋相对（tit-for-tat）策略（简写为 T）。一位遵循策略 T 的参与人在第一回合会选择合作。在接下来的每个回合他采取的着数与他的对手在前一回合出的着数——"合作"或者"背叛"——完全相同。注意，如果两位 T 策略类型的参与人相遇，他们每一回合都会选择合作。然而，如果一位 T 策略类型的参与人遇到一位 N 策略类型的参与人，T 策略类型的参与人会只在第一回合选择合作；之后他都会选择背叛。因此，T 策略类型的参与人愿意与那些和他们类似的人合作；但是他们不准备成为容易受骗的人。

T 是一项均衡策略吗？接下来的论证基于阿克塞尔罗德（Axelrod，1981）给出的证明。假设你知道你的对手正在选择策略 T，并且假设你打算进行第 i 回合的博弈。有两种可能性，它们取决于这是否是第一回合，如果不是，则取决于你在前一回合是如何选择的：要么你的对手会在回合 i 选择合作，要么他会在回合 i 选择背叛。你知道会是哪一种情形。给定这些知识，在接下来的博弈中推算出应对你的对手之着数的最优反应是什么，原则上对你来说一定是有可能的（因为他在回合 $i+1$，$i+2$，…中要采取的着数完全取决于你尚未做出选择的着数）。此外，不难看出 i 的值与你要做的计算无关；在回合 $i+1$，$i+2$，…中你采取的最优选择独立于回合 i。因此如下两个问题必定各自有一个独立于回合 i 的确定回答：

1. 如果你的对手在回合 i 会选择合作，对你而言也在回合 i 选择合作能否构成最优反应的一部分？

2. 如果你的对手在回合 i 会选择背叛，对你而言在该回合选择合作能否构成最优反应的一部分？

假设问题 1 的回答为"是"。那么令 $i=1$。你知道你的对手在第一回合会选择合作,所以也选择合作是你的最优反应。但是如果你在回合 1 选择合作,你的对手就会在回合 2 选择合作。那么再一次选择合作又是你的最优反应。依此类推。因此如果问题 1 的回答为"是",在每个回合都选择合作必定是应对 T 的最优反应。

现在反过来,假设问题 1 的答案为"否"。那么应对 T 的任何最优反应都必定是在回合 1 选择背叛。这就确保了你的对手会在回合 2 选择背叛。现在有两种可能性,取决于问题 2 的回答。如果这个问题的答案为"否",那么应对 T 的任何最优反应都必定是在回合 2 也选择背叛。依此类推:在每个回合都选择背叛是应对 T 的最优反应。如果反过来,问题 2 的答案为"是",那么在回合 2 选择合作是你的最优反应。这就确保了你的对手在回合 3 会选择合作。这又回到了回合 1 的处境,所以你必定再一次选择背叛。依此类推:在奇数回合选择背叛,在偶数回合选择合作是应对 T 的最优反应。

现在考虑应对 T 的三种可能反应:T 策略自身、N 策略(亦即每个回合都选择背叛)和一项新策略 A。A(指的是 alternation,轮换)策略是在奇数回合选择背叛、在偶数回合选择合作的策略。我们从前几段的论证中可知,这三项策略中必定有一项是应对 T 的最优反应。我们现在可以求出应对策略 T 时选择各项策略所获得的预期效用。使用图 6.1 的效用指数:

$$E(T, T) = (b-c)(1 + \pi + \pi^2 + \cdots) = \frac{b-c}{1-\pi} \tag{6.1}$$

$$E(N, T) = b \tag{6.2}$$

$$E(A, T) = b - \pi c + \pi^2 b - \pi^3 c + \pi^4 b \cdots = \frac{b - \pi c}{1 - \pi^2} \tag{6.3}$$

不难计算得出,如果(正如我已经做出的假定)$\pi > c/b$,那么 $E(T, T) > E(N, T)$,且 $E(T, T) > E(A, T)$。换句话说,作为应对 T 的反应,策略 T 比 N 或者 A 都要更好。但是这些策略中有一项是应对 T 的**最优**反应。所以 T 必定是其自身的最优反应:针锋相对是一项均衡策略。

6.3 惩罚和补偿

针锋相对策略是一项惯例吗？我已经证明针锋相对策略在扩展的囚徒困境博弈中是一项均衡策略。我同时也证明这不是**唯一的**均衡。险恶策略 N（"永不合作"）也是一个均衡；且每个人都用心险恶的均衡是稳定的。根据我的定义，一项惯例是一个博弈中两项或更多项稳定均衡策略中的一项；所以要证明针锋相对策略是一项惯例，我必须证明它是一项**稳定**均衡策略。

在第 6.2 节中我证明应对针锋相对策略 T 时仅有的最优反应是那样的策略，当与选择策略 T 的人博弈时，在每个回合都选择合作。T 具有这一特性——这就是为何 T 是一项均衡策略，但许多其他的策略也具备这一特性。最显而易见的例子就是策略 S，容易受骗者的无条件合作策略。并且应对策略 S 时，S 和 T 一样成功。只要每个人都遵循这两项策略中的任意一项，就永远不会有任何的背叛。这意味着没有力量能够防止 S 策略类型的参与人侵扰 T 策略类型的参与人组成的世界；但是也没有什么力量会促成这样一种侵扰。再一次，我们得到了一种漂移情境。

因而我将和之前一样，假定参与人偶尔会犯错。因为这一假定，我需要对针锋相对策略的定义做一些小改动。假设你相当确信你的对手会采取针锋相对策略。因而你在每个回合都选择合作，你的对手也选择合作。然后有一个回合，比方说回合 i，你犯了错：你的意向是选择合作，但结果你选择了背叛。现在你应当做什么？你能够预期到你的对手会在回合 $i+1$ 中选择背叛，以回应你预料之外的背叛行为。如果你遵循严格的针锋相对原则，在回合 $i+2$ 中你的回应是选择背叛，那么你的对手在回合 $i+3$ 中会选择背叛，依此类推。通过在回合 $i+2$ 中选择合作，来切断这条无穷无尽的报复和反报复链条可能会更好。这是遵循变化形式的针锋相对策略背后隐藏的直觉，我称这种策略为 T_1。

策略 T_1 起源于信誉良好（being in good standing）的概念。①核心思想是信誉良好的参与人被赋予权利，其对手会与他合作。在博弈开始时，两方参与人都被视为是信誉良好的。只要当策略 T_1 规定参与人应当选择合作时他总是与人合作，该参与人就能保持良好信誉。如果在任意的一个回合中，当策略 T_1 规定参与人应当选择合作时他却选择了背叛，他就失去了他的良好信誉；在接下来的一个回合中，参与人选择合作，之后就会重新获得他的良好信誉。（这就是为何我称这一策略为 T_1；如果需要两个回合的合作来重新获得良好信誉，该策略就是 T_2，依此类推。）给定上述一切，T_1 可以正式表述为如下形式："如果你的对手信誉良好，或者如果你没有良好信誉，选择合作。否则，选择背叛。"

对于一位从来不犯错的参与人而言，T 和 T_1 相互间是等价的。（如果你遵循 T_1，但从来没出过错，你就一直都是信誉良好，所以 T_1 会规定你的对手应当在每个回合都选择合作。因此你的对手在任意一个回合中是否具有良好信誉，完全取决于他在前一个回合中有没有选择合作。如果他在回合 $i-1$ 中选择了合作，策略 T_1 要求你在回合 i 中选择合作；如果他在回合 $i-1$ 中选择了背叛，策略 T_1 要求你在回合 i 中选择背叛。）T_1 和 T 之间仅有的差别在于参与人错误地选择了背叛之后，他要采取的着数。假设你正在遵循策略 T_1，将要进行第 i 个回合的博弈；你和你的对手都信誉良好。因而在回合 i 中你应当选择合作。然而，假设你错误地选择了背叛，而你的对手选择了合作。那么你就失去了你的良好信誉。现在，根据策略 T_1，你应当在回合 $i+1$ 中选择合作。由于你已经失去了良好信誉，你的对手可以在回合 $i+1$ 中选择背叛，且不会丧失他的良好信誉；所以无论他在回合 $i+1$ 中做了什么，策略 T_1 都会要求你在回合 $i+2$ 中还是选择合作。

假如犯错的概率足够小，T_1 就是一项稳定均衡策略。为什么？假设你

---

① 取自公司法的术语，国际上公司注册规则中需要提供"Certificate of Good Standing"，指存续证明，或称信誉良好（优良声望）证明，用来证明公司运营状况良好。

知道你的对手正在遵循策略 T_1,而你将要进行第 i 回合的博弈。假定,无论过去可能发生过什么,你和你的对手都不会再犯任何错误。我要证明,根据这一假定,唯一的最优反应是,"如果你的对手信誉良好,或者如果你没有良好信誉,选择合作。否则,选择背叛"。但是如果这只是当接下来犯错的可能性不存在时,唯一的最优反应——也就是说如果该反应**严格地**优于任何其他反应;只要犯错的概率足够小,那么当存在**某种**可能性,还会犯更多的错误时,其必定仍然是唯一的最优反应。所以我应当证明的是,如果存在某个足够小的犯错概率,"如果你的对手信誉良好,或者如果你没有良好信誉,选择合作。否则,选择背叛"是应对策略 T_1 的唯一的最优反应。但是这一反应是 T_1。所以我就证明了 T_1 是一项稳定均衡策略。

现在是证明。当你进入第 i 回合,只有三种可能性:

1. **要么**你和你的对手都信誉良好,**要么**你们的信誉都不好。那么你的对手在回合 i 中会选择合作,之后则选择针锋相对策略(亦即,重复你前一回合采取的着数)。

2. 你的对手信誉良好而你的信誉不好。那么他在回合 i 中会选择背叛,之后则选择针锋相对策略。

3. 你的信誉良好而你的对手信誉不好。那么他在回合 i 中会选择合作,在回合 $i+1$ 中再次选择合作,之后则选择针锋相对策略。

注意,在博弈的第一回合,适用的必定是第 1 种情形。那么,这就是第 6.2 节所分析的情形,我证明了如果没有犯错,应对策略 T 的最优反应是在每个回合都选择合作(该证明其实是阿克塞尔罗德的)。所以我们知道在情形 1 中,在回合 i 中你仅有的最佳着数是选择合作。

现在考虑情形 2。注意,如果你在第 i 回合选择合作,那么回合 $i+1$ 会成为情形 1 那样的状况:你的对手会在该回合选择合作,然后选择针锋相对策略。

我们知道在情形 1 中你仅有的最优反应是"合作,合作,……";所以如果在回合 i 选择合作是最佳着数,那么在回合 $i+1$ 选择合作也必定是最佳着数,依此类推。相反如果你在回合 i 中选择背叛,那么回合 $i+1$ 就会成为又一个类似情形 2 的状况;所以如果在回合 i 选择背叛是最佳着数,那么在回合 $i+1$ 选择背叛也必定是最佳着数,依此类推。因此回合 $i,i+1,\cdots$ 的两组出着序列中必定有一组是最优反应:**要么是"合作,合作,……";要么是"背叛,背叛,……"**。给定 $\pi>c/b$ 的假定,前一组序列产生的预期效用较大。所以情形 2 和情形 1 相同,在回合 i 中你仅有的最佳着数是选择合作。

最后考虑情形 3。在这一情形中,在回合 i 你可以自由选择背叛而不会丧失你的良好信誉;无论你在回合 i 做了什么,回合 $i+1$ 会成为情形 1 那样的状况。所以你在回合 i 中的最佳着数必定是选择背叛。这就完成了证明:如果你的对手信誉良好或者如果你没有良好信誉,在回合 i 中你的最佳着数是选择合作(情形 1 和 2),否则的话选择背叛(情形 3)。

因此,策略 T_1 是一个稳定均衡——但不是唯一的稳定均衡。(回忆一下,无条件的背叛策略也是一个稳定均衡。)换言之,T_1 是一项惯例。想一想在日常用语中该惯例相当于什么。

首先,很明显这是一项互惠惯例:遵循策略 T_1 的人,假如他的对手愿意选择合作,他也愿意同样选择合作。但这也是一项惩罚惯例。假设在某个回合 i 中你的对手错误地选择了背叛,而你选择了合作。那么他违反了惯例,而且让你在这个回合成了容易受骗者。现在惯例规定在下一个回合你的处境应当逆转过来:当你选择背叛的时候他应当选择合作。然后在回合 $i+2$ 你们俩都再次选择合作。发生在回合 $i+1$ 的情况可以被理解为是对你的对手之前违反惯例的行为予以惩罚:他因为那个回合而遭受了可能结果中最糟糕的一种情况(效用损失为 c)。注意,相较于他和你一样都在回合 $i+1$ 选择背叛所得到的结果,这一结果对他来说要更糟糕。从这一意义上说,你的对手是在选择接受惩罚(知道如果他不这样做,对他而言,从长期来看的结果依旧会更加糟糕)。

然而,说你的对手受到了惩罚,只是说出了故事的一半。在回合 $i+1$ 你获得了可能结果中最好的一种情况——效用得益为 b。相较于相互合作的某一回合中所得到的结果,这一结果对你来说更好,更不用说从相互背叛的某一回合中所得到的结果了。所以在回合 $i+1$ 中发生的事不仅仅是对你的对手施加了伤害,而且还让你获益。换言之,发生的不仅是惩罚还有补偿。我们可以说,该惯例规定了你的对手履行补偿行为。你在回合 $i+1$ 的背叛选择和他的合作选择都属于这一行为的一部分。

策略 T_1 规定,发生了任何不正当的背叛(即,任何未经 T_1 规定的背叛)之后,要有一个回合的补偿。在这一回合之后,两位参与人再度合作。为什么只有一个回合的补偿? 毕竟,这种补偿不足以完全弥补受害方由于另一方参与人违反惯例而遭受的损失。(原初的违反行为——比方说在回合 i——使受害方承受的成本为 b:这是他应当从他的对手的合作行为中获得的利益,但实际上没有得到。在回合 $i+1$ 中的补偿行为允许受害方挽回损失 c,因为他可以无须付出自己的合作成本,就从他的对手的合作行为中获得利益。但是我们知道 $b>c$。此外,考虑到回合 $i+1$ 的补偿情况再也不会出现的可能性,挽回的成本 c 必须要进行贴现。)答案是补偿的程度自身就是一项惯例。受害方要求的补偿,同他预期他的对手会做出的让步,二者要正好一样多;而他的对手提供的补偿,同其预期前者会主张索要的,二者要正好一样多。

我们可以想象策略 T_2 规定对每一次不正当的背叛,要有两个回合的补偿;或者策略 T_3,规定三个回合的补偿——依此类推。能够证明(但是在此我不会给出证明),只要 $\pi^r>c/b$,任何这样的策略 T_r 都是一个稳定均衡。因此如果 π 十分接近于 1,任何策略 T_r 都是一个稳定均衡,但是 r 值越高,π 值就必须越接近于 1,以确保稳定性。

这是为何? r 值越高,参与人就要做出更大的补偿,以便在犯错之后重新获得他的良好信誉;遵循阿克塞尔罗德的观点(Axelrod,1981,p.310),我们可以说 r 值越低的策略越宽宏大量。如果一项策略要成为一个均衡,那么该策略的宽容程度就存在一个明显的限度:补偿必须足以成为一种沉重的负担,以便威慑有意为之的背叛。但即使对策略T_1这种最为宽容的策略来说,上述这一点也是成立的。超过该限度就会存在不宽容的危险。一旦犯错,参与人不是**被迫做出补偿**;相反他会放弃他的良好信誉而继续选择背叛。他的对手越是不宽容,这一较差的选择项就越有吸引力。π值越低,该选择项也会越具有吸引力;因为这表明博弈可能很快就要结束,越是快要结束,从良好信誉中获得的收益就越少。

6.4 演化会偏爱互惠吗?

我所考虑的针锋相对策略是非常大的一类策略中的成员,我称这类策略为**勇敢互惠策略**(strategies of brave reciprocity)。这些策略有两个决定性特征。首先,应对一名在每个回合都选择背叛的对手,这些策略在每个回合——除了第一个回合——都会选择背叛(假如没有犯错)。其次,如果都遵循勇敢互惠策略的两位参与人相遇,他们在每个回合都会选择合作(再次,假如没有犯错)。注意,这两位参与人不需要遵循同样的策略。

一项策略只有当其总是在第一回合选择合作的情况下才能满足第二个条件(因为直到第一个回合结束之前,双方参与人都不知道他的对手的策略是什么)。这就是为何我称这些策略是"勇敢的"。在有任何证据表明你的对手将选择互惠策略之前,就准备选择合作,这样做的话,你为一个总是选择背叛策略的对手利用你而大开方便之门。如果你遵循一项勇敢互惠策略,这种利用将仅限于一个回合,但还是被利用了。这是如果你遵循了**任何**"合作者,人恒合作之"的策略——亦即任何一项这样的策略,在某一博弈中如果双方参与人都遵循该策略,他们都会选择合作——所不得不付出的代价。(如果直到另一方已经采取合作行为之前,双方参与人都不选择合作,那么他们根本就不会合作;所以如果一项策略是"合作者,人恒合作之",其必须要在有任何证据显示出对手那一方面也有同样的合作意愿之前,就愿意采取合作行为。)

现在假设当人们进行扩展的囚徒困境博弈时,他们只考虑两类策略——勇敢互惠策略和无条件选择背叛的险恶策略 N。当然,当可选策略数目实际上是无穷大时,这是一种极其夸张的简化。(记住即使是五个回合的囚徒困境博弈,也有超过 20 亿项策略!)但是我们不得不从某个方面开始作为出发点。

现在有三种可能性。首先,两位 N 策略类型的参与人相遇。他们会在每个回合中都选择背叛;各方从博弈中所得的效用为零。其次,一位 N 策略类型的参与人遇见遵循某一勇敢互惠策略的某个人(我称其为 B 策略类型的参与人)。除了第一个回合外,他们会在每个回合中都选择背叛;但是在第一个回合中 N 策略类型的参与人选择背叛而 B 策略类型的参与人选择了合作。因此在整个博弈中,N 策略类型的参与人获得的效用为 b,而 B 策略类型的参与人获得的效用为 $-c$。第三种可能性是两位 B 策略类型的参与人相遇。他们在每个回合中都选择合作,每个回合得到的效用为 $b-c$;这一效用流的预期价值为 $(b-c)/(1-\pi)$。注意,所有的 B 策略类型的参与人是不是都遵循同样的策略并不重要;重要的是每位 B 策略类型的参与人都遵循某一种勇敢互惠策略。

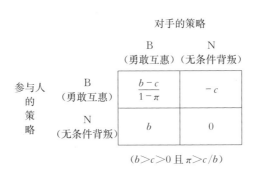

图 6.2 扩展的囚徒困境博弈的一个简单形式

这种情境可以用如图 6.2 所示的简单对称博弈来呈现。现在该博弈能够用通常的方式进行分析。注意,策略 N 是应对策略 N 的最优反应,且假如 $\pi > c/b$,策略 B 是应对策略 B 的最优反应。所以对一位参与人而言选择哪项策略更好,取决于他的对手会选择其中一项策略而不是另一项的概率。

令 p 为一名随机选择的对手选择策略 B 的概率。那么就存在某个关键的 p 值，比方说 p^*，根据 p 是大于、等于或者小于 p^*，使得 B 是比 N 更成功、一样成功或者劣于后者的策略。很容易计算得到这个关键值是：

$$p^* = \frac{c(1-\pi)}{\pi(b-c)} \tag{6.4}$$

如果再次遇到某一对手的概率相当高，这一 p 的关键值会十分接近于零。例如，假设 $b=2$ 且 $c=1$（与任何假定一样，这看起来是中立的）。那么如果 $\pi=0.9$，意味着一场博弈的平均长度是 10 个回合，p 的关键值为 0.11。如果 $\pi=0.98$，这样博弈平均有 50 个回合，关键值为 0.02。这反映出如下事实:选择策略 B 就像是一类风险投资。通过承受被一位 N 策略类型的参与人在第一回合利用的风险，你能够在**每一个**回合中都与一位 B 策略类型的参与人进行合作。博弈可能持续的时间越长久，就有更多的时间通过成功的投资弥补损失。

这一结果似乎表明，在平均有许多个回合的博弈中，一项勇敢互惠的惯例非常可能会演化出来。即便一开始绝大多数的参与人都是用心险恶的人，用心险恶者可能还不如少数遵循勇敢互惠策略的人做得好；然后就会有一股自我强化趋势，少数者的群体开始成长起来。[5]注意，即便少数者群体的成员没有遵循同样的策略，该论证仍然成立。换言之，在任何**具体的**补偿惯例形成之前，一**般性**的勇敢互惠惯例就有可能自我确立起来。

现在是另一个有关预期演化会偏爱勇敢互惠策略的论证。该论证对勇敢互惠者的数量不要求有任何关键值：假如存在**任何的勇敢的互惠者，无论数量多少**，一项勇敢互惠的惯例就能够演化出来。然而，这就必需假定所有勇敢互惠者都遵循同样的补偿惯例。

注意会存在审慎而非勇敢的互惠策略。（一项审慎策略是从不首先选择合作的策略，参见第 6.2 节。）一名遵循审慎互惠策略的行为人等待他的对手采取那一着——首先选择合作；然后——也只有是"然后"，他同样会选择合作。此类策略最大的好处是会引致与勇敢互惠者进行合作，但又不会引发被用心险恶者利用的风险。当然,它的主要缺点在于它不是"合作者,人恒合作之":审慎的参与人无法区分哪些对手是用心险恶的,哪些对手仅仅是出于审慎而已(参见第6.2节)。

如果审慎策略想要成功,它们需要经过专门调整,以符合在勇敢对手中通行的补偿惯例。举例而言,假设所有勇敢的参与人都遵循策略 T_1——对每次不正当的背叛行为只规定了一个回合补偿的针锋相对策略(参见第 6.3 节)。因此在第一个回合选择背叛,然后发现他的对手选择了合作的审慎参与人,差不多可以确定对手在选择策略 T_1(不是**绝对**确定,因为对手可能有意向选择背叛,却犯了错)。现在审慎参与人与 T_1 策略类型的参与人处于相同的立场,几乎确定他正面对一名像他一样的对手,无意间在第一个回合中选择了背叛。所以审慎参与人的最优计划是完全像 T_1 策略类型的参与人那样行事:在之后两个回合中选择合作,然后选择针锋相对策略。

在此是对这种类型的策略所做的一个简单的公式化表述:"在回合 1 选择背叛。如果你的对手在回合 1 选择背叛,在接下来的所有回合中都选择背叛。如果你的对手在回合 1 选择合作,在接下来的所有回合中你做出的选择要表现得好像你的策略是 T_1 那样,将你在回合 1 的背叛选择当作好像是一个错误来对待。"我称这一策略为 C_1。(很容易发现审慎策略 C_2, C_3, …能够被设计成与勇敢策略 T_2, T_3, …相吻合。)

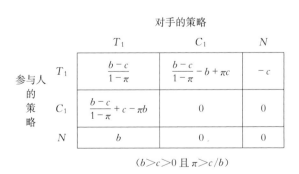

图 6.3　扩展的囚徒困境博弈的另一个形式

现在考虑,如果我们假定仅有的、可供选择的策略为 N、T_1 和 C_1 时,博弈的结果是什么。该博弈由图 6.3 给出。[6] 为了形象地阐述论证,我将使用如下数值,$b=2$、$c=1$ 和 $\pi=0.9$,由此得到的博弈由图 6.4 给出。然而,这些数字不影响任何结果;该论证得以成立的关键(正如我在这整一章中所假定的),是 $\pi > c/b$。

		对手的策略		
		T_1	C_1	N
参与人的策略	T_1	10	8.9	−1
	C_1	9.2	0	0
	N	2	0	0

(这些指数得自于给定 $b=2$,$c=1$ 和 $\pi=0.9$)

图 6.4 根据图 6.3 所示博弈给出的示例性效用指数

现在想象一个社群,起初有些人选择策略 T_1,有些人选择策略 C_1,而有些人选择策略 N。令与选择这些策略相关的概率分别为 pq、$p(1-q)$ 和 $1-p$。换句话说,p 是一名随机的对手会选择某一互惠策略(T_1 或者 C_1)的概率。给定一名对手选择某一互惠策略,q 是他选择勇敢策略 T_1 的概率。

假如 $pq>0$,最优策略必定要么是 T_1 要么是 C_1。(C_1 占优于 N:应对选择策略 T_1 的对手时,N 要比 C_1 更糟糕;应对任意的策略时,N 也不会比 C_1 更好。)因此只要有些人选择策略 T_1,随着人们通过经验习得不要选择策略 N,p 值必会稳定上升。但是要注意,策略 T_1 应对 T_1 和 C_1 时都是最优反应。因此如果 p 值足够大,T_1 必定是最成功的策略。所以即便 T_1 在一开始不是最成功的策略,它最终也会变成最成功的;且无论有多少人转而选择它,其仍然会是最成功的策略。

换作更为庸见式的话语来说,想象一个社群,最初几乎所有人都是用心险恶的。在这个社群中,由于选择合作在一开始几乎总是会遭受打击,成为勇敢互惠者没有好处。但是成为审慎互惠者却不会有什么损失[7];这允许你与任何碰巧遇见的勇敢互惠者进行合作,同时保护你不被用心险恶者利用。所以人们会逐渐习得:审慎互惠能够带来好处。但是审慎互惠者太谨慎了以至于很难相互合作;他们只能同勇敢互惠者合作。随着审慎互惠者人数的增长,并且随着用心险恶者人数的减少,勇敢者获利的时机就会到来。在这一模型中,审慎互惠所扮演的角色更像是某种生长在水土不服之地的植物——移植到其他植物不适合生长的栖息地中去的植物,但是它们的存在帮助改善了生存条件,以利于其他物种最终侵入并占领这片土地。

我现在给出了两个论证,表明社会演化的过程可能会偏爱勇敢互惠策略。但是我必须承认没有一个论证是全然具有说服力的。困难在于,任何一个旨在证明演化会偏爱特定类型策略的论证,其如何能够不仅仅只是建议性质的,这一点很难看出来。在扩展的囚徒困境博弈中存在着不可计数的亿万项策略;似乎只能够通过局限于讨论少数几种基本类型的策略,我们才能分析该博弈,这意味着任何分析必定都是不完整的。

我认为,永远不能完全解决这一难题;但是阿克塞尔罗德(Axelrod,1981)提出了一种极具吸引力的方法,取得了一些进展。阿克塞尔罗德的方法——他称其为锦标赛方法(tournament approach)——具体规定了扩展的囚徒困境博弈的一个特定形式,然后邀请所有参赛者提交进行该博弈的策略。然后将这些策略置于某个类似于自由对战的锦标赛中去相互对抗,看看哪项策略会胜出。这一方法的妙处在于,尽管我们分析的策略数目是有限的——这当然是不可避免的,却没有施加任何武断的限制。没有人能够抱怨说,分析者将有可能是不错的特定策略排除在外,或者因为他太愚钝,以至于不能觉察出特定策略的优点,从而忽视了它们,通过这样的方式,他事先给定了的结果。如果你有中意的策略,你相信该策略会做得很好,你所要做的只是将其加入锦标赛。唯一的限制是人类的创造力——那当然也是施加在现实生活博弈中的限制。

阿克塞尔罗德组织了一次这类锦标赛。他的扩展的囚徒困境博弈形式与我分析的稍微有些不同。在我的博弈形式中,一位参与人的四种可能结果(当对手选择背叛时选择背叛、当对手选择合作时选择合作、当对手选择合作时选择背叛以及当对手选择背叛时选择合作)具有的效用指数分别是 0、$b-c$、b 和 $-c$,其中 $b>c>0$。阿克塞尔罗德的博弈具有的效用指数分别是 1、3、5 和 0。这两种公式化表述严格来说并不兼容,但是博弈的核心结构是相同的。[8] π 值设定为 0.996 54,这样博弈长度的中位数为 200 回合;预期长度为 289 回合。锦标赛以循环赛原则来组织,策略以计算机程序的形式提交。

阿克塞尔罗德的锦标赛有 62 名参赛者。他的报告说,参赛者包括"经济学、心理学、社会学、政治科学和数学领域的博弈论专家"以及"演化生物学、物理学和计算机科学领域的教授"(Axelrod,1981,pp.309-310)。胜出者是简单的针锋相对策略 T,由博弈论专家阿纳托利·拉波波特(Anatol Rapoport)所提交。

在理解这个结果时,脑海里必须有一些限制条件。首先,π 值相当高,这会倾向于偏爱勇敢互惠的策略而非审慎策略或者险恶策略。其次,循环制的锦标赛与演化过程二者并不完全相同。在一场循环制锦标赛中,有可能通过在对抗弱对手时表现不错来积累高分,而演化过程则倾向于在早期阶段就淘汰那些最不成功的策略。[9]再次,在惯例的演化中,凸显性扮演着非常重要的角色;且凸显性有时候属于想象力的飞跃和观念之间的结合,这是不容易被还原为数学形式的。通过用一种抽象的数学形式来进行他的实验,并且要求策略用计算机程序来书写,阿克塞尔罗德可能不经意地对凸显性的数学概念暗含了一种偏袒性。

然而,说了这么多,在阿克塞尔罗德的锦标赛中针锋相对策略的成功仍然是引人注目的。它提供了更多的理由让我们相信,如果扩展的囚徒困境类型的博弈在某一社群中重复进行,勇敢互惠的惯例会趋向于演化出来。

注释

1 此处我假定我克制不办聚会的行动独立于你的行动。更确切地说,假设我与不同的对手重复进行这一博弈。那么我从一系列博弈中所获得的效用仅取决于我表现出克制而不办聚会的次数以及我的对手也如此行动的次数；在同一博弈中，我有没有和我的对手一样表现出克制而不办聚会则无关紧要。

2 这些词汇的用法有点不太恰当。我们将一方参与人选择"合作"而另一方参与人选择"背叛"的事态称作一种单边合作状态——听起来像是自相矛盾的用语。类似地，我们将双方参与人都选择"合作"的状态称作一种相互合作状态——听起来像是同义反复。不管怎样，我还是遵循业已确立的惯例，将互访博弈中的两项策略称为"合作"和"背叛"。

3 严格地说，互访博弈是囚徒困境博弈的特例。经典囚徒困境博弈是一个对称的两人博弈，其中每一方参与人选择"合作"或"背叛"。使用泰勒（Taylor, 1976, p.5）的符号，令 w 为如果双方参与人都选择背叛时他们各自得到的效用值，令 x 为如果双方参与人都选择合作时他们各自得到的效用值，令 y 为一方参与人选择背叛，而他的对手选择合作时，他得到的效用值，令 z 为一方参与人选择合作，而他的对手选择背叛时，他得到的效用值。通过令 $y>x>w>z$，可以定义经典博弈；有时候加上条件 $2x>y+z$（例如：Rapoport and Chammah, 1965, p.34; Axelrod, 1981）。我实际上加上了更强的条件，$x+w=y+z$。

4 我在扩展的囚徒困境博弈中所做的均衡策略分析不是原创的；来自泰勒（Taylor, 1976）和阿克塞尔罗德（Axelrod, 1981），以及其他人。但是我相信有关稳定性的分析确实是原创的。

5 阿克塞尔罗德（Axelrod, 1981）使用类似的论证，证明用心险恶者的社群会遭受一小"簇"选择针锋相对策略的行为人的侵扰。

6 图 6.3 所示的效用值是假定犯错的概率十分地小，且无关紧要，从而计算得出的。

7 严格来说，如果参与人偶尔会犯错，在一个人心险恶的世界里成为一名审慎互惠者，稍微有些小小的风险。假设你的对手是用心险恶者，但是在第一个回合无意间选择了合作。如果你是一名审慎互惠者，你会在第二个回合选择合作为回应，尽管最优反应是选择背叛。但是假如 $pq>0$——即周围有一些勇敢互惠者，并且假如犯错的概率足够小，策略 C_1 产生的预期效用要大于策略 N。

8 使用泰勒（Taylor, 1976）的符号，通过令 $w=1$、$x=3$、$y=5$ 和 $z=0$ 来定义阿克塞尔罗德的博弈。这些值满足经典囚徒困境博弈的两个条件，即 $y>x>w>z$ 和 $2x>y+z$。我的博弈也满足这些条件（和注释 3 相比较）。

9 事实上，阿克塞尔罗德组织了一次模拟演化过程的竞赛，最成功的策略又一次是针锋相对策略。然而，似乎阿克塞尔罗德是使用提交给循环制竞赛——因而也是为此设计的——的策略来进行这次实验的。一次更好的测试应该是，在明确的演化规则规定下进行一场竞赛，人们接受邀请提交策略，可以发现在这样一场竞赛中针锋相对策略表现如何。

7 搭便车者

7.1 搭便车与囚徒困境

在一次性囚徒困境博弈中，两位参与人只面对一个问题：执行一个他们都想要达成的协定。如果设计出某种执行协定的外部机制可供参与人使用，博弈就变得没有意义了。任何一方参与人明智地试图坚持的方式中，都不存在比一个相互合作的协定更好的方式。一位参与人要面对的唯一威胁是拒绝合作；但是如果一方参与人拒绝合作，那么另一方参与人选择背叛就是符合其利益的；然后对双方参与人来说，与他们同意合作相比，结果会更糟糕。换一种方式来说，双方参与人都不可能有任何搭便车的预期：当一方参与人的对手选择合作时，他还能够选择背叛，这是不可能的事。

在扩展博弈中，且缺乏任何执行协定的机制，一位参与人或许能够通过利用他的对手不确定自己的意向，在**偶尔几个**回合中搭一下便车；但是没有人会真的预期搭便车能一直持续下去。一旦你的对手意识到你没有与他合作的意向，与你合作便不符合他的利益。

我要论证，这是因为在互惠合作策略能够很容易地演化出来的囚徒困境博弈中，搭便车行为不是一个真正的选择项。（当然，这样的策略的确易于演化出来，这是第 6 章论证的中心内容。）我将通过考察一些与囚徒困境博弈具有家族相似性的博弈来开展论证；在这类博弈中，对参与人来说有些博弈中的搭便车行为不是真正的选择项，但是其他的博弈中则是选择项。

7.2 互助博弈（The mutual-aid game）

在国家保险计划开始推行之前,靠工资收入生活的人一旦生病极易导致整个工薪阶层家庭陷入财务危机之中。各种各样的互助机构缓解了由疾病造成的困难。在 19 世纪和 20 世纪早期的英国,存在着数不胜数的由工人们运营的"友谊社"(friendly society)和"病友会"(sick club);会员们每周定期捐赠,当他们病得很重而无法工作的这段时间就能获得救济。除了这些正式的互助计划外,还有非正式的、本质上效果相同的惯常做法;友谊社可以演化成为一种正式机制,保存着那些事先存在的、非正式互助传统,这似乎的确是有可能的。19 至 20 世纪之交,弗洛伦丝·贝尔(Florence Bell)夫人①描述了她观察到的,在米德尔斯伯勒(Middlesbrough)钢铁工人之间存在的互助做法:

> 那时有一种形式的经常性开支,这种开支即便不是明智的,也是慷慨且美好的——这是非常贫穷的人花费在慈善上的支出,这些穷人有着自我奉献的好心肠,似乎时刻准备着互帮互助。如果他们中的一员由于事故或突如其来的疾病而遭受打击,经常发生的情形是,他们在工厂车间里"凑份子",一顶帽子在相互间传递,每个人尽其所能贡献出他所有的,帮助伤病者渡过难关;或者如果人死了,则捐赠丧葬费。(1907,p.76)

这些"凑份子"筹集起了大量的金钱,而这些钱来自几乎没有闲钱的工人;贝尔夫人给出了一个例子,为一位生病的工人募集了 5 英镑,而当时大多数的钢铁工人每周收入为 1 英镑到 2 英镑之间(Bell,1907,pp.26,175)。

我现在给出一个博弈,提供了一个简单模型,描述钢铁工人所面对的这类

---

① 弗洛伦丝·贝尔(1851—1930),英国作家和剧作家。生前获得过大英帝国爵级司令勋章(DBE)。

问题。我称其为互助博弈。

这是参与人为两个及以上——可以是任意人数——的一个博弈。令参与人的人数为 n。像扩展的囚徒困境博弈一样，互助博弈由一系列的回合构成；在每个回合之后有 $1-\pi$ 的概率，该博弈会结束。每个回合以如下方式进行。随机选择一位参与人成为受益者；每位参与人被选中的概率相同，都是 $1/n$。其他参与人则是捐赠者。然后每一名捐赠者可以在两个着数中进行选择，"合作"和"背叛"。如果他选择合作，他获得的效用是 $-c$；如果他选择背叛，他获得的效用是 0。受益者获得的效用为 Nb，其中 N 表示选择合作的捐赠者的数量，且 $b>c$。那么这其中的思想是，每个人都有可能处于需要他人帮助的情境之中，那时他从其他每个人的协助行为中获得的收益，要大于当别人有需要时他协助别人而付出的成本。

该博弈的一个特殊情形是当 $n=2$ 时。那样该博弈与互访博弈和囚徒困境博弈非常相似（第 6.1 节）。然而并非一模一样，因为在后者那些博弈中，每个回合有**两种**可能的协助行为，分别给一方参与人带来的成本为 c，给另一方参与人带来的收益为 b；两位参与人同时决定是否相互协助。相比较而言，在两人互助博弈的一个回合中，只有一种可能的协助行为，所以只有一位参与人要做出决定。两人互助博弈更类似于休谟的两名农夫博弈（第 6.1 节）。

在两人互助博弈中，正如同囚徒困境博弈一样，双方参与人通过信守相互合作的约定而获益。每个回合，在揭示哪位参与人将成为受益者、哪位参与人将成为捐赠者之前，根据不管谁成为捐赠者都会选择合作的约定，每一方得到的预期效用为 $(b-c)/2$；由于 $b>c$，这一预期效用的值为正。相比较而言，如果捐赠者总是选择背叛，每一方参与人从每个回合中得到的效用为零。也如同囚徒困境博弈一样，预期能够以他人为代价，无限享受搭便车是不切实际的。合作行为是有代价的；因而一方参与人仅当存在着某种获得回报的希望时才会愿意协助他人。

两人博弈的这些特征，在更具一般性的 n 人博弈中也会保留下来。任何一个参与人群体都通过信守约定——如果其他任何一个成员成为受益者,每个成员都会选择合作——而获利,也就是说,任何参与人群体中的每一位成员通过信守约定而获利。群体规模越大,每个成员通过信守这类约定而得到的利益就越大。但是由于合作行为是有代价的,并且由于每个回合受益者的身份对所有人来说是清楚的,一位一直拒绝合作的参与人预期可以从他的同伴们的合作行为中获利,是不切实际的。那么,互助博弈就非常接近于一个 n 人囚徒困境博弈的一般化形式。这是保留了囚徒困境博弈最重要的特征之一的一般化形式:没有人会预期搭便车是实际可行的方式。

现在考虑 n 人互助博弈。如果只进行一个回合——亦即如果 $\pi = 0$,每一方参与人在仅有的两项纯策略中进行选择:"如果成为捐赠者,选择合作"和"如果成为捐赠者,选择背叛"。对每一方参与人而言,不管他的对手选择什么样的策略,后一项策略很明显更加成功。所以一回合的博弈有一个唯一且稳定的均衡,在此均衡状态下没有人会选择合作。

如果 $\pi > 0$,这样博弈可以进行许多回合,会发生什么?正如同囚徒困境博弈一样,容易受骗者的策略,"当你作为捐赠者的每个回合,都选择合作"(简写为 S),不可能成为一个均衡。在一个容易受骗者的世界中,选择合作一向来都没有好处。同样也很清楚的是,险恶策略,"当你作为捐赠者的每个回合,都选择背叛"(简写为 N),确实是一个均衡。在人心险恶的世界,正如同在容易受骗者的世界一样,选择合作永远都没有好处。如果我们允许存在犯错的可能性,结果就是 N 为一项稳定均衡策略。(与囚徒困境博弈中险恶策略的稳定性讨论相比较,第 6.2 节。)

通过与囚徒困境博弈相似的类推,我们可以预期假如 π 值足够地大,就能发现某种类型的针锋相对策略会成为一个稳定均衡。事实的确如此。

想一想如下的策略,我称其为"针锋相对策略"或者称为策略 T_1(因为这是通过囚徒困境博弈中相对应的策略极其近似的类推而来的)。这一策略基于将参与人集合划分为两个团体,信誉良好的参与人团体和信誉不好的参与人团体。在博弈开始时每个人都被当作信誉良好的。现在考虑任意一个回合 i，令 j 表示成为受益者的参与人。策略 T_1 规定如果 j 信誉良好，所有捐赠者都应当选择捐献；但是如果他信誉不好则选择背叛。如果 j 在回合 i 开始时是信誉良好的，那么在回合 $i+1$ 开始时，信誉良好的参与人是 j 和所有那些在回合 i 选择合作的捐赠者。如果 j 在回合 i 开始时是信誉不好的，那么很简单，在回合 $i+1$ 开始时，信誉良好的参与人就是那些在回合 i 开始时信誉良好的人。

T_1 是一项勇敢互惠、惩罚和补偿策略（参见第 6.3—6.4 节）。它是一项互惠策略，因为其要求参与人选择和那些表现出意愿，想要同他进行合作的人合作。更确切地说，这一策略背后的核心准则是"那些选择和像你一样的人进行合作的人们，选择同他们合作"；我称其为多边互惠准则。（与两人博弈中的针锋相对策略背后的双边互惠准则相比较："那些选择和你进行合作的人们，选择同他们合作。"）T_1 是一项勇敢策略，因为在有任何证据表明由于其合作行为而获益的人会选择互惠策略之前，就准备首先采取合作的着数：简言之，该策略做出了善意推断，选择相信对手。（"在博弈开始时每个人都被当作信誉良好的"，这就是该命题所暗含的意思。）只要一位参与人遵守策略 T_1，如果他成为受益者，他就被赋予权利，要求他的参与人同伴们选择合作。如果在任何一个回合中，受益者被赋予权利要求他人合作，某位参与人 A 却没有选择合作，A 就失去了他自己的权赋——要求他人选择合作。这是对 A 的惩罚。A 可以通过在某一回合，受益者被赋予权利要求他人合作时，选择一个回合的合作，来重新获得他的权赋；这可以被视为一种补偿行为。（为什么一个回合的补偿就足够了？这纯粹就是一个惯例问题。很容易构造出策略 T_2，T_3，…，不同于 T_1，在失去良好信誉的参与人可以重新获得信誉之前，它们要求两个、三个……回合的合作。在策略集合 T_1，T_2，T_3，…中，T_1 是最宽容的策略，参见第 6.3 节。）

现在假设你在进行互助博弈，并且你知道你全部的参与人同伴们都在遵循策略 T_1。目前暂时假定人们从不犯错。这意味着你的同伴们将总是信誉良好的。思考任意一个回合 i。如果你是受益者，你不需要做决策。所以假设你是一名捐赠者。你现在所做的决策会决定直到你再度成为一名捐赠者的下一个回合之前,你是否拥有良好信誉;但那时候你要做出新的决策。新的决策又会决定直到你成为一名捐赠者的再下一个回合之前,你的信誉如何,依此类推。所以评价你在回合 i 的两个可能着数时,你只需要考虑在回合 $i, i+1, \cdots, i+r$ 期间,它们所造成的影响,其中 r 表示在你再度成为一名捐赠者的下一个回合之前,接下来你作为受益者的回合数。毫无疑问 r 是一个随机变量:你无法预知在你再度成为一名捐赠者之前,会经过多少个回合——如果有的话。

如果你选择背叛,你在这些回合期间的预期效用为零:如果你成为受益者,没有人会选择合作。相反如果你选择合作,你肯定会损失的效用为 c,这是在回合 i 选择合作的成本。然而,继续进行回合 $i+1$ 且在那一回合你将成为受益者,这一事件发生的概率为 π/n。在这种情况下你从你的同伴们的合作行为中获得的效用为 $(n-1)b$。给定这一事件确实发生了,接下来继续进行回合 $i+2$ 且你再度成为受益者,这一事件发生的概率要再乘以 π/n。依此类推。因此如果你选择合作,在回合 $i, i+1, \cdots, i+r$ 期间你的预期效用为正,如果:

$$-c+(n-1)b\left[\frac{\pi}{n}+\left(\frac{\pi}{n}\right)^2+\cdots\right]>0 \tag{7.1}$$

这一表达式可以简化为:

$$\pi>\frac{nc}{(n-1)b+c} \tag{7.2}$$

所以如果(7.2)式成立,选择合作比选择背叛要好。

这一不等式与囚徒困境博弈中的不等式 $\pi>c/b$ 十分相似,的确如此,当 $n\to\infty$,(7.2)式右边趋向于 c/b,并且两个式子在分析中扮演着相同的角色。对 π 要设定限值,低于限值则针锋相对策略不能成为一个均衡。从现在开始我假定(7.2)式成立。

那么立刻就很清楚,T_1 是一项均衡策略。如果你全部的参与人同伴们都在遵循策略 T_1,你的最优反应就是当你作为一名捐赠者的每个回合,都选择合作。而这一反应正是策略 T_1 所规定的;那么,T_1 是其自身的最优反应。

为了检验策略 T_1 的稳定性,我们必须允许存在某个非常小的概率,参与人会犯错:当他们有意向选择合作时却选择了背叛,当他们有意向选择背叛时却选择了合作。给定这一假定,很容易发现 T_1 是其自身唯一的最优反应。假设你的参与人同伴们全部都试图遵循策略 T_1,但是在极其偶然的情况下会犯错。假如这一概率足够小,无论何时,只要当你是一名捐赠者且受益者信誉良好的时候,对你来说选择合作总归是最好的。(这一点是从证明 T_1 是其自身的最优反应的论证中推论而来的。)所以如果你曾经由于犯错而选择了背叛,你所能采取的最佳做法是一旦有机会就重新获得良好信誉。在十分罕见的场合中,当受益者信誉不好(在早先的回合中犯了错,还没有机会去纠正)的时候,你成了一名捐赠者。在这种情况下你能够选择背叛而不必承受任何惩罚;由于合作本身是有代价的,你的最优着数必定是选择背叛。这些反应正是策略 T_1 所规定的。

所以在互助博弈中,T_1 是一项稳定均衡策略(假如 π 值足够地大,且会出现偶尔的犯错)。然而,这不是唯一的稳定均衡策略。无论 π 值是多少,险恶策略——"永不合作"——很明显也是一项稳定策略。所以 T_1 是一项惯例:一项勇敢、多边互惠的惯例,一项惩罚和补偿的惯例。

我倾向于认为在互助类型的博弈中,社会演化的过程会趋向于偏爱这类策略。支持这一主张的论证与我在第 6.4 节为囚徒困境博弈所做的论证非常相似,所以我不再赘述。不幸的是,和第 6.4 节的论证一样,这还远不是决定性的证明。

而看起来的确很清楚的是,互助的做法能够是自我施行的:它们能够成为惯例。贝尔夫人认为钢铁工人花费在帮助他们生病的工友身上的开支是慷慨的,却不是明智的。看起来至少有这种可能性,她对于这类行为有所误解,钢铁工人是精明的而不是慷慨的;她观察到的做法可能是一种非正式的互助保险体系,而不是她所认为的一种慈善形式。

7.3 雪堆博弈（The snowdrift game）

假设在冬季，你驾车行驶在一条偏僻的道路上，并且你和另一辆车一块儿陷在雪堆里。你和另一名司机都很明智地带着铲子。那么很明显，你们应当都开始铲雪。还是说不是这样的？另一名司机不可能在不为你铲出一条路来的情况下，只为自己从雪堆中铲出一条路来。如果你认为他能够靠自己完成这活儿，为什么还要自找麻烦去帮他呢？

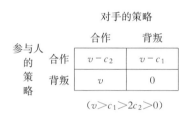

图 7.1 雪堆博弈

这一雪堆博弈由图 7.1 给出，其中描述了一个简单的两人对称博弈。每一方在两项策略中进行选择，"合作"（铲雪）和"背叛"（不铲雪）。那么对一位参与人来说有四种可能的结果：他和另一位参与人都选择背叛；他和另一位参与人都选择合作；他选择合作而另一位参与人选择背叛；以及他选择背叛而另一位参与人选择合作。令这些结果的效用值为 0、$v-c_2$、$v-c_1$ 和 v。这里 v 代表从雪堆中脱困，各方参与人获得的利益。假如至少有一位参与人选择合作，那么两人都获利。铲雪劳动导致的效用损失为 c_1——参与人不得不独自铲雪，和 c_2——参与人只需要完成一半的工作量。很明显，$v>0$ 且 $c_1>c_2>0$。我另外假定 $v>c_2$ 以及 $c_1>2c_2$。前一个不等式意味着如果双方参与人都选择合作，对他们来说结果会比如果他们都选择背叛时要更好。（与陷在雪堆中相比，做完一半的铲雪工作就能脱困更好。）后一个不等式意味着铲雪工作两个人做要比一个人做更有效率。

如果我们假定$v<c_1$,我们就有了一个具备令人感到熟悉的囚徒困境结构的博弈:[1]人们偏好相互合作而不是相互背叛,但是无论你的对手做了什么,你的最优策略都是选择背叛。用这个例子的话来说,独自铲雪的工作是如此困难,以至于双方司机都偏好待在陷入雪堆的车子里等待救援。在这种情形下,双方参与人预期能够搭便车(被另一名司机从雪堆里挖出来),显然是不合理的。

然而,我反过来假定$v>c_1$:从雪堆中脱困是如此的重要,以至于双方参与人宁愿自己一人完成全部的铲雪工作,也不愿意仍然陷在雪堆里。那么,雪堆博弈由如图7.1所示的效用指数来定义,且约束条件为$v>c_1>2c_2>0$。现在如果你确信你的对手会选择背叛,那么选择合作符合你的利益。正因为如此,参与人试图坚持不干活,要搭便车的想法可能是有道理的。

雪堆博弈具有和第4章所分析的鹰—鸽博弈(或是胆小鬼博弈)相同的基本结构。在鹰—鸽博弈中,两位参与人围绕着某种他们都想获得的资源之分割发生纠纷。选择"鹰"策略就是坚持要夺取全部的资源;选择"鸽"策略就是主张只要均分资源,并且如果对手要求更多就准备让步。选择"鹰"策略的代价是当两位鹰派参与人相遇时会发生一场战斗,而这对双方来说都是最糟糕的结果。在雪堆博弈中,两位参与人围绕某种他们都想**避免的**东西——即铲雪花费的劳力——之分割发生纠纷。选择"背叛"就是坚持不要这种坏东西;选择"合作"就是只付出其中一半的劳力,但是如果对手拒绝付出任何劳力,就准备让步,全部由自己担下来。选择"背叛"的代价是如果双方参与人都这么做,他们就一直陷在雪堆中,而这对双方来说都是最糟糕的结果。

因为这两个博弈共有着相同的基本结构,对于鹰—鸽博弈的分析大多能够沿用到雪堆博弈中。考虑雪堆博弈只进行一个回合的简单情形,而不是考虑某种扩展形式;并且假设某个社群中的成员重复进行该博弈,但是相互之间是匿名的。

如果人们觉得该博弈是对称的,那么存在着一个唯一且稳定的均衡。这是混合策略,以$(v-c_1)/(v-c_1+c_2)$的概率选择"合作"。应对遵循这一策略的对手,"合作"与"背叛"同样成功。这一均衡是稳定的,因为如果对手选择合作的概率有任何地提高,选择背叛就成为最优策略;反之则反是(参见第4.2节)。

在实践中,这类博弈持续进行,而参与人没有逐渐识别出某种非对称性——只要是标识性质的就可以,这似乎不太可能。如果人们觉得该博弈是非对称的,上一段落描述的混合策略就不再是一个稳定均衡。相反,存在着两个稳定均衡或者说是惯例。假设非对称性在于两个角色——A 和 B——之间的差别(或许 A 是首先被困的汽车的司机)。那么一项稳定均衡策略就是:"如果扮演 A,选择合作;如果扮演 B,选择背叛。"另一个则是:"如果扮演 A,选择背叛;如果扮演 B,选择合作。"(参见第4.5节)。

现在考虑雪堆博弈的一个扩展形式。同往常一样,我假定博弈由一系列的回合构成;每个回合之后,都存在着某个概率 π 会进行下一个回合。假设参与人全部都识别出角色 A 和 B 之间的某种非对称性。(我假定参与人的角色在一次博弈进行期间是固定的。)立刻很明显,"如果扮演 A,总是选择背叛;如果扮演 B,总是选择合作"和"如果扮演 A,总是选择合作;如果扮演 B,总是选择背叛"都是这一扩展博弈的均衡策略。如果我们允许存在某个非常小的概率,参与人会犯错,这些策略都是稳定的(参见第4.8节)。

然而,扩展博弈中有可能存在**其他的**稳定均衡。在雪堆博弈中,和囚徒困境博弈一样,双方参与人更偏好相互合作而不是相互背叛。正因为这样,一方参与人对另一方参与人说出如下的话是有意义的:"如果你会选择合作,那我也会选择合作;但是如果你不这么做,那么我也不这么做"。在囚徒困境博弈中,"如果你不这么做,那么我也不这么做",该陈述不那么像是一个威胁——表露出说话者关切的利益;如果他的对手将选择背叛,他选择合作什么也得不到。在雪堆博弈中,该陈述则是一个纯粹的威胁:说话者通过一个同时会伤害到自己和他的对手的行动威胁,坚持要达成一个相互合作的协定。然而这样的威胁是有意义的。扩展的雪堆博弈中的针锋相对策略可以被理解为一个相互合作的要约,正是以这样一种威胁为后盾的要约。一项针锋相对策略能够成为一个稳定均衡吗？

考虑我在扩展的囚徒困境博弈中提出的针锋相对策略 T_1（第 6.3 节）。出于该策略目的的考虑，一位在博弈开始时是信誉良好的参与人，假如当策略 T_1 规定他应当选择合作时，他总是这么做，他就可以一直保持他的良好信誉。如果在任何一个回合，当策略 T_1 规定他应当选择合作时他选择了背叛，那么他就失去了他的良好信誉；在接下来的一个回合中他选择合作，之后他就可以重新获得他的良好信誉。那么策略 T_1 就是："如果你的对手信誉良好，或者如果你没有良好信誉，选择合作。否则，选择背叛。"

假如存在着非常小的概率，参与人会犯错，并且假如 π 值十分接近于 1，结果就是 T_1 为扩展的雪堆博弈的一项稳定均衡策略。（更确切地说，必需 $\pi >$ $\max[c_2/v, c_2/(c_1 - c_2)]$。）该结果的证明与囚徒困境博弈中相对应的证明非常相似（第 6.3 节），我在附录中给出，作为证明更具一般性的结论的一部分内容。[2]

所以在扩展的雪堆博弈中，至少有两类截然不同的惯例有可能演化出来。一类惯例利用了博弈中的某种非对称性，并且规定当另一方参与人选择背叛时，一方参与人要选择合作。这可以被称为许可搭便车惯例：它们规定了以谁的付出为代价，谁可以搭便车。另一种可能性是互惠惯例。

从标准的个人视角来看，对这两类惯例的欲求程度是不一样的。假设每个人在他参与的博弈中，有一半的时候扮演角色 A，一半的时候扮演角色 B。那么在许可搭便车惯例之下，一位参与人在一次随机选择的博弈中，每个回合获得的预期效用为 $v - c_1/2$。[3]（无论是扮演 A 还是 B，他获得的收益为 v；有 0.5 的概率他会扮演要求承受效用损失为 c_1 的角色。）在互惠惯例之下，一位参与人每个回合获得的效用为 $v - c_2$。（他总是获得收益 v，且他总是承受效用损失 c_2。）由于根据假定 $c_1 > 2c_2$，很明显相较于许可搭便车惯例，每个人在互惠惯例之下生活得更好。尽管如此，无论是哪一项惯例，如果一旦确立起来，便具有自我持存性。假设我生活在一个许可搭便车惯例已经稳固地确立起来的社区里。

我的确希望每一个人会同时转而选择互惠惯例;但是我不能改变其他每一个人行为的方式。只要其他每一个人都遵循许可搭便车惯例,我的最佳选择是也遵循它。

两类惯例看起来都能在日常生活中找到。同事、邻里、家庭成员以及俱乐部成员之间琐碎工作的分配常常看起来是由许可搭便车的惯例来决定的。特定种类的工作必须要完成;我们都想要有人去完成它,但是没有人会愿意去做。我们都期望乔(Joe)自告奋勇,或许是因为这是乔总在干的那类活,或许是因为这回该轮到乔自告奋勇去做些事情了,或许是因为乔和现在提到的这件工作之间存在着某种特殊关系,这使得"让乔去做"成为唯一凸显的解决方案。因为我们都如此预期,坐视不管我们觉得很自在。乔预期到我们会坐视不管,所以他自告奋勇去做。举一个更具体的例子,假设你和你隔壁的邻居给屋前花园除草,两个花园之间没有篱笆。无论是自家还是邻居家的花园,你讨厌看到其中有任何一小块地面不整洁,如此讨厌以至于你宁愿亲自修剪你邻居家的草坪,也不愿看着它未被修整。自然你也会宁愿修剪你自家的草坪,也不愿看着它未被修整;而你欢迎你的邻居提供任何帮助,为你修剪你家的草坪。假设你邻居的偏好与你是对称的。那么这就是和雪堆博弈有着相同的基本结构的博弈。在大多数邻里之间,有一项简单且极为普遍的惯例来解决这种问题:各人自剪门旁草,莫管他家屋前地。

然而在其他情形中,似乎互惠惯例业已确立。拿雪堆的例子来说。我猜想大多数人,如果置于这种情境之中,都预期两名司机会分担工作——至少如果他们性别相同且都不是老弱病残的话。可能有人会反对说我的分析不能应用于现实生活中的雪堆博弈形式,因为我假定同样是这两个人,有可能相互进行博弈许多次。如果我们将两名司机陷于雪堆中的每个场合理解为是扩展博弈中的每个回合的话,该反对意见是强有力的。然而,将每一个这样的场合模型化为一整个扩展博弈——其中每个回合代表了参与人能够要么选择合作要么选择背叛的一个时间段(铲雪或者休息)——的话,那么我的分析就相当合乎实际了。从而针锋相对策略就有很重要的意义。陷入雪堆中,我拿出我的铲子开始铲雪,期望你能和我一起干。如果你不干,我就停止铲雪,以表明你不能指望搭便车。如果你确实和我一起干,我们就一块铲雪;但是如果你接下来试图浑水摸鱼,我也会停止干活。当休谟写下如下语句时,他的脑海里或许已经有了这种惯例,"两个人在一艘小船上划桨时,是依据某一协定或者约定行事的,虽然他们彼此从未向对方做出过这样的承诺"(1740年,第3卷,第2章,第2节)。[4]不管怎样,在划艇中的两人的情境可以恰当地模型化为扩展的雪堆博弈,而他们的合作行为可以被解释为他们都采取了互惠策略。

7.4 公共品博弈(The public good game)

在雪堆博弈中,对两名司机来说清理积雪是一件公共品:这是两名司机都想要得到的物品,并且,如果要为一人提供该物品,就必须同时为两人都提供该物品(参见 Samuelson, 1954)。只有当一名或者两名司机都选择承受某种成本的时候,才会提供这种物品。那么,雪堆博弈是有关通过自愿捐赠提供公共品的问题。[5]

在雪堆博弈中只有两位参与人,但是公共品通常使许多人受益。经济学家最喜爱的例子是灯塔。由于灯塔的全部意义在于它应当尽可能地被人们看到,一座灯塔向任何希望用它来引航的水手提供了帮助:如果它为了一名水手的利益服务,它就会同时为所有水手的利益服务。社区防卫,抵抗外来攻击是另一个众所周知的例子。①

自然资源的保护经常受到公共品难题的困扰。某一渔民社群在公共渔场

---

① 灯塔这个例子之所以在经济学家中比较著名,有两个原因:一是早期英国经济学的传统,在本书第1.2节的译者注中已经提及,从西季威克讨论外部性问题开始,就会提及灯塔这个例子;但更重要的原因则是萨缪尔森将其作为"公共品必须由政府提供"这一命题的例证。科斯(Coase, 1974)详细讨论过"灯塔"例子的起源,以及在英国历史上灯塔建造和管理的实际情况是如何的,参见:Coase, R.H., 1974, "The Lighthouse in Economics", *The Journal of Law & Economics*, 17(2):357-376。

捕鱼，以此为例。通过一项协定，限制每个渔民的捕鱼量以防止过度捕捞，每个人都有可能生活得更好；但是每个人更偏好的是，其他每一个人都遵守限制的捕捞量，他自己则可以放开手脚，肆意捕捞。在此，渔场是一件公共品，其产出品质需要通过对渔民个人行为进行约束才能得以维持；而约束对个人来说是有代价的。这是环境保护这个普遍性难题的一个例子，常常被称为"公地悲剧"（Hardin，1968）。①

休谟给出了这一难题的一个著名例子——尽管在休谟的例子里，利益攸关的是促进公地资源的使用问题而不是公地资源的退化问题：

> 两名邻人会同意排干一片牧场的积水——他们共有这片牧场；因为他们彼此间很容易知道对方的心思，并且每个人都必定意识到，他未能完成自己分内之事的直接后果，是整个计划会泡汤。但是要让一千个人同意任何一项这样的行动，是非常困难的，实际上是不可行的；对他们来说，要同心协力投入如此复杂的一项计划安排是很困难的，而要执行该计划就更加地困难；因为每个人都会找借口，让自己不必费钱费力，把担子全部推给别人。（1740年，第3卷，第2章，第7节）

两个邻人的例子看起来像是囚徒困境或者雪堆类型的一个博弈。休谟指出，在这类博弈中互惠惯例能够确立起来；但是如果参与人人数增加，合作就变得非常不可能。每个人都会试图"把担子全部推给别人"——搭便车。休谟提及了更深层次的难题——协调许多行为人的工作，但是我不确定这是不是像休谟所

---

① 本书作者对于"公共品"概念的理解和标准定义不太一样。既不是萨缪尔森定义的（尽管作者的确参考了他的文献）——即"非竞争性"和"非排他性"；也不是更为宽泛意义上那种与"公共事务"相关的物品。从作者将公共品和"公地"相提并论，以及本节的内容来看，他只是强调了公共品的一个特征：非排他性。再次强调，公共品和"公地"的概念不一样，"公地"是一种公共财(common property rights)，其不具有生产上的非竞争性。公共渔场就属于这类物品，多一个人捕捞和少一个人捕捞，其边际成本实际上不为零。

说的那样,属于难以解决的问题。如果我们将搭便车问题分离出来,并假设每个人都已经承诺说会为计划而付出自己的劳力,那么留给我们的就是一个协调博弈,每个人都为某项需要同心协力完成的计划而工作符合大家的共同利益;任何稍微有点合理的计划都比没有计划要好。不难想象出可以解决这类协调问题的惯例——最显而易见的是领导者惯例,某一特定的行为人担负起责任指挥每个人的工作。我认为,真正的问题在于首先要让人们做出承诺,保证为完成计划而工作。

在此是一个简单的博弈,模型化了自愿捐赠形式的公共品供给问题。我称其为公共品博弈。有 n 位参与人,n 可以取大于等于 2 的任意值。在一个回合或者非扩展形式的博弈中,每位参与人在两项策略中进行选择,"合作"或者"背叛"。令 r 表示选择合作的参与人人数。那么如果 $r=0$,每个人的效用值为零。如果 $r>0$,选择背叛的每个人效用值为 v,而选择合作的每个人效用值为 $v-c_r$。这里 v 代表每位参与人从某项公共品中获得的收益,仅当至少有一个人自愿承受某种成本的时候,该公共品才能生产出来;c_r 是在有 r 个自愿者的情形下,每个自愿者负担的成本。我假定 $v>c_n$,这样每个人更偏好每个人都选择合作的结果,而不是每个人都选择背叛的结果;并且 $c_1>2c_2>\cdots>nc_n>0$,这样自愿者的人数越多,公共品生产效率就越高。

首先考虑 $n=2$ 的情形——两人公共品博弈。这一博弈有两种形式,取决于 v 的值。如果 $v>c_1$,两人公共品博弈就和雪堆博弈完全一样;如果 $v<c_1$,它就变成囚徒困境类型的博弈。在这些博弈各自的扩展形式中,互惠惯例有可能演化出来:以对方选择合作为条件,双方参与人各自选择合作。相反,在扩展的雪堆博弈——但不是在扩展的囚徒困境博弈——中,许可搭便车的惯例有可能会演化出来:一位参与人选择合作,而其他参与人选择搭便车。在扩展的囚徒困境博弈——但不是在扩展的雪堆博弈——中,险恶惯例而不是某些互惠惯例有可能会演化出来:没有人选择合作。

这些结论也可以进行一般化,以适用于 n 人博弈。这里我仅仅概述一下能

够从扩展形式的 n 人公共品博弈的分析中,得出的最重要的结论;更多的细节在附录中给出。

在任何给定的公共品博弈的情形下,都有可能定义一个数字 m,代表在面对所有其他的参与人都选择背叛时,能够从相互合作的约定中受益的、最小参与人团体的规模。如果 $v>c_1$,那么 $m=1$;否则 m 定义为[6],使得 $c_{m-1}>v>c_m$。因此在两人博弈中 $m=1$ 与雪堆博弈相对应,而 $m=2$ 的博弈则有着囚徒困境的结构。说 $m=n$ 就是说人们指望能搭便车是不切实际的,因为在这样的情形下,如果知道即使只有一位参与人确定会选择背叛,其他人选择合作也是不符合他们的利益的。然而,如果 $m<n$,某一位参与人选择搭便车就是有可能的:他可能会选择背叛,并希望其他人会在他们之间达成某种约定,据此他们都会选择合作,即便他自己不选择合作。

有一个结论是相当明显的:假如 $m>1$,险恶策略,"在每个回合都选择背叛",是一个稳定均衡。(当我使用稳定性概念的时候,我总是假定参与人极其偶然地会犯错。)如果你确信,无论你做什么,其他每一个人都将选择背叛,你的决策取决于 v(你从公共品中获得的收益)和 c_1(独自提供公共品的成本)的相对大小。如果 $c_1>v$——就像是如果 $m>1$ 时必然会发生的情形那样,你的最优选择是和其他人一样选择背叛。扩展的囚徒困境博弈中的险恶策略,是这一类普遍的稳定均衡策略中的一例。

假如 π——在给定的任意一个回合后进行接下来的一回合的概率——十分接近于 1,则存在着另一类稳定均衡策略。这对应于如下这种分为两部分的惯例类型。每项惯例的第一部分定义了参与人 A 的某个集合,他们有责任提供公共品。在此,A 包含至少 m 位参与人是至关重要的,这样在面对其他人搭便车的时候,相互间选择合作才是符合这些参与人的利益的。惯例的第二部分规定了在这些有责任提供公共品的参与人之间进行互惠合作。实质上,这些参与人中每个人都采取了某种针锋相对策略,据此,当且仅当所有其他人也选择合作的时候,他才选择合作。

这类惯例的一个特殊情形是所有 n 位参与人都对提供公共品负有责任。雪堆博弈和囚徒困境博弈中的针锋相对策略是这类惯例的例子。另一个特殊情形是只有一位参与人有责任提供公共品;那么这一位参与人在每个回合中就只是选择合作。雪堆博弈的"许可搭便车"惯例就是例子。如果有超过两位参与人负责提供公共品,就会存在处于这两个极端之间的惯例,规定不止一位参与人,但少于全部的参与人,通过互惠合作的约定来提供公共品。

为什么这样的惯例是稳定均衡呢?这一问题在附录中会有更详细的回答,但是在此有一个简短的回答。假设你正在进行公共品博弈,并且你知道你的 $n-1$ 位参与人同伴们全都遵循我所描述过的那类惯例中的某项特定惯例。那么如果该惯例允许你选择搭便车,选择合作就没有意义:不管怎样都会有人为你提供公共品。相反如果你是有责任提供公共品的人们中的一员,你知道从长远来看,负责提供公共品的其他人不会选择合作,除非你也选择合作。由于你宁愿选择与他们合作,也不愿看到每个人都选择背叛,选择合作符合你的利益。

那么原则上来说,通过许多自利的个人——每个人都奉行互惠合作的针锋相对策略——的自愿捐赠来提供公共品就是相当有可能的。[7]然而在实践中,互惠合作惯例有可能会随着合作者人数的增加而变得越来越脆弱。

一个问题是如果一项惯例要起作用,其必须是相当明确的,并且不那么复杂以至于人们理解起来有困难。原初的针锋相对策略(第 6.2 节)的美妙之处,其中之一就在于它简单之极。甚至一个扩展的囚徒困境博弈中最愚笨的参与人,如果他的对手始终如一地遵循针锋相对策略的话,最终也肯定会懂得这一策略的逻辑。[在阿克塞尔罗德锦标赛中,这一策略的成功(第 6.4 节)表明甚至是最迟钝的计算机程序也能懂得它的逻辑。]在理论上存在一种令人满意的方式,针锋相对的原则能够进行一般化处理,适用于许多行为人的情形;但是其原初具有的简单性,其中某些部分就丢失了。

或许当一项惯例规定一组参与人有责任提供公共品,允许其余的人搭便车的时候,最为严重的模糊性的根源问题便出现了。如果参与人不是全都以相同的方式来理解该惯例的话,合作就有可能完全崩溃。假设博弈中除了一人之外,所有参与人都相信存在着一项惯例,规定某个特定的参与人 A 的集合有责任提供某种公共品:集合 A 中的每个成员应当选择合作,假如其他人也这么做。令独行其是者为参与人 i,并假设他相信某个不同的集合——参与人 A' 的集合——有责任提供公共品。如果 i 不是集合 A 的一员就没什么问题,因为无论 i 做什么,集合 A 的参与人都能够在他们之中确立起互惠合作的做法。但是假设 i 确实是集合 A 的一员。那么如果 i 不是集合 A' 的一员——如果 i 相信该惯例允许他选择搭便车,那么互惠合作就不能确立起来。根据这种信念采取行动,他会坚持选择背叛;在其他 A 参与人看来这属于一种不正当的背叛行为,对此他们会选择背叛作为报复。如果集合 A' 不是集合 A 的子集(如果有任意一位参与人,i 相信他有责任提供公共品,但是其他人都不这么认为),那么互惠合作也不能确立起来。在这一情形下,另一位参与人做出了在 i 看来属于不正当的背叛行为,i 会选择背叛作为报复;然后其他 A 参与人会对 i 的背叛做出报复——选择背叛,在他们看来,i 选择背叛是不正当的。

这一危险性有多严重?似乎取决于两个主要因素——集合 A 中参与人的人数,和定义集合 A 的惯例之模糊性或者明确性。

就人数而言,很明显负责提供公共品的参与人 A 的集合人数越多,惯例就越容易出问题。假设在任何博弈中都有一种关于惯例的"真正"理解,但是每位参与人都有很小的几率——比方说 0.05——误解惯例。如果所有集合 A 的成员都正确理解了惯例,那么就能达成互惠合作的约定。(在其他境况下互惠合作也有可能达成,但那只是由于运气好而出现的意外结果而已。)如果集合 A 的参与人人数为 q,那么所有 A 参与人都正确理解惯例的概率为 0.95^q。如果 $q=1$,这一概率为 0.95;如果 $q=10$ 则为 0.60;如果 $q=50$,概率只有 0.08。(在休谟的例子里,如果 $q=1\,000$,概率低于十垓分之一![1])这似乎暗示,如果针锋

---

[1] 原文为"one in a thousand million million million",即 $1/10^{21}$,10 的 20 次方为"垓"。

相对惯例要在公共品博弈中演化出来,有责任提供公共品的参与人人数可能相对来说要很小。

对于这一点,可能有人会反对说,模糊性的缺乏与凸显性相关,对于集合 A 最凸显和最明确的定义是包含**全部的**参与人。规定每个人都选择合作,条件是其他每一个人也都选择合作,这样一项惯例当然可以说是如此简单明了,以至于误解的问题很难出现。我认为,对于纯数学形式的博弈来说,这是正确的。但是在现实生活中,整整齐齐地定义好 n 个潜在合作者的集合,公共品难题不可能以这样的形式出现。假设住宅区的一块公共开放场地垃圾遍地,只能依靠人们自发劳动来清理。这是一个 n 人公共品博弈,但谁是这 n 个参与者?令参与人为住所距离这块开放场地相对来说比较近的人,或者最频繁使用这块地方的人,以此来定义该博弈似乎是很自然的;但是如下这些问题,"有多近?"和"使用有多频繁?",或许没有显而易见的答案。涉及一个特定的参与人集合,以此来定义这个博弈,然后说"每个人都选择合作,条件是其他每一个人也都选择合作"的惯例是唯一凸显的,我们就是在假设"定义一个有责任提供公共品的行为人的集合"这一难题已经解决了。在现实生活中,这一难题只能通过惯例来解决,而一项成功的惯例必须基于某种能够适用于许多不同背景下的一般性规则。要想出任何一个具有一般性的、简单的并且防止欺诈的规则,来规定哪些行为人应当负责提供哪些公共品,是极其困难的。

这一难题在许多方面与北海分割相似(第 5.1 节)。后者是一个 n 位参与人的分割博弈;参与人集合很清楚是世界国家的**某个**子集,但不清楚是**哪个**。这个问题通过一个明确的惯例来解决,将海床的各部分分别分配给单独一个国家——距离最近的国家。这一解决方案的凸显性部分来自我看来是无法忽视的事实:数字 1 在正整数集合中独一无二的凸显性。与之相似地,在公共品博弈中是这样一项惯例,规定每一样公共品应当仅由一个人付出努力来提供,通过诉诸人与物之间的某种关系——相邻关系或者特殊联系——来确定这个人。正如在我有关雪堆博弈的讨论中所指出的那样(第 7.3 节),这样的惯例在日常生活中相当常见。但是只有当独自提供物品符合一个人的利益的时候,这些惯例才能发挥作用,而对许多公共品来说情况并非如此。

这些难题与一个更深层次的难题结合在一起。互惠合作的惯例能够发挥作用,是因为选择退出不符合任何合作者个人的利益:他知道如果他选择背叛,其他每一个人也会选择背叛,给定这一知识,他偏好不选择背叛。在该博弈的纯数学形式中,很容易构想出在此意义上是稳定的惯例。但是在现实生活中会怎么样呢?

任何规定谁应当负责提供一项公共品的实际惯例必定是粗枝大叶但管用的惯例;确实,不经雕琢常常是使得惯例凸显并且明确的一个重要因素(参见第5.5节)。因此就有可能会出现这样的情形,一项惯例规定某一特定的个人应当加入一项合作约定,生产一样公共品,而当时这一物品的价值对他来说要小于如果他选择合作需要承受的成本。那么他的同伴们的针锋相对的威胁事实上根本构不成威胁:在知道他的背叛会毁掉整个计划安排的情况下,他更偏好选择背叛。对于这一问题的解决方案似乎是这样一项惯例,用捐赠者团体中那些捐赠者的偏好来界定该团体的惯例;但毫无疑问这样的惯例无法防止欺诈。正如同样是这一问题的一个例子,想一想每个人照料他自己的花园的惯例。假设有一个人真的不关心他的花园看上去会怎样,所以选择让它野草丛生、垃圾遍地。或许他的邻居中有些人实际上更偏好在他们之间达成一项合作约定,据此他们来照料那个遭人厌恶的花园——只不过是为了保护他们自身财产的价值。但是他们不这么做,因为他们知道如果他们这么做了,他们所有其他的邻居会开始表示出一种对"脏乱差"的热爱。

7.5 惯例是脆弱的吗?

当然,所有惯例都会出现这类难题。然而在大多数情形中,使得在一个社群范围内进行合作之计划安排的惯例不会由于仅仅一个或一些行为人误解了惯例,或者一个或一些行为人具有异乎寻常的偏好,就毁于一旦。以协调问题的情形为例,像货币的使用,或者在十字路口决定谁给谁让路的问题。当其他每一个人都使用美元的时候,如果有少数怪人拒绝使用除了法国法郎以外的任何货币来进行交易,他们会偶尔激起社群中其他人的恼怒。当其他每一个人都给予从右侧驶来的车辆以优先权的时候,如果有少数司机给予从左侧驶来的车辆以优先权,偶尔就会出现严重的后果。但是无论在哪一种情形下,惯例本身都没有遭受严重威胁:使用美元和给予从右侧驶来的车辆以优先权仍然是符合其他每一个人的利益的,所以尽管有独行其是者的存在,大多数人仍能够继续相互合作。当个人之间的博弈仅仅涉及少数一些参与人的时候,公共品博弈同样也是如此。想一想我的花园例子。如果少数一些人乐意让他们的花园一团糟,他们对自己的近邻施加了成本;但是只要大多数人想让他们自己的花园干净整洁,"每个人照料他自己的花园"这一惯例就会允许大多数人较好地容忍大多数其他人,相互合作。无论何时,只要社会交往行为能够被分解为数目众多的不同的博弈,每个博弈只涉及少数一些参与人,独行其是者就不会造成特别严重的问题。

即便在涉及许多参与人的博弈中,合作安排也不必然会由于独行其是者的行为而易于遭受破坏。以互助博弈为例(第7.2节),其可以在许多行为人之间进行。在这一博弈中并不是所有参与人都能获得合作的收益,只有那些真正选择合作的人才能得到利益。假设一个大社群中有一个人拒绝加入一个互助约定,总是拒绝帮助任何有需要的人。那么其他每一个人可以继续相互帮助,一个人的背叛行为只会使得大家的生活稍稍有些变坏;而对背叛者的惩罚是没有人会帮助他。

行为人能够通过合作行为而收益,许多这类情境都具有互助博弈——而不是公共品博弈——的结构。在互助博弈中,那些选择合作的人能够排除其他人享有他们的合作约定带来的利益;这些约定本质上是**俱乐部**(参见 Buchanan,1965)。大量自愿的合作行为在俱乐部内部发生。想一想在组织体育、休闲以及娱乐活动方面,俱乐部的重要性;或者由互惠的自助组织来满足福利服务方面日益增长的需求趋势,例如匿名戒酒协会(Alcoholic Anonymous)①、姜饼互助会(Gingerbread,单亲家庭协会)②或者多发性硬化症协会(Multiple Sclerosis Society)③(参见 Kramer,1981,p.211;Johnson,1981,pp.76-77)。尽管法律与秩序通常被认为是典型的公共品,但即便是某些基本的警察服务,由俱乐部来提供也是有可能的。想一想当正式的警察部队失去控制,受到小股罪犯劫掠的那些社区。通常的反应是建立义务警员组织。由于义务警员能够**选择**他们保护的对象:如果一个人受到攻击,能够选择是否去帮助他;或者如果未能帮助他,则选择是否去抓捕攻击者并获得赔偿。这种情境具有互助博弈的结构。在国际事务中,军事同盟所服务的目标与那些义务警员组织类似。所以在自然状态下可能存在合作约定来施行产权惯例。[8]

多人公共品博弈的特别之处在于任意一位参与人的合作行为所带来的利益由所有参与人享有——合作者和背叛者都一样。正是这一点使得合作如此难以组织起来。每个潜在的背叛者只能通过这样的威胁来阻止,如果他选择背叛,整个合作计划安排就会垮掉:没有人会相互合作。这意味着该计划安排**必须是脆弱的**:除非它会被任何独行其是者——当计划安排的规则规定他应当选择合作时他拒绝合作——毁于一旦,否则该计划安排就根本不可能行得通。

这似乎暗示着:如果每个人都追求他自身的利益,真正的公共品通过牵涉到许多行为人的合作约定生产出来,这几乎是不可能的。(几乎不可能,但不是完全不可能:有可能没有独行其是者来破坏约定。)但这给我们留下了一个谜。正如我在第1.2节中指出的,有些公共品确实是通过许多行为人的自愿奉献行

---

① 一个国际性的互助戒酒组织,成立于1935年。到2016年为止,其成员大约有200万人。

② 这是一个在英格兰和威尔士地区的慈善互助组织。《哈利·波特》的作者、著名作家J.K.罗琳(J.K. Rowling)目前就是该组织的负责人。

③ 多发性硬化症是最常见的中枢神经系统免疫疾病。到2015年为止,全球大约有230万人患有此病,同时约有18 900人死于该疾病。目前许多国家成立了针对该疾病的慈善性组织。

为而得以支付的。以英国救生艇服务的情形为例,⁹ 其是通过成千上万捐赠者的捐助获得资金的。由于大多数捐赠者甚至都不知道其他捐赠者的身份,这就不可能是针锋相对惯例的情形。我认为,基于任何合理的利益定义,对救生艇服务的开支进行捐赠的人都是采取了与其自身利益相悖的行为:**他自己从他的捐赠**中获得的任何利益,毫无疑问都是微不足道的。那么为什么还有人要进行捐赠呢?①

我相信,如果我们要回答这一问题,我们必须承认,出于某种道德义务的情感,或者如森(Sen, 1977)所指出的,某种"信守承诺"的情感,个人有时候会选择采取违背他们自身利益的行为。在最后两章我将论证在自发秩序中,除了由于符合每个人的利益而得到遵循的一组惯例集合外,还包含着更多的内容:这些惯例很可能得到一套道德体系的支持。我认为,自发秩序具有道德维度。

7.A 附录:囚徒困境博弈、雪堆博弈和公共品博弈中的针锋相对策略

扩展的公共品博弈定义如下。有 n 位参与人,其中 $n \geq 2$,进行一系列回合的博弈;在每个回合结束后,都有 π 的概率会进行下一个回合。每个回合每一方参与人在两个着数中进行选择——"合作"或者"背叛"。如果至少有一位参与人选择合作,每个选择合作的人得到的效用为 $v-c_r$,其中 r 表示选择合作的参与人人数;每个选择背叛的人得到的效用为 v。如果没有人选择合作,每个人的效用为零。假定 $v>c_n$,且 $c_1>2c_2>\cdots nc_n>0$。数字 m 做如下定义,使得如果 $v>c_1$ 则 $m=1$,否则 m 使得 $c_{m-1}>v>c_m$。(为了简化分析,我没有考虑 v 正好等于 c_1, $\cdots$, c_n 中的某一个数值的可能性。)扩展的雪堆博弈是 $n=2$

---

① 这个问题在作者最新的著作中有了进一步的解答,参见:Sugden, Robert, 2018, *The Community of Advantage: A Behavioural Economist's Defence of the Market*, Oxford: Oxford University Press.简言之,公共品问题的解决是一个制度设计问题,关键之处在于将"公共利益"和"私人利益"紧密结合在一起。

且 $m=1$ 的特殊情形。扩展的囚徒困境博弈是 $n=2$ 且 $m=2$ 的特殊情形。

我假定扩展的公共品博弈在某个社群中是重复但匿名进行的;每次博弈从该社群中随机抽取 n 位参与人。我还假定参与人的角色之间存在着某种非对称性,使得有可能在每一次博弈中将某个参与人团体识别为"A 型",剩下的识别为"B 型"。并且我假定在每次博弈中 A 型参与人的人数总是一样的,这一数目为 q,其中 $n \geq q \geq m$。注意,这一式子包括了一种极限情形,即**所有参与人都为 A 参与人**的情形。

首先考虑险恶策略 N:"无论你是一名 A 参与人还是 B 参与人,在每个回合都选择背叛。"假如 $c_1 > v$,很明显这是一项稳定均衡策略。(在这整一篇附录中,我通过假定在每个回合中每一位参与人都有非常小的概率会犯错,来定义稳定性。)

现在考虑如下的互惠策略,我称为 R_1。其核心思想是,当每一位 A 参与人选择合作的时候,假如所有其他的 A 参与人都这么做,B 参与人就会选择背叛。该策略依赖于仅适用于 A 参与人的"信誉良好"的概念。在博弈开始时,所有 A 参与人都被当作是信誉良好的。只要 A 参与人在每个回合都按照策略 R_1 所规定的那样选择合作,他就能维持良好信誉。如果当 R_1 规定他选择合作的时候他选择了背叛,他就失去了他的良好信誉;但是只要他在接下来的一个回合中选择了合作(因此"R_1"的下标为 1),他就能够重新获得他的良好信誉。那么 R_1 定义如下:"如果你是 B 参与人,在每个回合都选择背叛。如果你是 A 参与人,假如所有其他的 A 参与人都信誉良好,那么就选择合作。如果你自己没有良好信誉,也选择合作。否则,选择背叛。"

在雪堆博弈的特殊情形中,如果我们设定 $q=1$,策略 R_1 便化约为许可搭便车的策略;如果我们设定 $q=2$,便化约为针锋相对的策略 T_1。在 $m=n=2$ 的囚徒困境情形中,需要 $q=2$。那么 R_1 再次化约为针锋相对的策略 T_1。

对于一般性的公共品博弈而言:假如 π 十分接近于 1,任何策略 R_1 都是一个稳定均衡。以下是一个简要证明。

假设你正在进行扩展的公共品博弈,并且你知道你那些 $n-1$ 位参与人同伴们全部都在遵循策略 R_1。你正要进行第 i 个回合。假定,到目前为止无论发生过什么,在余下的博弈中发生任何错误的概率是如此之小,以至于忽略不计也不会有影响。

首先假设你是 B 参与人。那么你知道至少有一位 A 参与人会在回合 i 选择合作。(如果所有 A 参与人都信誉良好,那么他们都会选择合作;如果有一位或者更多的 A 参与人信誉不好,没有良好信誉的参与人会选择合作。)所以你的最佳着数必定是选择背叛:无论你是合作还是不合作,公共品都会得到提供,所以为何要选择合作?

现在假设你是 A 参与人。一种可能性是 $q=1$:你是唯一的 A 参与人。那么无论你做什么,其他每一个人都会选择背叛。由于根据假定 $q \geq m$,很明显 $m=1$,或者等价地,$v > c_1$。这要求你在回合 i 的最佳着数是选择合作。

相反假设 $q > 1$:你不是唯一的 A 参与人。那么有四种可能情形:

1. 你和所有其他的 A 参与人都信誉良好。
2. 你没有良好信誉,但是所有其他的 A 参与人都信誉良好。
3. 你没有良好信誉,并且至少有一位其他的 A 参与人也没有良好信誉。
4. 你信誉良好,但是至少有一位 A 参与人没有良好信誉。

在情形 1 下,你知道所有其他的 A 参与人都会在回合 i 中选择合作;在接下来的每个回合,他们都会以针锋相对的方式来重复你前一回合的着数。利用阿克塞尔罗德的论证(第 6.2 节),如下的出着序列中必定有一组是最优反应:要么是合作,合作,……;要么是背叛,背叛,……;要么是背叛,合作,背叛,合作,……。结果是"合作,合作,……"成为最优反应,如果下式成立:

$$\pi > \max\left[\frac{c_q}{v}, \frac{c_q}{c_1 - c_q}\right] \tag{7A.1}$$

如果 π 十分接近于 1，情况必定就是如此。从现在开始我假定(7A.1)式成立。

在情形 2 下，你知道所有其他的 A 参与人都会在回合 i 中选择背叛；在接下来的每个回合，他们都会以针锋相对的方式来重复你前一回合的着数。你的最优反应必定要么是"合作，合作，……"，要么是"背叛，背叛，……"，要么是"合作，背叛，合作，背叛，……"。假如(7A.1)式成立，那么结果就是"合作，合作，……"成为你的最优反应，如果：

$$\pi > \frac{c_1 - v}{c_1 - c_q} \tag{7A.2}$$

如果 π 十分接近于 1，情况必定就是如此。从现在开始我假定(7A.2)式成立。

在情形 3 下，你知道在回合 i 中所有信誉良好的 A 参与人都会选择背叛，而所有那些（除你之外）没有良好信誉的 A 参与人则会选择合作。因此如果你现在选择合作，回合 $i+1$ 会成为情形 1 的一种情况；如果你现在选择背叛，那么回合 $i+1$ 会成为情形 2 的一种情况。无论是哪一种情况，你在回合 $i+1$，$i+2$，…的最佳着数都是"合作，合作，……"。给定你从回合 $i+1$ 开始都会选择合作，假如 $\pi > c_s/(c_1 - c_q)$，其中 s 表示包括你在内的、在回合 i 开始时没有良好信誉的 A 参与人人数，那么你在回合 i 的最佳着数就是"合作"。当 $s=2$ 时（亦即，s 的最小可能值），$c_s/(c_1-c_q)$ 达到最大值，所以"合作"必定是最佳着数，如果：

$$\pi > \frac{c_2}{c_1 - c_q} \tag{7A.3}$$

如果 π 十分接近于 1，情况必定就是如此。从现在开始我假定(7A.3)式成立。

最后，考虑情形 4。在这种情形下，你知道没有良好信誉的参与人（们）会在回合 i 中选择合作，所以无论你是选择合作还是背叛，得到的收益都是 v。由于 R_1 并不要求你选择合作，即便你在回合 i 选择背叛，你也会保持你的良好信誉；因此你的最优行动就是选择背叛。

所以概括而言，在情形 1、2 和 3，你在回合 i 的最佳着数是"合作"；

在情形 4,你的最佳着数是"背叛"。这正是策略 R_1 所规定的。因而 R_1 是其自身唯一的最优反应:它是一项稳定均衡策略。当然,这是基于以下条件,π 值如 (7A.1)—(7A.3)式所定义的那样足够地大。由于 $c_2 \geqslant c_q$,这些条件式可以简化为单一一个条件式:

$$\pi > \max\left[\frac{c_q}{v}, \frac{c_2}{c_1-c_q}, \frac{c_1-v}{c_1-c_q}\right] \tag{7A.4}$$

在(扩展的)雪堆博弈中,许可搭便车策略成为一个稳定均衡是该证明的一个特殊情形。在(扩展的)雪堆博弈和(扩展的)囚徒困境博弈中,针锋相对策略 T_1 成为一个稳定均衡也是该证明的一个特殊情形。对雪堆博弈而言,$q=2$ 且 $v>c_1$,所以使得 T_1 成为一项稳定均衡策略的 π 的限制条件为:

$$\pi > \max\left[\frac{c_2}{v}, \frac{c_2}{c_1-c_2}\right]$$

这是我在第 7.3 节业已陈述的结论。对囚徒困境博弈而言,$q=2$ 且 $c_1>v$,所以限制条件为:

$$\pi > \max\left[\frac{c_2}{v}, \frac{c_2}{c_1-c_2}, \frac{c_1-v}{c_1-c_2}\right]$$

我们可以通过作一些替换,$v=b$,$c_1=b+c$ 以及 $c_2=c$,来重复囚徒困境博弈的互访博弈形式——这一形式在图 6.1 中给出,并且在第 6 章进行了讨论。那么 π 的限制条件简化为 $\pi>c/b$,第 6.2—6.3 节证明了这一结论。

注释

1 经典的囚徒困境博弈在第 6 章的注释 3 中做了描述。如果我们设定 $w=0$、$x=v-c_2$、$y=v$ 且 $z=v-c_1$,然后加上限制条件 $c_1>v>c_2>0$ 和 $c_1>2c_2$,那么囚徒困境博弈就完全等价于雪堆博弈。

2 对应于 T_1 的一项策略——亦即,"如果你的对手信誉良好,或者如果你没有良好信誉,选择'鸽'策略;否则,选择'鹰'策略"——能够被定义为鹰—鸽博弈的策略。但是在提出鹰—鸽博弈时我使用了特殊的效用值,结果无论 π 值多么接近于1,这一策略都不是一个稳定均衡。当 $v=4$、$c_1=2$、$c_2=1$ 时,我的鹰—鸽博弈形式等价于雪堆博弈;这使得

$\max[c_2/v, c_2/(c_1-c_2)]=1$。

3 在此我假定犯错的概率十分地小,以至于无关紧要。

4 麦凯(Mackie,1980,pp.88-89)对休谟的划船例子提出了两种不同的解释。根据其中一种解释,划船者的问题仅仅是协调他们划桨的节拍(或许每个划船者都有一把船桨);这是一个纯协调博弈。根据麦凯的另一种解释,这是一个囚徒困境博弈,参与人采取了针锋相对策略。

5 泰勒和沃德(Taylor and Ward,1982)拓展了胆小鬼博弈,来模型化公共品自愿供给的思想;正如我在第7.3节所指出的,雪堆博弈是胆小鬼博弈的一种形式。

6 为了简化论述,我忽略了 v 可能正好等于 $c_1,\cdots,c_n$ 其中一个数值的可能性。

7 以这种方式提供公共品的模型,由泰勒(Taylor,1976年,第三章)和格特曼(Guttman,1978)提出,此外还有其他人也提出过这类模型。

8 这一思想由诺齐克提出(Nozick,1974年,第二章)。

9 假如救生艇人员准备毫无人性地只救助那些缴纳过捐助金的人,那么救生艇服务毫无疑问能够基于俱乐部原则组织起来。但是根据救生艇服务实际执行的原则,其救助生命的行为给任何在海边的人都带去了好处。

8 自然法①

8.1 作为自然法的惯例

在前面的章节中我业已阐明自发演化的、且一旦确立便自我施行的规则如

---

① 在这一章中,作者主要想论证一个观点:惯例具有道德属性。也正是在这一章中,作者全方位地展现了自己作为一名"休谟主义者"的特色。他的道德论基本上秉持休谟的理论(但也有分歧,参见第9章第1节),即道德情感论。在这里,作者使用了"自然法"这个含义颇为复杂的概念,其所指与传统的道德哲学和法学的"自然法"不太一样(本章后文中作者自己也指出了这一点)。惯例作为一种"自然法",作者主要想强调其两个特征:(1)惯例是自发——自然而然地——演化出来的,不是人为设计的;(2)惯例具有超越世俗利益的"约束力",即道德的约束力。但是必须注意,作者的道德论存在一个疏漏:他将"道德判断"和"道德"本身混淆了。就像作者引用休谟那个著名的道德命题,"道德的区别并非经由理性推导得出"(《人性论》第3卷,第一章,第一节标题),"道德的区别"是区别德与恶,这是道德判断,而非道德本身。休谟通过他的二分法——"休谟之叉"(Hume's fork),巧妙地将道德哲学本体论问题,也就是道德形而上学问题悬置了。但是在作者这里这个问题却被忽视了。作为对于"事实问题"(matters of fact)的判断,一切判断都必须诉诸情感,这是确实无疑的。这就好比当我们谈论什么是"美"的时候,如果你只着眼于事实判断,那么你能想到的就是美的艺术品、美的景色、美的食物以及美的人,所有这些无一例外地皆诉诸你的感官、你的情感。但是倘若我们反思"美"本身时,会发生什么呢?这时"观念的问题"(relations of ideas)就浮现了,这是理性主宰的领域,上述所有的情感判断,如果不经过理性的处理,其材料也无法进入这个领域。美学是如此,道德哲学亦是如此,事实层面的道德判断和观念层面的道德推理都是必需的。所以康德在休谟之后,补上了"道德形而上学的奠基"。译者曾和作者关于这个问题讨论了许久,最终作者承认存在这个问题,也认同了译者提出的,"休谟与康德,二者的道德论是互补关系而不是对立关系"这一主张。并且,作者本人最近这些年也不再那么强调"反理性"的立场。但同时作者坚持认为,他讨论的不是道德整体,而只是其中的一部分——围绕惯例成长起来的道德,就惯例的道德属性来说,谈及道德判断这一层面已经足矣;道德形而上学不是经济学和博弈论分析所能涉及且需要涉及的领域。对于这一点,译者表示部分同意。

何能够规制社会生活。这些规则就是惯例。

我已经做出分析的惯例可以归为三个大类。第一类由协调惯例构成——我在第 3 章中考察的那类惯例。这些惯例通过重复进行的纯协调博弈演化而来——像谢林的会面博弈；或者从交通博弈或"领导者"类型的博弈中演化出来，在这些博弈中参与人之间的利益冲突程度相对较低。社会生活中这些惯例的典型例子是：道路上"靠左行驶"（或者"靠右行驶"）的规则以及"让路"规则；货币的使用；度量衡；市场交易地点和交易时间；以及语言。

第二类由我所称的产权惯例构成——我在第 4 章和第 5 章中考察的那类惯例。这些惯例通过重复进行的鹰—鸽类型博弈或者胆小鬼类型博弈演化而来，或者从相关的博弈——诸如消耗战和分割博弈——中演化出来。在所有这些博弈中参与人之间存在着真正的利益冲突：他们围绕某样他们都想要、但又不能都拥有的东西发生了争议。这样东西可能是一种物质实体，像弗里德曼的 20 美元例子（第 5.1 节），或者是一个机会，例如使用公共电话或火车上的一个座位，或者是乘他人为提供公共品而进行捐赠之际搭便车的特权。社会生活中这些惯例的典型例子是："谁发现谁拥有"的规则；"取得时效"（prescriptive rights）原则（亦即，通过长期占有或使用而取得权利的原则）；在劳动争议中"风俗习惯"的重要性；排队；以及每个人都有责任保持他自家前院整洁的原则。

最后一类由互惠惯例构成——我在第 6 章和第 7 章中考察的那类惯例。这些惯例通过重复进行的互访类型博弈或者囚徒困境类型博弈演化而来，或者从相关的博弈——诸如互助博弈、雪堆博弈和公共品博弈——中演化出来。在这些博弈中，行为人在"合作"和"背叛"两项策略之间进行选择；选择"合作"的行为人违背了他当前的利益，但是这么做他为别人带来了利益。互惠惯例规定行为人应当选择与那些同他们合作的人合作——但是不与其他人合作。这类惯例能够在如下这些实践做法中发现，相互克制（如果你尊重我的利益，我就尊重你的利益）、互助（如果在我需要你的时候你帮助我，我就在你需要我的时候帮助你）、交易与交换（如果你信守你的承诺，我就信守我的承诺）以及为提供公共品而做出的捐赠(如果你捐赠那些对我们大家都有益的物品,我也进行捐赠)。

在行为人存在利益冲突的情境下,这些惯例规制了他们之间的交往行为。(利益冲突在产权惯例和互惠惯例的情形中最明显,但是在许多演化出协调惯例的博弈中也存在着某种利益冲突。只有在纯协调博弈的特殊情形下,行为人才完全只有共同利益。)在利益冲突的情境下,我们往往会求诸正义观念;在严重冲突的情形下,我们可能会诉诸公堂。因此惯例具备了某种与实在法(即,由某个权威机构,诸如议院、国会或者国王颁布的法律)相同的功能;但是实在法是有意识的人类设计的产物,而这些惯例是通过利益冲突的行为人之间重复进行的交往行为自发演化出来的。在这个意义而言,协调、产权和互惠惯例是自然法。

在这样说的时候我是——就像许多其他观点一样——在遵循休谟的思想。我相信,我所给出的惯例演化的阐述本质上和休谟关于正义起源的阐述是一样的——充实了更多细节并用博弈论语言做了形式化处理。休谟认为正义是一种德性,"为了应对人类所面临的境况和需要而采用的技艺和设计,通过这些手段产生的德性引发了快乐和赞许"(1740 年,第 3 卷,第 2 章,第 1 节),由此他的意思似乎是说正义原则乃社会惯例:我们的正义感不是与生俱来的,如我们的"自然感情"(例如我们对于亲生骨肉的感受)那样。休谟提出这一观点的方式是说正义是一种"人为的"而非"自然的"德性。但是:

> 当我否认正义是一种自然的德性时,我使用"自然的"一词,仅仅只是作为"**人为的**"反义词。在该词的另一种意义下而言,正如人类心灵中没有任何原则会比德性的情感更为自然,所以也没有任何的德性会比正义更为自然。人类是一个善于创造的物种;当一项发明普遍获得承认且是绝对必要的时候,我们就可以恰如其分地说它是自然的,如同未经思想和反省的介入,直接由最初的原则生发出来的任何对象一样。尽管正义的规则

是**人为的**,它们却不是**任意的**。称其为**自然法**,这样的表述也并无不当……(1740年,第3卷,第2章,第1节,着重标记为休谟原文所加。)

注意,对休谟而言,正义是一种**德性**。我们的正义感是通过追求自身利益的行为人之间重复进行的交往行为演化而来;但它是一种**道德**情感:我们相信我们应该恪守"自然法"。用休谟的话来说,我们"把德性的观念附于正义"(1740年,第3卷,第2章,第2节)。

从这方面而言,应当将休谟的自然法概念与政治理论家讨论甚多的另一个概念区分开来,即托马斯·霍布斯的《利维坦》(1651)中的自然法概念。霍布斯坦然地以每一名行为人追求他自身利益作为出发点开始他的论述。对霍布斯而言,自然法是一套规则体系,遵循它符合每一名行为人的利益,仅此而已。我必须承认,到目前为止我的理论进路本质上来说属于霍布斯主义的。我业已论证,惯例是稳定的,因为它们一旦确立,恪守惯例符合每个人的利益。关于在自然状态下合作的可能性,我比霍布斯更加乐观,但是我的出发点和他一样。(霍布斯的理论与本书所提出的那些理论之间存在的相似性,我将在附录中讨论。)然而,我现在希望遵循休谟的思想,认为自然法对我们而言能够逐渐具有道德力量。容我澄清,我不是想要给出一种道德论证:我不是要论证我们应该根据自然法行事。我要论证的是我们倾向于相信我们应该根据自然法行事。①

8.2 违背惯例

严格按照我的"惯例"定义(第2.8节)进行运用的话,假如个人能够确信其

---

① 从这段话中可以知道,本书作者将自然法概念局限于"霍布斯意义上的自然法"(更宽泛地说是"社会契约论的自然法")和"休谟意义上的自然法"。(尽管从主流的哲学界立场来看,将"休谟"和"自然法"结合在一起颇有些古怪,这也是本书后文中作者不断为本书的道德论辩护的原因之一。)但是从哲学、法学和政治学的角度而言,"自然法"的理论脉络远不止于此,内涵也要复杂得多。欧洲启蒙时代自然法概念本质上都源自欧洲中世纪的经院哲学理论,特别是阿奎那(Thomas Aquinas,1225—1274)的自然法思想。

152 他人都会遵守惯例，那么违反惯例的行为永远不会符合他的利益。尽管如此，人们时不时地**的确会**做出违反行为，违反那些我称之为惯例的实践规则。

解释这一现象的第一个理由是人们会犯错。惯例是**习得的**，一个人可能无法抓住惯例的原则，或者在特定情形下错误地（亦即，不合惯例地）理解了惯例。举例而言，可能存在一项惯例，围绕资源产生的争议以偏爱占有者的方式解决；但争议方中谁是占有者，并非总是清楚的。（与第 4.7 节中有关犯错的讨论相比较。）这个问题可能会与一厢情愿的想法（wishful thinking）搅和在一块。[1] 根据业已确立的惯例，如果我是挑战者，让自己像占有者那样行动并不符合我的利益；但是我仍然希望惯例会使我成为占有者。容许将我们有关真实情形**的确是什么**的判断，与我们有关**想要的**情形是什么的想法混淆在一起，这是人性的弱点。我们也可能会心不在焉而采取行动——如果我们事先仔细思量就不会采取的行动。（我们都会偶尔由于走神而违反了道路惯例。）

第二个理由是人们因意志薄弱而吃苦头，明知会与他们长期利益相悖，还是屈服于诱惑而采取了这样的行动。举例而言，在扩展的因徒困境博弈中，选择背叛符合每位参与人的短期利益；这使得首先选择背叛的参与人在那个回合可以获得最优结果。如果一项针锋相对的惯例确立起来，假如博弈仍未结束，背叛者在接下来的回合会受到惩罚；从长期来看，背叛没有好处。尽管如此，还是有一种诱惑，追求来自背叛的当前利益。

第三个理由是，有时候违背这类我描述为惯例的规则**确实是**符合一个人的利益的。举例而言，十字路口的"让路"惯例。如果我驾驶着一辆大轿车而你骑着一辆自行车，如果很明显你看到了我且有时间停下来，从你面前驶过可能符合我的利益，即便有一条业已确立的规则表明你拥有路权。或者拿邻里间相互克制的惯例这个例子来说。不去过多打扰我的邻居，通常对我而言是有利的，因为如果我这么做，他们可能会报复；但是如果我即将搬家，那么表现出克制态度可能就不再符合我的利益了。

这样的例子会引发我们反思如下的事实，我一直在分析的博弈不过只是现实生活的模型;同样地,将惯例作为博弈中某一特定类型均衡策略,这一理论定义仅仅是实践规则的模型,在日常用语中我们称这些规则为惯例。出于理论目的,使用单——个效用矩阵来描述出某一类交往行为的全部内容是便利的方式,诸如两辆车在十字路口交汇的所有情形,或者邻里纠纷的所有情形。然而,这样一个矩阵只能够代表许多矩阵中的某种典型的类型,这些矩阵中每一个都少许有些与众不同。那么,一项惯例是一条规则,在典型情形下是一个稳定均衡:假如参与人的每一个对手也都遵循该规则的话,遵循它是符合参与人的利益的。但是会存在非典型的情形,违背惯例是符合参与人的利益的,即便他的对手们没有这么做。

如果我们采用霍布斯式的分析进路,我们应当说前两类违背惯例的行为——源于犯错和意志薄弱——会自讨苦吃。因此尽管有时候自然法会遭受破坏,还是会有一股强大的**趋势**去维持它。但是我认为,对于第三类的违背行为,霍布斯式的回应必定是,在这些非典型的情形下惯例**将要**被打破。或者更确切地说,诸如"为右行车辆让路"以及"对向你表现出克制的邻里也表现出克制"这些准则必定只是拇指规则(rules of thumb)①。如果自然法不过就是一套促进个人自身利益的规则体系,那么对于适当规则更为详尽的规定就会比较像是如下所述的某种规则,"为右行车辆让路——除非你确信你不这么做也无须担责",以及"对向你表现出克制的邻里也表现出克制——除非你确信如果你惹恼他们,他们也不能进行报复"。

然而我想指出,这**不是**我们如何思考规制社会生活之惯例的常见方式。当我们遇见由于粗心大意、愚钝蠢笨或者意志薄弱而违背了惯例的人们的时候,我们并不乐意让他们自甘堕落;如果他们的行为伤害了我们,我们感到怨怒;我们相信自己受到了不公正的对待。(假设你正驾车行驶在英国的道路上,险些

---

① 又译作"经验法则",基于经验归纳而不是理论演绎形成的规则,在许多情况下可以作为行为指导原则,但并不是放之四海而皆准的法则。这一用语最早见于17世纪的苏格兰。

与行驶在道路右侧的一辆车相撞。或许那名司机喝醉了,或许他是一位心不在焉的法国游客。你会如何回应?)

进而我们认识到,惯例是适用于非典型情形的规则,正如其适用于典型情形的时候那样。遵循这些规则通常是符合我们的利益的;但即便不是这样,我们仍然相信我们应该去遵循它们。并且如果我们遇见违反这些规则的对手,我们相信自己受到了不公正的对待——即使我们知道那些对手采取的行动是出于他们自身利益的考量。(假设你乘坐一趟拥挤的火车旅行,离开座位去洗手间。按照通常的做法,你留下一件外套在座位上,表明这是你的位子。当你回来的时候,你发现外套被挪到了行李架上,一个年轻的肌肉男占了你的座位。对这个占了你座位的人,你难道没有某种怨恨感吗?这是某种这样的感觉,他不仅仅**伤害**了你,还使你遭受了**不公正**的对待。)

这些例子的关键之处在于,我在本书中分析的这类惯例得以维持下去,依靠的是某种比"每一名行为人只要恪守惯例就能获得利益"更为重要的东西——在大多数时候都是如此。我们期望与他人打交道的时候会受到惯例的规制,但这一预期不仅仅只是一种事实判断:我们感受到**被赋予权利**,预期当他人和我们打交道的时候,他们会遵循惯例,并且我们认识到他们也被赋予权利,对我们产生相同的预期。换句话说,惯例常常也是规范,或者,用休谟的表述来说,自然法则。

8.3 为何他人的预期对我们而言至关重要

假设你想要我做出某个行为 X。基于你对他人在类似境况下行为的经验,你也具有可确信的预期,我会做出 X。结果我做出了其他行为,使得你比你预期的情况要更糟。那么你很可能针对我而感受到某种怨恨。

我认为,为了解释这种怨恨感,毋需求诸任何精致复杂的道德论。你已经预期我做出 X;处于我的情境之中,其他人都会做出 X;我不做出行为 X 就伤害了你。在这些境况下怨恨是一种人类原始的本能反应。

成为他人怨恨的焦点会感到不安,这是另一种人类自然的反应。因为这样,我们的行为——以及我们对自身行为的评价——会受到他人对我们的预期的影响。我们可能都记得那些愚蠢的行为——在当时我们就知道是愚蠢的行为,我们做出那些行为仅仅是因为别人想要我们这么做并且预期我们会这么做。奇怪的是,即使当那些"他人"全然是陌生人的时候,即使对我们而言似乎不存在切实的理由要去在意他人对我们的看法的时候,我们所认为的"他人对我们的预期"也能够激励我们采取行动。

假设你正驾车等待着驶入主干道。由于很难在车流中找到空当,你等待了一段时间。在你后面的车辆排起了长队。仅仅是这些"其他车辆"的存在,和那些等待你驶离的司机,难道不就给你带来了心理压力吗?我只能记录下我自己对这类情境的反应。我知道在我身后的司机永远不会记得我,即便我们的确碰巧会再次遇到,所以他们无法因为我采取了符合他们利益的行动而奖励我,或者因为我没有那么做而惩罚我。(因此他们与我之间的关系,与那些形成互助惯例的博弈不同。)但是在当时身后的司机对我的看法似乎确实很重要。我知道他想要我尽快驶离;我知道他有着对于常规驾驶行为的预期;并且因为这样,我感到处于某种压力之下,不会以他可能会判定为过度谨慎的方式采取行动。

这里是另一个例子。假设你乘坐出租车出行。你知道按照常规要给司机小费,但是你已经安全抵达了目的地,并且你几乎可以确信你不会再与这名特定的司机打交道。(或许在这个城市你是一名游客,你预期不会再回来。)无论如何,这名司机也不太可能记得你的长相。所以,根据如上所述,按常理来说,给小费不符合你的利益。尽管如此,在类似的境况下许多人的确会给小费;其他人(在此我遗憾地承认,我仍是依据个人经验来讲的)则捂紧了钱包——但是怀着不安感和罪恶感。采取不付小费的手段是一回事,而趾高气扬地不付小费又是另一回事。为什么对我们来说不付小费会感到不**舒服**?我认为,多数是因为出租车司机怎么看待我们对我们来说很重要。我们知道他想要小费。我们知道他预期会有小费。我们知道他知道我们知道他预期会有小费。如果我们不付小费，我们会成为他憎恶的焦点，即便只持续几分钟。不可否认，他不能把我们怎么样；我们预期最糟糕的情况也不过就是一句尖酸刻薄的讥讽。但是仅仅知道他会憎恶我们，这不就成为不安感觉的来源了吗？

在每一个这样的例子中，他人不仅**想要**我们做某事，而且还**预期**我们会去做某事，这一点很重要；而他的预期是基于他的经验——按照常规其他人会做什么样的事。如果只是一种"他人的需要应当得到满足"的欲望——即利他主义，就能简简单单地激励我们采取行动的话，那么他们的预期对我们来说并不重要。但是在这类情形中预期的确很重要。我们感到处在压力之下，不能由于非常规行驶方式而减慢其他道路使用者的速度；但是通过向他们表现出预期之外的礼让程度，使得他们能够加速行驶，我们则不会感到处在同样的压力之下。给出租车司机一笔丰厚的小费，超过我们认为他预期会得到的数目，我们不会感到有压力。毫无疑问公共汽车司机和出租车司机一样，非常需要额外的收入，但是我们没有感到有压力要给前者小费。

在我所给出的例子中，从博弈论的意义上来说，"人们有关我们的看法对我们来说很重要"，那些人是我们的对手：他们是那些其利益直接会受到我们的行动影响之人。但他们的意见对我们来说不是唯一重要的看法。当我们进行一场博弈时我们同样也在意第三方——在博弈中没有直接利益，但是碰巧注意到了博弈，或者在之后被告知博弈情况的人——的看法。当陷入任何争吵时，很明显我们似乎会感到有种冲动要去求诸他人来支持自己。当我们遭受——正如我们所看到的那样——不公正的对待时，我们想让自己有关事件的说明能得到他人的证实。即便他人也许不能给予我们实质性帮助，我们也想让他们也具有和我们一样的怨恨。

亚当·斯密以他惯有的务实态度记录下了这种情况的一个后果：

> 我们希望朋友会体会自己的怨恨的焦虑之情，远甚于想让他们接受我们友谊的心情。虽然朋友们似乎很少为我们可能得到的恩惠所感动，我们也

能够原谅他们。但是,如果他们对我们有可能会遭受的伤害似乎漠不关心,我们就完全失去了耐心。我们对朋友不同情自己所感到的怨恨,相比他们没有体到我们的感激之情,远远要更为恼火。(1759年,第1卷,第1篇,第2章)①

当他人与我们共有相同的怨恨时,我们会从自己的怨恨中获得更多的欣慰。(这是斯密所称的"相互同情的愉快"的一种情形。)正因为如此,我们越是倾向于表达——其实是蕴蓄——怨恨感,我们就越是有信心,别人会认为我们是对的一方。相反,当我们成为一个人憎恶的焦点时,如果这个人得到了他人的同情,我们因此而产生的不安感就会更加严重。(假设你回到一家商店,投诉你购买的一些商品存在质量问题。叫来了经理,他拒绝你的退款要求。如果你感觉到店里其他的顾客站在你这一边,难道不会理直气壮吗?相反如果他们似乎站在经理那一边,你难道不会感到更大的压力,想要让步吗?)

所以他人对于我们的预期确实至关重要。它们之所以重要是因为我们在意他人对自己的看法。我们想要他人——不仅是我们的朋友,甚至是陌生人——保持善意的欲望不只是达到某种其他目的的一种手段。它似乎是一种人类基本的欲望。我们具有这样的欲望很可能是生物演化的产物。我们是社会动物,从生物学角度而言适应于社群生活。具有某种内在的与他人相互适应的倾向——某种被霍布斯称为"顺应"(complaisance)[2]的自然倾向性,对社会动物的生存来说这无疑是一种助益。

可能会有人反对说所有这一切都与道德无关。出租车司机预期我会给他小费,他想要我给他小费,我不给他小费他就会怨恨我,如果我不给他小费别人就会同情他,成为这种怨恨与憎恶的焦点我会觉得不安——这些主张也许都是

---

① 此处译文引自中译本《道德情操论》,蒋自强等 译,商务印书馆1997年版,第13页。有所改动。

对的,但是能否由此得出"我应该给小费"这一结论?如果这是一个有关道德主张之逻辑的问题,那么答案必定是"否"。"应然"(ought)陈述不能通过任何逻辑上有效的推理链从"实然"(is)陈述中推导出来:这是休谟法则(Hume's Law),³我认为这是毋庸置疑的。"我知道出租车司机预期会得到小费,我知道他想要得到小费,等等,但是我没有道德义务要付给他小费",这样的说法不存在任何自相矛盾之处。

但是我的论证不是关乎道德主张的逻辑,而是关乎道德心理学。我认为,我们强烈地倾向于相信我们应该做那些他人想要我们去做且预期我们会去做的事,这是一种共同经验;当我们违背他人的需要和预期时,我们往往会有一种罪恶感。任何有关道德习得的可信理论——有关我们如何判断某些事是对的而其他则是错的,无疑会非常强调赞扬和责备的重要性。我们通过学习去思考,别人谴责的行为是错的。别人谴责那些行为并没有**使得**它们是错的;但这是一股强大的力量,影响我们去**判断**它们是错的。

我怀疑,有些读者仍然会反对说我误用了"对"和"错"、"赞扬"和"责备"这些词汇。反对意见会是这样的,我们所感受到的、去迎合他人需要和预期的心理冲动也许足够真实;但是将这一冲动描述为一种道德义务的情感则是词语上的误用。同样地,他们也可能会说,当他人令我们的预期落空时,将我们所感受到的怨恨描述为道德谴责是不恰当的,或者当我们成为这种怨恨的对象时,将我们的痛苦描述为罪恶感是不恰当的。如果我要答复这一反对意见,我必须说清楚当我使用诸如"对"和"错"这些词汇时我的意思是什么。

我的立场是休谟式的。休谟提出的、后来成为他的"法则"的那一著名段落,是题为"道德的区别并非经由理性推导得出"的那一节的一部分。他提出如下的论证来支持他的"法则":

> 但要证明恶与德不是事实问题——我们可以凭借理性推断出其存在,又有什么困难呢?有一种被公认为是罪恶的行为,故意杀人,以此为例。

你可以用尽一切方式来剖析它,看一看是否能发现你称为**恶**的事实问题,或者其真实的存在。无论你采用什么样的方式,你只能发现激情、动机、意志和想法。在这个例子里没有其他的事实问题。只要你考量的是客观对象,恶就完全处于你的视线之外。直到你扪心自问,寻得一种发自内心的、不赞同这一行为的情感之前,你永远也不能发现它。这是一个事实,不过它是感觉的对象,而非理性的对象。它潜藏在你自身之中,而不是在对象之中。所以当你认定任何的行为或品格是恶的时候,你没有别的意思,只是说你在审视这一行为或品格时,凭借着你天性的构造,有了一种责备的感受或情感。(1740 年,第 3 卷,第 1 章,第 1 节)①

该立场的一个含义——如果说在哲学家中不太常见的话,在经济学家中则是相当常见的——是,道德主张只能从其他的道德主张中得出。因而一个人的道德信念必定包含了某些不能通过任何诉诸理性或证据的方式来为其辩护的信念。遵循森(Sen,1970,pp.59 - 64)的说法,经济学家常常将这些不可证明的信念称为"基本的价值判断"(basic value judgements)。如果我们想要解释为什么一个人赞成某一种基本的价值判断而不是另一种,我们不能使用**道德推理**。(我们不能说,为什么我们倾向于相信杀人是错的,理由是因为杀人**确实是错**的。)解释必须是心理学上的:正如休谟所言,我们必须关注人类天性的构造。

是否这意味着一项道德判断不过是一种个人偏好?不,因为一项道德判断是一个有关**赞同**或**反对**的陈述,而这与喜欢或不喜欢并非一回事。并且道德判断不仅仅是有关赞同感或反对感的简略汇报。休谟如此道:

> 可以十分确定,对于道德品质的赞许并非经由理性推导或是观念比较得出,而是完全得自于一种道德鉴赏力,得自于当审视和观察具体的性质

---

① 着重标记为休谟原文所加。

或品格时,所产生的特定的快乐感或厌恶感。现在很明显,不论那些情感源自何处,必然会随着对象所处时空的偏远或邻近而发生变化;一个生活在两千年前的**希腊**人,从他具有的德性中我所感受到的生动鲜活的快乐,当然不同于从一位知己和相识者的德性中感受到的那种生动鲜活的快乐。然而我没有说,两种感受中我更看重其中的一种……无论是对人还是对物,我们的境遇在不断地发生变化……如果我们每个人只是从自己特有的视角来考量品格和人格,看它们在自己面前表露出的样子,我们就永远不可能以任何合理的方式相互对话。因而,为了防止那些持续不断的**冲突**,获得一种较为**稳定的**对于事物的判断,我们确定了一些**稳固且具有普遍性的**视角;无论我们当下的境遇如何,在我们的思考中总是将自己置身于这些视角之下。(1740 年,第 3 卷,第 3 章,第 1 节)①

换言之,道德判断不随着视角的变化而变化,这是一项语言惯例。我强调"语言惯例"这四个字是因为这不是有关人类心理学的一种假设。我们天性具有一种倾向,如果行为对我们造成的负面影响越深,越是强烈地反对那些行为;但是我们使用道德语言来表达我们对这些行为**类别**的普遍反对。在这种意义上道德判断是可普遍化的。[4]

我的立场是,任何有关赞同或反对的可普遍化陈述都是一项道德判断。假设存在着某项业已确立的惯例,要求处在特定情境下的任何人都应当以特定的方式行为,例如应当遵守排队秩序的惯例。假设如果你插队排到我前面,我应当感受到一种强烈的反感。同样假设,如果我作为一名旁观者,看见你插队排到其他某个人的前面,我应当仍然会反对,即使我对你的怨恨与前者相比不会那么地生动鲜活。最后假设如果**我**插队排到**你**前面,我应当感受到某种程度的罪恶感,即,我不应当全然地赞同自己的行为。那么对于插队这一行为,我的

---

① 着重标记为休谟原文所加。

反对是可普遍化的:我认为,这就是一项道德判断。

8.4 惯例、利益与预期

每个人都**预期**其他每一个人会恪守惯例,这是一项业已确立的惯例内含的性质。其他每一个人都恪守惯例是否也符合每个人的**利益**呢?如果是的话,那么我们预期违背惯例会激起普遍的怨恨和谴责;这会使得人们预先做出道德判断,应该恪守惯例。

现在我将考察他人遵循惯例在多大程度上符合一名行为人的利益。我将考量这些惯例的纯粹形式,也就是说,作为在"典型情形的"博弈中的均衡策略。那么严格说来,我的论证只能适用于那些由于犯错和意志薄弱而引发的违背惯例的行为。我倾向于认为我的结论也能沿用于大多数的非典型情形——在那些情形下做出与惯例背道而驰的行为是符合行为人利益的,但我不能证明这一点。(这一证明要求给出一份目录,列明各种不同的博弈所能具有的全部非典型形式,并且逐个分析;这是一项浩大的工程。)我认为惯例通常是**既**依靠利益**也**依靠道德而得以维持:恪守惯例对我们有利并且我们相信我们应该恪守惯例。如果这一双保险式的结论是正确的,那么假设道德可能有时候会激励我们依据自然法行为,即使这么做不符合我们的利益,至少是有说服力的。

"他人遵循一项惯例符合某人的利益吗?"这个问题能够用各种各样的方式提出来;但如果我们关心的是违背惯例会招致怨恨的可能性,那么会问的最显而易见的问题似乎就是:"如果一名行为人遵循一项惯例,那么他的对手们也遵循该惯例符合他的利益吗?"

这一问题与人们会怨恨**他们的**对手违背惯例的可能性,二者之间的联系十分明显。如果一项惯例业已确立,每一名行为人都预期他的对手们会遵循它。因为他具有这一预期,他自己遵循该惯例就是符合自身利益的。那么如果针对我的问题答案为"是",每一名行为人就不仅仅是**预期**他的对手们会遵循惯例;他还会**想要**他们去遵循惯例。面对违背惯例的行为感到怨恨就是一种自然

160

反应。

旁观者的反应会是如何呢？某人并未参与博弈，从什么样的意义上来说，其他人在该博弈中是否恪守惯例，会与此人的利益相关呢？最显而易见的回答似乎是这样的：如果这名旁观者是进行该博弈的社群中的一员，那么他观察到的行为人可能在未来的博弈中成为他的对手；因此他人的行为牵涉到旁观者的利益，就是说当他作为一名潜在对手时牵涉到旁观者的利益。举个例子。假设你驾车行驶在英国的道路上，看见两名司机，A 和 B，险些发生车祸。问题的起因是当 A 靠道路左侧行驶的时候 B 靠右侧行驶。这一定会让你想到 B 以及和他一样的司机，不仅仅对 A 来说，而且**对你来说**，都是一种威胁。所以你有某种理由怨恨 B，这会预先使你站在 A 这一边。这让我们回到了这个问题上，"如果一名行为人遵循一项惯例，那么他的对手们也遵循该惯例符合他的利益吗？"对于某一给定的惯例来说，如果答案为"是"，那么违背惯例的行为就很可能激起普遍的怨恨——无论是从旁观者的角度还是从对手的角度而言都是如此。

然而，这一问题的答案确实为"是"吗？在我的"惯例"定义中没有包含这一层意思：每一个人都想要他的对手去遵循一项业已确立的惯例（尽管大卫·刘易斯的定义中确实包含了这一层含义：参见第 2.8 节）。因而我要依次考量我在本书中已经探究过的三类惯例。

协调惯例

交通博弈（或者领导者博弈）是协调惯例演化的典型博弈。作为一项典型的惯例，想一想交通博弈中如下的规则，"为从右侧驶来的车辆让路"。很容易看出来，遵循这一惯例的行为人，当他的对手采取相同的行动时，符合他的利益。即使该惯例偏爱对手时，这也是成立的。如果你从我的右侧驶来，那么"右行优先"的惯例对你有利；在这种情况下，至少我应当更偏好的惯例是"左行优先"。尽管如此，减速符合我的利益，因为我预期你会遵循业已确立的惯例；并且因为我将要减速，你保持原速符合我的利益。换言之，我想要你遵循事实上确立起来的惯例，即便我希望我们都遵循某项其他的惯例。

这一例子看起来稍微有些刻意,因为惯例适用于某一类广泛的情形是内含于惯例的性质,并且**从长期来看**,"右行优先"规则似乎并没有偏爱任何人——相对于任何"其他人"来说。但是想一想"小汽车为公共汽车让路"的惯例。(很明显这一规则只能解决交通博弈的某些情况,但是对于涉及一辆小汽车和一辆公共汽车的博弈来说,它是一项完美可行的惯例。比较一下古老的航海规则,"轮船为帆船让路"。)如果我是一名从来不乘坐公共汽车出行的小汽车司机,这一惯例在每一次适用该惯例的博弈中都偏爱我的对手;那么从长期的角度看,我毫无疑问更偏好相反的惯例确立起来。但即便如此,如果"小汽车为公共汽车让路"是业已确立的惯例,我并不想要**个别的**公共汽车司机试图为小汽车让路。

然而,"右行优先"和"小汽车为公共汽车让路",二者之间存在着一个显著区别。注意它们都是非对称的惯例——即他们都利用了博弈中两位参与人角色之间存在的某种非对称性。(作为对比,"靠左行驶"作为用来处理两辆车相互迎面驶近的情形时的惯例,则是一项对称的惯例。)但"右行优先"利用了我称为互换性质的非对称性(a coss-cutting asymmetry)。采用这一名称,我的意思是指在交通博弈的参与人社群中,每一名行为人都会发现,自己有时候处于非对称性的这一边,有时候处于另一边。(正如在"右行优先"的情形中一定是成立的事实,如果每一名行为人和其他所有行为人一样,拥有**相同的**概率被指定成为两个角色中的一个,我称这种非对称性是完美的互换。)相比较而言,"小汽车为公共汽车让路"所利用的非对称性则**不是**互换性质的:有许多小汽车司机从来没有驾驶过或乘坐过公共汽车,并且或许有一些公共汽车司机从来都没有接触过小汽车。

这一区别是显著的,因为这对第三方来说的含义是不同的。如果一项协调惯例利用的是互换性质的非对称性,**每个人**都会由于违背惯例的独行其是者的存在而遭受伤害。(假设业已确立的惯例是"右行优先"。我们朋友告诉我,**他**从来都不管这项惯例,相反总是试图迫使对方司机减速。这必然会让我想到某一天我有可能遇见一个像他一样的蠢蛋从我的左侧向我驶来。)相比较而言,如果一项惯例利用的非对称性**不是**互换性质的,至少有些人在适用该惯例的博弈中,彼此间能够永远都不会作为对手而相遇。这类人可能更倾向于认为彼此违背惯例的行为不是很要紧。

那么总的来说,假如一项业已确立的惯例利用了一种互换性质的非对称性,当其他每一个人都恪守该惯例时,对每个人都有利。即使是当有些人(或者甚至是每个人)会更偏好一项不同的惯例确立起来时,这一点也成立。这意味着协调惯例有可能获得道德力量:它们有可能成为规范,或者是自然法的原则。

产权惯例

鹰—鸽博弈或者胆小鬼博弈是产权惯例演化的典型博弈。作为一项典型的惯例,想一想如下规则,"如果扮演占有者,选择'鹰'策略;如果扮演挑战者,选择'鸽'策略"。像大多数产权惯例一样,[5] 这是非对称的。在大多数实际场合中,占有者和挑战者之间存在的非对称性是互换性质的:每个人都在**某些**冲突中是占有者。在有些情形下这种互换性质近乎完美:想一想排队惯例,或者"火车上的乘客把他的外套留在座位上可以保留座位"的惯例。在其他情形下则不是:想一想取得时效的原则,其系统性地偏爱那些在过去最成功地持续占有有价值资源的人,或者那些十分幸运有个好祖宗的人。但是对于接下来的论证而言,重要的只是产权惯例利用了**在某种程度上**是互换性质的非对称性。

假设某个行为人遵循如下惯例:"如果扮演占有者,选择'鹰'策略;如果扮演挑战者,选择'鸽'策略。"他的对手也遵循该惯例是否符合他的利益呢?很明显这取决于行为人在博弈中扮演的角色。当他是占有者的时候,他的对手遵循如下惯例是符合他的利益的:如果有人全力以赴选择战斗,那么他想要他的对手选择让步。同样明显的是,当一名行为人是挑战者的时候,他的对手遵循如下惯例并**不**符合他的利益:面对攻击性行为时他准备选择让步,但是并**不想要**遇到攻击性行为。类似的结论也适用于分割博弈和消耗战。

在所有这些产权博弈中,策略由于各自的攻击性程度的不同而有所不同:

无论这种程度是由"鸽"策略和"鹰"策略之间的差异来体现,还是由主张权利的争议资源之数量大小来体现,或者是由参与人选择在投降之前准备战斗的时间长短来体现。惯例为每一方参与人规定了适当的攻击性程度。每一方参与人都更偏好他的对手具有较少而不是较多的攻击性,这是所有这些博弈的特征。(有些情形下参与人可能不关心他的对手的攻击性程度,至少在一定的范围内是如此;但是不存在这样的情形,参与人明确地更偏好他的对手具有较强的攻击性。)因此如果一名行为人遵循某一项惯例,他想要其对手的行为所具有的攻击性,不强于惯例所规定的。

这表明产权惯例与禁止过度的攻击性行为的规范,二者间很可能有关联:人们会倾向于相信,任何人强行提出一项没有得到惯例支持的权利主张是错误的。作为对比,不具有惯例属性的温顺行为——例如基督教伦理规定的克己容忍①,看上去不太可能激起道德谴责。[6]当然,这并不是说我们应当预期从基督教式的温顺之道中发现更多的道德内涵,因为行为具有的攻击性比一项业已确立的惯例所允许的还要更少,这是非常**不明智的**做法。

注意,一项产权惯例即便不能用任何外在的公平标准来为其辩护,它仍有可能成为一项被普遍接受的规范。如果成了规范,惯例就**变成了**一种公平标准;但是我认为,**因为**它看上去是公平的,并不能使其变成规范。同样地,某个人可能会相信每个人都应该遵循一项业已确立的惯例,即使该惯例系统性地以他自身为代价而有利于他人。举例来说,假设存在一项业已确立的惯例,每个人对于他过去所占有的那些东西仍保持占有状态。对应于这一反对过度攻击性行为规范的,是《旧约》中的条文:"不可偷盗。"②很明显,相对于其他人而言,该惯例更偏爱于某一些人。那些一出生时占有物相对来说非常少的人会更偏

---

① 原文为"the Christian ethic of turning the other check",取自《圣经·新约》:"有人打你的右脸,连左脸也转过来由他打。"(《马太福音》5:39)指的是一种克己容忍,不要以恶报恶的美德。

② 这是"十诫"中的第八诫。出自《出埃及记》(20:15)。

好许多其他的惯例——例如均分惯例,而不是这项业已确立的惯例。尽管如此,给定几乎其他每一个人都会遵循该惯例,遵循这项业已确立的惯例符合每一名行为人的利益。并且一旦一个人下定决心去遵循该惯例,当惯例规定做出服从性行为时,那些做出攻击性行为的独行其是者的存在就会威胁到他的利益。或者用更直白的话来说:假如我拥有**某物**,小偷就是我的威胁。所以即使产权惯例往往偏爱他人而不是我,我也不会倾向于赞成偷盗。

互惠惯例

扩展的互访博弈或者囚徒困境博弈是互惠惯例演化的典型博弈。作为一项典型的惯例,考虑我称为 T_1 的针锋相对惯例(第 6.2—6.3 节)。回忆一下,这一惯例是为参与人偶尔会犯错的一个扩展博弈而设定的。T_1 是一个对称惯例,规定每一方参与人应当选择合作,只要他的对手也选择合作,并应当以规定的程度惩罚选择背叛从而违背惯例的对手。其还规定了由于犯错而选择了背叛的参与人应当接受惩罚并不得报复。假设某个行为人 A 遵循这一惯例。他的对手也遵循该惯例是否符合他的利益?

假设 A 在与 B 进行的一次博弈中遵循惯例 T_1,并且假设 A 从不犯错。他想让 B 如何行为呢?T_1 的一个特点在于,尽管其为违背惯例所规定的惩罚足以威慑有意为之的背叛,但不足以给予受害方全部的补偿。这反映了如下事实,T_1 是能够构成一个稳定均衡的策略中最为"宽容"的针锋相对策略(第 6.3 节)。因此如果 A 遵循 T_1 他就不会想让 B 选择背叛从而违反惯例;即使 B 之后接受了对他的惩罚,没有报复,与没有违背惯例时的情形相比,A 的境况仍然恶化了。但是如果 B **确实**选择了背叛,当 A 惩罚 B 的时候他没有报复,这符合 A 的利益。所以如果 A 遵循 T_1 且不犯错,那么 B 同样也这么做符合 A 的利益;而如果 B 确实犯了错误,那么 B 以 T_1 规定的方式继续进行博弈也符合 A 的利益。

如果 A 试图遵循 T_1 但是由于犯错而选择了背叛,会怎么样?假设在某个回合 i,T_1 规定 A 选择合作,但是他却选择了背叛;B 选择了合作。那么根据

T_1,A 在回合 $i+1$ 会选择合作,且不管 B 在回合 $i+1$ 采取什么样的行动;A 在回合 $i+2$ 都会选择合作。(换言之,如果 B 在回合 $i+1$ 选择了背叛,A 会接受这一做法,将其当作合法的惩罚,不会报复。)如果 B 遵循 T_1,他在回合 $i+1$ **将会**选择背叛;他会为了 A 的背叛而惩罚他。但是 A 不想遭受惩罚;如果 B 选择合作他会更喜欢。所以在这种情形下,但仅仅是在这种情形下,A 会更偏好 B 不遵循惯例。

总而言之:如果一名行为人遵循一项互惠惯例,他想要他的对手选择合作的程度,不能比惯例所规定的更低。这表明,在惯例要求大家合作的情境下,互惠惯例很可能与禁止不合作行为的规范有关联。换句话说,人们很可能赞成一种互惠伦理,根据这一伦理每个人应该同那些准备与他进行合作的人合作。

在这一节的开始之处,我指出我们的道德感有时候会激励我们去遵循自然法的命令,即便这么做与我们的利益背道而驰。利益与道德之间的冲突似乎特别有可能发生在这样的情形下:公共品的提供只能通过许多个人的自愿奉献。从我们在小团体中——家庭内部、邻里、朋友和同事之间——进行公共品博弈的经验来看,我们认识到存在着业已确立起来的互惠惯例,并且遵循它们一般来说符合我们的利益。围绕着这些惯例一套道德体系成长起来;我们开始认识到在合作安排中有一种道德义务要求我们去履行职责,并且学会谴责那些试图让别人付出努力而自己搭便车的人。然而,当我们在大型团体中进行公共品博弈时,我们发现互惠惯例是脆弱的。选择合作常常不符合我们的利益:搭便车常常是有利可图的。但是我们仍然可以感受到互惠伦理的力量。我们仍然相信,我们**应该**承担起合作安排中属于自己的那一份代价:如果其他人做好他们分内之事,我们应该做好我们的分内之事。我认为,这是因为我们赞成某种这样的伦理:即便在大型团体中,公共品有时候也是通过自愿捐赠的方式得以供给的。[7]

8.A 附录:霍布斯的自然法理论中的互惠

正如在《利维坦》(1651)中所陈述的,霍布斯的理论以如下定义作为开始:

> **自然律**是理性所发现的诫条或一般法则。这种诫条或一般法则禁止人们去做损毁自己的生命或剥夺保全自己生命的手段的事情,并禁止人们不去做自己认为最有利于生命保全的事情。(第 14 章)①

166　那么,对霍布斯而言,自然法全然是审慎的。人基本上来说是自利的;自然法是对如下问题的回答,"我如何才能最大限度地增进自身利益?"或者——既然霍布斯总是强调人们彼此面对时存在的危险——"在一个危险的世界中我如何才能最好地确保自己的生存?"。我的出发点——我认为大体上与休谟的观点一致——与此并无不同。我没有像霍布斯那样走得那么远,假定个人都是自私的;我仅仅假定他们具有**相互冲突**的利益(第 2.3 节)。但是我假定了每个人只关心增进**他自身**的利益(无论自私与否:我的利益在于我儿子的福利,这不是自私,但这是**我**的利益)。我称其为自然法的协调惯例、产权惯例以及互惠惯例,它们都建立在每一名行为人追求其自身利益的基础之上;它们就是如下问题的答案,"在一个其他人都在增进他们自身利益的世界中,我如何才能增进我的利益?"。

然而要注意的是,霍布斯的自然法是通过理性发现的。该思想似乎是说自然法能够从少数几条自明的第一原理出发,通过一条逻辑链**演绎**出来。这与休谟的思想形成了显著对比,后者认为自然法是**演化**出来的并通过**经验习**得。如果自然法能够由理性发现,那么大概存在着唯一一部自然法的典章,能够为任何社会中的任何理性人所发现。这就无法存在如下可能性,有些自然法可能只是惯例:在特定社会中以特定的形式演化出来的规则,但也有可能演化出其

---

① 此处译文引自中译本《利维坦》,黎思复、黎廷弼译,商务印书馆 1985 年版,第 97 页。着重标记为霍布斯原文所加。需要提及的是,霍布斯文本中使用"law of nature",萨格登教授在本书文本中使用的则是"nature law",译者根据商务印书馆的中译,将前者译为"自然律",后者译为"自然法",以示区别。但这纯粹是一种修辞上的差别,内在意思并无本质上的不同。事实上,前文中有关洛克和休谟的引文部分,他们使用的也是"law of nature"。敬请读者注意。

他不同的规则。

对于自然法霍布斯所表达的**意思**就讲这么多。那么其**内容**又是什么呢？霍布斯构想了不少于十九条的自然律，但是他的体系的核心似乎包含在他最初的三条法则之中。第一自然律是每个人都应当"寻求和平，信守和平"；这被作为一条更为详尽的规则的一部分内容而提出来：

> 这是理性的诫条或一般法则：**每一个人只要有获得和平的希望时，就应该力求和平；在不能得到和平时，他就可以寻求并利用战争的一切有利条件和助力**。(Hobbes，1651年，第14章)①

在自然状态下——即在无政府的社会中，没有人有任何获得和平的希望；所以根据霍布斯的"理性的一般法则"，这就是一切人反对一切人的战争状态：霍布斯说，每一个人对每一种事物都具有权利。第二自然律扩展到每一个人都应该力求和平的诫条。该法律是：

> 在别人也愿意这样做的条件下，当一个人为了和平与自卫的目的认为必要时，会自愿放弃这种对一切事物的权利；而在对他人的自由权方面满足于相当于自己让他人对自己所具有的自由权利。(Hobbes，1651年，第14章)②

这要求人们愿意相互订立信约(covenant)；如果这些信约不仅仅只是虚文，就必定会有第三自然律："人们履行他们所订之信约"。这一法律是"正义的泉源"

---

① 此处译文引自中译本《利维坦》，黎思复、黎廷弼译，商务印书馆1985年版，第98页，稍做改动。着重标记为霍布斯原文所加。

② 此处译文引自中译本《利维坦》，黎思复、黎廷弼译，商务印书馆1985年版，第98页。

(第 15 章)。①但是在自然状态下这一法律不具备效力,因为:

> 如果信约订立之后双方都不立即履行,而是彼此信任,那么在纯粹的自然状态下,也就是在每一个人对每一个人的战争状态下,出现任何合理的怀疑,这契约就成为无效。但如果有一种共同权力施加于双方之上,具有强制履行的充分权利与力量时,这契约便不是无效的。因为首先践约的人无法保证对方往后将履行契约……因而首先践约的人违反了他不能放弃的防护生命与生存手段的权利而自弃于敌人。(Hobbes,1651 年,第 14 章)②

霍布斯在描述一个其结构看上去非常像囚徒困境博弈的问题——特别像我称为交易博弈的那个博弈形式(第 6.1 节;也参见 Taylor,1976,pp.101 - 111)。在自然状态下,两个或更多的人也许能够从某种协定中获益——假如协定的各方全部都遵守协定。但是每一方都受到诱惑订立协定然后违背协定,同时希望他人仍然会遵守协定。既然每个人都知道其他每一个人都会受到如此的诱惑,没有人能够信任其他任何人会遵守协定;所以永远不可能订立协定。任何摆脱一切人对一切人的战争状态的解决方案,都受到这一问题的阻碍,因为达成和平——与战争相比每个人都更偏好的状态——的唯一方式是缔结协定停战。

与我在本书中的论证相反,霍布斯似乎主张这一问题**在自然状态之下无解**;只有在全部行为人之上存在着一种"共同权力",具有充分的力量强制他们遵守协定,这时才能订立协定。根据霍布斯所言,这就是为什么说假如其他每一个人都让自己臣服于某种主权之下,那么每个人都会赞同这么做;一旦这一

---

① 以上译文引自中译本《利维坦》,黎思复、黎廷弼译,商务印书馆 1985 年版,第 108 页。着重标记为霍布斯原文所加。

② 此处译文引自中译本《利维坦》,黎思复、黎廷弼译,商务印书馆 1985 年版,第 103—104 页,中译和原文稍有出入,根据霍布斯原文做了些改动。

协定订立,自然状态便结束了。

然而,就我的视角来看,霍布斯的自然律中最有趣的地方是它们的核心原则似乎是互惠原则。每个人必须"只要有获得和平的希望时,就应该力求和平";正如第二自然律所澄清的那样,这意味着假如其他每一个人都致力于和平,每个人都必须准备也致力于和平。类似地,每个人必须对他所订立的任何协定中需要自己履行的内容遵守承诺,假如协定其他各方都遵守承诺履行他们那部分内容。如果意欲不仅如此——拒绝致力于和平即使其他每一个人都愿意,违背自己这一方的协定即使你知道另一方会遵守协定——则是与自然法相悖。换言之,这与理性的自利相悖。正如霍布斯所指出的,"正义不能与理性相悖"(1651年,第15章)。①

霍布斯以两个行为人之间的协定为例,根据协定,一方在另一方之前先履行他那部分的协定。(与休谟两个农民的例子相比较——见第6.1节。)假设"立约一方已经履行契约"。那么:

> 这里的问题是履行信约究竟是否违反理性,也就是说,这样是否违反对方的利益。我认为这并不违反理性。为了说明这一问题,我们应当考虑以下几点:首先,不管一个人对任何事情能怎样地预计到并能有多大的把握性,当他去做一件会导致他自身毁灭的事情时,那么不论会有什么他所不能预计的偶然事件出现使形势有利于他,这种情况都不能使得他做上述事情成为合理的或明智的。其次,在战争状态下,由于缺乏一个共同权力使大家畏服,每一个人对每一个人来说都是敌人。任何人要是没有同盟者的帮助便都难望依靠自己的力量或智慧保护自己,免于毁灭之祸;处于这种联盟中,每一个人都和别人一样指望得到相同的防卫;因而,要是有一个

---

① 原文:"justice [is] not contrary to reason"。这是第15章第4节的页边注。但《利维坦》的中译本没有小节号,也没有页边注,所以这句话在中译本中没有。

人宣称他认为欺骗那些帮助他的人们是合理的,那么他有理由能够预期,除了他一己之力外,没有其他能够获得的保障安全的手段。因此,破坏信约之后又宣称自己认为有理由这样做的人,便不可能有任何结群谋求和平与自保的社会会接纳他,除非是接纳他的人们犯了错;当他被接纳并被收留时,也不可能不看到他们所犯的错误中蕴藏着的危机;按理说来,一个人不能依靠这样的错误作为保障自身安全的手段……(Hobbes,1651 年,第 15 章)①

在此霍布斯的论证看起来非常像我在第 6 章和第 7 章给出的博弈论证明,表明互惠策略能够成为稳定均衡。霍布斯说的是在自然状态下自利会引导每一名行为人遵循如下策略:"只同那些与他人遵守协定的人一起遵守协定。"(这看上去等同于我所称的"多边互惠"——与第 7.2 节的互助博弈相比较。)假如其他每一个人都遵循这一策略,那么遵循该策略是与一名行为人的自利相符的。

最终,霍布斯似乎承认人们在自然状态下会订立并遵守*某些*协定。其他还有什么方法能让人们为了自卫而结合到"联盟"中去呢?霍布斯特别提到了这个例子,"约许向敌人付出赎金……","在纯粹的自然状态下是有强制力的"②(1651 年,第 14 章)。这些协定起作用是因为自利引导每个人都遵循一种互惠策略。然而,霍布斯对于在自然状态下能够期望获得的合作*程度*抱着极度悲观的态度。在此我必须承认我不能理解霍布斯的论证。他似乎是在说,虽然如果对方已经履行了协定,履行你自己的那部分协定内容是理性的(亦即,符合你的自利),但是首先履行协定是不理性的,因为你无法确保对方会在你之后履行协定。这看起来是自相矛盾的:如果你知道履行协定符合对方的利益,单凭这一

---

① 此处译文引自中译本《利维坦》,黎思复、黎廷弼译,商务印书馆 1985 年版,第 111 页,稍做改动。

② 此处译文引自中译本《利维坦》,黎思复、黎廷弼译,商务印书馆 1985 年版,第 105 页,稍做改动。

点，为何就不能给予你所需要的保证呢？霍布斯的自然状态图景看起来像是某种类似于一个扩展的囚徒困境博弈的场景，每个人都遵循一种审慎互惠的策略；由于没有人愿意首先出着，因此没有人会选择合作。但是如果第 6.4 节的分析是正确的，这不一定是一个稳定均衡。在一个审慎互惠者组成的世界中，勇敢会有好处：首先出着是符合每一名行为人的利益的。换句话说，合作**能够**从霍布斯式的自然状态中演化出来。

注释

1　埃尔斯特(Elster, 1983)探讨了"一厢情愿的想法"这个问题。

2　霍布斯的第五自然律"是顺应；也就是说，*每一个人都应当力使自己适应其余的人*"(1651 年，第 15 章。译文引自中译本《利维坦》，黎思复、黎廷弼译，商务印书馆 1985 年版，第 115 页。着重标记为霍布斯原文所加——译者注)。霍布斯的观点是，出于审慎起见，一个希望在他人之中生存下去并兴旺发达的人，应当要培养一种顺应的或者合群的性格。如果这一观点是对的，我们预期生物自然选择过程中也具有某种趋势，偏爱同样的性格特质。

3　参见休谟(Hume, 1740 年, 第 3 卷, 第 1 章, 第 1 节)对于这一"法则"的陈述。

4　黑尔(Hare, 1952)提出了道德判断是可普遍化的这一思想。在接下来的论述中可以很清楚地发现我并不接受黑尔最近的论述(Hare, 1982)，可普遍化属性需要某种类型的功利主义。

5　在分割博弈中存在着一项对称惯例——均分惯例。但是该博弈中所有其他的惯例，以及鹰—鸽博弈和消耗战中全部的惯例，都是非对称的。

6　一项特定的惯例确立起来，从这一事实中获益的行为人或许会怨恨这种温顺行为，因为它具有一股削弱该惯例的趋势；但只要该惯例是稳固的，温顺的少数派群体的存在服务于其他每一个人的利益。

7　在近期的一篇论文中我更充分地提出了这一思想(Sugden, 1984)。正如我在那篇论文中所强调的，互惠伦理不能与这样的原则——通常被称为康德主义原则——混淆在一起：在具有囚徒困境结构的博弈中，每一名行为人都具有一种无条件的道德义务，去选择合作策略(参见 Laffont, 1975; Collard, 1978; Harsanyi, 1980)。仅当他人也选择合作的时候，互惠原则迫使个人有义务选择合作。

9　权利、合作与福利

9.1　同情与社会福利

如果我的论证到目前为止还是正确的,一条规则如果满足了以下两个条件就很可能获得道德力量:

1. 身处相关社群中每个人(或者几乎每个人)都遵循该规则。
2. 如果任一行为人遵循该规则,那么他的对手——即,他要打交道的人——也遵循该规则符合他的利益。

任何成为一项惯例的规则都须满足第三个条件:

3. 假如每一名行为人的对手都遵循该规则,那么该行为人也遵循该规则符合他的利益。

注意,这些条件中没有一条要求进行任何的比较——该规则得到普遍遵循的世界和没有得到遵循的世界之间进行比较。这会引出一个许多人感到惊讶的含义:一项惯例不需要在任何方面为社会福利做出贡献就能获得道德力量。

例如,拿那些以偏爱占有者的方式解决争议的产权惯例来说。我业已论证,这样的惯例很可能成为规范。可是在许多情形下它们维持着不平等的状态,这种不平等从任何道德视角来看都是任意专断的(当然,除了那种将道德看作一个惯例问题的视角)。占有者和挑战者之间的非对称性往往是凸显、明确并且防止欺诈的,所以我们能够很容易地理解这种惯例可能是如何演化出来的;但是似乎没有很好的理由去期待由此产生的财产分配,会成为一种能够用任何内在逻辑一致的社会福利概念来为其进行辩护的分配。

也许会有人反对说,尽管偏爱占有者的惯例从道德上来看是任意专断的,但是每个人遵循**这种或那种**惯例符合每个人的利益。或许业已确立的惯例不完全是有可能形成的惯例中最好的;但是如果根本就不存在已经确立起来的惯例,对每个人来说事情远远要糟糕得多。根据这一论点,无论产权惯例有多么地任意专断,它们**确实**为社会福利做出了贡献。但是产权惯例一定会为每个人的利益而服务,这是真的吗?

鹰—鸽博弈提供了一个理论上的反例。假设存在着一项业已确立的惯例,占有者选择"鹰"策略,挑战者选择"鸽"策略。那么,使用我在图 4.1 所示的效用指数,占有者从每一次博弈中获得的效用为 2,而挑战者获得的效用为 0。所以如果某一特定的行为人在任意一次博弈中成为占有者的概率为 p,对他来说每次博弈的预期效用就为 $2p$。相反,如果根本不存在任何业已确立的惯例,那么会怎样呢?描述这样的事态的一种方法是当作一个**对称**博弈的一种均衡状态。(回忆一下,这就是我如何模型化霍布斯式的自然状态的。)对称的鹰—鸽博弈具有一个唯一且稳定的均衡,其中任何参与人选择"鸽"策略的概率为 0.67;这赋予每一名行为人的预期效用为 0.67(第 4.2 节)。更加悲观的情况是,我们可以通过假定每个人完全随机地选择策略来描述缺乏任何业已确立的惯例的情况。如果任意一方参与人选择"鸽"策略的概率是 0.5,每一方参与人的预期效用就为 0.25。无论在何种情况下,p 值足够小——但仍然不等于零,参与人在没有惯例时会生活得更好。换言之,一个相对来说几乎没有财产的人,在自然状态下碰运气可能会过得更好。尽管如此,对社群中的每个人来说偏爱占有者的惯例仍可以获得道德力量,包括那些不需要惯例会过得更好的人。

这一结论可能会令人惊讶,但我的论证形式不是全新的。刘易斯认为协调惯例1常常会成为规范。他写到,如果他人

> 发现我没有遵从[协调惯例],不只是我违背了他们的预期;他们还有可能会处于一种立场,推断我故意做出与自身偏好相反、与他们的偏好相反、不符合他们合理预期的行为。他们会很惊讶,并且他们会倾向于将我的所作所为解释为不诚信。(1969, p.99)

这本质上与我在第8章给出的论证同属一类;注意其如何诉诸如下事实,一项协调惯例满足我所列出的三个条件。然而,刘易斯考量的那类规则可以说是服务于每个人的利益的。刘易斯将惯例定义为对"协调问题"的(某一种)解决方式。这些协调问题是结构近似于某一种纯协调博弈的博弈。参与人主要关心的是以这样或那样的方式来协调他们的策略;他们以**何种**方式来协调他们的策略,对他们来说则是一个相对不那么重要的问题(Lewis, 1969, pp.5 - 24)。因此尽管行为人可能会对备选惯例具有不同的偏好,但是有某项惯例确立起来而不是没有惯例,这更符合每个人的利益。从这个意义上说,至少一项业已存在的惯例服务于每个人的利益。①

---

① 这里作者的理解和刘易斯的原文稍有出入。(1)刘易斯明确将自己的惯例概念与规范区分开来,严格来说,他的惯例概念没有任何规范的含义,因而也不具有道德内涵;(2)但是当人们试图解释为何"应该"(或者"不应该")遵循某一惯例时,即为遵从惯例的行为给出理由,刘易斯认为惯例会成为规范的一个类型,但惯例概念本身不需要包含理由,所以它不是规范,不具有道德力量;(3)在刘易斯有关规范的论述中,无法推出作者上述的论证,即有惯例要比没有惯例更好——这其实是休谟的观点,事实上从刘易斯的惯例理论中我们可以发现,他并不认为这一命题为真。参见:Lewis, David, 2002, *Convention*: *A Philosophical Study*, Oxford: Blackwell Publishers Ltd., pp.97 - 100.

在乌尔曼-马加利特（Ullman-Margalit）的《规范的形成》（*The Emergence of Norms*，1977，p.88）一书中能够发现类似的论证。乌尔曼-马加利特紧紧追随着刘易斯的观点——就协调惯例而论。但值得注意的是，她不愿将她应用于分析协调问题的相同逻辑应用到其他类型的博弈中去。她认识到产权规则能够对应于冲突博弈中的稳定均衡策略，[2] 而这些规则能够成为规范；但是她对于这些规则**如何**成为"非公正性的规范"（norms of partiality）的解释似乎完全与她先前有关"协调规范"之演化的论述不相干。如果我正确地读懂了她的书的话，非公正性的规范会形成是意料之中的事，因为它们增强了一种差别对待的现状，并且这样做增进了在那些现状下受到偏爱的人们的利益（Ullman-Margalit，1977年，第4章，特别是pp.173-197）。其中的含义是当一项产权惯例成为一项规范时，那些没有得到惯例偏爱的人们不知怎的，受了蒙骗而赞同该惯例。

然而，似乎没有很好的理由将刘易斯的论证局限于协调惯例。刘易斯对于这些惯例如何成为规范的解释并不依赖于他的假定，这些惯例服务于每个人的利益。我们都因为某些业已确立的惯例之存在而得益，可能确实是如此，但这并不是**为什么**我们相信我们应该去遵循它们的理由。所以如果我们发现其他的惯例，它们不服务于每个人的利益，也变成了规范，我们不应当对此感到惊讶。

在论证惯例不需要服务于社会整体的利益就能获得道德力量时，我与休谟的论断发生了某种分歧。休谟声称产权惯例最终服务于每个人的利益：

> 不可能将益处与害处相分离。财产必须稳定，必须由一般性的规则确定下来。尽管在某一次事件中公众会成为受害者，但是这暂时的害处，会通过规则的稳定实施，以及由于规则在社会中的确立所得到安宁和秩序，得到充分的补偿。甚至每一个人在权衡得失之后，还会发现自己是受益者；因为没有正义，社会必定会立即解体，而每一个人必定会陷于野蛮和

孤立的状态,这远比我们有可能设想到的社会中最坏的情况,还要糟糕透顶。(1740年,第3卷,第2章,第2节)

我已经解释过为什么我不能接受这一乐观的结论必然为真:有些人在自然状态下要比在产权规则歧视他们的社会中生活得更好。①

产权惯例服务于每一个人的利益,这一主张在休谟有关这些惯例如何成为规范——或者用休谟的话来说,为什么我们把德性的观念附于正义——的论述中发挥着重要的作用。对休谟而言的正义规则就是我所称的产权惯例。这些惯例是从自然状态——在该状态下每一名行为人都追求他自身的利益——中自发演化而来的。行为人遵循这些惯例的初始动机只是单纯的审慎:

> 因而他们最初只是出于利益的考量,不仅在一般的情况下,同时也在每一种特殊情况下都实施并遵守这些规则;而在社会最初形成的时候,这样的动机足够具有影响力,令人难以抗拒。

但是这些惯例开始具有道德力量:

> 但是当社会的人数大增,扩张成为一个部族或国族时,这样的利益考量就较为疏远了;同时人们也不会像在一个规模较小、关系较紧密的社会

---

① 这个问题刘易斯在《惯例》一书中也有所涉及,这就是本书作者在跋中详细讨论的"猎鹿博弈"(参见跋A.5):猎鹿策略对所有人来说都是更好的选择,但最终能够成为惯例的,往往是逐兔策略。(刘易斯讨论"社会契约"时在一个脚注中提及这一点,参见:Lewis, David, 2002, *Convention: A Philosophical Study*, Oxford: Blackwell Publishers Ltd., p.95.)回到前文中提出的这个命题:有惯例要比没有惯例更好。但事实上的确如萨格登教授所言,情况未必如此。设想,如果一个社会的产权惯例是:一人拥有全社会所有的财产,其他所有人都是奴隶;或者,战争是获取财产唯一合法的方式,并由此形成了一种劫掠财产的惯例。这样的社会状态是否远远比自然状态还要糟糕?译者将这种状态称为"制度化的无序状态"。

中那样,容易发现每一次这些规则遭受破坏,随之而来的便是社会失序和混乱。不过虽然我们在自身的行为中常常无视这种由于秩序得到维持、我们才能享有的利益,并且会追求一种次要的眼前利益,但是我们永远不会没有注意到由于他人不正义的行为,致使我们间接或直接遭受的侵害;因为在那种情形下我们既不会被激情蒙蔽了双眼,也不会被任何相反的诱惑所误导。不仅如此,当不正义的行为距离我们如此遥远,以致不可能影响到我们的利益时,它仍然令我们不愉快;因为我们认为它是人类社会的危害。并且接近犯下不正义行为之罪的人,对每个人来说都是有害无益的。我们通过**同情**而与他们一起感受到了这种不安;并且一概观之,人类行为中带来不安的每一样事情都被称为**恶**,而以同样的方式,产生欣慰之感的任何事情都被命名为**德**;为什么道德上善恶的情感会随着正义与不正义的行为而出现,这就是原因。在目前的情形之下,这样的情感虽然只是通过细心观察他人的行为而得到的,我们仍然会将其扩展到自身的行为上。一**般规则**超越了那些它们由此而产生的事例;与此同时那些对我们所抱有情感的人,我们也自然而然地会对他们**抱有相同的情感**。(Hume,1740年,第3卷,第2章,第2节)①

我之所以长篇引用这一段落,是因为它与我自己有关惯例如何成为规范的论证极为相近。当他人在与我们的交往过程中违背了惯例的时候,我们受到了伤害;且我们会对此感到怨恨。我认为,这是我们"直接"从他人的不正义行为中受到的侵害。当他人在我们并未涉身其间的交往过程中违背了惯例的时候,我们的利益仍然受到了威胁,因为我们可能在未来不得不与这些人打交道。这或许就是当休谟言及我们"间接"受到的侵害时,他要表达的意思。[3]并且成为他人怨恨的焦点我们会感到不安:"那些对我们所抱有情感的人,我们也自然而然

---

① 着重标记为休谟原文所加。

地会对他们抱有相同的情感。"我们对他人违背惯例所表示出的反对,以及我们对自己违背惯例所感受到的不安,皆在我们接受一般性规则——即"反对一切违背惯例的行为"——的过程中被普遍化了:惯例应该得到恪守。

然而,在强调**同情**所扮演的角色方面,休谟的论点与我发生了分歧。根据休谟所言,即便在自己的利益完全没有受到影响的情形下,违背惯例仍然使我们感到不愉快;而我们的不悦源自同情。这一主张是否与我自己的论证相容,取决于我们如何假设同情发挥的作用。

当休谟说,任何人,或者事实上是任何能够具有这些感情的动物,他们的幸福或悲苦能够影响我们,"**当将其与我们关系拉近,并以生动鲜活的色彩呈现出来时**"(1740年,第3卷,第2章,第1节;我加上了着重标记),此时他是在赞同有关同情的一个概念。这里的思想是,我们同情另一个人的程度通常是他与我们之间关系的产物:他的幸福或悲苦如果要让我们引发同情之感,必须将这种幸福或悲苦**与我们关系拉近**。因此,当其他条件都相同,我们往往会最强烈地同情那些处境与我们自己最为相似的人:这些是我们最易于感同身受的人。现在假设我总是遵循某一特定的惯例。举例来说,假设我从不做小偷。这种尊重业已确立的产权规则的行为可能只是单纯出于审慎:我行动不是特别敏捷,害怕被抓。但是不论我恪守惯例的理由是什么,我不具有那种小偷在成功地干完一票之后心满意足的**经验**。相反,我确实具有的是害怕我的钱包被偷的经验;被盗之后,我可能还会具有感到愤怒和怨恨的经验。因此,我认为我应当会倾向于较少地同情扒手,较多地同情因他们而受害的人。更一般而言,如果我遵循某一项惯例,我应当倾向于较少地同情那些违背惯例的人,较多地同情那些因为这些违背惯例的行为而受害的人。因此,用休谟的话来说,我们会由于不正义的行为而感到不愉快,因为有一种自然而然地倾向性,我们会通过同情而感受到那些由于不正义的行为而受害之人的不安。

到目前为止还没有出现与本书论证相互矛盾的地方。但是,根据休谟所言,我们同情由于不正义的行为而受害之人,是因为我们考虑到不正义的行为

是"人类社会的危害"。在对我刚刚引用的段落所做的总结中,他的立场表达得更为清楚:

> 因此,**自利**是正义**确立**的初始动机:但是对于**公益**的**同情**则是伴随着那种德性而引发的**道德**赞许的根源。(1740 年,第 3 卷,第 2 章,第 2 节)①

注意,休谟是在谈论**对于公益**的同情。此处的思想似乎是我们公正地同情每一个人的愉悦和痛苦;因为正义原则为公益服务,我们同情的天平落到了正义的这一边。根据这种同情观,只有当惯例对社会总体福利做出贡献时,才能获得道德力量。

正是在这一点上我与休谟分道扬镳。我们的同情基于某种成本—收益分析,这样的观点似乎从心理上来讲难以令人信服。毫无疑问我们有**能力**想象自己处于亚当·斯密(1759 年,第 3 卷,第 3 章)所称的"公正的旁观者"(impartial spectator)之立场,平等地同情社会中的每一个人;但是正如斯密自己所认识到的,[4] 这并不是我们的同情**自然而然**地发挥作用的方式。

对此有人可能会反对说,道德判断的概念要求一定程度的公正性;无论我们的同情可能有多么地不公正,我们的道德判断必须是可普遍化的。或者正如休谟所指出的,当我们做出道德判断时,我们"确定了一些**稳固且具有普遍性的视角**"是一项语言惯例(参见第 8.3 节)。我接受这一点;但是没有公正地表达**出同情之感**,我们也能够是公正的。一位公正地维护财产法的法官不需要(并且我认为,也不会)在决断案件时受到如下方式的支配,即平等地同情社会中的每一位成员;但他仍然是公正的。类似地,如果我准备谴责所有违背惯例的

---

① 着重标记为休谟原文所加。但是本书作者引文中着重标记的位置,与译者参考的牛津版《人性论》中的原文并不一致,作者亦未说明额外的着重标记是他加上去的,所以译文是根据牛津版中着重标记的位置标出。

行为,包括我自己的行为,我的责难就是足够稳固且具有普遍性的,从而可被承认为是道德的;我不需要相信惯例会为社会总体福利服务。①

有些读者可能仍然会认为惯例过于任意专断,不能构成道德体系的基础;有人可能会争论说,道德判断应当从少数几条简单且具有一般性的道德原则的公正运用中推导出来。为了回答这一反对意见,我将试图表明围绕着惯例而成长起来的道德——自然法的道德——**确实具有一项统一的原则**。

9.2 合作的原则

在本书中我已经证明在人类社会中特定类型的惯例往往会自发演化出来,并且这些惯例逐渐具有了正义原则、自然法原则的道德形态。这让我们禁不住做出如下假设,如果一个社会的成员赞同一项共同的道德准则,那么该准则必

---

① 在上述有关"同情"所扮演的角色的论证中,本书作者和休谟的分歧主要在于两点:(1)如在跋中所述,萨格登教授接受斯密的观点,认为同情仅仅是一个心理学概念,甚至"赞同"和"反对"这些用来表达道德判断的词汇,也只涉及心理层面,没有道德属性;(2)作为一个心理学概念,同情并不应源自一种利益判断(参见跋 A.8)。但要注意的是,在休谟那里,"同情"本身就具有道德属性,"同情是我们对一切人为的德性表示尊重的根源"(1740年,第 3 卷,第 3 章,第 1 节)。因为既然我们的道德判断是基于情感做出的,但凡情感必然引发一种效用上的增进或减损——愉悦是一种正效用而痛苦是一种负效用,所以借用"同情"这个概念,利益、情感和道德三者之间建立起了一种逻辑关系:因为我们的同情,我们对他人的处境感同身受,有了一种利益(效用)判断,这种判断让我们对行为或者事物的"对"、"错"有了区别,进而有了赞同与反对的道德判断。但是在萨格登教授这里,这条逻辑链被强行中断了。他认为同情的能力不应源自利益判断,以康德的道德论而言,这一点无疑是对的;但是他又坚持休谟的立场,只考察道德判断,缺乏道德本体论。所以他陷入了和当年斯密一样的困境,从道德情感论的基本立场出发,倘若要将同情与利益区分开来,我们只能将其归为一种心理现象。但无论斯密还是萨格登,他们其实都想赋予同情这个概念更多的东西,超越单纯的利益考量。斯密的"公正的旁观者",萨格登强调的一般化的道德判断,都是如此。但这超越利益的部分具体指的是什么,其理论基础又是怎样的,两人其实都未能做出清晰的解释。相比较而言,穆勒(John Stuart Mill)的功利主义,对休谟的理论做出了进一步的发展,通过将正义归结为一种道德权利,"同情"成为正义情感的一部分,因此穆勒认为,"一切正义的问题也都是利益的问题,这始终是显而易见的;两者的不同之处在于正义附有一种特殊的情感,从而使正义有别于利益"(参见《功利主义》,徐大建译,上海人民出版社 2008 年版,第 65 页)。

定服务于某种社会目的。我们禁不住会说，必定在**某种**意义上，这一准则对社会而言是好的。但这是错误的。正如我在第 9.1 节业已论证的，惯例不需要对社会总体福利做出贡献也能获得道德力量。所以如果在自然法背后存在着一项统一的原则，其不会是社会福利原则。

不过从我关于惯例如何获得道德力量的论证中提取出一项一般性的原则**确实是**可能的。回忆一下，根据我的论证，如果一项惯例满足了以下两个条件：首先，在相关社群中的几乎每个人都遵循它；其次，假如行为人遵循该规则，他与之打交道的人也遵循该规则符合每一个人的利益；那么该惯例就很可能获得道德力量（第 9.1 节）。(第一个条件确保了每个人**预期**其他每一个人都会遵循惯例；第二个条件确保了每个人**想要**其他每一个人都遵循惯例。) 所以围绕着惯例成长起来的道德规则很可能成为如下原则所体现的情况：

> **合作原则**。[5] 令 R 为在某个社群中重复进行的一场博弈中能够选择的任意一项策略。令这一策略使得，如果任意一名行为人遵循 R，那么他的对手应当也如此做是符合该行为人的利益的。那么假如其他每一个人[6]都采取同样的行动，每一名行为人都具有一种道德义务去遵循 R。

容我澄清，我没有主张说这一原则构成了我们道德的**全部内容**。我只是主张对我们来说存在着一股强大的趋势去赞同道德规则是这一原则所体现的情况；换一种方式来说，我们倾向于赋予这一原则**某种**道德权重。

我相信，其确实诉诸某些共同的道德直觉。假设社群中几乎每个人都遵循 R。那么，如果我和你进行一场博弈，对我来说预期你会选择 R 是合理的。对我来说选择 R 是我以这样一种方式行动，我能够合理预期如此的行动符合你的利益（因为如果你确实选择了 R，我选择 R 就符合你的利益）。同样地，对你来说选择 R 是你以这样一种方式行动，你能够合理预期如此的行动符合我的利益。那么如果我选择了 R 而你没有；我精打细算，以能够最好地适应于你的方式采取行动,但你却没有礼尚往来。合作原则背后的道德直觉就是,在这样的情形下我有正当的理由抱怨你的行为。例如,拿交通博弈来说。假设在十字路口赋予从右侧驶来的车辆以优先权是一种普遍的做法。假设你总是遵循这一做法。那么,给定预期其他司机会采取的行为方式,你正在精打细算地以能够最有利于他们的方式采取行动。我反常地选择了采取决不给任何人让路的策略,且这样做使你的生命处于危险之中。那么你就有理由抱怨我。

那么,围绕惯例成长起来的道德,是一种**合作的**道德,也是**权利的**道德。如果在我的社群中其他每一个人都遵循 R,我就有义务同样也这么做。注意,这一义务产生于我与其他行为人的关系;我有义务让他们获利是因为他们让我获利。那么,我的义务是**针对特定的他人**。与我遵循 R 的义务相对应的是其他每一个人的**权利**——即我应当如此做;其他的每一个人都被赋予权利要求我向他履行义务。这与那种最大化社会福利,或者最大化世界上快乐的总和的道德所施加的义务相当不同——后者的义务没有针对特定的任何人。

任何基于合作思想的道德体系必须结合某种参照点,从而可以对利益或者不利进行度量。这种思想是,如果我有利于你,那么我就被赋予权利,要求你也让我获利以作为回报;但是获利是一个相比较而言的概念。[7] 当我说我让你获利的时候,我是说与你处在某个其他的事态下相比,我使你的境况变得更好:这个其他的事态就是参照点。那么,作为自然法基础的合作原则,其参照点是什么呢? 参照点是现状。

为什么我这样说? 注意只有当其他每一个人都遵循某一策略 R 的时候,合作原则才迫使某一行为人有义务也如此做。因此仅在 R 得到普遍遵循的事态下,对每一个人而言遵循策略 R 才是一项一般性的义务。换句话说,假设存在着这样一项一般性的义务,就是假设现状是每一个人都遵循 R。现在合作原则背后的思想是,如果任意一名行为人**单方面地**背叛了业已确立的、遵循 R 的做法,他就会损害其对手的利益;选择**不**以此种方式损害其对手利益的行为人被赋予权利预期会得到回报,即他的对手不会损害他的利益。这里度量的利益损害是相对于每一个人都遵循 R 的事态而言的;这就是现状。

承认自然法是基于互利原则,承认利益度量的参照点是现状,就是承认权利和义务都是惯例问题。在一个每一个人都遵循某条规则 R 的社群中,每个人都可以具有一种道德权利,预期其他每一个人都会遵循这一规则;此外,如果每一个人都遵循一条不同的规则 S,每个人会具有一种道德权利,预期其他每一个人都会遵循 S,这同样也成立。

我能想象,有许多读者会强烈反对这一观点。道德理论通常会如此建构,使得如下问题,"个人具有什么样的权利和义务?"具有唯一的答案。例如,道德关注的是某种社会福利概念的最大化问题,拿这个理论来说。根据森(Sen,1979)的说法,我称这类理论为"福利主义";古典功利主义的立场——幸福的总和应当最大化——是福利主义的特例。①对于一名福利主义者而言,要证明权利和义务的正当性,只有将其作为达到社会福利最大化目的的手段。与获利或者利益不同,福利不是一个相比较而言的概念;所以一旦我们定义了社会福利的概念,"如何才能最大化社会福利",这个问题通常会有一个唯一的解决方案。

或者拿罗尔斯(Rawls,1972)的正义论来说。对罗尔斯而言,正义是一个互利问题,但是利益的定义与某一确定的"初始安排"(initial arrangement)有关,而在这一安排下罗尔斯称为"社会基本善"(social primary goods)——包括收入和财富——的东西是平等分配的(Rawls,1972,p.62)。②正义原则是那些原则,在这样的初始平等状态下,能够保证行为人达成一致同意。当然,现在这还不足以确保唯一的一个原则集合。(在可供选择的原则集合之间也许可

---

① 即古典功利主义的核心原则,"最大多数人的最大幸福"。

② 罗尔斯假定的社会基本善包括:权利、自由、机会、收入和财富。(参见 Rawls, John, 1972, *A Theory of Justice*, Oxford: Oxford University Press, p.54.)早期一些中译著作中将"social primary goods"译作"社会基本物品",但是"权利"、"自由"和"机会"显然不属于典型的"物品"。

以进行选择,所有这些原则集合都能使每个人要比在初始状态下过得更好;有些行为人可能在某一原则集合下获利会更多,而其他人则在其他原则集合下获利会更多。)罗尔斯认识到这一问题,但值得注意的是,他的回应是通过对初始状态进行设定,使得唯一的正义原则集合**将会**产生出来(Rawls,1972,pp.139-140)。确保这种情况出现的装置就是"无知之幕":不允许任何人——他或她——知道自己的身份,所以没有人能够知道哪项原则发挥的作用最符合他或她的利益。

作为最后一个例子,拿诺齐克的权赋正义理论(entitlement theory of justice)来说。诺齐克简单地**假定**存在一条唯一的自然法准则。他提出,除了诉诸洛克的权威外,对于这一假定不存在任何真正的合理性证明;可是他在评论中指出,"有关这一状态以及自然律的基础",洛克也"没有给出任何令人满意的解释"(Nozick,1974,p.9)。对洛克而言,正如自然理性——即不需要神启的帮助——所理解的那样,自然法是一套道德权利和责任体系,具体体现了上帝的意志(Locke,1690,《政府论》[下篇],第2章)。不清楚诺齐克是否和洛克一样持有自然神论的观点;①确定的是上帝在诺齐克的理论中扮演的角色不是很明确。似乎对诺齐克而言个人具有特定的、清晰界定的权利是一个单纯的道德直觉问题。

在上述理论背景下,认为权利和义务是惯例问题的主张就会引发争议。因而让我重复一下之前我已经说了好几回的话。在人类社会中演化出来的道德是我们**应该**去遵循的道德,这不是我的论点。我不是在提出一种道德论证;我试图解释的是我们如何逐渐获得了某些我们所具有的道德信念。我的主张是,人类倾向于利用现状作为一个道德参照点。他们是否应该如此做是另一个问

---

① "自然神论"(deism),又译作"理神论",这是启蒙时代在英国和法国出现的一种思潮,拒绝将"启示"作为知识的来源,认为仅凭"理性"和"观察"就足以理解上帝所创造的这个世界,即将"自然理性"(natural reason)作为知识的唯一来源。这一思想至少可追溯至阿奎那,他认为"启示"和"自然理性"都是知识的来源。

题,并且(至少对于我们这些接受休谟法则的人来说)是一个永远不能通过诉诸理性而得以解决的问题。

因而,任何人都可以说他或她拒绝接受这些主张——基于我所谓的自然法——的道德合法性。他或她可能会说:"唯一能做的正确的事是……;如果这意味着侵犯了某些人视为是他们的道德权利的东西,那么就太糟糕了。我不接受这些所谓的权利能够对我提出任何的要求。"举例而言,一位坚定的福利主义者会说对一个政府而言要做的正确的事,就是无论如何都要最大化社会福利。在他对基于自然法的权利主张的拒绝中,(我想象)福利主义者或许会受到如下反思的鼓动,毕竟,这些"律法"只是惯例而已。他甚至可能会受到引诱去思考有关道德工程的建设。如果人们的道德信念是基于惯例,这些信念就能够被改变。与其接受碰巧确立起来的惯例,我们不如从许多可能的惯例中将最大化社会福利的惯例制定出来,然后要求每一个人都去遵循它。毫无疑问,起初有些人会抵制这种改变,声称他们受到欺骗失去了他们的权赋;但是随着时间的推移这些权利和义务的想法会渐渐消失,而被更能与福利最大化相匹配的新思想所替代。

本书的分析没有对这样一位忠诚的福利主义者提供一种道德反证。(也没有对致力于罗尔斯主义的或者诺齐克主义的正义理论的人提供一种反证。)然而,本书确实提出了一些警告。业已确立的惯例**能够被推翻**——想一想公制单位系统的成功,但是历史上随处可见的是改革惯例的失败尝试。①引入公制单位的同一代人——理性主义的法国男女们——试图改革历法;但是我们全都仍然使用非理性的旧历。连续几届爱尔兰政府做出了巨大的努力要重新恢复使

---

① 公制单位系统(又称"米制")的成功和法国大革命有很大的关系。从 1790 年开始法国率先尝试量度单位系统的改革,并通过像是测量地球周长等一系列的科研活动向全世界推广这套单位系统,最终成为了现在的国际标准。但是美国至今仍未将公制确定为官方量度系统,尽管在科研、医疗、军事和日常领域中大量使用;英国虽然官方承诺使用公制,但民间还是以英制单位为主。所以惯例的改变不仅需要很长的时间,而且在不同社群中其成效也不同。

用盖尔语(Gaelic language),①但是他们不能阻止占压倒性多数的爱尔兰人用英语读写。黄金作为货币的惯例持续了数千年,并且仍旧在抵制改革国际货币体系的努力。

想一想以偏爱占有者的方式解决冲突的惯例。这样的惯例可能不具有理性基础;从一名福利主义者的视角来看它可能在道德上是不正当的。但是有哪个政府具备实力根除这种惯例?想一想该惯例被用作争议解决的所有情境,以及它如何能够通过相似性类推从一种情境传布到另一种情境(第5.3节)。想一想有多少争议在司法体制的影响之外得到解决——邻里与同事之间、社团协会内部、道路上、学校操场上、青少年帮派内部……政府要如何改变在这些情境下人们行为的方式?再想一想偏爱占有者的惯例被用作解决国际争端的方式。(想一想欧洲的政治版图如何通过1945年苏联和美国军队抵达的位置确定下来。)任何一个政府在它自己与其他政府打交道时怎能宣布拒绝承认这一惯例?

正如我已经论证的,如果人们用作解决争议的惯例逐渐具有了道德权利和义务的性质,任何试图推翻这些惯例的政府必须预期到它的行为会被视为在道德上是错误的——是对个人权利的非法侵犯。坚定的福利主义者必须做好准备接受指责,他的政策会发生偏离,偏离那些他寻求增进其福利的社会成员。回忆一下伯纳德·威廉斯(Bernard Williams)给出的功利主义理论与殖民地行政长官之间的类比(参见1.4节),让人想起拉迪亚德·吉卜林(Rudyard Kipling)②有关白人的负担的叙述。⁸

---

① 又称为"戈依迪利语支"(Goidelic languages),是现在凯尔特语两大分支中的一支,凯尔特语是印欧语系中的一支。盖尔语目前存有三种语言,分别是爱尔兰语、苏格兰盖尔语和曼岛语。自1937年开始,盖尔语就是爱尔兰宪法规定的第一官方语言,但是目前使用盖尔语的爱尔兰人仍然不多,主要集中于西部地区。2016年的一次调查中,仅有70 000人(占总调查人数的4.2%)将盖尔语作为日常用语。所以在语言学中,盖尔语的推广常常被语言学家作为母语运动失败的例子。事实上除了希伯来语外,绝大多数的母语运动都失败了。

② 拉迪亚德·吉卜林(1865—1936)是英国短篇小说大师、作家和诗人,也是英国第一位诺贝尔文学奖得主。

然而，寻求增进一个社会的福利而无须受制于该社会中通行的伦理道德，这种殖民地行政长官的视角是一种独特的角度：没有理由能够解释为什么我们必须采纳它。没有理由能够解释，为什么我们必须通过如下的方式来为我们的道德信念做辩护，证明它们是一名公正仁慈的旁观者——他从某个遥远且有利的位置俯视社会——同样也会拥有的信念。我们被赋予权利，从**我们所处的位置**——作为一个社会的成员，在该社会中特定的义务和权利观念已经确立起来，并被我们接受下来，作为我们的道德的组成部分——出发做出道德判断。用森的话说，对我们来说这些观念可以作为基本的价值判断（参见第8.3节），正如福利主义者的判断对他来说是基本的价值判断。我们坚持一种合作的道德，对于这种坚持我们不能给出任何的终极证明；但是福利主义者同样也不能证明他的福利主义是合理的。

我认为，对我们大多数人而言，道德不能被化约为福利主义。不论我们可能信奉什么样的政治原则，我们大多数人相信我们每一个人都拥有这样的权利，其不能仅仅为了增进社会总体福利就可以被合法地取消。当我们所认为的、属于我们的权利或者是合理的期望受到威胁时，我们觉得有权去质问："但是**为什么我必须为了社会的善而牺牲我期待的东西？**"这不是一个愚蠢的问题。它并没有揭示出未能领悟的道德推理逻辑。它是一个现实的道德问题。当处在关键的时刻——当与**我们**期待的东西利益攸关时，这是一个我们**确实**要问的问题。正如罗尔斯（Rawls, 1972, pp.175-179）所指出的，我们倾向于将社会构想为一个合作体系，通过这个体系**我们**的利益，以及其他每一个人的利益能够得以增加，这是道德心理学的一个一般事实；我们在心理上不适合于采纳福利主义者对待这个社会的观点，处在这个社会之中，我们的利益包含在某种社会整体之内。

如果本书的论点是正确的，至少有一些我们所认为的、属于我们的权利的东西，它们基于的只是惯例而非其他；为了将它们作为在道德上具有重要意义的事物而接受下来，我们使用了现状作为道德参照点。这是一种明白无误的保守主义思想。然而，我们没有声称，全盘考虑之后，现状比其他任何可能的社会状态都要**更好**。假设我们做出了某种这类主张的话,就是将一种保守主义理论理解成了福利主义的一个分支;该理论没有言及任何有关社会总体福利的内容,或者是关于一种社会可能状态应当如何与另一种可能状态进行比较。正如詹姆斯·布坎南(Buchanan,1975,p.78)所指出的,现状的重要意义仅仅在于,我们的出发点是这里,而非某个其他的地方。

我怀疑,许多读者依然对这样的保守主义犹豫不决,会去寻找某种其他的方式来理性化他们的道德确念(moral conviction)。我祝愿他们好运,但是我怀疑这项任务希望渺茫。我已经证明,一些特定的道德信念(moral belief)具有一种演化的自然趋势。我们不能轻易就摆脱这些信念。我们也不会倾向于尝试这么做,因为它们是**我们的**信念:它们是我们看待这个世界的道德观的组成部分。无论我们多么地希望否认这一点,在一些重要的方面,我们的道德就是属于自发秩序的道德;而自发秩序的道德是保守的。

注释

1　刘易斯简单地称这些是"惯例";他的惯例定义排除了我称为产权惯例和互惠惯例的规则(参见第2.8节)。

2　她用来作为其正式模型的博弈具有与我在第2章给出的钞票博弈相同的结构:两位参与人与两项备选惯例,一项惯例偏爱其中一位参与人,另一项惯例则偏爱另一位参与人。

3　另一种解读是,每一次违背惯例的行为都会逐渐削弱惯例。根据这一解读,只有当正义的规则在长期服务于我们的利益时,我们才会从不正义的行为中受到"间接的"侵害。

4　在《道德情感论》中斯密反对如下观点,我们赞同正义原则是基于对公益的同情,他论证道:"我们对个人命运和幸福的关心,在通常情形下,并不是因我们思考社会的命运和幸福而引起的。"(1759年,第2卷,第2篇,第3章)

5　这一原则与哈特(Hart,1955)正式提出的"公平原则"(principle of fairness)密切相关。也与我在最近的论文中提出的互惠原则具有某些相似之处(Sugden,1984)。

6　或者说是几乎其他每一个人,如果我们关注的是实践道德的话。这样一个限定条件是理论上的窘困,但又是不可避免的。

7　布坎南(Buchanan,1985,p.63)指出了这一点。

8　"肩负起白人的重担/收获他那古老的酬劳/来自那些不如你们的人的责备/来自那些你们守护的人的仇怨。"(Take up the white man's burden/And reap his old reward/The blame of those ye better/The hate of those ye guard.)

跋

当我开始着手修订《权利、合作与福利的经济学》(ERCW)第二版时,我有一个计划,通过插入新的章节,同时又保留原初的文本不做改动,来更新本书的内容。但是新章节的篇幅在不断地加长,最终我意识到新旧材料的混合是行不通的。为了驾驭新的材料,我限定自己仅根据演化博弈论的后续发展,以及根据在我看来是对本书论点所做出的、最为实质性的批评,来对 ERCW 的内容进行评论。我抵制住了诱惑,不把这篇跋当作一次机会,证明 ERCW 的观点如何能够应用于新的领域,或者是讨论一些更为深入的主题——无论它们与 ERCW 的关系有多么密切。我在此所关心的是 ERCW 说了些什么,以及它是否是对的。我最为关注的是那些 ERCW 中仍然极具争议性的内容:在决定哪一项惯例会形成时,对于"凸显性"(或者称"显著性")[1] 所发挥的作用的强调;有关社会演化的力量会偏爱那些无效率的惯例的论证;以及如下的主张,对于遵循特定类型的惯例的人们来说,这些惯例往往会获得道德力量,即便从外人的视角来看,它们在道德上显得是任意专断的。

A.1 演 化

对于今日的读者来说,第 2 章所呈现的,以及在本书余下部分所使用的演化博弈论可能有时候看起来有些稀奇古怪。这并不令人意外:当我在 1985 年完成本书的写作时,作为经济学技术工具的演化博弈论基本上还不存在。这一

184 理论分支的后续工作创造出了新的分析惯例和术语。在这一节,我解释一下如何将 ERCW 中使用的理论与现代演化博弈论联系在一起。

我在第 2 章呈现的理论中,最为基础的概念是**效用**。到了 2004 年再重读这一章,对于其中有关效用的论述我感到很不满意;但是我仍然不知道如何才能对其做出改进。

在传统的博弈理论中,效用概念内含于博弈的定义之中。对于博弈的参与人可能选择的每一个策略组合,每一方参与人都有一个效用值;除非存在这样的数值,否则从形式意义上而言就没有博弈。效用是基于基数换算进行度量的(从数学上来说:这是唯一适合于进行仿射变换的);并且假定每一方参与人寻求最大化其效用的期望值。当约翰·冯·诺伊曼(John von Neumann)与奥斯卡·莫根施特恩(Oskar Morgenstern)首次提出他们的博弈理论的时候(von Neumann and Morgenstern, 1947),经济学家们高度怀疑效用的基数性质(尽管——也许是一种误解——他们中的大多数人确信存在**序数**效用)。为了让其读者相信基数效用是一个有意义的概念,冯·诺伊曼和莫根施特恩证明,如果一个人具有一种投机偏好,其满足特定的理性一致性条件,那么那些偏好能够用作表示某个函数期望值的最大化。根据这一解释,"效用"不是任何特定类型的东西(像财富或者愉悦),可以假定人们能够着手去获得它们。相反,它是描述一致性偏好的一种方式。假如我们准备认可冯·诺伊曼和莫根施特恩的公理作为完美理性的原则,那么我们就拥有一个效用解释,其适用于这些作者发展起来的那类博弈论:以完美理性的方式进行博弈的理论。但是演化博弈论意图成为一种经验理论,而不是一种**先验**理论,其意图解释博弈是如何真实地进行的。

有很多证据表明真实的行为与预期效用理论不一致。可观察得到的、与该理论发生的背离不仅仅是随机出现的,而是系统性的,并且可预测。在第 2 章中我描述了大量的这些证据,说它们"与日俱增",而自 1985 年之后的确是急剧增加。现在有许多决策理论试图解释这些观察到的现象。预期效用理论只是这一系列相互竞争的理论中的一种,这些理论中每一种都解释了一些但不是全部的证据。能够使得预期效用理论成为一种经验理论的最强有力的例子是简单的、易处理的情形,并且对于更为复杂的现实而言,其预测结果通常是相当好的初步近似。²

正如经济学中所应用的那些理论,大多数的演化博弈论都是基于预期效用理论的某个变化形式:演化博弈的结果是用基数效用来进行定义的,而演化的过程被假定为偏爱那些具有最大预期效用值的策略。我实际上也使用了这一方法,尽管我没有讨论每次进行博弈所得之效用的**期望**值,而是讨论重复进行许多次博弈所得之效用的**平均**值。我不能佯装说我在第 2.3 节所提供的、支持该方法的论证格外地强而有力。相反,我有点自豪,在提出这一论证时保持谨慎态度,并且承认在演化背景下证明预期效用理论的合理性存在着困难。³尽管如此,一个人总归要从某个地方开始着手。对于在 ERCW 中提出的论证而言,"不确定性下的选择行为"这些更为精致的论题,不是其主要内容。

我使用的理论中,"个人**通过经验学习**"这一思想包含了演化这部分内容。我采取这一理论所要表达的意思在第 2 章中做了解释。基本思想是行为人进行了许多次(他们认为是)相同的博弈,每一名行为人对博弈的整个结果序列都具有偏好,这些偏好形成了度量长期"成功性"的一种方式(所得到的效用收益的平均值)。我称参与人"受到引导"采取那些在长期最成功的策略。

其中涉及的这种引导力,我没有很确切地描述,但是基本的思想是相当清楚的。当行为人有意识地寻求成功的结果时,他们的做法是通过试错的方式,而不是使用经典决策论中假定的那类前瞻性的贝叶斯理性。虽然第 2 章关于人们学习机制的描述不是很确切,但是有关这一学习过程的长期影响,提出了一个非常具体的模型。核心理论概念是**演化稳定性**。均衡分析的背后,是有关导向均衡的动态过程的阐述;这一过程呈现在第 2 章和第 3 章中所使用的相位图中。暗含的意思是假定了一个性质,博弈理论家现在称其为**收益单调性**(*payoff monotonicity*):在任何给定时间,任何的群体内,进行策略比较,哪一项策略得到选择的频率增长率越大,该策略的预期效用就越大。因此,如果在一场博弈中,对于给定角色的参与人来说仅仅只有两项纯策略,R 和 S,可供选择,在该群体内选择策略 R 的频率随着时间推移是上升、不变或者下降,取决于选择 R 的预期效用是大于、等于还是小于选择 S 的预期效用。这给出了用相位图呈现的那类动态过程。

演化博弈理论家现在通常使用一个具体的动态演化过程模型。[4] 该模型——**模仿者动态**(*replicator dynamics*)——满足了收益单调性,但是假定了某种额外的数学结构。在这一模型中,任何给定的策略得到选择的频率增长率,与该策略的预期效用和所有策略的预期效用的加权平均值之间的差值成比例(每一项策略都根据得到选择的频率进行加权)。

模仿者动态和 ERCW 中使用的演化稳定概念之间有着密切关系。考虑一场博弈的参与人群体,其中存在着 n 种不同的策略。在一段时间 t 的任意一个时间点上,我们都能定义一个概率分布 $p(t)$,规定了在该群体内每一项策略得到选择的频率。取某个时间点 t_0 和给定的分布 $p(t_0)$ 作为我们的出发点,我们能够计算得出在时间点 t_0,选择的每一项策略所获得的预期效用。使用模仿者动态模型,那么我们能够计算得到每一项策略选择频率的变化率。所以我们能够计算得出下一个时间点的概率分布 $p(t_1)$,然后再次计算变化率,依此类推。通过这种方法,我们能够描绘出时间点 t_0 之后,$p(t)$ 的路径。自然而然地就可以将一个**均衡**定义为一个分布 p^*,使得如果在任意时间点的分布为 p^*,那么就会一直都是 p^*。如果从任意一个十分接近于 p^* 的分布出发,随着时间推移 $p(t)$ 向 p^* 靠拢,那么我们能够定义一个均衡分布 p^* 是**稳定的**。如果我们想要预测模仿者动态模型支配下的群体之长期演化情况,第一步自然是寻找稳定均衡。结果是策略的概率混合,任何一个概率混合在第 2.6 节之定义的意义上是演化稳定的,那么它在模仿者动态模型中也是稳定均衡。

所以 ERCW 中演化过程的**数学分析**——用相位图和演化稳定概念来具体表达的分析——与现在成为演化博弈论的标准模型化策略相一致。然而,

ERCW还使用了其他的分析方式。这么做是因为社会演化过程还受到其他的影响，这些影响在如今那些标准的模型中并没有体现出来。

模仿者动态最初是为了应用于生物学而设计的模型，用**相对适应性**(*relative fitness*)替换了效用。大体而言，任何给定类型的有机物的适应性是其基因自我复制的速率。就许多意图来说，通过某一类有机体的**预期繁殖成功率**(*expected reproductive success*)——即对于这类有机体中的某一随机个体而言，预期在接下来的一代中能够长大成熟的后裔数目——就足以度量其适应性。因此，某一类有机体的相对"成功性"正是其在群体内的繁殖频率增加的趋势。在一个十分简单的生物学模型中，一些模仿者动态的方程式是能够通过生物学假定的演绎推理证明为真的定理。

这些定理不能毫无阻碍地转换为试错学习的模型。如果以效用来度量成功，并且如果以行为人的偏好来定义效用，那么以牺牲较为不成功的策略为代价，较为成功的策略得到选择的频率会增加，这就不是一个定义问题。大体来说一个试错学习模型中如下条件必须为真：如果某一项策略具备了让试错学习的行为人偏爱采用它的性质——无论是什么样的性质，那么就此而言，该策略得到选择的频率会增加。似乎做出如下假定是无可非议的，**当其他条件不变**，提供了较大的预期效用的策略更有可能会被采用。那么，模仿者动态模型抓住了试错学习的运作机制中的一个重要因素。但是还有比这更多的东西需要知道。

A.2 显著性

ERCW与如今大多数的演化博弈论著作的不同之处在于将显著性作为试错学习过程中一个具有重要意义的要素。我仍然认为将显著性置于分析的核心地位，在这一点上我是正确的。在这一节，我解释一下为何我会这么想。

无论一项策略有多成功，它也不会被人们习得，除非将要习得这项策略的人首先将它作为一项可能的策略**识别**出来。这直接表明某一项策略得到选择的频率之变化率可能不仅仅取决于该策略的预期效用，而且还取决于它对潜在学习者所具有的显著性——取决于该策略所拥有的、能够引导人们将它识别出来的特征,无论是什么样的特征。

为了阐明试错学习过程中显著性的重要意义,想一想如下的博弈,我称为狭路相逢博弈(narrow road game)。(这一博弈和第3章分析的交通博弈一样,都属于同一个协调问题家族,但是要更为简单。)从一大群人中随机择取一组组行为人,循环且匿名地进行该博弈。[5]在该博弈的任意一个事例中,一条马路上两辆车正向对方驶近,而这条路的宽度正好仅仅能够允许它们擦肩而过。一开始,两辆车各自都行驶在路当中。双方司机都不得不选择是驶向左侧还是驶向右侧。如果都驶向左侧,或者都驶向右侧,双方的收益各自是一个效用单位。如果一个驶向左侧一个驶向右侧,那么双方各自的收益为零。这是这类博弈的一个典型例子,在这类博弈中我们可以预期会看到某一项惯例演化出来。那项惯例可能会是什么呢?

在思考该博弈中可能会演化出来的各项备选惯例的时候,大多数人立刻想到的是"靠左行驶"和"靠右行驶"的规则。但能够引致协调合作的潜在规则不是仅有这些。想一想行人们进行的狭路相逢博弈的变化形式,他们在人行道上或者在楼道里朝着对方走过去。他们如何避免相撞?从我的观察中——我必须承认是相当随意的观察,我得出结论认为英国行人并不会始终如一地遵循要么"靠左"要么"靠右"的规则。在实践中,他们通常遵循的是我称其为**迎面避让**(*heading away*)的规则。如果你遵循这条规则并且正走向某人,你打算朝着你们两人迎面相遇的方向往前走,并估算着可以通行的两条路线中哪一条偏离双方的行进路线是最小的。然后你转向那个方向,"迎面避让"另一人的行进路线。双方都在判断别人行进的方向,并且都在发出信号表明你自己的方向,你有可能使用微妙的眼神或者肢体语言,其中有些行为可能是无意间做出的。

很明显,狭路相逢博弈能够容许存在大量的备选惯例。但是为了简便起见,让我们把注意力集中于仅有的两项潜在惯例:靠左规则和迎面避让规则。假设对于理解这两条规则中任意一条规则的参与人而言,该规则的规定总是清楚无疑的。还假设,在该博弈随机选择的任意事例中,迎面避让规则规定靠左侧通行的概率是 0.5。现在让我们将与这两项策略选择有关的、随意一个频率分布作为出发点,思考行为会如何演化。假设一开始,51% 的司机总是选择靠左行驶,而 49% 的司机总是选择迎面避让。靠左行驶的司机们的预期效用稍微大一些,因为他们稍微地更有可能会遇上和他们一样行为的司机。(事实上,靠左行驶的司机们的预期效用为 0.755,而迎面避让的司机们的预期效用为 0.745。)① 如果我们只是假定(基于效用的)模仿者动态模型,我们预测选择靠左行驶的频率会逐渐增加。最初,增加的速率会很慢,但是随着靠左行驶的优势在增加,速率会加快。迟早每个人都会选择靠左行驶。

但是我们应当接受模仿者动态模型做出的这些预测,丝毫没有更多的疑问吗?想象一下我拿来作为出发点的事态。想一想一名司机,看见另一辆车向他驶来,正要决定转向哪一个方向。有些司机(群体中的 51%)的概念中,这一问题是"左"和"右"之间的选择。根据他们的经验,他们知道对方司机更有可能驶向左侧而不是右侧,但是他们不断会遇上一些司机,莫名其妙地驶向右侧。另一些司机(群体中的 49%)的概念中,这一问题是"迎面避让"对方车辆和与之"迎面驶来"之间的选择。根据他们的经验,他们知道对方司机更有可能迎面避让而不是迎面驶过来,但是他们不断会遇上一些司机,莫名其妙地会迎面驶过来。注意,**以他自身对于该博弈之概念化理解的方式**,每一方司机已经从可供他选择的策略中选出了被证明为是最成功的策略。如果迎面朝前开的司机要学会靠左行驶,如模仿者模型所预测的那样,他们必须用一种新的方式来理解该博弈。

乍看起来,容易让人认为这只不过是个时间问题。由于靠左行驶的司机已经在遵循更为成功的策略,他们没有理由转而选择其他的规则,即使他们渐渐

---

① 计算公式:靠左行驶的司机的预期效用为 $0.51 + 0.49 \times 0.5 = 0.755$;迎面避让的司机的预期效用为 $0.51 \times 0.5 + 0.49 \times 0.5 + 0.49 \times 0.5 = 0.745$。

识别出这也是一条可供选择的规则。所以,有人可能认为转换策略就像是走上了一条单行道。但这样就忽视了总体情势背后全部的随机变化。举例来说,假设随着时间推移博弈的参与人群体发生了某种转变。在随机的时间段中,有些行为人离开了这个群体(他们不再开车,离开这个地区,亡故或者任何其他的变故),而另一些人加入了这个群体。新加入者开始进行博弈时不具有任何经验——或者至少不具有在这一具体地点、进行的这一具体博弈的经验,无法根据经验进行推断。他们不得不根据自己早期的观察,尽其所能弄明白是怎么回事。他们如何理解自己的博弈经验取决于他们是以左和右的方式来考虑问题,还是以迎面避让和迎面驶来的方式来考虑问题。假设迎面避让和迎面驶来的差别要比左和右的差别更有可能出现在新加入者面前。那么新司机往往会习得迎面避让的规则,即便一开始靠左行驶的规则在老司机当中稍稍地更为常见一些。并且如果这一效应足够强大,就会致使整个群体选择迎面避让规则的频率逐渐增加。与基于效用的模仿者动态模型的预测相反,演化的路径可能会导向另一个方向,迎面避让规则成为业已确立的惯例。

所以,如果我们要理解经验习得的动态过程,那么只考虑不同策略间的相对收益是不够的。我们还要考虑它们之间的相对显著性,因为某一项策略的显著性会影响到学习它时候的易感性(susceptibility)。当预期效用的差别很难被人们觉察到的时候,要影响各备选策略得到选择之频率的相对变化率,这方面显著性很可能具有特别重要的意义。在惯例演化的早期阶段,在任何潜在的惯例拥有许多支持者之前,通常就是这种情况;在如下的情境中(像狭路相逢的例子中那样)也是这样的情况,两项或更多的潜在惯例开始自我确立起来,但是还没有一项明显地成为领跑者。

仅仅因为行为人的理性是不完美的,所以显著性才重要,这是一种错误的想法。经验习得仅仅是对这样的行动者来说才是有可能的,他们有能力在充满(他们所理解的)随机变化的背景下,辨别出少数一些显著的模式。如果某个行为人的理性是如此完美,以至于他识别出所有可能的模式,但没有对其中任何一种模式赋予优先权,他就不具备归纳学习的能力。想象一下一名进行了1 000次狭路相逢博弈的司机,在所有的情况下对方司机都驶向左侧。似乎很明显,对他而言能够得到的理性推论是他接下来遇到的司机非常有可能也是驶向左侧。但是虽然这一推论**对我们**——作为具有日常理性的人类——**来说**是显而易见的,对这个具有完美理性的行为人来说却不太容易理解。对我们来说,全部1 000次的观察都符合"总是靠左行驶"这一模式,该事实是一个显著的事实,这不是纯粹的偶然性就能解释的。但是,以完美理性的行为人的角度来看,我们只不过是暴露出我们想象力的缺乏,在我们的观念中缺乏对于"模式"理解。对他而言,1 000次"靠左行驶"或"靠右行驶"的事例所组成的**每一个**序列都具有某种能够事先规划好的模式。事实上,每一个这样的序列都符合不同的、规划好的模式,这些模式的数量是无限的。因此,没有特定的观察序列能够为完美理性的行为人给出任何特殊理由,去怀疑他正在观察的是某种随机变化。通过赋予少数显著的模式以优先权,以及通过警惕留意显示出那些特定模式的证据,归纳学习才能发挥作用。如果这一有关归纳学习的论述是正确的,我们对于显著性的依赖就不是标志着我们的理性不完美,而是我们学习机制中的一个至关重要的组成部分。[6]

A.3 语　言

在第3章,我有关协调问题的主要例子是位于十字路口的两名司机行进在会发生碰撞的路线上的情形。我论证说如果产生相应结果的交通博弈循环进行,某项惯例就会形成,赋予一名司机拥有先于另一名司机通过的权利。我也做出了部分解释,为什么相比其他的惯例,特定类型的惯例更有可能形成。托马斯·谢林的显著性概念(或者按照他的称谓,凸显性)在这一论述中扮演了重要角色。为了阐明显著性观念如何能够帮助人们达成协调,我讨论了一些经典的协调博弈,诸如参与人必须要说出"正面"还是"反面"的博弈,以及参与人必须说出在纽约市会面的某一个地点的博弈。然后,在这章的最后一节,我主张有一些更为基本的、社会的惯常做法，包括货币与语言在内，都是惯例，它们与我们在十字路口使用的规则具有相同的意义。

有些读者认为，从驾车的实践到语言，这个步子跨得太大。他们反对说，我所想象的交通博弈，进行该博弈的行为人，他们已经归属于某一确定的社会、分享着一套共同的言语概念以及历史的、地理的和文化的参照标准。谢林的协调博弈也是如此。似乎我正在通过假定存在一些惯例来解释另一些惯例的存在。是否这使得我的理论变成了一种套套逻辑？

我不这么认为。复杂的事物是渐进产生的，这是一切演化论解释的本质特征。为了理解某个复杂的实体如何出现，我们必须理解它如何从其他某个几乎同样复杂的实体中生成。这样的解释策略不是套套逻辑，因为它承认稍微更复杂一些的事物生成于稍微不那么复杂的事物。最终，高度复杂的事物可以回溯至非常简单的事物；但是对于大多数的解释，就其目的而言，无须倒推得如此之远。如果我们想要解释一组惯例，与那些支配驾驶行为的惯例同样复杂，我们必须预计到这样的解释将许多其他的惯例和常规性当作是给定的。

不过，某一位批评者可能还是会问，人们缺乏一种通用的语言，假定他们拥有共同的显著性概念，这是否合乎逻辑。[7] 为了回应这一反对意见，我必须澄清我不是在提出一个有关最初人类语言出现的理论。我的主张是语言——我指的是人际间交流沟通的理解系统，无论是基于声音、文字、手势抑或是任何其他的东西——能够在现代人中作为惯例而产生出来，其方式同十字路口的优先权惯例毫无二致。（我说"现代"人是为了强调，我正在假定的行为人群体，他们具有我们现在认为是属于正常的人类推理能力；对于根本不存在语言的生物来说是否可能具备这样的能力，对这样的问题我不置可否。）一门新语言在某一群体中形成的过程不需要涉及任何预先存在的通用语言之公开使用；但是（我坚持认为）其必须包含共同的显著性概念。

首先，让我解释为什么共同的显著性概念是至关重要的。作为语言形成的模型，我从大卫·刘易斯的《惯例》(1969)中借用一个例子。刘易斯分析的对象他称其为**发信号问题**(*signalling problems*)。发信号问题属于协调问题的一种特殊类型,其中两名行为人 A 和 B,如果基于 A 采取的一组任意的行动,B 的行为选择是可预测的,那么两人都可获益。(举刘易斯的一个例子:B 驾驶一辆卡车,倒车进入一个狭窄的空位,而 A 站在后面引导他。如果存在一个发信号的惯例,他们两人都获益,比如:如果 A 做出招手的手势,B 倒车;如果 A 举起双手,掌心向外,B 停车。)刘易斯论证说发信号惯例不仅是协调问题的解决方案,而且还是一种初级语言。我同意。

现在假设我们试图模型化倒车博弈中发信号惯例的形成,假定(在这一情形中,高度人为化的假定)A 类型参与人从某一群体中随机抽取,B 类型参与人从另一群体中随机抽取,博弈在 A 与 B 之间循环进行,并且事先不存在 A 类型参与人和 B 类型参与人共有的语言。假设 A 两条手臂能够各自独立地打手势,分别能够指明上、下、左、右。这就让我们得到了 4×4 = 16 个可能的手势。假设,在任何给定的博弈事例中,A 观察到的要么是卡车继续倒车是**安全的**,要么是这么做是**不安全的**。让我们将 A 的一项策略定义为,16 个手势的集合中任意部分都可归入两个非空子集,**安全手势集合**和**不安全手势集合**;根据该策略,如果情形是**安全的**,才做出**安全手势**中的某一个手势(比方说,随机选择一个手势),否则就做出**不安全手势**中的某一个手势。这就让我们得出 A 有 $2^{16} - 2 = 65\,534$ 项备选策略。[8] 一项 B 的策略包含了在每一个手势下要做出的一个行为。如果我们假定 B 有两个备选行为,**倒车和停车**,对应于 16 个可能的手势,一项 B 的策略包含了在其中每一个手势下要做出的两个行为中的一个行为。这就让我们得出 B 有 $2^{16} = 65\,536$ 项备选策略。[9] 对于 A 的每一项策略而言,B 都有唯一的最优反应,即如下策略,看到每一个**安全手势选择倒车**,看到每一个**不安全手势选择停车**。每一组这样的策略都是一个严格的纳什均衡(因而是一项惯例)。所以我们有一个拥有 $65\,534 \times 65\,536$ 种可能性、具有 65 534 项备选惯例的博弈。

如果我们不诉诸显著性,我们就有一个模型,其中每个人都识别出他有一

192

个包含 65 534 或者 65 536 项备选策略的集合,并且试图通过试错的方式习得这些策略中哪一个最成功。如果每个人以随机选择策略的方式开始这样的尝试,并且如果每个人只能观察到他所参与的博弈的结果,形成一项惯例需要花费多长时间呢? 足以说:非常、非常久的时间。我的结论是,在真实世界中,有关发信号机制演化的任何一个合适的理论,都需要假定信号发送者和接受者带着先验的——并且更关键地,**共同拥有的**——思维方式,即相对于其他的惯例,赋予某些可能的发信号惯例以优先权,参与到博弈之中。换言之,对于潜在的信号必定具有共同的显著性概念。

但这并不是说一种共同的**语言**是必需的。可能显著性的某些方面对所有人类来说都是共同的,无论他们在文化上存在什么样的差异。自然事实的两个集合成为跨文化的显著性概念显而易见的来源:人类的生物相似性,以及人们不得不与之相适应的人世间的常规性。

我们感知世界的方式和我们对这样的感知做出反应的方式,其最为基本性质是由人类物种的生物构造所引发的。有确实的证据表明人类大脑是这样工作的,相较于其他经验归类的方式,赋予某些方式以优先权。这其中一些最好的证据来自在非常年幼的婴儿身上进行的实验,这些婴儿出生只有几天。这些实验中多数使用了一种**习惯化**方法(habituation method)①。反复地对一个婴儿进行同样的刺激,持续监测其警觉的状态(例如,记录他吮吸奶嘴的频率)。随着这个婴儿开始习惯于——或者我们可以说,厌倦——这种刺激,他的警觉性会减弱。然后以某种方式改变刺激。如果这引起婴儿的警觉性提高,那么我们能够推断婴儿将新的刺激当作是与旧有的刺激不同的某种东西——某种新的、值得留意的东西。相反,如果警觉性没有发生变化,我们能够推断婴儿将新

---

① 在心理学和认知科学中,习惯化方法属于非连结学习(non-associative learning)方法之一。具体是指对个体进行某种反复刺激,当个体在多次接受信号并做出反应后,发现这样的刺激没有危害性,便会减少甚至不对此类刺激做出反应。如我们所说的"入芝兰之室,久而不闻其香"(《孔子家语·六本》),指的就是习惯化方法。

的刺激仅仅当作是旧有的刺激的另一种形式而已。通过这种方法,有可能研究发现某些内建于人类大脑之中的分类系统。

在此是已经发现的一个例子。如果一个婴儿已经习惯于看见一个简单的形状,那么再给他看围绕着纵轴反转的该形状的镜像,他会把新的形状当作是旧形状的另一种形式;但是如果这个形状旋转九十度,婴儿的反应就像是看到了某样新东西。并且,当给婴儿看围绕着某条轴线成对称状的复杂形状时,与水平线或者对角线相比,婴儿会更迅速地习惯于那些轴线呈垂直的形状。这意味着婴儿发现垂直对称形状更容易"看得懂":似乎我们天生就有一种在世上发现垂直对称物体的先验预期。很容易看出来,这些分类原则如何帮助人类适应于他们所生活的世界。对大多数人类的想法而言,两个对象,除了左—右方向的差别外,看上去完全一样,它们很可能具有相似的属性;它们甚至可能是同一个对象,仅仅是观察角度不同而已。并且,我们可能会遇到的许多生物大多都是纵轴对称型的,这是一个生物学事实。[10] 归根到底,纵轴具有特别重要的意义反映出在我们这个世界中,地心引力的重要性。

除了我们经验**感知**中的相似性之外,人类对外界刺激所做出的反应中还存在许多由生物因素决定的相似性。例如,饥饿和饱腹,愤怒与恐惧,性兴奋与性冷淡,都与可观察到的生理反应有关,这些反应很难伪装或者压抑。因为这些反应是不由自主的,它们不能被认作任何类型的语言;但是它们提供了一份作为参照点的基本清单,其中列出的这些反应包含的显著性不具有文化上的特殊性。这些反应中有一些甚至为其他物种所共有;这种跨物种的相似性当然具有重要意义,例如使得人类能够十分理解狗类从而让它们为自己服务。

其他的显著性概念仍然是学习的产物。在经验习得中,人类拓展了分类系统;在人类与他们所生活的这个世界相处的过程中,这些分类系统助益良多。不同文化的人类群体都受到同一自然力量的支配,就这方面而言,必定存在着某种趋势,人们的思维汇聚于一些概念结构,他们利用这些概念结构来组织他们的经验。

出于所有这些理由,显著性的共同概念不需要依赖于一种共同的语言或者共同的文化。那么,诉诸这样一些共同概念,作为某一语言形成的部分解释;以及主张一种发信号机制能够形成,而其过程不要求公开使用事先存在的语言,就不再是套套逻辑。如果这一结论是正确的,我们可以预期会发现以此种方式发生的发信号例子。我认为我们能够做到。

在十八世纪中期,英国航海家詹姆斯·库克(James Cook)①指挥了三次伟大的航海探险,到达了世界上此前没有欧洲人访问过的地方。就他那个时代的标准来说,库克船长具有非凡的人文精神,他付出了巨大的努力,同他访问过的岛屿上的土著居民培养起友好的关系。这些努力中大多数都极为成功。当第一次接触的时候,土著和欧洲人之间不存在共同的口语,那么这怎么可能做到呢?[11]

似乎多数交流沟通是以打手势的方式进行的,并且似乎每一方都能够找出让对方易于理解的手势。在此有一个典型的事件,发生于1769年。库克船长的船只停泊在火地岛(Tierra del Fuego)海岸。那时,还从未同当地的火地岛人接触过。库克船长在他的日记中,用典型的写实方式记录到,"晚饭后,在班克斯先生(Mr Banks)②和索兰德博士(Dr Solander)③[首次参与航海旅行的两位博物学家]的陪同下,我走到岸边,寻找水源,看到几个土著,于是和他们说话。"我们可能会想知道,库克船长会期望如何与土著**说话**呢?这一队欧洲人在海湾的一头上岸。三四十名当地的火地岛人出现在海湾的另一头,接着往后退。班

---

① 又称库克船长(Captain Cook, 1728—1779),英国航海家和探险家。作者说的三次伟大的航海探险,分别是1768—1771年,驾驶三桅帆船"奋斗"号,发现了新西兰,并绘制出该岛的海图,还探测了澳大利亚东海岸;1772—1775年,进行穿过南极洲的首次航行,完成了第一次自西向东高纬度的环球航行;1776—1779年,旨在探索是否存在围绕加拿大和阿拉斯加的西北航道,但未成功,在夏威夷被波利尼西亚人杀死。

② 可能是指约瑟夫·班克斯爵士(Sir Joseph Banks, 1743—1820),英国探险家、植物学家。当时作为英国皇家学会的成员,随同库克船长出海探险。

③ 可能是指丹尼尔·索兰德(Daniel Solander, 1733—1782)。也是英国皇家学会成员,曾随同库克船长出海。

克斯和索兰德走上前,递上一些小饰物和彩色饰带,意图是作为礼物相赠。随后两名火地岛人走上前,坐下,又站起,拿出巨大的手杖,比划来比划去,然后炫耀性地扔掉。欧洲人将这些动作理解为放弃暴力的信号。不一会儿双方互相做出一些动作,显然对双方而言这些动作都很容易理解为是表达友善的问候(如果就欧洲人的感受来说是"粗鲁无礼"的话——似乎火地岛人这边还不知怎的,加入了用男性生殖器表达的动作),在船上他们用面包和啤酒来款待火地岛人。

诸如此类的事件表明,来自不同文化的人类,相互间隔绝了数千年,他们能够通过传递信号的方式非常有效地交流简单的信息。他们使用的信号不是随意的。相反,它们具备了有目的行为的程式化之形式(用手杖当作武器,放弃有价值的占有物),或者具备情感状态的自然表达的程式化之形式(性兴奋)。我们可以说这种原始的有目的的行为或者表达是**自然信号**:它们交流沟通的信息是有关行动者的信念、意向或者情感,即便它们不带有交流沟通任何具体内容的意图。当人们正在试在进行交流沟通的时候,自然信号给出了暗示,其中包含的显著性不依赖于任何事先存在的共同语言。这样的暗示就是语言能够从中生长出来的种子。

库克船长与之前未知的文化进行接触,这是罕有的情境。但是我们不需要远眺如此遥远的时代或是异国他乡,去发现发信号机制——它们看起来与口头语言之间不存在任何关系——自发形成的例子。例如,在英国大多数的道路交汇处,相较于其他道路上行驶的车辆,某一条道路上的车辆拥有官方承认的优先权,而这一权利是通过竖立在其他道路上的"避让"标志牌所发出信号表达的。但是如果司机在道路交汇处总是坚持他们的权利,该避让机制就会使得交通拥堵。幸运的是,行驶在主干道上的司机偶尔会允许行驶在支路上的司机在他们前面插入车流之中,对此大家都能普遍理解。为了让这一做法能够顺利进行,一名行驶在支路上的司机必须能够估算出什么时候行驶在主干道上的司机会有意图想要给她让路;并且她必须能够在瞬间就做出回应。一名行驶在主干道上的司机如何发出信号表示"我将会让路"呢？通常，是通过相当于打手势的一种驾车行为——稍稍减速，这样发出信号的司机的车辆和前面车辆的间距刚好比通常时候要更宽些。在此我们看到的是发信号机制从某一个自然信号中演化出来的早期阶段。

还有另一个信号表示"我将会让路"，道路使用者一般都知道：车头灯闪一下。根据英国交规手册(the British Highway Code)，车头灯闪一下仅仅是一个警示信号；由于使用相同的信号表示"我将会让路"和"注意！我正驶近！"，意义不明确从而会产生危险，"让路"这一用法官方是禁止的，但该信号表示还是得到了广泛使用。还有在另一种场合——甚至更是遭到官方的反对，车头灯闪一下表示的意思有点像是在说"你这个蠢货！"再或者，它还可能意指"开车小心点，前面有危险"，或是"你忘了打开车灯"，或是"谢谢你"。业已被确定为警示信号的车头灯闪烁，似乎逐渐具有了多重意思。我看不出有什么理由认为类似这些的发信号机制的形成要取决于口头语言的使用。

A.4 权　力

有些 ERCW 的读者怀疑本书如下的主张，即在某一个可能惯例集合中决定哪一项惯例开始确立起来的时候，显著性所发挥的重要作用。他们会承认，当每一方参与人对于"何种惯例会出现"表示漠不关心时，显著性有可能会起到决定胜负的作用。但是当不同的惯例导致参与人之间不同的收益分配的时候，显著性能够决定何种惯例产生的观点让许多人觉得是难以信服的，甚至是虚妄的。当然(如他们所说)，作为解决利益冲突的要素，显著性过于缺乏实质性的内容。如果社会的做法是有利于一部分人，代价是牺牲其他人的利益，那么显而易见的解释难道不是因为那些获利者拥有更多的权力吗？[12]

认为冲突不是通过惯例，而是根据竞争者的相对权力大小来解决的思想，能够在社会契约论传统的许多著作中找到。如果理性且自利的行为人，在某种假设的、前社会时期的自然状态下进行讨价还价，一致同意某一社会组织原则，该原则就被认为是正义的,这是契约论的主要思想之一。如果这一方法会给出一种有关正义的确定性理论,我们需要能够确认从某一给定的出发点开始进行的理性讨价还价过程所产生的结果。在契约论中,通常会假定某个讨价还价理论为真,这使得结果仅取决于参与讨价还价各方的相对权力大小,然后建构起讨价还价的初始状态,以使得权力的分配是平等的或是公平的。相反,如果理性讨价还价的结果取决于共有的显著性概念,也许就不可能定义出一个讨价还价的初始状态——也就是行为人之间不存在"任意专断的"(即,从历史或者文化上而言是偶然的)非对称性的状态。那么通常所理解的那种契约论方法就失败了。[13]

我相信 ERCW 中给出的论证很好,经得起推敲。然而,在试图为这一主张进行辩护之前,我必须强调 ERCW 并没有声称相对权力大小与讨价还价博弈和冲突博弈的结果毫无关系。这样的论断是不合情理的。我主张的是,令各参与方的相对权力大小保持不变,这时显著性会对结果造成某种影响。ERCW 通过考察各类简单的两人冲突博弈,在这些博弈中参与人在权力上是平等的,来探讨显著性所发挥的作用。在这些受到控制的假设条件下,问题被简化为是否每一个博弈都支持一系列的备选惯例,其中有一些惯例偏爱一方参与人,有一些惯例则偏爱另一方参与人,或者是否每一个博弈都只具有唯一的解决方案,即双方参与人平等获益。

为了探讨 ERCW 的观点如何与那些怀疑显著性的人们的观点联系在一起,我聚焦于讨论分割博弈。回忆一下,这是在两位参与人——A 和 B——之间进行的一场博弈,他们对一单位的某种资源的分割发生了争议。参与人独立且同时提出**份额要求** c_A 和 c_B;一项份额要求能够是从 0 到 1 之间的任意数值。如果 $c_A + c_B \leqslant 1$,两项份额要求是**可共存的**,每一方参与人的效用等同于他所要求的份额数值。否则,两项份额要求是**相互冲突的**,每一方参与人的效用为 −1。该博弈是**纳什要价博弈**(Nash demand game)——在博弈论中已有诸多讨论——的一个变化形式。[14]由于就策略选择和收益方面的考量而言,两位参与人的地位是完全对称的,所以权力完全平等。

对于这一博弈非对称形式的分析(第 4.6 节所呈现的)是假定通过某种标识性质的不同来区分 A 和 B;例如,A 是"占有者"(处于争议中的资源目前在他的占有之下),而 B 是"挑战者"。该非对称性对于博弈的收益来说不具有重要意义,但是双方参与人都能识别出来。我证明这一博弈具有一个演化稳定均衡的连续统。每一个均衡由位于区间 $0 \leqslant c \leqslant 1$ 的某一个 c 值进行定义;对于每一个这样的 c 值,均衡的形式是 $c_A = c$,$c_B = 1 - c$。因此,每一方参与人主张的份额要求的多少就是一个惯例问题。然后我论证说显著性可能有助于决定哪一项惯例会出现。如果这是对的,博弈的结果取决于显著性而不是相对权力大小。

就我所知,没有人对分割博弈的这一结果是否正确表示异议。然而,一位批评者有理由质疑我有没有通过使用这一特殊的模型而暗中做了手脚。该模型足以代表现实中的讨价还价问题吗?

怀疑显著性在讨价还价过程中所扮演的角色的理论家们常常争论说纳什要价博弈是一种非常特殊的情形。他们求诸该博弈的一个变化形式,**平滑的纳什要价博弈**(*smoothed* Nash demand game)。可以对分割博弈做一点小小的修正,就能构建出该博弈的一种形式。修改之处(或者说"使其平滑之处")是参与人并不能完全确定在他们之间有多少的资源可供分割。在每一次博弈中,资源的数量(或者说"馅饼的尺寸")都是 $1 + \varepsilon$,其中 ε 是一个均值和中位数皆为零、连续分布的随机变量。通常假定 ε 的方差很小,这样参与人几乎可以确定馅饼的尺寸。假定参与人不知道馅饼的确切尺寸是一种理论上便利的方式,用于模型化更具一般性的思想:现实生活中大多数的讨价还价博弈,即便是最有经验的参与人也从来都不能完全确定那些会导致冲突和不会导致冲突的策略组合之间的分界线在哪里。

因为馅饼的尺寸是不确定的,甚至一位完全有信心能够预测其对手份额要求的参与人,也不得不根据他承担风险的意愿对自己的份额要求进行微调。假设参与人 A 确信 B 的份额要求会是某一特定值 c'_B。那么如果 A 要求得到的

份额为 $1-c'_B$，两项份额要求相互冲突的几率就是百分之五十。产生冲突的概率值会随着 A 要求的份额大小的改变而持续地发生变化；A 要求的越多，这一概率值就越高。但是 A 要求的越多，如果两项份额要求是可共存的，当然她得到的也就越多。因此，给定 c'_B 值，如果她要找到最大化其预期效用的 c_A 值，她就不得不找到这两种效应之间的一个最佳平衡点。（简便起见，我假定 ε 的分布使得，对每一个可能的 c'_B 值，都存在着唯一一个最优的 c_A 值。）

让我们定义 A 的**安全裕量**（*safety margin*）为 $m_A = 1 - c'_B - c_A$，其中 c'_B 是 A 对 c_B 值的预期。（出于分析的目的，我假定 A 觉得能够确信 B 的份额要求会是 c'_B。）也就是说，在 ε = 0 的情况下，B 提出 A 预期她会提出的份额要求后余下的资源数量，该资源数量多于 A 提出的份额要求的数量，这就是 A 的安全裕量。类似地，我们能够定义 B 的安全裕量为 $m_B = 1 - c'_A - c_B$，其中 c'_A 是 B 对 c_A 值的预期。

现在考虑给定 c'_B 值，对 A 来说安全裕量为多少是最优的。根据"安全裕量"的定义，A 的份额要求是 $c_A = 1 - c'_B - m_A$。A 预期 B 会要求得到份额 c'_B。所以 A 预期两项份额要求的加总为 $1 - m_A$。所以从 A 的角度来看，产生冲突的概率为 $pr[1 - m_A > 1 + ε]$，或者为 $pr[ε < -m_A]$。注意，冲突概率仅取决于 ε 的分布和 A 的安全裕量；独立于 c'_B。然而，在冲突中 A 承受的损失是她自己要求的份额值。对于某一给定的安全裕量，A 要求的份额越少，c'_B 值就越高；所以预期 B 要求的份额越多，A 承受的损失就越小。由此推出，对 A 来说最优的安全裕量随着 c'_B 的增加而减少。相对应的论证可以证明，对 B 来说最优的安全裕量随着 c'_A 的增加而减少。

现在到了关键之处。如果每一方参与人对另一方的预期是正确的，正如必定是均衡的情形那样，我们得到 $c'_A = c_A$ 和 $c'_B = c_B$。因此 $m_A = m_B = 1 - c_A - c_B$：**参与人的安全裕量必定相等**。但是我们知道每一方参与人的最优安全裕量越小，另一方要求的份额就越多。因此，由于该博弈对双方参与人而言是完全对称的，仅当双方参与人要求的份额相等时，才存在一个均衡。进一步来说：如

果 ε 的方差很小,最优安全裕量就会很小,因而每一方参与人要求得到的均衡份额必定接近于 0.5。那么在平滑的博弈中,权力平等意味着收益平等。似乎没有留下任何显著性能够发挥作用的空间。[15]

所以,平滑的分割博弈和不平滑的分割博弈各自得到了非常不同的、有关均衡的结论。我们更偏好哪个模型?就表面看来,似乎我们应当更偏好平滑的博弈。在生活中,每件事情都总是存在着某种不确定性;忽视不确定性,正如我们所做的那样——如果我们使用非平滑博弈作为我们的模型,就是掩盖了真实讨价还价的一个重要特征。肯·宾默尔(Binmore,1998,pp.103 - 104)使用这一论证得出结论认为非平滑博弈中均衡的多重性是"虚假的"。

当然,对于平滑的讨价还价博弈的分析让我们洞悉,相对权力大小是如何能够影响讨价还价过程的。其表明,**当其他条件都相同时**,会存在一种趋势,解决讨价还价问题的方式反映出权力的平衡。但是,即便我们接受将平滑的分割博弈作为一个有效的模型,来解释许多真实世界冲突,我们仍旧可能会问,作为一个描述真实世界行为的模型,该博弈的**均衡**有多少用处?要回答这个问题,我们需要考虑把参与人们引向均衡的力量的强度。

正如我在 A.2 节中使用狭路相逢博弈的例子时所做的论证,经验习得的动态过程既受到显著性的影响也受到效用的影响。传统的模仿者动态模型,预测向演化稳定均衡汇聚的过程,只考虑了效用的影响。如果这些影响十分微弱,显著性的影响可能会超过它们的影响。

考虑在平滑的分割博弈中引致均衡的过程。由于我需要一个数值表示的例子,我取 ε 为具有 0.01 标准方差的正态分布情形。想象一下在某个时间点,群体的状态如下:挑战者总是要求得到的份额 $c_B = 0.1$,占有者总是要求得到的份额 $c_A = 0.873$。由于两项份额要求的总和为 0.973,接近于 1,我们能够猜测,给定能够预期到的、她的对手提出的份额要求,每一方参与人的份额要求相当接近于(对她而言)最优值。事实上,在这个例子中,给定挑战者的份额要求,占有者的份额要求恰恰正是最优的。但是冲突中肯定会输的挑战者承担了未能达到最优程度的风险。所以我们可以预期,随着时间的推移,挑战者的份额要求会稍稍增加些。但是如果发生这种情况,占有者的最优反应必定是稍稍降低些份额要求。依此类推:挑战者的份额要求增加些许,引致占有者的份额要求减少些许,而这又引致占有者的份额要求进一步增加些许。这样就出现了一个缓慢的相互调整过程,只有当占有者和挑战者的份额要求相等时,这一过程才会终止。

但是我们要问,最快要多久该调整过程才会发挥作用,以及这样的作用有多可靠?如果占有者和挑战者的份额要求甚至连近似匹配的程度都未能达到,调整带来的好处很容易就看得出来。因此,我们预期会出现一个相对迅速的汇聚过程,朝着双方份额要求近似匹配的某个事态发展。非平滑的动态分割博弈模型化了这一部分的调整过程。但是一旦以这种方式调整过双方的份额要求之后,接下来的调整所带来的好处往往就会非常少,并且由于随机变量造成的背景噪音,这些好处还很难觉察得到。可以预期调整过程会急剧放缓。

再回过头看看之前段落给出的那个以数值表示的例子。起初,占有者要求得到的份额为 0.873,挑战者要求得到的份额为 0.1。挑战者的份额要求是次优的,但是少要了多少呢?将占有者的份额要求视为是给定的,作为结果挑战者最优的份额要求是 0.110;由此给出的预期效用为 0.105。次优的份额要求 0.1 产生的预期效用为 0.100,比最优结果少 5%。这 5% 的亏损是一个预期;作为个体的一名挑战者只能通过提出不同的份额要求进行试验,观察这些份额要求中的每一个要求,有多少回会引发冲突,才能发现这一亏损值。所以,一旦两项份额要求是近似匹配的,这种基于效用的、引向五五对半分割的力量就是相对弱小的。在学习过程中,相对弱小却又是系统性和抵消性的偏离,可能足以促使调整过程停止下来。

正如我在 A.2 节中给出的论证,与其他常规性相比,某些常规性可能更易于习得,这是因为它们所具有的显著性——因为它们符合人们预先就在寻找的模式。对一位分割博弈的参与人来说,学会要求份额 0.1 而不是要求份额

0.11，可能要更容易些。如果最优结果真的是 0.11，并且如果预期效用对于份额要求的差别不是十分敏感，当参与人得知最优结果约莫接近于 0.1 时，她可能就会心满意足。谢林的暗喻（1960，pp.70-71）中有一个，我改写一下，就好比潜在协定的空间不是一个完美的平滑表面，而是在协定的那些条款中存在着"坑坑洼洼的地方"，讨价还价各方将这些坑洼处识别为显著性；举例来说，价格的表示取整数，或者股份的表示取简单的分数。谢林指出，当考虑是不是要做出让步的时候，讨价还价各方会在这些坑洼处"寸步不让"。我的看法是，在参与人学习获得最优结果的过程中，显著的常规性可能发挥了摩擦力的作用。所以认为在人类社会中容易形成的产权规则既反映出有关显著性的事实也反映出有关权力的事实，这并**不是**空想。

休谟用来解释产权惯例，以及我们在第 5 章中讨论过的有关显著性的特定假设又如何呢？自从开始写作 *ERCW*，我已经做了多次实验，使用了类似于图 5.2 所示的协调博弈，来检验这些假设。实验结果表明当人们将一类对象指定给另一类对象的时候，他们确实使用了相邻原则、添附原则以及平等原则（Mehta, Starmer and Sugden, 1994a, 1994b）。我坚持 *ERCW* 的观点：显著性在讨价还价博弈中**确实很重要**。①

A.5　惯例竞争

将社会秩序解释为自发的社会演化之结果的理论家们，常常表示演化过程一片祥和：这一过程往往会选择那样的惯例和规范，即从整体影响上来看，遵循这些惯例和规范的人会获益。这一思想最著名的表述大概要属亚当·斯密有

---

①　2008 年秋季，萨格登教授在复旦大学经济学院开设了为期两周的短课程。在课程中，萨格登教授进行过五次不同的实验，实验对象是修读课程的学生，包括本科生和研究生。其中之一就是他在此处提到的协调博弈。实验结果同样表明：平等原则、相邻原则和添附原则，是人类在处理外在对象关系时常用的三类原则。这是他第一次在中国文化背景下做这类实验（此前他在中国留学生中进行过类似实验），所以他认为，这类原则具有普世性，不受文化、地域和族群等因素的影响。

关看不见的手的隐喻。斯密的道德论和他的市场理论基于一套共同的观念：人类被自然地赋予了特定的"倾向"(propensity)和"情感"，这些倾向和情感，如果允许在某一"自然自由"(natural liberty)的社会环境中自由地运作，会产生社会秩序的复杂形式，而这些社会秩序形式往往会增进每个人的利益。①在规范演化的现代文献中，同样的乐观主义内容能够在布赖恩·斯科姆斯(Skyrms, 1996)对于"相关惯例"(correlated convention)——我在本节后面会进行讨论——的分析中，以及在宾默尔(Binmore, 1998)对于"公平规范"(fairness norms)的阐述中找到。16 尽管斯密的道德情感论是我的灵感来源之一，但ERCW更加怀疑自发秩序的效率性质。

ERCW 的主张是演化选择机制**没有**直接偏爱有效率的惯例。相反，其偏爱那样的惯例，**在惯例最初开始形成的环境下**，这些惯例给予那些遵循它们的人们以最好的结果。以这种方式受到偏爱的惯例毋须是有效率的（特别参见第 3.2 节和第 3.3 节）。在这一节中，根据博弈论的后续研究，我再度审视该结论。

在当前博弈论的文献中，"演化选择机制是否偏爱效率"这一论题的提出常常与**猎鹿**博弈(*stag hunt* game)有关。该博弈背后的故事约莫改编自让-雅克·卢梭(Jean-Jacques Rousseau)的《论人类不平等的起源和基础》(*Discourse on Inequality*，1755，p.36)。②在自然状态下，两人在森林中狩猎。他们各自独

---

① 亚当·斯密有关"看不见的手"的隐喻，学界存在不同的解释。其中，"利益和谐论"是经济学界最常见的解释之一，萨格登教授此处所述即为"利益和谐论"。然而需要指出的是，如果结合斯密的道德哲学来看，就会发现，如何约束个人之一己私利，使得社会秩序得以建立并维持下去，一直是斯密的"自然自由体系"之核心内容。所以，"利益和谐"——每个人追求私利的行为促使社会利益的增进——实际上是"看不见的手"发挥作用的结果，而不应当认为"看不见的手"本身就是一套利益和谐机制，它本质上是一种克制私利、约束个人行为的方式。从这一角度来看，斯密的思想和 ERCW 一致，他也怀疑自发秩序的效率性质。

② "如果大家在捕一只鹿，每人都很知道应忠实地守着自己的岗位。但是如果有一只兔从其中一人的眼前跑过，这个人一定会毫不迟疑地去追捕这只兔；当他捕到了兔以后，他的同伴们因此而没有捕到他们的猎获物这件事，他会不大在意，这是无须怀疑的"（《论人类不平等的起源和基础》，李常山译，商务印书馆 1962 年版，第 114—115 页）。

立行动,能够捉兔子;这样两人分别获得的回报不算太多。或者,他们能够去猎鹿。如果两人都根据商定好的猎鹿计划行事,和独自捉兔子相比,他们都会过得更好。但是该计划要求他们远离双方视线之外、在森林的不同地方做事。如果他们两人中一人坚持依计划行事,而另一个人开小差去捕兔子,前者什么也得不到。这一对称博弈的收益如图 A.1 所示。

图 A.1 猎鹿博弈

很容易想到这类博弈在当代的例子。遵照卢梭故事的精神,想一想两个人在匿名的境况下相遇,他们都能够以某种方式共同行动而获益,这种方式要求他们各自都信任对方。对他俩来说,还存在一个不那么好但依旧令人满意的选择项,该选项不涉及任何与他人的交往行为。例如:你和我是碰巧在机场候机室相遇的旅客。我们两人各自都带了一个沉重的袋子。你我都想到休息室外兜一圈:我想要杯咖啡,你想要购物。公共广播系统通知说无人照看的行李会被拿走。我能够拿着我的袋子去喝咖啡,这会很不方便;或者我能够提议我们轮流照看对方的袋子。只要你不在我走了以后走开,这对我来说是更好的选择。

就博弈论的考量而言,猎鹿博弈的核心特征如下。存在两项惯例。其中一项惯例,选择**逐兔策略**的概率为1;另一项惯例,选择**猎鹿策略**的概率为1。在该博弈的任何事例之中,如果双方参与人都根据**猎鹿**惯例采取行动,与如果双方都根据**逐兔**惯例采取行动的情况相比,二人都会过得更好。但是如果有一位参与人的对手选择其中任意一项惯例的可能性是相同的,则该参与人选择**逐兔**惯例会更好。用博弈论的语言来说,**猎鹿**策略是**收益占优的**(*payoff-dominant*)而**逐兔**策略是**风险占优的**(*risk-dominant*)。[17]

这两项惯例中哪一项更有可能确立起来？使用第 2.4 节采用的分析，令 p 为从群体中随机选择进行博弈的任一行为人选择**逐兔策略**的概率。如果 $p > \frac{1}{3}$，选择**逐兔策略**的预期效用大于选择**猎鹿策略**的预期效用；如果 $p < \frac{1}{3}$，相反的结果为真。①所以，如果在任何时点，p 值都大于 $\frac{1}{3}$，其会趋向于上升至 1；而如果它小于 $\frac{1}{3}$，则会趋向于下降至 0。因此，朝着**逐兔**惯例移动的区域要比朝着**猎鹿**惯例移动的区域更大。这意味着，当其他条件都相同时，**逐兔**惯例更有可能在演化过程中形成——即使**猎鹿**惯例更有效率。

与其说要问何种惯例更有可能从某一任意给定的初始状态中演化出来，我们更有可能想要问另一个不同的问题：各项惯例，如果确立起来，被另一项惯例所取代的可能性有多大？是否无效率的惯例会趋向于被有效率的惯例所取代？或者，是否风险不占优的惯例会趋向于被风险占优的惯例所取代？

处理该问题的其中一种方法归功于培顿·扬（Peyton Young, 1993），他假定，参与人会以非常低的概率犯下独立随机错误。在一个有着这类错误机制的模型中，假定行为人选择相对于最近观察到的、潜在对手的行为来说是最优的那些策略，如果有足够多的行为人同时犯下相同的错误，那么就能够发生从一个均衡向另一个均衡的转换。在一个每个人（当他们没有犯错时）都选择**猎鹿策略**的均衡中，一次同时发生的集体性错误，导致群体中超过三分之一的人选择了**逐兔策略**，这会使得**逐兔策略**成为最优策略，并因此引发向着**逐兔**均衡的转换。相反地，在一个选择**逐兔策略**的均衡中，一次同时发生的集体性错误，导致群体中超过三分之二的人选择了**猎鹿策略**，则会引发向着**猎鹿**均衡的转换。由于第一类转换所要求的错误数量较少，它就更有可能发生。更一般地说，风

---

① 参见第 2.4 节的分析，对称的猎鹿博弈均衡为：$2p + 2(1-p) = 3(1-p)$；所以 $p = \frac{1}{3}$。

204 险不占优的惯例(比如**猎鹿**惯例)要比风险占优的惯例(比如**逐兔**惯例)更易于受到错误选择的影响。这意味着"在长期",风险占优的均衡会被更加频繁地观察到。事实上,如果犯错的概率足够地小,风险占优均衡就会"几乎总是"被观察到。

这一论证的困难在于,尽管它告诉我们在长期会发生什么事,但是长期有可能真的是非常的长。当我们说,从风险不占优的惯例向着风险占优的惯例转换,要比反方向的转换更有可能发生,这是正确的;那么与此同时如下的说法也是正确的,在任意规模大小的群体中,朝着任何一个方向的转换,对于一切意图和目的而言,都是不可能的。举例来说,假设我们有一个拥有 n 名行为人的群体,且犯错的概率为 ε。假设每一名行为人每天进行一次猎鹿博弈。如果每个人除非是犯了错,否则都选择**猎鹿策略**,并且如果错误的出现独立于参与博弈的行为人以及进行博弈的日期,那么在至少有 $n/3$ 的人选择**逐兔策略**的那一天到来之前,预期的时间长度是多少?让我们令 $\varepsilon = 0.05$(对每个人来说,进行二十次博弈犯一次错),这看起来是相当高的值。那么,如果 $n = 8$,答案是 173 天。如果 $n = 20$,是 81 年。如果 $n = 29$,则是 3 400 年。即便是一个小村子大小的群体规模,我们预计也要等上几十亿年。我认为,这意味着"不相关错误"的理论还无法解释在现实中一项惯例如何替代另一项惯例。

如果我们允许同样的博弈在某个社交空间的不同场所中进行,那么我们或许能更好地理解惯例间相互替代是如何发生的。从任何方面而言,我们所能理解的"空间"和"场所"皆已相当显著,使得博弈参与人能够觉察出其中潜在的重要性。举例而言,想一想支配英语使用的惯例。这些惯例由于地理空间的不同而有所差别;由于交流沟通的人群的年龄、社会阶层以及族群的不同而有所差别;由于发生交流沟通的社会环境的不同(同一个人可能在办公室使用一套表达方式,在酒吧使用另一套表达方式)而有所差别;诸如此类。一旦我们识别出社交空间的存在,我们就能够考量同一博弈的不同惯例是如何得以共同持存下来的。并且除了这一目的之外,我们还能考察惯例间相互侵蚀的过程。

对某一给定的博弈而言,我将社交空间定义为场所的集合,在这些场所中博弈能够得以进行。某一指定的行为人能够根据博弈进行的场所,选择不同的策略。随着空间的不同而出现的行为变化被当作行为人根据场所做出的条件选择之结果。18

在此是猎鹿博弈的一个简单空间模型。空间用圆来表示。圆上的某一个点表示地点 0;其他的点通过它们以顺时针方向与 0 之间的距离进行定义,用"度数"测量;整个圆的长度为 360 度。这有助于我们使用一种算术形式,举例来说,其中 359 + 3 = 2(从零开始向顺时针方向旋转 359 度,然后再顺时针旋转 3 度,我们就得到了过了 0 以后顺时针方向 2 度的这个点)。存在一个潜在的参与人群体。每一次博弈在两名行为人之间进行,这两人从该群体中随机择取,博弈发生的场所,也是随机择取自圆上的某个点。现在是关键的假定:参与人无法完全确切地知道他们进行博弈的场所。如果博弈的场所是 x,每一方参与人各自收到一个独立的信号 $x+\varepsilon$,其中 ε 是一个随机变量。为了简便起见,我假定 ε 在区间 $[-1,1]$ 中呈矩形分布。直觉上,其中的想法是每一方参与人做出的行为,取决于他对自己所参与的博弈之社交场所的感知。因为不同的行为人,他们的感知不是完全相关的,行为人在某一个场所做出的行为,会受到在毗邻场所做出的行为的影响。

该博弈的一项策略是一条规则,它规定了在应对每一个可能信号时,对于采取**逐兔策略**和**猎鹿策略**赋予某个混合概率值。一目了然,至少存在两项惯例。其中一项惯例是,应对所有的信号,选择**逐兔策略**的概率都为 1;另一项惯例是,应对所有的信号,选择**猎鹿策略**的概率都为 1。但是,有没有可能会存在一项惯例,其结果是在某些场所选择**逐兔策略**,在其他的场所则选择**猎鹿策略**?

不考虑一些无关紧要的技术条件,该模型给出的答案是:不可能。在均衡状态下,其结果是,如果在某个区间 (x^*-1, x^*+1) 内,应对所有的信号,选择**逐兔策略**的概率都为 1;那么在任何区间内应对所有的信号,选择**逐兔策略**的概率都为 1。要知道为什么会这样,假设在应对这些信号时,选择**逐兔策略**的概率为1。为了用作弊的方式尽可能地对抗**逐兔策略**，假设每间隔一个信号，就选择**猎鹿策略**，选择的概率为1。

考虑某个参与人，接收到信号 $x^* + b$。基于这一信号，她的对手选择**逐兔策略**的概率是多少？令这一概率(根据模型的对称性，这一概率独立于 x^*)为 $p(b)$。很明显可以看出，当 $b=0$ 时，$p(b)$ 得到最大值；事实上，$p(0) = \frac{3}{4}$。如果信号在区间 (x^*-3, x^*+3) 之外，那么 $p(b) = 0$。(由此可以推出如下事实，参与人与其对手的信号相减，其绝对值不可能大于2。)在区间 (x^*-3, x^*+3) 内，$p(b)$ 随着 $|b|$ 值上升而下降。关键地，结果为 $p(1) = p(-1) = \frac{1}{2}$。即，如果参与人的信号正好位于她的对手选择**逐兔策略**的信号集合和选择**猎鹿策略**的信号集合之间的边界线上，对手选择其中任何一项策略的可能性相同。给定模型的对称性，这个结果应当不会令人感到惊讶。然而，它具有非常重要的含义。回忆一下，如果参与人的对手选择**逐兔策略**的概率大于 $\frac{1}{3}$，那么对她而言**逐兔策略**是唯一的最优选择。也就是说，如果 $p(b) > \frac{1}{3}$，那么**逐兔策略**是唯一的最优选择。所以不仅仅是应对区间 (x^*-1, x^*+1) 内的所有信号时，而且应对这一区间之外的某些信号时，**逐兔策略**都是严格的较优策略。事实上，令**逐兔策略**和**猎鹿策略**给出相同预期效用的信号，是发生在场所 $x^* - 1.37$ 和 $x^* + 1.37$。

扼要重述一下，我们证明的出发点是假定如下的均衡状态，在区间 (x^*-1, x^*+1) 内，应对所有的信号，选择**逐兔策略**的概率都为1。我们业已证明，如果这样一个均衡状态存在，那么在更大的区间 $(x^*-1.37, x^*+1.37)$ 内，应对所有的信号，**逐兔策略**都是唯一的最优选择——因而选择该策略的概率为1。但是这样一来我们就能重复该证明过程。在均衡状态下，如果在区间 $(x^*-1.37, x^*+1.37)$ 内，应对所有的信号，选择**逐兔策略**的概率都为1，那么在还要更大的区间 $(x^*-1.37-1.37, x^*+1.37+1.37)$ 内，应对所有的信号，**逐兔策略**

都是唯一的最优选择——因而选择该策略的概率为 1。依此类推。所以原初的假定意味着，应对**所有的**信号，选择**逐兔策略**的概率都为 1。

这一结论背后的直觉很简单。如果一个(不是非常小的)选择**猎鹿策略**的社交空间区域与一个(不是非常小的)选择**逐兔策略**的社交空间区域相毗邻，必定在两块区域相邻的边界上有一些地方，在其间选择两项策略的概率约莫相同。但是，因为**逐兔策略**是风险占优的，在这些地方它是可供选择的最优策略。所以，正如参与人会受到引导，采取更为成功的策略，选择**逐兔策略**的区域会扩张，而选择**猎鹿策略**的区域会收缩。其含义是，即便是一块很小的选择**逐兔策略**的区域，如果开始建立起来，它也会扩张，直到不存在选择**猎鹿策略**的地方为止。换句话说，和**逐兔**惯例相比，**猎鹿**惯例更容易受到侵扰。

当然，选择**逐兔策略**的行为侵扰**猎鹿**惯例，仍然要求在某个社交空间区域内存在着同时发生的偏离惯例的行为。出于我先前解释的原因，在任何现实的时间尺度内，一套"不相关错误"机制不太可能为一次成功的侵扰创造出先决条件。但是我们不需要一个有关偏离行为的具体理论，来发现在演化选择的过程中风险占优的惯例会受到偏爱。我们足以识别出各种各样的理由，可以解释为何相关的偏离行为有可能在局部范围内发生。在此是一个历史上发生过的例子。十九世纪，在南威尔士的大部分地区，威尔士语的使用遭受了灾难性的衰退。对于这一衰退现象有许多解释，但有一个解释认为是因为南威尔士煤田的飞速发展，这导致了说英语的工人大规模迁入。英语的使用就可能从那些移民占主导地位的社交空间区域向外传播。由于将英语作为第二语言的说威尔士语的人，比将威尔士语作为第二语言的说英语的人要更多，可以认为说英语是风险占优的惯例。

这一抽象的空间模型不应当太拘泥于按照其本身的意思来理解。在这个模型中，选择**逐兔策略**的区域侵蚀选择**猎鹿策略**的区域的过程是缓慢发生的，该过程类似于在平滑的分割博弈模型中纳什讨价还价解出现的过程。在 A.4 节中我论证了这种过程背后基于效用的力量可能相对来说是弱小的，并且会遭到其他力量的反对,特别是那些与显著性有关的力量。同样的论证也适用于当前的情形。举例而言,如果**猎鹿策略**比**逐兔策略**更为显著或者更容易习得,这可能会胜过**逐兔策略**由于风险占优的特性而获得的优势。并且,正如在可能的讨价还价过程中,其表面会存在坑坑洼洼的地方,所以在社交空间的表面也会存在坑坑洼洼的地方。因此,如果一个选择**猎鹿策略**的区域具有足够显著的边界,即便被选择**逐兔策略**的区域所包围,它或许还是能存在下去。不过仍然是那样,该模型表明基于效用力量的社会演化过程偏爱风险占优而不是收益占优。

许多人发现这一结论令人难以接受。一种常见的反对意见大致是这样的。考虑猎鹿博弈中两个参与人群体。对于定义这类"群体"的许多自然方式而言,如下假定似乎是合理的,在每一个群体内部,行为人通常更有可能对抗来自他们群体内部的对手,而不是来自另一个群体的对手。如果一个群体遵循**猎鹿**惯例,与此同时另一个群体遵循**逐兔**惯例,平均而言选择**猎鹿策略**的群体可以做得更好。所以(据说)我们可以预期,相对于选择**逐兔策略**的群体,选择**猎鹿策略**的群体也会成长起来。

斯科姆斯(Skyrms,1996,pp.58-59)从生物学角度给出了一个类推证明,以支持他有关"相关惯例"的分析。在其生物学形式中,这一理论归功于威廉·汉密尔顿(William Hamilton 1964);我做了改动以适用于猎鹿博弈。考虑某一具有某种领地概念的动物种群,散布在某个地域内。假设存在着一个循环过程,这些动物一对对地进行和猎鹿博弈具有相同结构的博弈,但是收益用繁殖成功率来度量。这些动物的配对并不是完全随机的;两只动物的领地越接近,它们越有可能相遇。假设几乎所有这些动物在基因上都设定为选择**逐兔策略**,但有一小簇集群,在地理上聚集于某一地域,它们被设定为选择**猎鹿策略**。如果这一集群不是非常小,那么选择**猎鹿策略**的动物中,其领地接近于这一集群中心的动物们,它们所进行的几乎全部的博弈,都是在对抗其他选择**猎鹿策略**的动物。对于更接近集群边界处的选择**猎鹿策略**的动物们来说,遇见其他选择猎鹿策略的动物的概率会较低。对所有选择猎鹿策略的动物取均值，令 q 为它们与其他选择猎鹿策略的动物进行的博弈，在它们参与的全部博弈中所占的比例。那么选择猎鹿策略的动物们的平均收益为 $3q$。如果 $q>\frac{2}{3}$——这完全与模型的假定相符，那么平均而言，选择猎鹿策略的动物比选择**逐兔策略**的动物具有更高的繁殖成功率。假设这一条件成立。从"繁殖成功率"的含义中可以推出，相对规模上，选择猎鹿策略的群体会壮大。如果这一群体变化导致了领地的再分配，那么选择猎鹿策略的动物们现在就占据了更大的地域，但在地理上仍然是聚集在一起的，我们预期 q 值会稍稍上升（因为选择猎鹿策略的群体中，其领地靠近集群边缘的动物所占的比例会更小）。所以不等式 $q>\frac{2}{3}$ 仍然会得到满足，这个过程会继续下去，直到整个群体完全由选择猎鹿策略的动物所组成。

于是，在汉密尔顿的模型中，演化选择机制偏爱收益占优而不是风险占优。我的空间模型表达的意思正好相反。我们应当相信哪个？

在我看来，汉密尔顿的模型无论在生物学中如何有效，却并不适用于解释社会演化。涉及对于收益的理解，这是关键的不能类推之处。如果收益用繁殖成功率来度量，那么说具有较高的平均繁殖成功率的群体扩张得更快，这就是同义反复。但是在社会演化的背景下，用来度量成功的收益是指行为人想要的是什么。让成功的策略逐渐得到更为频繁地选择的过程，是一个试错学习过程。对于某一地理或者社交空间区域中的人们而言，平均来看，给定猎鹿策略是相对成功的，我们就必须要问，为什么可以预期该事实能够导致**处在某一不同区域内**的行为人也会采取猎鹿策略。试错学习的逻辑是，人们往往会采取那样的策略，即无论他们栖居于什么样的社会环境中，对他们来说都是有益的策略。对于那些非常幸运恰好身处选择猎鹿策略地域内的人们而言，尽管**猎鹿策略**是一项非常成功的策略，但是在所有其他地方它都不如**逐兔策略**成功（包括位于选择猎鹿策略地域之内，但是靠近其边缘的场所）。正如我的空间模型所表明的,在这些境况之下,试错学习会导致选择过程偏爱**逐兔策略**。

我的直觉是,为了让社会演化的力量偏爱猎鹿策略,"选择**逐兔策略**"与"选择**猎鹿策略**"必须成为由相互交往的行为人构成的有组织群体(例如企业、俱乐部或者是政党)所具备的、可以相互替代的特征,并且这些群体必须通过竞争来吸引并维持其成员人数。在这种情形下,群体可以与生物有机体相类比:它们能够生存和死亡,并且它们生存的前景可能取决于它们的效率。[19]作为对比,ERCW 中使用的分析方法更适用于如下的环境,其中惯例要竞争的,是**作为个体**的行为人的忠诚,并且行为人自身的生存并不在考虑之列。(拿威尔士语和英语的例子来说。在威尔士,英语的扩张并非两个完全不同的族群具有不同的出生率和死亡率所造成的结果。相反,是"说英语"这种做法从一个族群传布到了另一个族群。)

在这后一类环境中,获得演化选择机制偏爱的惯例特质更有可能是风险占优而不是收益占优。或者换一种方式来说:当我们思考何种惯例会受到偏爱时,需要考虑的是没有惯例得到普遍遵循的情境。在这样的情境下(特别是最有可能发生下述情形的那些情境)人们趋向于受到引导,采纳某一给定的惯例,就此而言该惯例才获得了演化优势。在每个人都遵循该惯例的情境下,人们遵循该惯例后过得怎么样,这无关紧要。

有读者可能会问这一结论如何与第 6 章所做出的主张相符,即有关互惠惯例在循环的(或者说"扩展的")囚徒困境中演化出来的趋势。根据 ERCW,在那个特定的博弈中,演化选择机制偏爱有效率的策略。但是 ERCW 并没有主张,在该博弈中互惠之所以出现是**因为**它是一项有效率的惯例。相反,第 7 章表达了怀疑,将第 6 章的乐观结论做一般化地拓展,拓展到个人与团体利益存在冲突的其他博弈中去,这样的推导能够推多远。事实上,第 6 章中给出的论证中有一条,诉诸现在被称作风险占优的理由。第 6.4 节一开始考虑的是一个只具备最基础形式的循环囚徒困境,其中仅有两项策略,**勇敢互惠**(B)和**无条件背叛**(N)。两项策略各自都是一项惯例。业已证明,除非能够预期到博弈在极少几个回合之后就会结束,否则为了使得两项策略同样成功而要求选择 B 策略的频率是相当低的——大大低于 0.5。我将这一结果解释为,表明相对于 N 策略而言,演化选择机制偏爱 B 策略。用现代博弈论的语言来说,这是 B 策略风险占优于 N 策略的结果。当然,说 B 策略是收益占优的也是正确的;然而是由于风险占优而不是收益占优给予了 B 策略以演化优势。

A.6　互惠的演化

在 A.2 和 A.4 节中,我已经论述说我们需要考虑在模仿者动态模型中呈现出来的力量的**强度**,而不仅仅是这些力量所引向的**方向**。这些力量越软弱,那么对于一个忽略了其他能够影响参与人习得过程之因素的模型来说,我们对其预测能力的信心就越小。我业已主张,ERCW 在处理显著性问题上,至少含蓄地承认了这一一般性原则。现在,我必须坦承 ERCW 中有一处论证忽视了该原则。

第 6 章分析了数个循环的因徒困境博弈的变化形式。这一章的中心观点是,在这些博弈中,演化过程往往会偏爱**勇敢互惠**策略,即如下策略:参与人对选择合作的对手也选择合作,对选择背叛的对手也选择背叛,并且愿意尝试进行合作,不需要等待对手首先选择合作。针锋相对策略(在第一个回合选择合作,然后在接下来的每一个回合,无论对手在前一个回合采取什么样的行动,就照着采取同样的行动)就是这种策略的一个例子。第 6 章提出了两条截然不同的论证理路来支持这个观点。

第一种论证——在第 6.2 节和第 6.3 节中给出——是,如果犯错的概率低,有一类精致复杂的针锋相对策略会成为稳定均衡。[20] 这些策略发挥作用的方式是通过建立起一条无限长的潜在惩罚链。我们从**一阶**规则(在循环的因徒困境的所有回合中,双方参与人都选择合作)开始,这是通常预期参与人会遵循的规则。然后我们加入了一条二**阶**规则,规定如果任何人偏离了一阶规则会发生什么:该规则要求所有参与人采取特定的补偿行动(作为偏离者的情形)或者惩罚行动(作为其他人的情形),这些行动向偏离者施加了成本。然后我们加上了一条三阶规则,规定如果参与人违反了二阶规则如何惩罚他们,依此类推。任何这类策略必须明确规定对于违反规则的行为施加什么样的惩罚。例如,策略T_1就是如此定义,所有违反其规则的行为都要遭受一个回合背叛的惩罚。

现在我认为,我对这些策略的讨论有所差池,我错误地将模仿者动态的正式模型应用于选择压力较弱的情境中。举例而言,想象一个进行循环的囚徒困境博弈的参与人群体,其中每个人都遵循精致复杂的针锋相对策略T_1。除了犯错的时候,每一个人在每个回合都选择合作;但是如果有一位参与人错误地选择了背叛,他会受到惩罚。这一群体会受到容易受骗者的策略S——不管对手会采取什么样的行动,在所有回合中都选择合作——的侵扰吗?在没有犯错的情况下,在对抗任何S和T_1的混合策略时,策略S和策略T_1做得一样好。防止向策略S漂移的唯一力量来自如下事实:在对抗一名选择策略T_1的对手——他在某个回合r,错误地选择了背叛——时,策略T_1要比策略S稍稍好一些。(在该情境中,S型参与人不能在回合$r+1$惩罚对手,于是在回合$r+2$会由于不惩罚对手而遭受惩罚。)如果犯错是很罕见的,就所有博弈而言,选择策略S而不选择策略T_1导致的平均净成本,可能非常小。换言之,对抗策略S的选择压力可能会非常弱。其他系统性地偏爱策略S的因素可能轻易地就能胜过这种选择压力。(举例来说,策略S是一项要比策略T_1简单得多的策略,所以可能更加显著,更容易习得。)因此,尽管能够证明精致复杂的针锋相对策略是演化稳定的,该证明却并不能给予我们充足的理由去预期现实的演化过程会选择这类策略。[21]

然而,ERCW提供了另一个论证来支持演化过程会偏爱勇敢互惠的观点。该论证在第6.4节中给出。主要思想是存在着**审慎互惠**的策略,其不是一开始就选择合作,而是如果对手一开始选择合作则选择合作作为回报。这种策略的一个例子是C_1,其正像策略T_1一样,除了在第一个回合该策略选择背叛,然后如果对手在第一个回合选择了合作,那么就在第二和第三个回合都选择合作来作为回应(即,为其最初的背叛做出补偿)。在一个几乎每一个人都选择

"用心险恶"策略——在每个回合都选择背叛——的群体中,这种策略不会吃亏,所以能够通过随机漂移在该群体中传布开来。这些策略的存在为勇敢互惠策略的侵扰打开了方便之门。第 6.4 节中给出的正式模型如今在我看来有些过分地简化;但是我认为演化过程偏爱勇敢互惠策略的结论是正确的。

在此是如今在我看来更好的一个论证。考虑循环的囚徒困境的任一策略 Q。关于策略 Q 我们能够提出的一个问题是:面对一名**与选择策略 Q 的参与人进行博弈**的对手,这名对手在每个回合都选择合作,策略 Q 如何做出回应。对抗这样一名对手,如果选择策略 Q 的参与人在每个回合都选择合作(包括第一个回合),那么策略 Q 就是在**复制合作**。我们能够提出的另一个问题是:面对一名与选择策略 Q 的参与人进行博弈的对手,这名对手在每个回合都选择背叛,策略 Q 如何做出回应。对抗这样一名对手,如果选择策略 Q 的参与人在每个回合都选择背叛(包括第一个回合),那么策略 Q 就是在**复制背叛**。并且我们能够问:什么样的行动序列是应对策略 Q 的最优反应?如果唯一的最优反应是在每个回合都选择合作,那么策略 Q 就是在**回报合作**。如果唯一的最优反应是在每个回合都选择背叛,那么策略 Q 就是在**回报背叛**。使用这些定义,我们能够定义涉及面宽泛(但没有完全穷尽)的四大类策略。首先,同时复制并回报背叛的策略:险恶策略 N 是一个例子。其次,同时复制并回报合作的策略:这一类策略包含了所有勇敢互惠策略。再次,复制背叛但回报合作的策略:这一类策略包含了所有审慎互惠策略。最后,复制合作但回报背叛的策略:容易受骗者的策略 S 是一个例子。

现在考虑任一群体,在其中得到选择的唯一策略是复制并回报背叛的策略。在这样一个群体中,人们永远不会采取合作行动。任何这样的群体都处于一种弱稳定均衡的状态,因为人们选择的每一项策略都是应对其他每一项策略的最优反应。让我们将这一状态称为一个**背叛均衡**。相反的另一种极端情形是,某一群体,在其中得到选择的唯一策略是复制并回报合作的策略。这样一个人们从来都不会选择背叛的群体,也处于一种弱稳定均衡的状态:这是一个

合作均衡。

该博弈的策略选择模式如何才有可能从一种类型的均衡彻底转向另一种类型的均衡？首先，假设我们一开始处于某一背叛均衡。随机漂移能够致使复制背叛但回报合作的策略出现。起初，这一新进展不具有可观察得到的影响：实际采取的唯一行动仍旧是选择背叛。然而，如果这类策略选择的比例达到某一临界值，同时复制并回报合作的策略带来的侵扰就能够出现。这就是我在第6.4节中所描述的过程；造成侵扰的策略是勇敢互惠策略。

我没有说的是（因为，就我所记得的，那时我还没有想到这一点），也会存在反方向的彻底转变。假设我们一开始处于某一合作均衡。那么随机漂移能够致使复制合作但回报背叛的策略（诸如容易受骗者的策略）出现。起初，不会有可观察得到的影响：实际采取的只有合作行动。但是如果这类策略选择的比例达到某一临界值，同时复制并回报背叛的策略带来的侵扰就能够出现。

那么，在长期，我们就可以预期会发现从表面看来是稳定的各个阶段，在这些阶段中几乎所有的行动都是选择合作或者几乎所有的行动都是选择背叛，这些阶段会被短暂的过渡期打断，即从一个状态转向另一个状态的过渡期。[22] 然而，这两个彻底转向的过程相互间并不是十分对称的。由于这种非对称性，向其中一个方向的转换，和向另一个方向的转换相比，更易于出现。

在每一种转换中，随机漂移都允许可以称为**沉睡者**（*sleeper*）的策略成长起来，这些策略会诱使出现如此的行为：一开始这些行为无法与要取而代之的**现行策略**规定的行为区分开来，但是倘若当特定类型的潜在侵扰策略出现，则会偏爱这些侵扰策略。沉睡者策略的存在提供了让侵扰策略获得成功的条件。到目前为止，情况都是对称的。现在来看非对称的情况。

当初始均衡是一种背叛均衡的时候，侵扰策略早期的成功来自它们所具有的、**与沉睡者策略建立起互惠合作模式**的能力。以这样的方式，相对于现行策略来说，侵扰策略对沉睡者策略做出了回报；因为这样，选择侵扰策略的频率的增长，一开始主要是以放弃选择现行策略为代价的。由于侵扰的早期阶段之所以有可能出现,只是因为存在足够多的沉睡者策略,这一因素帮助侵扰过程成为一个自我强化的过程。作为对比,当初始均衡是一种合作均衡的时候,侵扰策略早期的成功来自它们所具有的、**背叛沉睡者策略**的能力。以这样的方式,相对于现行策略来说,侵扰策略对沉睡者策略做出了惩罚;因为这样,选择侵扰策略的频率的增长,主要是以放弃选择那样的策略为代价的,这些策略的持续存在对于侵扰取得成功是至关重要的。这就造成了一种侵扰过程会崩溃的趋势。因此,合作均衡与背叛均衡相比,较为不易遭受侵扰。

从这类分析中学到的一则普遍经验是,演化过程不会必然地汇聚于不发生进一步改变的均衡状态。相反,可能存在持续不断的变化。不同策略得到选择的频率之随机漂移能够致使发生突然的、不可预测的转换,从一个弱稳定均衡转向另一个均衡,或者是半途而废的转换——发生了然后失败了。在循环的囚徒困境的情形中,似乎存在一种普遍的趋势,在长期勇敢互惠策略会占据主导地位,但是容易受骗者的策略和险恶策略永远不会完全消失。确实,险恶策略偶尔地侵扰,捕猎动摇不定的容易受骗者群体,这是维持互惠关系的机制的一部分。

A.7 规范预期和惩罚

在 ERCW 的第 8 章中,我介绍了"他人的预期对我们而言至关重要"这一思想。我使用了两种我称为自然和原始的人类情感来提出这一假设:怨恨感和成为怨恨对象时候的不安感。第 8.4 节暗示出有可能存在一种理论,可以解释避免成为怨恨对象的欲望能够激励人们做出非自利的行为。特别是,其表明这样一种理论或许能够解释为什么人们有时候即便是在例外的情形下——遵循惯例违背了自身利益——也会遵循业已确立的惯例,以及解释在自利的行为人会搭便车的环境中,互惠的实践如何能够维持下来。自从写作 ERCW 之后,通过一个简单的**规范预期**(*normative expectations*)理论,我已经能够将这些思想具体表达出来(Sugedn, 1998, 2000)。

为了简便起见,我使用一个两人博弈来表述这一理论;但是很容易能够将其拓展为规模更大的博弈。该理论运用了一个均衡概念——**规范预期均衡**,对一种特殊类型的博弈做出形式化处理。给定如下假设,从某一大群体中随机抽取成对的参与人,循环且匿名地进行该类型博弈,我们能够使用一种有关在试错学习的演化过程中形成均衡状态的理论对这类博弈做出解释。

该博弈本身包含两位参与人,A 和 B。A 从某一集合 $\{R_1, \cdots, R_m\}$ 中选择一项策略;B 从集合 $\{S_1, \cdots, S_n\}$ 中选择策略。有两类收益,它们之间存在着差别。遵循博弈论中正在形成的一项惯例,我将这两类收益中更为基础性的收益称为**物质收益**(material payoffs)。和标准的博弈理论中的效用收益一样,物质收益使用真实数字作基数换算进行度量。其解释是,一位参与人对于自己同其他参与人之间发生的交往行为所具有的任何看法,将其抽象掉之后,他的物质收益提供了有关他想从该博弈中达成何种目的的信息。在思考该理论的时候,将物质收益简单地想成是某种数量很多的资源,双方参与人都偏好这种资源越多越好而不是越少越好,可能会有所帮助。如果参与人 A 选择策略 R_i,参与人 B 选择策略 S_j,那么 A 的物质收益用 $u(i, j)$ 表示,B 的物质收益用 $v(j, i)$ 表示。令 $p = (p_1, \cdots, p_m)$ 为参与人 A 的策略的任意概率分布,令 $q = (q_1, \cdots, q_n)$ 为参与人 B 的策略的任意概率分布。为了简化符号,令 $u(i, q)$ 为如果 A 选择策略 R_i,而 B 根据 q 做出选择时,$u(i, j)$ 的期望值;令 $u(p, j)$ 为如果 A 根据 p 做出选择,而 B 选择策略 S_j 时,$u(i, j)$ 的期望值;令 $u(p, q)$ 为如果 A 根据 p 做出选择,而 B 根据 q 做出选择时,$u(i, j)$ 的期望值;并且令 $v(j, p)$、$v(q, i)$、$v(q, p)$ 对称地进行定义。①

到目前为止,与标准的博弈理论唯一的不同,是用术语"物质收益"替代了"效用"。但是,和标准的博弈理论相比,规范预期理论没有假定参与人的行为

---

① 原文为 $v(q, j)$,$v(i, q)$ and $v(q, p)$,疑误。或者前文 B 的物质收益应定义为 $v(i, j)$ 而非 $v(j, i)$,但是这样一来最后一个期望值应为 $v(p, q)$,且与后文的模型推导不符。

单单只是受到"最大化物质收益(或者说效用)"这一目标的激励。参与人的行为动机用**主观收益**(*subjective payoffs*)表示,其考虑的不仅仅是物质收益,还有参与人对于他们相互间发生的交往行为的看法。正式地说,主观收益同时取决于物质收益和信念。

该理论的目的是提供一种判断依据,来确定哪些(p,q)组合是博弈的均衡。考虑我们使用如下的演化术语来解释这一理论,一个(p,q)组合可以被解释为一种**群体状态**,即在某个给定的时刻,对于潜在参与人群体的行为做出的一种描述;p和q分别描述了随机选择的行为人在扮演角色A和角色B时,能够被预期到的行为。

假设目前的群体状态是(p,q),并假设正处于博弈的某一具体的情形中;参与人A选择策略R_k。我将A的行为对B**造成的影响**定义为$v(q,k)-v(q,p)$。类似地,如果参与人B选择策略S_k,她的行为对A造成的影响定义为$u(p,k)-u(p,q)$。注意这两个定义中的前一个,$v(q,k)$是给定B根据q来选择她的策略而A选择策略R_k时,她的物质收益的期望值;$v(q,p)$是当B不知道A实际会选择哪一项策略时,B的物质收益的期望值。因此,作为A选择策略R_k而不是根据p来采取行动的结果,A的行为对B造成的影响是导致B的预期物质收益净增长。B对A造成的影响也能做类似的解释。

现在想象一下,群体状态(p,q)持续存在了足够长的一段时间,让参与人学会了能够预期他们的对手会根据p和q来采取行动;并假设A选择采取策略R_k。那么正如我已经做出的定义,这一选择造成的影响就不只是度量A的行为对B的物质收益所产生的净效应——这正是一名能够洞悉一切的博弈理论家给出的价值评定。其还要度量A**能够预期到的**他的行为对B所产生的净效应。并且B**能够预期到**A能够预期到他的行为会对她造成这一效应。如果A的行为对B造成的影响是负面的,相对于B先前的预期来说,A使得她的处境恶化;且双方参与人都明白事实就是如此。这就很可能激起B的怨恨。这表明可以用一种简单的方法来模型化如下思想,参与人不愿成为遭受怨恨的对象:我们假定,当其他条件不变,每一方参与人都更偏好他的策略选择行为造成的影响是非负面的;并且假定在那些负面影响中,参与人更偏好造成较少的负面影响。

这种偏好能够用主观收益表示。令 $U(k; p, q)$ 为在群体状态 (p, q) 中,参与人 A 选择策略 R_k 得到的主观收益;且令 $V(k; q, p)$ 做出对称的定义。作为一个简单的怨恨规避模型,我假定:

$$U(k; p, q) = f[u(k, q), v(q, k) - v(q, p)] \quad \text{(A.1)}$$

以及,

$$V(k; q, p) = g[v(k, p), u(p, k) - u(p, q)] \quad \text{(A.2)}$$

其中 $f(.,.)$ 和 $g(.,.)$ 为有限值函数。我假定这两个函数其函数值都随着第一个自变量的上升而递增;当第二个自变量为负时,随着它的下降而严格递增;当第二个自变量为正时,则随着它的变化而保持不变。换言之,我假定每一方参与人都寻求最大化他自己的预期物质收益,并且最小化对其对手造成的任何负面影响。

如果用预期的主观收益进行评价的话,p 是应对 q 的最优反应,且反之则反是,那么某一群体状态 (p, q) 就是一个**规范预期均衡**。[23] 因此,对标准的博弈理论的修正就是用主观收益来替代效用,作为行为的一个决定因素。正式地说,主观收益(正如等式 A.1 和 A.2 所定义的)会随着概率的变化而发生变化,而在标准的博弈论中,任何给定的纯策略组合的效用是独立于概率的。[24]

为了举例证明这一理论的含义,让我们回到在第 A.3 节中我讨论过的一个例子:在竖有"避让"标志牌的道路交汇处的行为。在此是有关这种情境的一个简单博弈论模型。我们处理的是两种角色的参与人之间的循环交往行为,他们分别是主干道上的司机(A)和支路上的司机(B)。A 在两项策略之间做出选择:**保持原速和让路**。如果我们假定 A 的减速行为十分明显,使得 B 毫不怀疑他正在给她让路,那么 B 就不需要等到 A 发出信号表达他的意向时才做决策。

实际上,B 不需要做决策:当且仅当 A 减速时,她应当驶入主干道。所以让我们称这一策略是**明智的**,并且忽略 B 可能采取的任何其他行动。图 A.2 给出了这一博弈高度简化形式的物质收益。在这些收益背后包含的思想是,通过选择**让路**而不是**保持原速**,A 承担了较少的成本,同时为 B 带来了较大的利益。

		B 的策略
		明智的
A 的策略	保持原速	5, 0
	让路	4, 5

图 A.2 礼让博弈

如果图 A.2 中的数字是通常博弈论意义上的效用,那么这个博弈就没有什么意义:参与人 B 不需要做决策,而参与人 A 很明显选择**保持原速**才是最优决策。但是如果我们应用规范预期理论,那么该博弈具有的意义就不止于此。假设,无论何时 A 对 B 造成的影响都是负面的,参与人 A 的主观收益是以下二者的加总:(i)他的物质收益;(ii)他对参与人 B 造成的影响,乘以某个正的常数 α。当 A 对 B 造成的影响为零或者是正的时,他的主观收益简单地就是他的物质收益。(α 值度量的是 A 想要避免激起怨恨的欲望之强烈程度。)在作为整体的人群中,令 p 为扮演角色 A 的行为人选择**让路**的概率。现在考虑某一具体的博弈。参与人 B 的预期物质收益为 $5p$。如果 A 选择**保持原速**,他的预期主观收益为 $5-5p\alpha$;如果他选择**让步**,预期主观收益为 4。因此,从主观收益的角度来看,如果 $p\alpha < \frac{1}{5}$,则**保持原速**是较优的策略选择;而如果该不等式反过来,则**让路**是较优的选择。很明显,无论 α 值为多少,$p=0$(A 类型参与人总是选择**保持原速**的群体状态)都是一个规范预期均衡。(如果预期 A 会选择**保持原速**,他如此行事就不会激起怨恨。)但是如果 $\alpha > \frac{1}{5}$,就存在另一个规范预期均衡,$p=1$:预期每一名 A 类型参与人都会选择**让路**,并且给定这样的预期,他会选择让路而不是激起怨恨。

正如这一例子所示,存在着行为人违背他们的利益(就"物质"意义而言)而行动的规范预期均衡。这种均衡通过自我强化的预期得以维持:如果一种违背自身利益的行为模式开始在一个群体中确立起来,那么他人对于该行为的预期能够导致人们遵从这种模式。

和 ERCW 中的分析所基于的理论一样,规范预期理论并没有明确地将怨恨当作一种行为动机的力量来处理。现在我将其视为一种对行为的限制。怨恨是采取惩罚和报复行动的一种原始动机。在自然状态的交往行为中,采取报复手段往往代价高昂:就像其他形式的战斗一样,对双方都造成伤害。因此,报复行动属于非自私行为的情形。正如成为怨恨对象时产生的不安感能够激励起有利于他人的非自私行动,怨恨也能够激励起伤害他人的非自私行动。

有越来越多的证据表明报复行动在维持互惠的实践中扮演着重要角色。[25] 在第7章中,我论证说如果互惠惯例仅仅依靠自利来维持,当潜在的合作者团体变得很大时,这样的惯例往往会很脆弱。这类惯例的不稳定性源自如下的困难:惩罚个别的搭便车者,又不能伤及整座合作大厦。如果人们具有某种程度的非自私动机去回报他人的合作行为,那么合作的实践就会或多或少地更稳定一些。然而,即便有许多人通过此种方式获得行动的激励,只要存在极少数坚定的搭便车者,合作也易于崩溃。作为对比,如果有些人有激励以不危及总体的合作计划安排的方式,去**个别地**惩罚搭便车者,那么就能较为容易地阻止搭便车行为。因此,消极互惠的非自私行为动机——鼓励惩罚和报复的行为动机,有可能在稳定合作的实践方面要比 ERCW 所关注的、更具吸引力的积极互惠的行为动机更加重要。

即使如此,ERCW 中对怨恨的分析还是提供了一个出发点,让我们思考有关鼓励采取报复行动的条件。其提出如下的假设,施加报复的人受到激励去伤害那些违背其利益和预期的行为人,因而报复行动的出现是对破坏业已确立起来的预期之行为做出回应。

A.8　怨恨和道德

在 ERCW 中，我论证说对于特定类型的行为规则——特别是协调规则、产权规则和互惠规则——而言，存在着一种普遍趋势，能够在人类群体中形成并自我复制。在它们发挥作用的群体中，这些规则不只是让我们共享有关人们事实上如何行为的预期。我们还觉察到它们具有道德力量：每个人都具有这样的感知，他**应该**遵循这些规则，并且他被**赋予权利**，预期他人也会遵循这些规则。

正如在第 9.1 节中提出的，根据我的分析，在某一群体内，如果一条行为规则 R 具有如下三个特征，那么它就很可能获得道德力量。首先，群体中几乎每个人都遵循规则 R。其次，对于任一遵循规则 R 的行为人来说，与之交往的人也遵循规则 R 符合他的利益。第三，如果与某个行为人交往的几乎每一个人都遵循规则 R，那么他也遵循规则 R 符合该行为人的利益。然而，正如 ERCW 从头至尾所澄清的一个观点：一条规则可能具有上述全部特征，但和某一替代规则相比，仍然给每个人带来更糟糕的结果。并且具有这些特征的某一规则可能会以牺牲他人利益为代价而有利于某些人，在局外人看来，似乎从道德的角度来说是任意专断的。许多读者没有被我的论证——人们会逐渐觉察到这种不可欲的或者任意专断的规则是道德的——所说服。

该论证假定，当他人做出的行为让某人的预期落空时，会有一种感到怨恨的人类自然倾向。然后证明，如果某一规则 R 具有上述三个特征，遵循规则 R 的人们会对不遵循规则 R 的人们感到怨恨。由于怨恨意味着反对，偏离规则 R 的行为会遭到普遍地反对。但是(该论证总结道)作为一种社会现象的道德**仅仅就是**规则支配下的赞同和反对。一些批评者认为这一论证把道德反对与一种非道德的、由于预期落空受到刺激而产生的心理反应混为一谈。例如，简·曼斯布里奇(Jane Mansbridge, 1998, pp.162-166)将恼怒(irritation)和愤怒(anger)划分为一类，将怨恨(resentment)划分为另一类，以做区分。她说，怨恨与恼怒和愤怒不同，它具有道德内含。如果作为某个其他人违背某一项惯例的结果，使得你的预期落空，你可能会感到恼怒或者愤怒；但是仅当你已经感知到该惯例是道德的或者公平的时候,你才会感到怨恨。类似地,布鲁诺·费尔贝克(Bruno Verbeek,1998,第 1 章)界定了他所谓的"合作的美德"(cooperative virtues):在一个公平的合作计划安排或者默会协定之中,与做好你的分内之事相关的美德。他论证说,仅当违背惯例的行为所具有的形式,是未能按照合作的美德采取行动时,才会出现对于这类违背惯例的行为的怨恨。因此,根据曼斯布里奇和费尔贝克的观点,我所主张的对于道德的解释,依赖的是私自夹带进去的道德前提。在此存在争议的问题是,究竟怨恨——正如我赋予它的特征所示——是作为一种对于预期落空的原始心理反应而出现,还是仅当存在特定的道德判断时才会出现怨恨。

讨论自然情感的困难之一,是我们用来描述这些情感的语言常常看起来具有认知内容。因为这一点,就很容易误以为没有相应的认知能力,情感自身就不能出现。拿相对直截了当的恐惧情形来说。毫无疑问,恐惧是一种许多动物都会体验到的自然情绪。假设人类是唯一具有恐惧**概念**以及具有能够表达这种概念的语言的动物,这或许合情合理,但是恐惧自身必定先于恐惧的概念而出现。对我们来说恐惧的感觉像什么,大概与我们在哺乳动物中的近亲们所具有的恐惧感觉没有太大的不同:概念提供给我们的是一种**分类**感觉的方法,而不是一种不同的体验感觉的方式。即使是这样,我们也会倾向于说,恐惧概念——正如其在人类语言中的使用方式——不仅仅是对一种感觉的描述,还包括了有关存在某些让人恐惧之物或恐惧之事的认知。例如,假设我探身朝着悬崖峭壁的边缘之外俯视。在我和悬崖边缘之间有一道不起眼的防护栏,我知道这道防护栏是安全的。即使是这样,我仍然感觉到一种不安感,一种迫使我退后的冲动。这种**感觉很像**其他明显是恐惧情形时的感受,并且正如同其他那些情形,我感到有一种冲动,要远离造成这种感受的根源。不同之处在于,站在崖顶上的我不具有通常与这种感受相关联的、对于危险的认知。我是不是正在体验着恐惧?这在我看来似乎是一个语义学问题,而不属于心理学的内容。无论我们是不是称其为"恐惧",都会有一种类似恐惧的感受,它同时存在于感知到真实危险的情境之中,和类似于站在崖顶的情境之中。

曼斯布里奇和费尔贝克有关怨恨的说法,就类似于主张说站在崖顶的体验不是真正的恐惧。在曼斯布里奇给出的例子中,考虑其中一个例子。今天是简(Jane)上高中的第一天。她穿着黑袜子去上学,但是发觉其他每一个人都穿着白袜子。她想要融入校园生活,但是她所有的袜子都是黑色的。作为仅有的一名没有穿白袜子的学生,一个星期之后,她扔掉了全部黑色的旧袜子,买了十双白袜子。当她穿着新袜子回到学校时,她发现她的同学凯蒂(Katie)开始穿起了黑袜子。简是不是会对凯蒂感到怨恨?凯蒂的行为与业已确立起来的预期相悖。如果存在这样一种可能性,凯蒂的行为开创了一股新时尚,那么她的行为就伤害到了简。根据我的分析,我们应当预期简会感到怨恨。根据曼斯布里奇的观点,简不会感到怨恨,她只会感到恼怒。差别在哪里?像怨恨一样,恼怒是一种带有消极"效价"(valence)①的情绪:这是一种痛苦而非愉悦的形式。像怨恨一样,它含有对他人——被认为是带来痛苦的人——的负面看法。似乎差别在于简不具有这样的认知:凯蒂违背了一条道德规则。换句话说,简的恼怒**感觉很像怨恨**,但它不是真正的怨恨,因为它没有与适当的认知关联在一起。

我的回应是,"怨恨"只不过是我用来描述一种特定的感觉综合体的词汇。这些感觉结合了预期落空时的失望,以及对被认为是造成预期落空之人的愤怒和敌意。当这一切发生时,这些感觉常常与特定的道德信念联系在一起,但是不需要那些信念,这些感觉也能够存在,而且它们确实存在。这些感觉的本质以及有助于产生这些感觉的条件能够解释它们与道德信念之间常规性的关联。

一位批评者可能仍然会疑虑我的主张:**反对**是怨恨的一个构成要素。是不

---

① "效价",原本是化学术语,即"化合价",指的是元素的原子构成的化学键数量。心理学中,它是从德语"valenz"转译而来,作为测量情绪维度的术语,从非常不快乐(消极感受)到非常快乐(积极感受)的一个连续分布。这一思想最早由威廉·冯特(Wilhelm Wundt, 1832—1920)提出,最早在心理学中使用这一术语的,则是库尔特·莱温(Kurt Lewin, 1890—1947)。

是不同的"愤怒"感觉会造成某种偏差,使得其似乎不具有规范含义,但又表达出"反对"的意思?举例来说,如果我的头撞上了低矮的门框,这是令人失望的预期,我遭受了因它带来的痛苦。如果我心情不好,我情绪化的反应感觉起来可能非常类似于愤怒;我甚至可能会体验到一种不相干的欲求,想要针对某事某物发泄这种愤怒;但是似乎并不存在"反对"这个要素。所以究竟简是**反对**凯蒂有关袜子做出的选择,还是说她仅仅是对这样的选择感到愤怒呢?

我对于赞同和反对的理解大体上与亚当·斯密在他的《道德情感论》中做出的分析相一致。根据斯密的阐述,我们对另一个人的情感表示赞同,只是达到这样的程度(用斯密的话来说),我们对他们"表示同意"(go along)——仅仅如此而已,正如我们所感知到的,激起他人反应的人、事、物,不管是什么,我们对其所产生的情绪化反应都和(或者在有些论证形式中会这样说,"原本会和")他人相似:

> 因而,赞同别人的激情,认为其适宜于它们的对象,就等于是观察到我们完全同情它们;不如此赞同它们,就等于是观察到我们完全不同情它们。(1759,p.16)①

对斯密而言,"同情"是一个心理学概念:当我们对他人的情感具有"**同感**"(*fellow-feeling*)②时,我们才同情它——当他人的感情状态,如我们所想象的那样,在我们心中引发一种同样的(通常是微弱的)感情状态的时候。[26] 所以

---

① 此处译文参考了中译本《道德情操论》,蒋自强等译,商务印书馆1997年版,第15页。有所改动。

② 在商务印书馆的中译本《道德情操论》中,这个词译作"同情"。事实上这个译本的开篇第一章中,"sympathy"、"compassion"和"fellow-feeling"这三个词都译作"同情"。只有当这些词汇出现在同一个句子中时,译者才会稍作区分,比如"compassion"的译名换成"体恤","fellow-feeling"的译名换成"同感"。参见《道德情操论》,蒋自强等译,商务印书馆1997年版,第5—7页。

"赞同"最终而言是一个和同感有关的心理学问题：没有加入道德的成分。如果简渴望融入校园生活，她就不会对凯蒂想要与众不同的欲望有同感；并且如果是这样的话，她的态度也*会*是反对。

最后，批评者可能会怀疑**在现实中**，怨恨的心理是否正如我所描述的那样。作为对这种怀疑态度不完整的回答，我提供一些有关怨恨可能会造成的生物机能作用的推测。根据我的阐述，怨恨的核心特征是对他人——致使某人自身预期落空的人——产生一种敌意的感觉。对某人具有一种敌意的感觉意味着什么？我认为：是具有某种原始欲望，想要攻击或伤害他。相反地，成为另一个人怨恨的对象而产生的不安感，则会抑制那些行为——可能会激起他人想要攻击或伤害我们的欲望的行为。如果我们要寻找一种与怨恨有关的生物机能，我们需要思考这种欲望和欲望抑制的具体结合形式如何有可能增强生物适应性。

允许我们反思自身欲望并且有意识地去思考如何最好地满足这些欲望的那类理性，似乎在演化历史上是相对较晚才发展出来的，而且至多只有少数一些物种才具有这样一个特征。相比较而言，这类欲望本身，有许多在演化的时间长河中可以追溯到非常早的时候，并且是更大规模的物种群体所共有的。那么，欲望最初演化出来并发挥作用，必定是独立于理性的，直接激发起行动。理性或许最好被视为一套平行的决策系统，能够使用欲望作为数据资料，但是不能完全替代决定我们行动的原初机制。为了理解特定欲望的演化起源，我们需要寻找由那些欲望直接激发而产生的行动所具有的增强生物适应性的属性。

一种具有社会性，并且循环地与同类个体进行混合动机博弈——参与人的利益既不是完全对立也不是完全一致的博弈——的动物，想一想什么样的**一般性**欲望和厌恶会适合于这样的动物。在此，我在生物学意义上使用博弈的概念，用生物适应性来度量收益；这些博弈可以被理解为围绕着稀有的且增强生物适应性的资源——食物、领地、配偶等等——发生的冲突。这种冲突是诸如交通博弈、消耗战以及胆小鬼博弈这类博弈在生物学意义上的相关产物。

在诸如此类的博弈中，正是增强的生物适应性，使得某一人的行为适合于另一方参与人的预期。典型的,对抗在面对攻击性行为时有可能选择让步的对手,表现出攻击性,而对抗自身不太可能选择退让的对手时选择退让,是有利的。很明显,在这样的世界中,具有一种识别并设想其他个体行为模式的能力,适于生存。但是仅有识别能力还不够:一个人必须具有**欲望**,在攻击性行为有可能得到回报的情境之中,采取攻击性行动;并且当攻击性行为不太可能得到回报时,他必须具有一种相应的**厌恶**,厌恶采取攻击性行动。因此,我们可以预期触发攻击性行为的动机之一,是这样一种意识,存在某样值得去欲求的东西,其他人会阻挠行为人去得到它;而这就是一种行为人处在自身立场上,通常会得到他们想要得到之物的情境。相反地,我们可以预期,在这种行为通常会遭遇到反攻击性行为的情境中,在行为人处在自身立场上,通常无法得到他们想要得到之物的情境中,对于攻击性行动的深思会触发恐惧和不安。一旦攻击性和顺从性的情绪开始通过负相关的刺激——即,使得一个人的攻击性行为和另一个人的顺从性行为相吻合——而得以触发,这一触发因素集合便会具有演化稳定性:每个人基于这些情绪采取的行动会创造出一个适应于这种行为的环境。

我认为,欲求攻击性行为和抑制攻击性行为的这类混合形式,十分像我们人类的怨恨体验,使得认为怨恨是一种原始的人类情绪至少是可信的。[27] 在生物学意义上以及在概念上,怨恨可能都先于道德。

A.9 从我们所处的立场来看问题

一方面是关于道德的社会心理学,另一方面是伦理学——有关我们应该和不应该做什么的问题的研究,ERCW 坚持将二者截然分开。我反复说 ERCW 不是对伦理学有所贡献。它没有提出任何主张,指手画脚说人们**应该**接受什么样的道德规则。相反,它试图解释人们如何逐步接受某些他们的确接受下来的道德规则。产生自重复出现的社会交往行为中的道德实践会是无效率的,以及它们会通过看起来是任意专断的方式,以牺牲他人的利益为代价而有利于某些人,这些观点可能都会令人感到惊讶并且不受欢迎。但如果这是真的,那么这就是真相。如果这个世界并非像读者所希望的那样,这不是我作为一名社会理论家所犯下的错误。

然而,在本书的最后一节,我小心翼翼地迈出了几步,踏入了伦理学的领域。我定义了如下的**合作原则**:"令 R 为在某个社群中重复进行的一场博弈中能够(被每一方参与人)选择的任意一项策略。令这一策略使得,如果任意一名行为人遵循 R,那么他的对手应当也如此做是符合该行为人的利益的。那么假如其他每一个人都采取同样的行动,每一名行为人都具有一种道德义务去遵循 R。"我论证说这一原则是道德规则共有的内核,这样的道德规则往往会围绕着惯例而成长起来。然后我从一名伦理学家的视角来审视这一原则。

从这一角度来看,合作原则具有两项引人注目的性质。首先,其不参照任何社会福利的思想,或者更一般地说,它不参照任何有关社群的善或是世界的善的思想。它涉及的是每个人的**利益**,但是不存在不同行为人的利益加总问题。从这个意义上说,在精神上它属于契约论式的:它表达了一种道德观点,社会生活被视为个人之间为了互利而彼此合作的状态;而不是一种方式,追求某种同一的、有关善的概念的方式。其次,该原则使得我们彼此间负有的义务变成了一个惯例问题。可能存在两项策略,比方说 R 和 S,使得如果其他每一个人都遵循 R,每一名行为人都有义务去遵循 R;但是正如遵循 R 的义务一样,如果其他每一个人都遵循 S,那么就有义务去遵循 S。如何比较每个人都遵循 R 的事态和每个人都遵循 S 的事态,对此该原则无话可说。它也未曾要求行为人采取行动,违背在她的社会中得到普遍遵循的策略。

总结这些性质的一种方式,就是说合作原则要表达的道德是**由我们所处的立场**建构起来的。我们每个人都被要求,既要想一想从每个其他人的视角来看待这个世界,会是什么样的;又要想一想从我们自己的视角来看待这个世界,会是什么样的。但是我们没有被要求去思考,从某种普遍意义上来说,善是什么。我们也没有被去要求思考,如果我们都去遵循并非我们实际所遵循的惯例,这个世界会变成什么样子。道德用互利行为来阐释,但是衡量利益的参照点是现状。

道德的视角仅仅是我们所处的任意立场,这一观点对大多数主流伦理学思想来说都很陌生。在 ERCW 中,我强调了这一观点与功利主义和福利主义相冲突的方方面面。十八年过去了,功利主义及其衍生思想与曾经相比已不再那么流行;但是在伦理学理论中盛行的观点仍然坚持认为,当我们做出道德判断时,我们身处于我们特定的生活之外、身处于我们特定的社会之外,我们是基于这样的立场做出判断的。

这一思想的一个版本,源自康德主义的哲学传统,在托马斯·内格尔(Thomas Nagel)的作品中获得了充分表述。内格尔一本书的标题,《无源之见》(*The View from Nowhere*,1986)①,概述该思想。内格尔坚持认为存在着**客观的**或者说**主体无涉**(agent-neutral)的行动理性——在某一给定的情境中普遍适用于任何人的理性。因此,当我们进行伦理思考时,我们能够将以主体为中心的(agent-centred)问题——"我应当做什么?"——转换为主体无涉的形式——"这个人应当做什么?"(p.141)通过想象身处于我们自身之外,通过采取无源之见,我们能够让我们的行为动机与客观理性相符。

另一种寻找中立立场的、不同的尝试,是亚里士多德传统的当代著作所具有的特征。其中主导的思想是,通过反思人类境况,发现人类善(或者说"福祉",或者说"繁荣昌盛")的真正本质是有可能的。这一善的概念被认为是适用于全人类的,独立于他们的主观感知,独立于他们所生活的特定社会。这一伦理学方法的现代版本常常以一份"目标清单"作为结束,其中列出了人类繁荣昌盛的构成要素,同时为掺杂和匹配这些构成要素的主观判断留有一些思考余地(例如,参见 Griffin,1986;以及 Nussbaum,2000)。

---

① 该书的中译本书名译为《本然的观点》。参见内格尔:《本然的观点》,贾可春译,中国人民大学出版社 2010 年版。译者这里是根据萨格登教授强调的"道德视角"问题,给出的译名。

在 ERCW 的最后几页,我表达了我自己对于如下观点的确信:一个内在逻辑一致的道德概念不要求一种中立的立场。现在我仍然确信这一点。我承认,从一名公正仁慈的旁观者的视角来看,提出这样的问题——对这个世界来说什么是最好的,是有意义的;但是我不明白,对于该问题的回答如何能够告诉我们,他或者她应该做什么。作为对康德主义和亚里士多德主义方法论的支持者们的答复,我所能说的就是,无论是客观理性,还是有关人类繁荣昌盛要素的目标清单,我都不相信存在着这些东西。我同意休谟的理解,当我们试图解释人们如何逐步拥有他们确实具有的道德信念——无论是什么样的道德信念——时,我们发现可以找到的最佳解释并不要求假设存在客观理性或者道德真理。我们的道德信念不是(正如我们的感官知觉一样)用于探究超越于我们感知之外的某种实在的不完美工具。如果我们进行伦理思考,我们必须找到一种方式去追问我们应该做什么,而这种方式不会利用到一种幻觉,即在我们自身情感和感知之外还存在着道德权威的根源。[28]

ERCW 提供了一种理论,有关那些有可能在人类社会中形成的道德信念的理论。如果该理论是正确的,则其中有一些信念的形成仅仅是基于惯例而非其他。我并没有主张,当我们像道德主体而不是像社会理论家那样思考的时候,我们**必须**认可这种惯例性质的道德。但是我确实主张,我们**能够**真诚地并且明白无误地认可它。

注释

1　ERCW 遵循谢林(Schelling, 1960)的理论,使用"凸显性"这个词来描述引人注目或者说木秀于林的性质。同义词"显著性"——似乎是刘易斯(Lewis, 1969)开始采用的——现在成为了博弈论的标准;我在跋中使用后一术语。

2　卡默勒(Camerer, 1995)和斯塔摩(Starmer, 2000)概述了这些证据。

3　在萨格登(Sugden, 2001)中我讨论了这些困难。

4　在接下来的段落中勾勒的演化博弈论,宾默尔(Binmore, 1992, pp.414-434)和威布尔(Weibull, 1995)做了更为详细的阐释。模仿者动态模型由泰勒和琼克(Taylor and Jonker, 1978)提出。

5 在 ERCW 中我使用术语"重复博弈"(repeated game)，用来指从一个群体中择取的、不同的行为人集合循环进行的博弈，用"扩展博弈"(extended game)指由相同"回合"的一个序列所组成的博弈。前者现在更为常见地，是被称为**循环博弈**(recurrent game)，而后者则称为**迭代博弈**(iterated game)(其中的回合是**阶段博弈**(stage game))。在这篇跋中，我遵循现今的用法。

6 我关于归纳推理如何才能发挥作用，以及对显著性缺乏判断力的完美理性的行为人不能做出归纳性推论的论述，受到了古德曼(Goodman, 1954)的启发。刘易斯(Lewis, 1969, pp.36 - 42)解释了为什么对于显著性共有的感知是惯例习得过程中一个至关重要的部分。对于这些议题更多的讨论，参见戈亚尔和扬森(Goyal and Janssen, 1996)，施利希特(Schlicht, 1998, 2000)以及丘比特和萨格登(Cubitt and Sugden, 2003)。

7 斯科姆斯(Skyms, 1996)提出这一问题，涉及刘易斯(Lewis, 1969)作为惯例的语言之分析，这为我自己的分析提供了出发点。丘比特和萨格登(Cubitt and Sugden, 2003)支持刘易斯的理论，辩驳了斯科姆斯的批评。

8 16 个元素的集合具有 2^{16} 个不同的子集。其中一个是空集，而另一个则包含了全部的 16 个元素。

9 有如此多高水平的读者不相信第 2.1 节中提出的类似论点，即如果国际象棋在黑方走出第一步之后就结束，黑方会有 20^{20} 项备选策略，对此我感到惊讶。难道我的意思不是 20×20 项策略吗？不是：黑方走出第一步之后有 20×20 种可能的**局面**，但是黑方有 20^{20} 项可能的**策略**。

10 我仅有的这些儿童实验心理学知识是从梅勒和迪普(Mehler and Dupoux, 1994)以及凯尔曼和阿特贝里(Kellman and Arterberry, 2000)那里点滴搜集来的。有关对称性的具体结论来自博恩施泰因和克林斯基(Bornstein and Krinsky, 1985)。

11 有关库克船长的航行，我的资料来源于霍夫(Hough, 1994)。

12 巴里(Barry, 1989, pp.168 - 173, 346 - 347)就是这样一位怀疑论者。他的批评直指休谟有关产权惯例的分析，这是 ERCW 第 5 章论证的出发点。巴里认为这一理论是"虚妄的"，并将责任归为休谟年少不成熟,思引起人们注意。尽管巴里似乎在暗示产权惯例的选择是根据它们的效率，但他论证说讨价还价问题是通过相对权力大小而得以解决的(pp.12—24)。

13 我在萨格登(Sugden, 1990)中更为详尽地讨论了这一问题。

14 在通常形式的纳什要价博弈中，每一方参与人在冲突情况下得到的效用为零。我的形式允许存在一个稳定均衡，全部的资源由其中一方参与人取得。在 ERCW 中，我将该博弈归功于谢林的工作，然而是纳什(Nash, 1950)首先对此进行了分析。

15 该结果能够扩展为一般化的结论。在一大类"平滑的"讨价还价博弈中，仅当双方参与人最后得到的效用结果非常接近于非平滑博弈的"纳什讨价还价解"的时候，均衡才是可能的。我们可以将纳什讨价还价解理解为是对相对权力大小的反映。宾默尔(Binmore, 1992, pp.299 - 304)对这一部分理论做出了清晰易懂的分析。

16 对宾默尔来说，公平规范是规范性原则，它们是自发演化而来的，并且允许团体运用这些原则来解决备选惯例之间的选择难题；在演化过程中受到偏爱的规范是那些允许团体按照有效率的惯例来进行协调的规范(p.422)。

17　豪尔绍尼和泽尔滕(Harsanyi and Selten,1988)将这些概念引入了博弈论。

18　在接下来的段落中我介绍的空间模型在萨格登(Sugden,1995)一文中进行了更具一般化的拓展。该模型修改自埃利森(Ellison,1993)提出的一个模型,但是他的模型使用了一个不同的空间概念。在埃利森的模型中,正如和大多数的空间博弈论模型一样,是人们拥有场所(而不是像在我的模型那样,是博弈拥有场所)。每个人被假定只与她最接近的邻人进行相关的博弈,但这是匿名进行的。因此,随着空间不同而出现的行为变化通过人际间的行为变化而发生。

19　当存在这样的群体间竞争的时候,可能会出现选择机制偏爱更具效率而非欠缺效率的**惯例**。但是我们不应当预期选择机制会偏爱不具有演化稳定性质的策略(例如一次性囚徒困境中的合作策略)——无论它们的效率有多高。在选择这种策略的群体内,平均收益相对来说很高,但是单方面违反这种策略选择的行为人甚至会做得更好。

20　这一结果是博弈理论家所称的无名氏定理(Folk Theorem)的一种情形。对该定理的一种解释,参见宾默尔(Binmore,1992,pp.369-379)。

21　宾默尔、盖尔和塞缪尔森(Binmore,Gale and Samuelson,1995)在有关最后通牒博弈(ultimatum game)的演化稳定均衡论证中得到了类似的结论。

22　霍夫曼(Hoffman,1999)发表的有关循环的囚徒困境仿真实验中发现的正是这一模式。霍夫曼使用的仿真方法基于一种遗传算法;这允许在一个易于处理的模型中包含数量极其庞大的可能策略。

23　除了我业已陈述的假定之外,如果加上如下条件,$f(\cdots)$和$g(\cdots)$是连续且非严格凹的函数,那么就能为每个博弈都证明存在一种规范预期均衡(Sugden,2000)。

24　取决于概率的主观收益,这样的博弈是**心理博弈**(*psychological game*),由吉纳科普洛斯、皮尔斯和斯塔凯蒂(Geanakoplos,Pearce and Stacchetti,1989)发明的一种博弈类型。心理博弈理论最广为人知的应用之一就是雷宾的公平理论(Rabin,1993)。在雷宾的理论中,参与人 A 被定义为,根据他摒弃自身的物质利益以有利于参与人 B 的程度大小,表明他对 B 较为"仁慈"或较为不"仁慈"。参与人的主观收益具有如下性质,每一方参与人都想要向于己仁慈的对手表现出仁慈,于己不仁慈的对手表现出不仁慈。这种动机显著地不同于"令他人预期落空"。举例来说,在礼让博弈(图 A.2)中,雷宾的理论意味着**保持原速**是唯一的均衡策略。

25　这类证据中有许多来自费尔(Fehr)和他的合作者们所从事的实验研究,他们通过假定行为人厌恶**不平等**,特别是当不平等利于他人而不是他们自己的时候,来解释惩罚欲望。(有关这项研究的概述,见 Fehr and Fischbacher,2002。)我认为用预期受挫时产生的怨恨来解释惩罚欲望,从心理学角度来说上更可信,并且更符合相应的证据。

26　在萨格登(Sugden,2004)中,我重构了斯密的同感理论,并论证认为其主要的假设与现今心理学和神经学所知的同情和共情理论相一致。

27　有人可能会反对说,攻击性行为和怨恨并非完全相同的东西:追求获益的攻击性行为是前瞻性的,而怨恨则能够激发代价高昂的后顾性报复行动。一种寻求报复的欲望如何能增强生物适应性?一个可能的答案是它不能,但它是攻击性行为这种生物可行机制所产生的、不可避免的副产品。弗兰克(Frank,1988)用承诺的策略价值提供了一个更为精致复杂的回答。因为愤怒同时与某种理性控制的丧失,以及不易伪装的、可见的生理信号相关联,愤怒能够发出信号,如果一个人的某种欲望没有得到满足,他承诺要做出攻击性行为。随着贯彻该承诺而来的就是报复。

28 于我而言,这样一种伦理学方法的可能性和价值通过伯纳德·威廉斯(例如 Williams,1981)的作品而得到证实——这不是说威廉斯会对 ERCW 中包含的保守主义思想产生共鸣。

参考文献

Allais, M. (1953) 'Le comportement de l'homme rationnel devant le risque; critique des postulats et axiomes de l'ecole Americaine'. *Econometrica*, **21**, 503–46.
Arrow, K. J. (1963) 'Uncertainty and the welfare economics of medical care'. *American Economic Review*, **53**, 941–73.
Arrow, K. J. (1967) 'Values and collective decision-making'. In Laslett, P. and Runciman, W. G. (eds), *Philosophy, Politics and Society*. London: Blackwell.
Arrow, K. J. and Debreu, G. (1954) 'Existence of an equilibrium for a competitive economy'. *Econometrica*, **22**, 265–90.
Axelrod, R. (1981) 'The emergence of cooperation among egoists'. *American Political Science Review*, **75**, 306–18.
Bacharach, M. (1976) *Economics and the Theory of Games*. London: Macmillan.
Barry, Brian (1989) *Theories of Justice*. London: Harvester-Wheatsheaf.
Becker, G. S. (1974) 'A theory of social interactions'. *Journal of Political Economy*, **82**, 1063–93.
Bell, F. (1907) *At the Works: A Study of a Manufacturing Town*. London: Edward Arnold.
Binmore, Ken (1992) *Fun and Games: A Text on Game Theory*. Lexington, Mass.: D. C. Heath.
Binmore, Ken (1994) *Game Theory and the Social Contract, Volume I: Playing Fair*. Cambridge, Mass.: MIT Press.
Binmore, Ken (1998) *Game Theory and the Social Contract, Volume 2: Just Playing*. Cambridge, Mass.: MIT Press.
Binmore, Ken, Gale, John and Samuelson, Larry (1995) 'Learning to be imperfect: the ultimatum game'. *Games and Economic Behavior*, **8**, 56–90.
Bishop, D. T. and Cannings, C. (1978) 'A generalized war of attrition'. *Journal of Theoretical Biology*, **70**, 85–124.
Bishop, D. T., Cannings, C. and Maynard Smith, J. (1978) 'The war of attrition with random rewards'. *Journal of Theoretical Biology*, **74**, 377–88.
Bornstein, M. H. and Krinsky, S. J. (1985) 'Perception of symmetry in infancy: the salience of vertical symmetry and the perception of pattern wholes'. *Journal of Experimental Child Psychology*, **39**, 1–19.
Buchanan, A. (1985) *Ethics, Efficiency, and the Market*. Oxford: Clarendon Press.
Buchanan, J. M. (1965) 'An economic theory of clubs'. *Economica*, **32**, 1–14.
Buchanan, J. M. (1975) *The Limits of Liberty*. Chicago: University of Chicago Press.
Camacho, A. (1982) *Societies and Social Decision Functions*. Dordrecht: Reidel.
Camerer, Colin (1995) 'Individual decision making'. In Kagel, John and Roth, Alvin (eds), *Handbook of Experimental Economics*. Princeton: Princeton University Press.
Collard, D. A. (1978) *Altruism and Economy*. Oxford: Martin Robertson.
Cubitt, Robin and Sugden, Robert (2003) 'Common knowledge, salience and convention: a reconstruction of David Lewis's game theory'. *Economics and Philosophy*, **19**, 175–210.

Dawkins, R. (1980) 'Good strategy or evolutionarily stable strategy?'. In Barlow, G. W. and Silverberg, J. (eds), *Sociobiology: Beyond Nature/Nurture*. Boulder: Westview Press.
Ellison, Glenn (1993) 'Learning, local interaction, and coordination'. *Econometrica*, **61**, 1047–71.
Elster, J. (1983) *Sour Grapes: Studies in the Subversion of Rationality*. Cambridge: Cambridge University Press.
Fehr, Ernst and Fischbacher, Urs (2002) 'Why social preferences matter: the impact of non-selfish motives on competition, cooperation and incentives'. *Economic Journal*, **112**, C1–C33.
Frank, Robert H. (1988) *Passions within Reason*. New York: Norton.
Friedman, M. (1962) *Capitalism and Freedom*. Chicago: University of Chicago Press.
Geanakoplos, John, Pearce, David and Stacchetti, Ennio (1989) 'Psychological games and sequential rationality'. *Games and Economic Behavior*, **1**, 60–79.
Gibbard, A. (1973) 'Manipulation of voting schemes: a general result'. *Econometrica*, **41**, 587–601.
Goodman, Nelson (1954) *Fact, Fiction, and Forecast*. Cambridge, Mass.: Harvard University Press.
Goyal, Sanjeev and Janssen, Maarten (1996) 'Can we rationally learn to coordinate?' *Theory and Decision*, **40**, 29–49.
Griffin, James (1986) *Well-being: Its Meaning, Measurement and Moral Importance*. Oxford: Oxford University Press.
Guttman, J. M. (1978) 'Understanding collective action: matching behavior'. *American Economic Review*, **68**, Papers and Proceedings, 251–5.
Hamilton, William D. (1964) 'The genetical evolution of social behavior'. *Journal of Theoretical Biology*, **7**, 1–52.
Hammerstein, P. and Parker, G. A. (1982) 'The asymmetric war of attrition'. *Journal of Theoretical Biology*, **96**, 647–82.
Hardin, G. (1968) 'The tragedy of the commons'. *Science*, **162**, 1243–8.
Hare, R. M. (1952) *The Language of Morals*. Oxford: Oxford University Press.
Hare, R. M. (1982) 'Ethical theory and Utilitarianism'. In Sen, A. K. and Williams, B. (eds), *Utilitarianism and Beyond*. Cambridge: Cambridge University Press.
Harsanyi, John C. (1955) 'Cardinal welfare, individualistic ethics and interpersonal comparisons of utility'. *Journal of Political Economy*, **63**, 309–21.
Harsanyi, John C. (1980) 'Rule utilitarianism, rights, obligations and the theory of rational behavior'. *Theory and Decision*, **12**, 115–33.
Harsanyi, John C. and Selten, Reinhard (1988) *A General Theory of Equilibrium Selection in Games*. Cambridge, Mass.: MIT Press.
Hart, H. L. A. (1955) 'Are there any natural rights?' *Philosophical Review*, **64**, 175–91.
Hayek, F. A. (1960) *The Constitution of Liberty*. London: Routledge and Kegan Paul.
Hayek, F. A. (1979) *Law, Legislation and Liberty*. London: Routledge and Kegan Paul. (In three volumes, Vol. 1 published 1973, Vol. 2 published 1976, Vol. 3 published 1979).
Hobbes, T. (1651) *Leviathan*, edited by M. Oakeshott. London: Macmillan, 1962.
Hoffman, Robert (1999) 'The independent localisations of interaction and learning in the repeated prisoner's dilemma'. *Theory and Decision*, **47**, 57–72.
Hough, Richard (1994) *Captain James Cook: A Biography*. London: Hodder and Stoughton.

Hume, David (1740) *A Treatise of Human Nautre*, edited by L. A. Selby-Bigge (2nd edition). Oxford: Clarendon Press, 1978.
Hume, David (1759) *Enquiries concerning Human Understanding and Concerning the Principles of Morals*. Oxford: Oxford University Press, 1975.
Johnson, N. (1981) *Voluntary Social Services*. Oxford: Basil Blackwell.
Kahneman, D. and Tversky, A. (1979) 'Prospect theory: an analysis of decision under risk'. *Econometrica*, **47**, 263–91.
Kellman, Philip J. and Arterberry, Martha E. (2000) *The Cradle of Knowledge* (Cambridge, Mass.: MIT Press).
Keynes, J. M. (1936) *The General Theory of Employment, Interest and Money*. London: Macmillan.
Kramer, R. M. (1981) *Voluntary Agencies in the Welfare State*. Berkeley: University of California Press.
Krueger, A. O. (1974) 'The political economy of the rent-seeking society'. *American Economic Review*, **64**, 291–303.
Laffont, J.-J. (1975) 'Macroeconomic constraints, economic efficiency and ethics: an introduction to Kantian economics'. *Economica*, **42**, 430–7.
Lewis, D. K. (1969) *Convention: A Philosophical Study*. Cambridge, Mass.: Harvard University Press.
Locke, J. (1690) *Two Treatises of Government*, edited by P. Laslett. Cambridge: Cambridge University Press, 1960.
Loomes, Graham and Sugden, Robert (1982) 'Regret theory: an alternative theory of rational choice under uncertainty'. *Economic Journal*, **92**, 805–24.
Mackie, J. L. (1980) *Hume's Moral Theory*. London: Routledge and Kegan Paul.
Mansbridge, Jane (1998) 'Starting with nothing: on the impossibility of grounding norms solely in self-interest'. In Ben-Ner, Avner and Putterman, Louis (eds), *Economics, Values, and Organization*. Cambridge: Cambridge University Press.
Margolis, H. (1982) *Selfishness, Altruism and Rationality*. Cambridge: Cambridge University Press.
Maynard Smith, J. (1974) 'The theory of games and the evolution of animal conflicts'. *Journal of Theoretical Biology*, **47**, 209–21.
Maynard Smith, J. (1982) *Evolution and the Theory of Games*. Cambridge: Cambridge University Press.
Maynard Smith, J. and Parker, G. A. (1976) 'The logic of asymmetric contests'. *Animal Behaviour*, **24**, 159–75.
Maynard Smith, J. and Price, G. R. (1973) 'The logic of animal conflicts'. *Nature*, **246**, 15–18.
Mehler, Jacques and Dupoux, Emmanuel (1994) *What Infants Know: The New Cognitive Science of Early Development*. Oxford: Blackwell; first published in French in 1990.
Mehta, Judith, Starmer, Chris and Sugden, Robert (1994a) 'Focal points in games with multiple equilibria: an experimental investigation'. *Theory and Decision*, **36**, 163–85.
Mehta, Judith, Starmer, Chris and Sugden, Robert (1994b) 'The nature of salience: an experimental investigation of pure coordination games'. *American Economic Review*, **84**, 658–73.
Milgrom, P. and Roberts, J. (1982) 'Predation, reputation and entry deterrence'. *Journal of Economic Theory*, **27**, 280–312.

Morgenstern, O. (1979) 'Some reflections on utility'. In Allais, M. and Hagen, O. (eds), *Expected Utility Hypotheses and the Allais Paradox*. Dordrecht: Reidel.
Nagel, Thomas (1986) *The View from Nowhere*. Oxford: Oxford University Press.
Nash, John (1950) 'The bargaining problem'. *Econometrica*, **18**, 155–62.
Neumann, J. von and Morgenstern, O. (1947) *Theory of Games and Economic Behavior* (2nd edition). Princeton: Princeton University Press.
Norman, R., Taylor, P. and Robertson, R. (1977) 'Stable equilibrium strategies and penalty functions in a game of attrition'. *Journal of Theoretical Biology*, **65**, 571–8.
Nozick, R. (1974) *Anarchy, State and Utopia*. New York: Basic Books.
Nussbaum, Martha (2000) *Women and Human Development: The Capabilities Approach*. Cambridge: Cambridge University Press.
Parker, G. A. and Rubinstein, D. I. (1981) 'Role assessment, reserve strategy, and acquisition of information in asymmetrical animal conflicts'. *Animal Behaviour*, **29**, 135–62.
Rabin, Matthew (1993) 'Incorporating fairness into game theory and economics'. *American Economic Review*, **83**, 1281–302.
Rapoport, A. (1967) 'Exploiter, Leader, Hero and Martyr: the four archetypes of the 2×2 game'. *Behavioral Science*, **12**, 81–4.
Rapoport, A. and Chammah, A. M. (1965) *Prisoner's Dilemma: A Study in Conflict and Cooperation*. Ann Arbor: University of Michigan Press.
Rousseau, Jean-Jacques (1755) *Discourse on the Origin and Foundations of Inequality among Men*. New York: Norton, 1988.
Rawls, J. (1972) *A Theory of Justice*. Oxford: Oxford University Press.
Samuelson, P. (1954) 'The pure theory of public expenditure'. *Review of Economics and Statistics*, **36**, 387–9.
Schelling, T. (1960) *The Strategy of Conflict*. Cambridge, Mass.: Harvard University Press.
Schlicht, Ekkehart (1998) *On Custom in the Economy*. Oxford: Oxford University Press.
Schlicht, Ekkehart (2000) 'Aestheticism in the theory of custom'. *Journal des Economistes et des Etudes Humaines*, **10**, 33–51.
Schoemaker, P. (1982) 'The expected utility model: its variants, purposes, evidence and limitations'. *Journal of Economic Literature*, **20**, 529–63.
Schotter, A. (1981) *The Economic Theory of Social Institutions*. Cambridge: Cambridge University Press.
Selten, Reinhard (1975) 'Reexamination of the perfectness concept for equilibrium points in extensive games'. *International Journal of Game Theory*, **4**, 25–55.
Selten, Reinhard (1978) 'The chain store paradox'. *Theory and Decision*, **9**, 127–59.
Selten, Reinhard (1980) 'A note on evolutionarily stable strategies in asymmetric animal conflicts'. *Journal of Theoretical Biology*, **84**, 93–101.
Sen, A. K. (1970) *Collective Choice and Social Welfare*. Edinburgh: Oliver and Boyd.
Sen, A. K. (1977) 'Rational fools: a critique of the behavioural foundations of economic theory'. *Philosophy and Public Affairs*, **6**, 317–44.
Sen, A. K. (1979) 'Personal utilities and public judgements: or what's wrong with welfare economics?' *Economic Journal*, **89**, 537–58.
Shubik, M. (1971) 'The Dollar Auction game: A paradox in noncooperative behavior and escalation'. *Journal of Conflict Resolution*, **15**, 109–11.
Skyrms, Brian (1996) *Evolution of the Social Contract*. Cambridge: Cambridge University Press.

Slovic, P. and Tversky, A. (1974) 'Who accepts Savage's axiom?' *Behavioral Science*, **19**, 368–73.
Smith, A. (1759) *The Theory of Moral Sentiments*, edited by D. D. Raphael and A. L. Macfie. Oxford: Clarendon Press, 1976.
Smith, A. (1776) *An Inquiry into the Nature and Causes of the Wealth of Nations*, edited by R. H. Campbell, A. S. Skinner and W. B. Todd. Oxford: Clarendon Press, 1976.
Starmer, Chris (2000) 'Developments in non-expected utility theory: the hunt for a descriptive theory of choice under risk'. *Journal of Economic Literature*, **38**, 332–82.
Sugden, Robert (1982) 'On the economics of philanthropy'. *Economic Journal*, **92**, 341–50.
Sugden, Robert (1984) 'Reciprocity: the supply of public goods through voluntary contributions'. *Economic Journal*, **94**, 772–87.
Sugden, Robert (1985) 'Consistent conjectures and voluntary contributions to public goods: why the conventional theory does not work'. *Journal of Public Economics*, **27**, 117–24.
Sugden, Robert (1990) 'Contractarianism and norms'. *Ethics*, **100**, 768–86.
Sugden, Robert (1995) 'The coexistence of conventions'. *Journal of Economic Behavior and Organization*, **28**, 241–56.
Sugden, Robert (1998) 'Normative expectations: the simultaneous evolution of institutions and norms'. In Ben-Ner, Avner and Putterman, Louis (eds), *Economics, Values, and Organization*. Cambridge: Cambridge University Press.
Sugden, Robert (2000) 'The motivating power of expectations'. In Nida-Rümelin, Julian and Spohn, Wolfgang (eds), *Rationality, Rules and Structure*. Dordrecht: Kluwer.
Sugden, Robert (2001) 'The evolutionary turn in game theory'. *Journal of Economic Methodology*, **8**, 113–30.
Sugden, Robert (2004) 'Fellow-feeling'. Forthcoming in Gui, Benedetto and Sugden, Robert (eds), *Economics and Social Interaction*. Cambridge: Cambridge University Press.
Taylor, M. (1976) *Anarchy and Cooperation*. London: John Wiley and Sons.
Taylor, M. and Ward, H. (1982) 'Chickens, whales and lumpy goods: alternative models of public-goods provision'. *Political Studies*, **30**, 350–70.
Taylor, Peter and Jonker, Leo (1978) 'Evolutionarily stable strategies and game dynamics'. *Mathematical Biosciences*, **40**, 145–56.
Tullock, G. (1967) 'The welfare costs of tariffs, monopolies and theft'. *Western Economic Journal*, **5**, 224–32.
Ullman-Margalit, E. (1977) *The Emergence of Norms*. Oxford: Clarendon Press.
Verbeek, Bruno (1998) *The Virtues of Cooperation*. Doctoral dissertation, University of Amsterdam.
Walmsley, L. (1932) *Three Fevers*. London: Collins.
Weibull, Jörgen (1995) *Evolutionary Game Theory*. Cambridge, Mass.: MIT Press.
Williams, Bernard (1973) 'A critique of utilitarianism'. In Smart, J. J. C. and Williams, Bernard *Utilitarianism: For and Against*. Cambridge: Cambridge University Press.
Williams, Bernard (1981) *Moral Luck*. Cambridge: Cambridge University Press.
Young, H. Peyton (1993) 'The evolution of conventions'. *Econometrica*, **61**, 57–84.
Young, H. Peyton (1998) *Individual Strategy and Social Structure: An Evolutionary Theory of Institutions*. Princeton, N.J.: Princeton University Press.

索　引

（索引中的页码为原书页码，即本书的边码；由于原书中的尾注在本书中改为了章末注，所以凡是出现在尾注中的关键词页码都替换为具体的章节注释序号）

accession　101，201	添附
Allais，M.　16－17	M.阿莱
ambiguity　103－6，140－3，170	模糊性
analogy　52－4，98－101，180	相似性类推
animal behaviour　26－30，106－7	动物行为
approval　212，221	赞同
Aristotelianethics　225	亚里士多德主义伦理学
Arrow，K.　2－3	K.阿罗
Arterberry，M.　跋注释10	M.阿特贝里
asymmetry：cross-cutting　161；	非对称：互换性质的
in crossroads game　37－44；	在交通博弈中
embedded in structure of game　45－9，93－5；	内嵌于博弈结构之中
labeling　14；	标识性质的
outcome　13－14；	结果
in public-good game　139－43，145－8；	在公共品博弈中
in snowdrift game　133－6；	在雪堆博弈中
同时参见 convention，game	
attraction，zone of　23	朝着……移动的区域
attrition，war of；参见 war of attrition	消耗战
Axelrod，R.　29，114，117，119，124－5，140，147，第6章注释3、4、5、9	R.阿克塞尔罗德
Bacharach，M.　17	M.巴卡拉克
banknote game　10－35各处，第9章注释2	钞票博弈
Barry，B.　跋注释12	B.巴里

282

basic value judgement　158，181	基本的价值判断
Becker，G.　第1章注释2	G.贝克尔
Bell，F.　127，132	F.贝尔
Binmore，K.　199，201，跋注释4、15、20、21	K.宾默尔
Bishop，D.　66-7	D.毕晓普
bluffing　66-7，83-4	虚张声势
Bornstein，M.　跋注释10	M.博恩施泰因
brave strategy　119-20；	勇敢策略
同时参见 reciprocity	
Buchanan，A.　第九章注释7	A.布坎南
Buchanan，J.　1，8，144，182	J.布坎南
Camacho，A.　第2章注释2	A.卡马乔
Camerer，C.　跋注释2	C.卡默勒
Cannings，C.　66-7	C.坎宁斯
cautious strategy　113；	审慎策略
同时参见 reciprocity	
chain-store paradox　第4章注释14	连锁店悖论
Chammah，A.　第6章注释3	A.查马
cheat-proofness　103-6，142-3，170	防止欺诈
chicken game　61，第7章注释5；	胆小鬼博弈
同时参见 hawk-dove game	
Christmas card conventions　56	圣诞卡片惯例
closeness (related to prominence)　93，97-8，	
102-3，141-2，201	相邻关系（与凸显性相关）
clubs　144-5	俱乐部
Collard，D.　第8章注释7	D.科勒德
collectively stable strategy　29	集体稳定策略
commitment　83-6，145，跋注释27	承诺
complementarity(in division game)　71	互补性（在分割博弈中）
complexity　191	复杂的事物
confidence(in war of attrition)　80-1，86-90	信心（在消耗战中）
conspicuousness：参见 prominence，salience	引人注目
convention：　33-5 以及各处	惯例
asymmetrical　161；	非对称的
of coordination　149；	协调
established　34；	业已确立的
of property　149-50；	产权
of reciprocity　150；	互惠

symmetrical　161	对称的
Cook, J.　194-5	J.库克
co-operation, principle of　176-8, 223-4	合作原则
coordination game　15, 34-5, 50-1, 97-8, 137-8, 143, 149-50, 161-2, 171-2	协调博弈
credibility：参见 commitment	信用
crossroads game　36-54, 149, 161-2, 177, 190-1	交通博弈
Cubitt, R.　跋注释6、7	R.丘比特
Dawkins, R.　29	R.道金斯
Debreu, G.　2	G.德布鲁
developmentally stable strategy　29	发展稳定策略
disapproval：参见 approval	反对
division game　69-76, 91-2, 95, 102, 163, 197-201, 第8章注释5	分割博弈
dollar auction game　66； 同时参见 war of attrition	美元拍卖博弈
drift　78, 113, 212-14	漂移
Dupoux, E.　跋注释10	E.迪普
Ellison, G.　跋注释18	G.埃利森
Elster, J.　第8章注释1	J.埃尔斯特
entitlement theory　179	权赋理论
equality　102-3, 201	平等
equilibrium　20-32 以及各处	均衡
ethics：参见 moral judgements	伦理学
evolution: biological　26-30, 156, 186-7; contrast between biological and social　27-9, 61-2, 106-7, 208-9; and desires　222-3; social　28 以及各处	演化：生物学的 生物学的与社会的比较 欲望 社会的
evolutionarily stable strategy　26-32, 185-6	演化稳定策略
evolutionary game theory　183-7	演化博弈论
exchange-visit game　108-9, 第6章注释2、3； 同时参见 prisoner's dilemma	互访博弈
expectations:　154-65, 176-7; normative　214-18； 同时参见 resentment	预期 规范的
expected utility　16-17, 22	预期效用

experience, learning by 17-18, 21-2	经验习得
favoured role(in war of attrition) 78	受到偏爱的角色(在消耗战中)
fear 220	恐惧
Fehr, E. 跋注释 25	E.菲尔
fertility(of conventions) 18, 98	活力(惯例的)
first claimant 93, 99-101	第一权利主张者
Fischbacher, U. 跋注释 25	U.菲施巴赫尔
folk theorem 跋注释 20	无名氏定理
forgivingness 119	宽容
fragility(of conventions) 143-5, 165	脆弱(惯例的)
Frank, R. 跋注释 27	R.弗兰克
free riding 3-4, 6, 126, 128, 135-49, 165, 218	搭便车
Gale, J. 跋注释 21	J.盖尔
game: 10 以及各处;	博弈
anonymous 36-7;	匿名的
asymmetrical 13-15, 23-6;	非对称的
of commitment 83-6;	承诺
extended 82-3;	扩展的
iterated,参见 extended;	循环的
non-anonymous 82-6;	非匿名的
repeated 13;	重复的
symmetrical 13-14, 20-3;	对称的
同时参见 coordination game, crossroads game 等	
game form 11	博弈形式
Geanakoplos, J. 跋注释 24	J.吉纳科普洛斯
generality(of conventions) 54, 98	通行(惯例的)
gestures 194-5	打手势
Gibbard, A. 第二章注释 1	A.吉伯德
good standing 116-19, 129-31, 134-5, 145-8	信誉良好
Goodman, N. 跋注释 6	N.古德曼
Goyal, S. 跋注释 6	S.戈亚尔
Griffin, J. 225	J.格里芬
Guttman, J. 第七章注释 7	J.盖特曼
habituation 193	习惯化
Hamilton, W. 207-9	W.汉密尔顿
Hammerstein, P. 78-81, 89	P.哈默斯坦
Hardin, G. 137	G.哈丁
Hare, R. 第八章注释 4	R.黑尔

Harsanyi, J. 第八章注释7, 跋注释17	J.豪尔绍尼
Hart, H. 第九章注释5	H.哈特
hawk-dove game 61-5, 73-4, 82-6, 94-5, 103-5, 133, 149-50, 162-3, 171, 第七章注释2, 第八章注释5	鹰-鸽博弈
Hayek, F. 1, 第一章注释1	F.哈耶克
Hobbes, T. 6, 58-61, 73-4, 151, 153, 156, 165-9	T.霍布斯
Hoffman, R. 跋注释22	R.霍夫曼
Hough, R. 跋注释11	R.霍夫
Hume, D. 8, 35, 54-5, 58, 96-101, 110-11, 128, 136-7, 150-1, 157-9, 165-8, 172-6, 225	D.休谟
Hume's Law 157-8, 179	休谟法则
impartiality 6-9, 20, 175, 225; 同时参见 social welfare	公正
inductive learning 190	归纳学习
international affairs 6, 60-2, 65-6, 91-2, 102-3, 142, 144, 180-1	国际事务
invasion 29	侵扰
invisible hand 201	看不见的手
Janssen, M. 跋注释6	M.扬森
Johnson, N. 144	N.约翰逊
Jonker, L. 跋注释4	L.琼克
justice 150, 196-7; 同时参见 natural law, obligations, rights	正义
Kahneman, D. 16	D.卡内曼
Kantian ethics 224-5	康德主义伦理学
Kellman, P. 跋注释10	P.凯尔曼
Keynes, J. 105	J.凯恩斯
Kipling, R. 181	R.吉卜林
Kramer, R. 144	R.克雷默
Krinsky, S. 跋注释10	S.克林斯基
Krueger, A. 第4章注释6	A.克鲁格
labelling(of roles) 14	标识(角色的)
labour(as source of property rights) 99-101	劳力、劳动(作为产权的来源)
labour disputes 66, 149	劳动争议
Laffont, J.-J. 第8章注释7	J.-J.拉丰

language(as convention)　55-6，149，180，190-6	语言(作为惯例)
leader game　36；	领导者博弈
同时参见 crossroads game	
Lewis，D.　34-5，160-1，171-2，191-2，	
跋注释1、6	D.刘易斯
lifeboats　4，144-5	救生艇
Locke，J.　54，99-100，179	J.洛克
Loomes，G.　17	G.卢默斯
Mackie，J.　第7章注释4	J.麦凯
Mansbridge，J.　219-21	J.曼斯布里奇
Margolis，H.　第1章注释2	H.马戈利斯
market system　2-3	市场机制
mavericks　140，143-4，162，164-5	独行其是者
Maynard Smith，J.　26-30，49，61-2，66，106	J.梅纳德·史密斯
Mehler，J.　跋注释10	J.梅勒
Mehta，J.　201	J.梅塔
Milgrom，P.　第4章注释14	P.米尔格龙
mistakes：in interpreting conventions141，148-9；	错误：在理解惯例的时候
in mutual-aid game　131；	在互助博弈中
in prisoner's dilemma　113-22 各处；	在囚徒困境中
in snowdrift game　134；	在雪堆博弈中
in war of attrition　78-9	在消耗战中
money(as convention)　54-5，180	货币(作为惯例的)
moral judgements　7-8，145，149-65 各处，	
170-82 各处，223-5	道德判断
Morgenstern，O.　16-17，184	O.莫根施特恩
mutual-aid game　127-32，143-4，150，169	互助博弈
Nagel，T.　224-5	T.内格尔
narrow road game　187-90	狭路相逢博弈
Nash，J.　跋注释14	J.纳什
Nash bargaining solution　跋注释15	纳什讨价还价解
Nash equilibrium　31	纳什均衡
Nash demand game：	纳什要价博弈
同时参见 division game	
natural law　150-69 各处，178-9	自然法
nature, state of　58-61，64-74 各处，165-9，	
171，173	自然状态
need　104-5	需求

Neumann, J. von 16, 184	J.冯·诺伊曼
norm：见 moral judgements, natural law, partiality	规范
Norman, R. 66	R.诺曼
North Sea, division of 91-2, 101-3, 142	北海分割
Nozick, R. 179-80, 第3章注释1, 第7章注释8	R.诺齐克
Nussbaum, M. 225	M.努斯鲍姆
obligations 177-82	义务
Parker, G. 49, 66, 78-81, 89, 第四章注释10	G.帕克
partiality, norms of 172	非公正性的规范
payoff：material 214；	收益：物质的
subjective 215	主观的
payoff dominance 203-10 各处	收益占优
payoff monotonicity 185	收益单调性
Pearce, D. 跋注释24	D.皮尔斯
persistence time(in war of attrition) 66-9, 76-81, 86-90	坚持时长(在消耗战中)
phase diagram 25-6	相位图
Polanyi, M. 第一章注释1	M.波兰尼
policing 144	监察
possession 91-107, 152	占有
power 196-201	权力
precedence 51, 99	先例
preference：ethical 7-8；	偏好：伦理的
subjective 7-8；	主观的
and utility 15-20	和效用
prescriptive rights 98-9, 148-50	取得时效
Price, G. 61-3	G.普莱斯
prisoner's dilemma 4, 108-48 各处, 150, 152, 164-5, 167, 169, 209-14, 230	囚徒困境
prominence 46-54, 95-101, 107, 125, 141-2, 170； 同时参见 salience	凸显性
promises 69-70, 110-11, 150	承诺
property 54, 58-107 各处, 162-4, 170-3	产权
psychological game 跋注释24	心理博弈
public-good game 138-48, 150	公共品博弈
public goods 3-4, 36-7, 144, 150, 165	公共品
public interest：	公益

参见 social welfare

punishment　115-19，129-32，145-8，164，
　　210-11，217-18　　　　　　　　　　　　惩罚

queues　99　　　　　　　　　　　　　　　　排队

Rabin，M.　跋注释 24　　　　　　　　　　　M.雷宾

Rapoport，A.　36，125，第 6 章注释 3　　　A.拉波波特

rationality　16-21，49-50　　　　　　　　理性

Rawls，J.　179，180-1　　　　　　　　　　J.罗尔斯

reciprocity：108-48 各处，150，164-5，218；　互惠
　　bilateral　129；　　　　　　　　　　　　双边的
　　brave　115-25，129，209-14；　　　　　勇敢的
　　cautious　122-5，169，211-12；　　　　审慎的
　　and Hobbes　168-9；　　　　　　　　　与霍布斯
　　multilateral　129，169；　　　　　　　多边的
　　同时参见 co-operation，tit-for-tat

redundancy(of labour)　99　　　　　　　　冗员

rendezvous game　50，149；　　　　　　　会面博弈
　　同时参见 coordination game

rent-seeking　第 4 章注释 6　　　　　　　寻租

reparation：见 punishment　　　　　　　　补偿

replicator dynamics　185-9，199，211　　模仿者动态

reply，best　28　　　　　　　　　　　　　最优反应

reputation：见 commitment　　　　　　　　声望

resentment　153-7，159-61，175，214-23　　怨恨

revenge：见 punishment　　　　　　　　　报复

rights　177-82　　　　　　　　　　　　　权利

risk dominance　203-10 各处　　　　　　风险占优

Roberts，J.　第 4 章注释 14　　　　　　　J.罗伯茨

Rousseau，J.-J.　202　　　　　　　　　　J.-J.卢梭

Rubinstein，D.　第 4 章注释 10　　　　　D.鲁宾斯坦

salience　187-90，196-201，207；　　　　显著性
　　同时参见 prominence

Samuelson，L.　跋注释 21　　　　　　　　L.塞缪尔森

Samuelson，P.　136　　　　　　　　　　　P.萨缪尔森

Schelling，T.　49-52，70，83，96-8，103，149，
　　190，201，跋注释 1、14　　　　　　　　T.谢林

Schlicht，E.　跋注释 6　　　　　　　　　E.施里特

Schoemaker，P.　15　　　　　　　　　　　P.休梅克

Schotter，A.　第 3 章注释 2	A.肖特
selfishness　15－16	自私
Selten，R.　17，29，第 4 章注释 14,跋注释 17	R.泽尔滕
Sen，A.　145，158，178，181	A.森
Shubik，M.　66	M.舒贝克
signal，natural　195	自然信号
signaling problem　191－2	发信号问题
Skyrms，B.　207,跋注释 7	B.斯科姆斯
sleeper strategy　213	沉睡者策略
Slovic，P.　17	P.斯洛维奇
Smith，A.　2，5，8，156，175，201－2，221	A.斯密
snowdrift game　132－7，145－8，150； 　同时参见 public-good game	雪堆博弈
social contract　196－7	社会契约
social welfare　6－9，170－82，224	社会福利
sociobiology　27，106－7； 　同时参见 evolution	社会生物学
spatial model　204－7	空间模型
speed limits　4－5	限速
stability　20－32	稳定性
Stacchetti，E.　跋注释 24	E.斯塔凯蒂
stag hunt game　202－9	猎鹿博弈
standardization of products　55	产品的标准化
Starmer，C.　201,跋注释 2	C.斯塔摩
status quo(as moral reference point)　178－82； 　同时参见 precedents	现状(作为道德参照点)
strategy：　10－12，28，30 以及各处；	策略
collectively stable　29；	集体稳定的
developmentally stable　29；	发展稳定的
evolutionarily stable　26－33；	演化稳定的
mixed　22；	混合的
pure　22；	纯粹的
universal　31	通用的
Sugden，R.　17，201，214，226，230－3	R.萨格登
surrender rate (in war of attrition)　67	投降率(在消耗战中)
symmetry:见 asymmetry	对称
sympathy　156，174－6，221	同情
Taylor，M.　167,第 6 章注释 4,第 7 章注释 5、7	M.泰勒

Taylor, P. 跋注释 4	P.泰勒
threats 84，126，134；	威胁
同时参见 commitment	
tipping 155 – 7	小费
tit-for-tat 114 – 48 各处，164 – 5，210 – 11	针锋相对
tournament approach 124 – 5	锦标赛方法
trading game 110，167	交易博弈
Tullock, G. 66,第 4 章注释 6	G.图洛克
Tversky, A. 16 – 17	A.特韦尔斯基
Ullman-Margalit, E. 172	E.乌尔曼-马加利特
ultimatum game 跋注释 21	最后通牒博弈
uniqueness(related to prominence) 51 – 2，103	唯一性(与凸显性相关)
universalizability 159，174	可普遍化
US Cavalry model 3，7	美国骑兵式模型
utilitarianism 5，8 – 9，104，178，224；	功利主义
同时参见 social welfare	
utility：14 – 20，184 – 7；	效用
expected 16 – 17，22 – 3，184 – 5；	预期的
interpersonal comparisons of 20，104	人际间比较
Verbeek, B. 219 – 20	B.费尔贝克
victory rate(in war of attrition) 87 – 8	获胜率(在消耗战中)
Walmsley, L. 99	L.沃姆斯利
Walras, L. 2	L.瓦尔拉斯
war of attrition 65 – 9，76 – 81，86 – 90，95，	消耗战
第 8 章注释 5	
Ward, H. 第 7 章注释 5	H.沃德
weakness of will 152	意志薄弱
Weibull, J. 跋注释 4	J.威布尔
welfare：见 social welfare, utilitarianism	福利
welfarism 178；	福利主义
同时参见 social welfare, utilitarianism	
Williams, B. 181,第 1 章注释 3,跋注释 28	B.威廉斯
wishful thinking 152	一厢情愿的想法
Young, P. 203	P.扬

译者后记

十年。

有人说十年磨一剑,有人说十年成一事,有人说十年完成一个小目标……而我,十年,确切来说是十三年之后,只是重新翻译了一本曾经由自己翻译过的书。

摆在诸位读者眼前的这本著作,其作者简介、内容梗概、学术价值和意义,在先生韦森教授为本书初译版所写的长序中,已详尽道来,所以不再赘述。在此只是简单地说一下这个新译版的来龙去脉。

2008年,本书初译版完成之时,由于当时译者作为一名正在毕业找工作的博士,杂事缠身,所以在匆匆译完本书后就交给了出版社处置,缺乏和责编之间的沟通。这导致这本经典著作的中译本一开始就存在不少问题。特别是原书的参考文献丢失,这样的错误是致命的。所以这些年来译者不断有想法,想要出版一个修订版。

终于,在译者的"御用"编辑,谷雨女士的大力支持之下,我们共同策划了"社会制度研究的哲学基础论丛",本书作为该论丛的第一本著作得以重新问世。原本我的计划只是将当年几处翻译和编辑错误修正。但是在重读自己的旧译后,修改的地方越来越多,花费的时间也越来越长。最终,在经过一年多的时间打磨之后,出炉了这个新译版。

新译版的主要修改有:

(1) 修正初译版的翻译错误,包括误译、漏译、注释错误和严重的语句问题等二十余处。

(2) 修正初译版的编辑错误,包括遗漏的原书页码、参考文献和索引等全部补完。同时为了方便阅读,将原书的书末尾注改为了章末注。

(3) 重新审校全书的人名、学术名词和一些专有名词。其中人名一律按照中国对外翻译出版公司的《世界人名翻译大辞典》修订;学术名词和专有名词,按照目前的学术研究趋势以及作者的文本含义,予以修订。

(4) 原书大量引用了休谟的《人性论》,按照译者的翻译习惯,这些经典著作,如果有中译,一般都是照搬中译本。关文运先生翻译的休谟,文本通达优雅,但是在"信"方面是有所欠缺的。鉴于休谟的思想对于本书而言特别重要,所以译者在参考了关文运先生译文的基础上,重新翻译了原书中全部和休谟有关的引文。译者自认为文笔无法做到像老先生那般雅致,但是至少在可信方面,这次的译文应该是增强了些许。此外,其他一些重要的引文,例如霍布斯的《利维坦》译文,也进行了一些修改。

(5) 在译者和作者沟通之后,采取问答对话的形式,为新译版提供了一个新的中文版序言。

(6) 初译版原有一个译者写的后记,大约有 3 万字左右的篇幅,其中介绍了本书的内容以及同萨格登教授关于道德论的一些商榷。如今看来,部分内容和韦森教授写的序重复,并且自己对十多年前的文字感到不是那么满意,所以将这篇初译版后记删去。但是在新译版中,译者增加了数十处注释,这些注释主要分为三类:其一,对书中提及的一些国内读者可能不太熟悉的名词做一些解释;其二,补全一部分作者省略的推导证明过程;最后,补充一些自己的观点。前两类注释,都是为了方便读者更容易阅读本书。其中有些注释,特别是数学推导的注释,对于有一定基础的读者而言其实很简单,然而作者和译者都希望即便不是专业读者,也能够理解本书的思想,所以加上了这类看似画蛇添足的注释。而最后一类注释,则是译者自己和作者长期商榷的产物,多多少少反映出作者和译者对于社会制度分析的不同理论进路的阐释。

(7) 最后,也是修改最多的,就是对旧译全文重新审校,力求语句通达。大约占全书篇幅 90% 左右的语句,或多或少都进行了删改。

总而言之,这个新译版的最大改进,应该是尽力完善文本的准确性和可读性。在译者之前翻译的著作中,曾反复说过,严复先生所言的"信、达、雅"是难以企及的奢望。所以译者的小目标是希望所有对本书主题感兴趣的读者,在阅读本书时,能够忘记译者的存在,直接与作者进行对话。倘若能够做到这一点,这个新译版至少是做出了一点微小的贡献。

最后,要感谢所有在本书的翻译和出版过程中给予帮助的师长、友人和家人。先生韦森教授和本书作者萨格登教授对译者而言亦师亦友,对于本书的译介工作全力支持,翻译此书的过程实际上也就是译者接受两位恩师思想传授的过程。此外,学友李井奎教授、席天扬教授、童乙伦博士和梁捷博士,在本书翻译过程中提供建议,让译者获益良多,深表谢意。特别感谢友人黄华侨博士,为本书题签,封面内文相互映照,文意顿显。最后,必须提及责编谷雨女士,译者所认识的最优秀的编辑,缺少了她的精心编辑和策划,本书可能真的会成为休谟当年所言的"死产的胎儿"。

十年一轮回,本书的初译版面世于译者而立之年,而这个新译版开始于译者不惑之年。重译此书的过程,也是一段重新认识自己的旅程。在未来的学术生涯中,恐怕再也不可能拥有这样的机会,反思十年前的自己。

是为记。

2021 年 4 月 7 日